不忘初心 牢记使命

Remaining true to our
original purposes and
mission

中央和国家机关
驻村第一书记扶贫
典型案例集

中央和国家机关工委◎编

中国出版集团
研究出版社

图书在版编目 (CIP) 数据

中央和国家机关驻村第一书记扶贫典型案例集 / 中央和国家机关工委编 . -- 北京：研究出版社，2019.8
　ISBN 978-7-5199-0671-9

　Ⅰ . ①中… Ⅱ . ①中… Ⅲ . ①农村 – 扶贫 – 案例 – 中国 Ⅳ . ① F323.8

　中国版本图书馆 CIP 数据核字 (2019) 第 154968 号

出 品 人：赵卜慧
责任编辑：张立明

中央和国家机关驻村第一书记扶贫典型案例集
ZHONGYANG HE GUOJIA JIGUAN ZHUCUN DIYI SHUJI
FUPIN DIANXING ANLIJI

作　　者	中央和国家机关工委 编	
出版发行	研究出版社	
地　　址	北京市朝阳区安定门外安华里 504 号 A 座（100011）	
电　　话	010-64217619　　64217612（发行中心）	
网　　址	www.yanjiuchubanshe.com	
经　　销	新华书店	
印　　刷	北京建宏印刷有限公司	
版　　次	2019 年 8 月第 1 版　　2019 年 8 月第 1 次印刷	
开　　本	710 毫米 × 1000 毫米　1/16	
印　　张	35.5	
字　　数	505 千字	
书　　号	ISBN 978-7-5199-0671-9	
定　　价	92.00 元	

前　言

　　习近平总书记强调:"全面建成小康社会,最艰巨最繁重的任务在农村、特别是在贫困地区。没有农村的小康,特别是没有贫困地区的小康,就没有全面建成小康社会。"党的十八大以来,以习近平同志为核心的党中央坚守中国共产党人的初心和使命,坚持不懈把脱贫攻坚摆到治国理政的突出位置,全面打响脱贫攻坚战,取得了决定性进展和历史性成就,创造了我国减贫史上最好成绩,谱写出人类反贫困历史新篇章。

　　中央和国家机关在党和国家治理体系中处于特殊重要位置,离党中央最近,服务党中央最直接,必须在贯彻落实党中央决策部署上走在前、作表率。党的十八大以来,中央和国家机关各部门(单位)深入学习贯彻习近平总书记关于扶贫工作的重要论述,自觉把定点扶贫工作作为重大政治任务,扛在肩上、抓在手上,落到实处。从2015年开始,各部门(单位)尽锐出战,选派优秀干部担任贫困村驻村第一书记。几年来,他们不负重托、不辱使命,在脱贫攻坚一线日夜奋战、摸爬滚打,切实肩负起建强基层组织、推动精准扶贫、为民办事服务、提升治理水平的重任。他们拜人民为师、为人民服务,自觉同当地群众想在一起、干在一起。他们千方百计、不辞劳苦,帮助贫困村和贫困群众发展产业、改善生活、改变精神面貌。他们深入基层、扎根群众,办了许许多多老百姓看得见、摸得着的实事和好事,为父老乡亲解决了操心事、烦心事和揪心事,涌现出许多感人事迹和先进典型，体现了中央和国家机关党员、干部良好的精神风貌。

为全面反映中央和国家机关驻村第一书记的先进事迹，讲好他们经受锻炼、获得成长的扶贫故事和心路历程，教育引导广大党员、干部守初心、担使命，向身边榜样学习，向先进典型看齐，更好开展"不忘初心、牢记使命"主题教育，进一步做好定点扶贫工作，中央和国家机关工委组织编写了《中央和国家机关驻村第一书记扶贫典型案例集》。案例集既介绍相关背景，又总结提炼经验，既有专家点评，又有个人体会，力图全方位体现驻村第一书记深耕基层的所作所为、所思所想。可以说，这个案例集既是我们助力脱贫攻坚、当好第一书记的有益参考，也是开展主题教育、用身边事教育身边人的鲜活教材。中央和国家机关广大党员、干部要见贤思齐，认真学、用心悟，自觉以驻村第一书记为榜样，学习他们听党话、跟党走，对党忠诚、为党尽责的政治品格，舍小家、顾大家，无私奉献、一心为民的真挚情怀，不畏难、不惧苦，勇挑重担、攻坚克难的意志品质，强基层、打基础，真抓实干、务求实效的优良作风，切实用自己的实际行动践行初心和使命，增强"四个意识"，做到"两个维护"，当好"三个表率"，立足本职、建功立业，努力为中央和国家机关党的建设和各项事业发展，为定点扶贫工作作出更大贡献。

目　录

推动精准扶贫

为民办事服务

提升治理水平

自我成长锻炼

建强基层组织

　　农村基层党组织是党在农村全部工作和战斗力的基础，是贯彻落实党的扶贫开发工作部署的战斗堡垒。抓好党建促扶贫，是贫困地区脱贫致富的重要经验。要把扶贫开发同基层组织建设有机结合起来，抓好以村党组织为核心的村级组织配套建设，把基层党组织建设成为带领乡亲们脱贫致富、维护农村稳定的坚强领导核心，发展经济、改善民生，建设服务型党支部，寓管理于服务之中，真正发挥战斗堡垒作用。

　　——习近平总书记在河北省阜平县考察扶贫开发工作时的讲话（2012 年 12 月 29 日至 30 日）

选优配强村班子　凝心聚力干实事

背　景

　　甘肃省临夏回族自治州积石山县是国家扶贫开发工作重点县。吊坪村位于积石山县东部，距县城 12 公里，全村共 307 户 1385 人。2014 年建档立卡贫困户 175 户 685 人，贫困发生率高达 49.4%。

　　2017 年 6 月，邹传彪*担任吊坪村第一书记。他初到村时，村委会办公场所还在建设中，村干部经常见不到人。不少人反映，近些年由于村"两委"班子工作积极性不高，为民服务意识不强，抱着多一事不如少一事的消极态度，村里各项工作很难按时完成，经常拖全乡后腿。扶贫项目推动不力，脱贫进度缓慢，工作疏忽，多次导致到户扶贫资金错拨或者漏拨，群众意见很大，干群关系紧张。面对这种情况，邹传彪没有气馁也没有退缩，挨家挨户走访党员群众，与县、乡领导一起研究办法。最终，他确定了以党建引领脱贫攻坚，一手强组织、抓村"两委"班子建设，一手促发展、抓扶贫项目实施的工作思路。

做　法

　　一是健全村党支部领导班子。进村半年后，邹传彪感到原村支书因多种原因长期休病假，影响村里正常工作开展。是继续这样拖着，还是走马

---

*　邹传彪，中央统战部九局副处长。2017 年 6 月至 2019 年 6 月任甘肃省积石山保安族东乡族撒拉族自治县吊坪村第一书记。

换人，邹传彪反复权衡后下定主意，不回避矛盾，登门去做老支书的思想工作。经过耐心细致的交流，老支书最后愉快地辞去村党支部书记职务，主动给年轻人让贤，还表态要支持新支书工作。邹传彪还向乡党委推荐由村主任暂时主持村"两委"工作，既大胆给他压担子，也在历练中观察培养。同时，向乡党委争取增设一位副书记，选拔一名年轻同志充实领导力量。经过一段时间的考察锻炼，2018年9月，经支部委员会酝酿、党员推选、乡党委批准，支部重新选举产生了党支部书记、副书记，使村里的领导班子得到健全。

二是从严规范村党支部工作。 2018年甘肃部署在全省开展党支部基础工作标准化建设。邹传彪感到这为促进新班子健康成长、全面加强基层党建工作提供了难得的机会。于是，他认真研究标准化建设要求，手把手指导村党支部一班人对照7大类42项规范，从政治建设、组织建设、组织生活、班子建设、党员队伍建设、基础保障、考核评价等方面入手，逐类逐项查摆问题、对标达标、整改落实。班子成员有不懂的，规范有不细的，他都耐心讲解，一招一式带着做。经过近一年的奋战，吊坪村"两委"班子工作职责、值日值班制度、每周学习例会制度、群众反映问题处理流程、脱贫项目进展定期通报等各项规章制度全面建立，"三会一课"、主题党日活动、组织生活会、发展党员、"四议两公开"等基础工作得到全面规范，支部活动呈现昂扬向上的好局面。

三是培养发展年轻党员。 为解决党员干部老化和后继乏人问题，邹传彪注重在实际工作中发现和培养年轻人，努力把村里的优秀年轻人才培养成党员，把优秀年轻党员递进培

个人体会

帮钱帮物，不如帮助建个好支部。这是帮扶工作的经验总结。选优配强班子是建好一个支部的重中之重。要积极稳妥地推动班子配备，充分做好前期准备工作；要善于调动各方面的积极性，促进班子的团结协作；要做好新班子的培养带动工作，为他们成长创造好的条件。

入户走访贫困户家庭

养成村级后备干部。他梳理掌握本村的年轻村民尤其是回乡大中专毕业生的情况，经常与他们谈心谈话，鼓励他们主动向党组织靠拢，引导他们早日入党。2018年吊坪村党支部新发展1名返乡创业大学生入党，培养了3名发展对象，3名入党积极分子。他鼓励年轻党员主动承担支部相关服务工作，交任务、压担子，加强实践锻炼，为他们走上村干部岗位打好基础。

四是提高整体战斗力。为帮助新班子更好更快成长起来，邹传彪注意针对每个班子成员的特点在实践中加强培养锻炼。比如，指导支部书记主持召开村民知情大会、"两户（脱贫户、贫困户）见面会"，增强其在群众中的号召力；指导副书记主持开展"重温入党誓词""走访慰问老党员困难党员"等多项党日活动，帮助他掌握党内组织生活常识；指导妇女主任牵头举办"迎新春拔河比赛""纪念三八妇女节广场舞汇演"等文体活动，锻炼培养组织能力。通过组织开展活动，村"两委"每个班子成员的组织协调能力、发动群众能力都得到明显提升，党员群众对新班子的干事劲头和工作能力也逐渐认可。

五是聚精会神办实事。老百姓认实不认虚。在抓好班子健全、制度规范和教育培训、开展活动的同时，邹传彪指导村"两委"班子围绕"两不愁三保障"目标，制定吊坪村脱贫攻坚三年行动规划，协助帮扶责任人为175户建档立卡户制定了"一户一策"精准脱贫计划或巩固提升帮扶计划，让大家对脱贫、发展到底该干什么和怎么干做到心中有数。针对贫困户发展产业资金不足和创业意愿不足的难题，他和村"两委"班子积极向上级争取产业发展资金近200万元，先后多次召集会议向贫困户宣传产业扶贫政策，鼓励发展牛羊养殖业。不少贫困户缺乏养殖技术，他又和村"两委"班子邀请自治州畜牧技术推广站的技术员专门为村民培训养殖技术。在开展脱贫攻坚工作过程中，村"两委"班子的工作能力和信心不断提升。一件接一件的实事，群众看在眼里、记在心上，获得感和幸福感不断提高，对村"两委"班子的信任也不断增强。过去"开会没人来、说话没人听、办事没人跟"的尴尬局面得到迅速扭转，现在村干部成为主心骨，全村上下在党支部领导下团结干事的劲头越来越足。

成　效

干群一心，其利断金。众志成城，攻坚克难。经过一年多的艰辛奋斗，吊坪村各项工作上了轨道，整体面貌发生显著变化。2018年全村完成30公里道路硬化，通到家家户户门口；完成12户贫困户危房改造，全村居民基本实现住房安全有保障；争取贫困户产业发展项目资金近200万元，每户养牛超过2头；投入50万元建起了村集体养牛场，实现了集体经济收入"零"的突破；落实公益性岗位32个，32个贫困人口在家门口实现了就业；村里建起了养鸡场，32户易地搬迁户用上了水冲厕所和太阳能洗浴设备，175户群众装上了光网通信系统，村社主要路口安装上了太阳能路灯；村里设立了奖助学金项目，超过200名本村大中小学生获得了奖励资助等。

2018年年底，经州县考核验收，吊坪村59户256人顺利脱贫出列，整村贫困发生率下降到2.6%，在全乡率先实现了整村脱贫出列。党建工作、易地搬迁、危房改造、产业发展等多项工作考核都得到上级领导的肯定，综合工作考评在全乡 9 个行政村获得了第二名，一个后进村变成了全乡乃至全县的示范村。

看到村庄一天天的喜人变化，吊坪村村民的精神面貌也焕然一新。哭穷要帮扶的少了，忙着干事挣钱的多了。看到功能齐全、职能各有区分的村民服务中心、党员活动室、村文化广场等，群众高兴地唱起歌来感谢党的好政策。

点 评

村庄发展落后，群众生活贫困，原因讲起来往往一大堆。但诸多原因中，村党组织不给力，干部不担当，党员不作为，一定是最主要的制约因素。改变村庄贫困落后面貌，最直接、最有效的措施就是抓党建。邹传彪同志通过抓党建引领脱贫攻坚，起用有本事的新带头人、建立标准规范的制度机制、培养有前途的年轻后备力量、手把手指导"两委"班子工作走上正轨，思路正确、措施有力。这是抓住了"七寸"，打中了要害。这一案例最成功之处，就是支部建起来，人心拢起来，"火车头"动力满满，村里就会满盘皆活、蒸蒸日上。

严制度　改作风　育新人　暖民心

背　景

　　吉林省安图县是中央政研室定点扶贫县，明月镇龙泉村是一个典型的山区贫困村。2017 年该村户籍人口 73 户 210 人，其中贫困人口 24 户 58 人；20 名党员，其中初中以下文化程度占 70%。当年全镇 45 个村各项工作综合考核，龙泉村列倒数第 2 名，成为县乡有名的软弱涣散村。

　　2017 年 8 月，王平堂*到龙泉村担任驻村第一书记。行前，政研室领导与王平堂谈话，叮嘱他到农村工作后，一定要脚踏实地，求真务实，多为百姓做实事。王平堂把领导的嘱托放在心上，到任后扑下身子深入调研。经过一个多月努力，他摸清了当时村里的情况。一是管理松懈涣散，没有思路。支部很少开会和学习，分工不明，履职不力，效率低下，被动应付，定不出村发展的路子。二是干群关系紧张，没有威信。村民对班子意见很大，说话不爱听，工作不支持，好不容易开一次会，几乎每次都有群众来"搅局"。三是民风扭曲，没有动力。不少村民把当贫困户看成是一件很"吃香"、有面子的事情，没当上的总想找机会入列。

　　熟悉掌握情况后，在县乡党委支持下，王平堂提出了"严制度、改作风、育新人、暖民心、促发展"的建强战斗堡垒工作思路，以村党支部建设为抓手，推动龙泉村逐步实现由乱到治、由弱到强，村里各项事业步入正常轨道，取得显著成效。

---

*　王平堂，中央政研室办公室副巡视员。2017 年 8 月至今任吉林省安图县龙泉村第一书记。

做 法

一是严制度强管理。村子富不富，关键在支部；支部要干事，先得有制度。王平堂组织制定《龙泉村干部管理规定》，明确每个支委的职责，把每周、每月、每季度、每半年、每年该干什么都罗列出来公示。同时，规范细化"三会一课"、发展党员等工作流程，建立每周一次碰头会，每月一次思想汇报，每季度一次"我想对你说"相互提醒等制度，培养大家的党员意识、规矩意识、团队意识，互相监督落实。

二是抓活动促作风。把加强党性锻炼放在突出位置，策划开展"感恩祖国感恩党，勤劳致富奔小康""对照承诺找差距，落实承诺见行动"和争先创优等主题党日活动。对过好组织生活、参加组织活动和开展学习等情况实行量化管理，张榜公布，增强大家的责任感、荣誉感和自豪感。这样坚持一段时间后，一些过去不爱参加活动或年龄大一些的党员也主动来参加。

三是重培养抓帮带。注重对年轻人尤其是返乡创业年轻大学生的培养，狠抓传帮带，大胆压担子。新当选的支部副书记兼妇联主席小柏是一名年轻大学生，也是两个孩子的妈妈。开始有人担心她干不了，但小柏上任后工作干得有声有色，家庭事业两不误。宣传委员小郑也是一名年轻大学生，担纲建设近80亩的生态大米农场，各项工作进行得有条不紊。

四是办实事暖民心。重视群众内生动力激发。在全村开展"感恩励志"教育，表彰奖励7名先进典型，大力营造"勤劳致富光荣，争戴贫困帽可耻"的氛围。以"传承好家训，培育好家风"为切入点，教育引导妇女群众在脱贫攻坚、环境卫生等工作

个人体会

做群众工作，光有激情是远远不够的，更重要的是要有一颗为百姓着想、真诚为百姓服务的热心。只要我们融入群众，把群众当亲人，群众就会不遗余力地理解我们，支持我们，配合我们，我们的工作就会越干越顺当。

与村民一起搞村内卫生

中当先锋做模范。王平堂还十分关心特殊困难群众，年近70岁的村民李大爷带着一个残疾孙女一起生活，王平堂每月自掏腰包予以资助。点滴小事、润物无声，把群众的心一点点拢在了一起，使干群关系一天天好转起来。

成 效

经过近两年的努力，龙泉村面貌发生根本改变。**一是村"两委"班子的"战斗指数"大幅提升**。班子成员职责明确，能模范带头、团结协作、秉公办事，工作效率提高了，在群众中的形象根本转变，也敢于理直气壮地同村里各种不良风气作斗争。**二是群众的"信任和信心指数"大幅提升**。攀比哭穷成为过去，"嚼舌头"的人没了市场。"幸福都是奋斗出来的"成为村民共识。班子与群众感情浓了，百姓掏心窝子的话愿意给干部讲。大家不遗余力地支持村"两委"工作，不仅对当前脱贫信心满满，对未来发展也信心满满。**三是全村"发展指数"大幅提升**。村里建起670平方米的煎饼厂、80亩的生态大米农场、安装了造价80万元的智慧农业和远程问诊设备，集体经济收入增加。不少贫困群众在村办企业就业，既能领工资还能拿分红，不仅腰包鼓了，生活环境也敞亮起来。

延边州委、安图县委对龙泉村的发展变化给予高度肯定，当地群众交口称赞。中央电视台、吉林卫视、吉林日报等多家媒体报道。2018 年有 30 多批次单位和个人到村参观学习。2018 年 10 月，王平堂被评为"吉林好人·脱贫攻坚先锋"。发表感言时他说："我最高兴的是党支部强了，在群众中的威信提高了。团结起来跟党走，我们村各项事业发展就会越来越有希望。"

点 评

要让村子发展起来、村民过上好日子，就得先让党旗高高飘扬起来，让党员精神振作起来。严制度、改作风、育新人、暖民心、促发展，归根结底就是要落实党要管党、从严治党，建强战斗堡垒。这是王平堂同志作为驻村第一书记打响的第一场硬仗，也是解决村里各种问题的"牛鼻子"。抓制度建设、抓活动载体、抓人才培养、抓小事实事，把村里党员、干部的意识唤醒，支部有了支部的样子，群众就逐渐聚拢起来。龙泉村由乱到治的实践证明：党支部自身过硬，说话有人听，办事有人跟，脱贫攻坚就有干头、有奔头，有起色、有声色。

拧作一股绳　聚成一条心

背　景

　　宁武县是山西省 10 个国家级深度贫困县之一，是中央和国家机关工委定点帮扶县。河西村位于宁武县最北处，共有 415 户 886 人，其中党员 27 名。2018 年底，该村建档立卡贫困户 36 户 58 人，贫困发生率 6.54%。

　　2018 年 6 月，李晨宇*担任河西村第一书记。到村时间不长，李晨宇就发现村里"两委"干部间内耗严重，相互掣肘根本没有合力。特别是支部书记和村委会主任两个人各顾一摊，村里各项工作开展阻碍重重。

　　面对这种情况，李晨宇没有急于展开帮扶工作，而是埋下头来对村里的情况、党员的想法进行详细摸底。经过近一个月的调研，他终于弄清了村里的矛盾，表面上看是工作机制不健全，班子沟通不到位，支部书记和村委主任两个人不合。实质上并没有根本性冲突，主要原因在于村"两委"班子一班人都是刚上任，不懂做事的章法，缺乏领导经验且能力不足。人还都是好的，问题也是可以解决的。找准了"病因"，向上级党委汇报后，李晨宇开始着手破解河西村"两委"干部合力不足的问题。

做　法

　　一是解开心结唤醒团队意识。化解农村干部之间的矛盾，简单用"压"

---

*　李晨宇，中央和国家机关纪检监察工委副主任科员。2018 年 6 月至今任山西省宁武县河西村第一书记。

的手段是不行的，只有打开心结才能真正让他们摒弃前嫌，敞开心扉。针对部分村干部之间因以往工作中的摩擦不能完全释怀，陈年老账在心里放不下，而时常发生龃龉，甚至出现村主任吼支书"以后我管好村委，你管好支部，咱们互不干涉"的情况，李晨宇首先进行一对一谈话。在谈话中，他让大家回顾这些年村里的发展和大家共事历程，在交流中引导换位思考，一点点唤醒大家共担风雨为村里干事的美好回忆，帮助大家理解和体谅彼此难处。其次是不断灌输加强团结协作、相互搭台的理念。他利用开会学习的机会，给大家讲唇亡齿寒、将相和的典故，讲其他村内部争斗导致"开倒车"的例子，告诫村干部兄弟同心、其利断金。一句句掏心窝的话打动了村里一班人的心，支部书记和村委主任握手言和，村干部共同干事的责任心逐步唤醒，团队意识逐渐树立。

二是建章立制避免摩擦扯皮。规矩不严百病生，制度不立万事难。过去河西村"两委"信息沟通不畅，"四议两公开"形同虚设。这既影响各项工作推进，也引起许多不必要的麻烦，成为影响团结的根源。怎么办？李晨宇根据河西村的实际情况，带着大家一起研究制定党支部、村委会工作办法，理顺并明确文件流转、会议组织、值班坐班、工作分配、任务督办、

代表社会爱心人士向困难群众捐赠围巾

公示公告等村务工作事项的具体流程，并把每一项工作任务都细化成为一个又一个环节的操作办法。同时，在村委会大门口设立工作责任牌，对重点工作责任分工进行细化，把每一件事都责任到人，落实到点。通过建章立制、细化责任、公开公示，每个干部都戴上了"紧箍咒"，遇事推诿扯皮的现象慢慢没了。

三是润物无声凝聚整体合力。人心齐，泰山移。消除了矛盾还不行，根本上还需要把大家的心凝聚起来。围绕这一点，李晨宇着力推进"四个一起"，努力通过共同工作和生活加深团结友谊，锤炼战斗集体，集聚工作合力。第一是走访在一起。他要求村"两委"成员和帮扶干部有事忙事，没事入户。入户时大家一起行动，有问题一起解决、一起商量，相互支持，慢慢大家的心就近了。第二是办公在一起。平时村干部都待在自己的办公室，除非有集体性工作和开会，相互之间沟通交流不够。河西村冬季平均气温常年在零下20度左右，屋里屋外一样冷。2018年年底村里商定要给办公室装电暖设备，李晨宇抓住这个契机，要求村"两委"干部冬季集中在一起办公。这样既节省公用电费开支，又推动干部们经常坐在一起议事，在相互交流中增进感情。第三是干事在一起。村里所有大型活动的举办和重大事项的决定，包括发展规划的制定和便民服务的安排，李晨宇在布置时都会多方均衡、综合考虑，努力让每一个干部都参与其中，尽可能调动每一个人的工作积极性。这样逐步培养起团队协作精神，树立起村干部团结干事的好形象。第四是生活在一起。过去村干部的中午饭大多是自己解决，通常是各吃各的。李晨宇看到这个情况，就自费购置了锅碗瓢

个人体会

第一书记不仅要当搞产业、助脱贫的高手，更要做抓班子、促团结的能手，以真心破题，在制度建设、队伍建设、能力建设等方面用力，营造团结向上的工作局面。河西村的实践证明，村干部拧作一股绳，聚成一条心，村里就会希望多多，动力无限，脱贫攻坚和各项事业发展就会蓬勃向上。

盆，搭起了"小灶"。牵头一起做饭一起吃，大伙轮流买菜。这样每天一家人似的围坐在一起，不经意间心与心的联系更紧了。

四是广泛学习提升创业能力。几位新上任的村干部欠缺经验，有人遇事耐不住性子，出现急躁情绪。甚至认为农村要想干成事，只有用"狠招"。李晨宇看到这一点，一方面做思想工作，指出这样做往往"欲速则不达"，既会伤害部分群众的心，又容易造成干部在群众中孤立，甚至会激化村民之间的矛盾。同时，下功夫提升干部能力本领。第一是广泛开展学习。每两周向全体党员和村干部们讲节"微党课"，用大家听得进、记得住的语言，结合本乡本土的具体事例，为大家讲授党的理论和路线、方针、政策以及工作方法。第二是主动教方法。授人以鱼不如授人以渔。村里工作遇到矛盾和问题，李晨宇从不大包大揽，而是手把手传授方法，全流程进行指导并协调督办，在实践中帮助干部提高办事能力。第三是外出取经长本事。带领村干部赴大同市学习黄花种植，赴忻州市学习香菇种植和加工。到其他地方学习发展种、养殖和农产品深加工的先进办法，各具特色的发展模式和带动贫困户一同发展的好方式，既让村干部开阔了眼界，启发了思路，又帮助他们把能力提升起来，找到带领群众脱贫致富奔小康的方法和路径。

成　效

经过耐心细致地艰辛努力工作，河西村村"两委"一班人逐步消弭了裂痕，打消了离心倾向，逐步形成大事讲原则、小事讲风格，工作一起干、困难一起攻的好局面。过去村领导班子一人缺位整体难动，现在相互补台及时补位。2019 年 3 月村委主任带队外出学习，恰逢上级部门要在河西村召开建设"爱心超市"现场会。视频电话沟通方案后，大家各负其责，工作不仅没有乱成一团麻，反而大事小情办得井井有条。他回来后由衷感叹道："大家齐心协力，咱们村一定能做成大事！"

河西村村"两委"班子拧成一条绳，没了"你长我短"之争，心往一处想，劲往一处使，各项工作很快迈上新台阶。2018 年以来，河西村一改以往的落后面貌，在全县赢得多个"第一"，成为全县的模范，多次受到上级党委表扬。比如，建成全县第一家扶贫"爱心超市"，全县第一个"985"高校大学生实践基地，全县第一家村级"博爱家园"医疗扶贫点，在全县第一个试点"部分劳力付出换取股金收益"的卫生监督员机制，等等。2018年年底全村农民人均可支配收入较上年增加1000多元，预计所有建档立卡贫困户2019年将全部脱贫。

点 评

村"两委"领导班子不团结、闹别扭是一些地方农村发展的突出问题。李晨宇同志驻村担任第一书记，着力化解村"两委"班子成员间的矛盾，把大家拧作一股绳、聚成一条心，推动河西村由后进一跃而成为模范。这个案例进一步说明一条朴实的道理，那就是"一根筷子容易断、一捆筷子抱成团"，兄弟同心、其利断金。让村"两委"负责人团结一心、干事创业，既需要用心用情用力化解矛盾，又需要从制度机制上加以防范和解决。党中央明确要求，"全面推行村党组织书记通过法定程序担任村委会主任"。这是制度性的治本之策。相信随着这一制度落地，农村基层组织建设必定会呈现新局面。

下足功夫化解矛盾　依法依规精心组织

背　景

　　灵寿县是国家发展改革委定点扶贫县。马家庄村位于县城北6公里处。全村共有358户1289人，农村党员63名，村"两委"班子4人。由于基层组织软弱涣散，村"两委"班子自2003年起一直没有正常换届，村委会的工作发挥的作用不大，马家庄村的正常发展受到严重影响。

　　2016年12月，夏凤阳*到马家庄村任第一书记。上任之初，南寨乡党委书记就告诉他，"马家庄村的发展历来都是乡里工作的老大难，希望你这一任第一书记能有突破"。夏凤阳驻村后，一边摸情况，一边捋思路，边进入边想解决办法。他发现这个村的问题集中在四个方面：一是领导班子和村级财务历史遗留问题长期得不到解决；二是全村虽然只有一千多人，但各抱各的团；三是村干部之间时有推诿扯皮，甚至掣肘拆台现象；四是群众反映问题渠道不畅，合法利益难以维护，久而久之对村干部产生不信任感。

　　掌握底细后，他和县、乡党委有关负责同志一道分析村里矛盾，一道理出工作思路。干群关系紧张根源在于领导班子不得力，在于干部能力作风不过硬，但缓解矛盾不是一日之功，加强领导班子和干部队伍建设宜缓不宜急。夯实党建基础，引领党员干部转变作风，为民服务办实事，提高群众满意度，选好配强领导班子的问题才能真正得到解决。

---

*　夏凤阳，国家发展改革委重大项目稽察特派员办公室主任科员。2016年12月至2018年12月任河北省灵寿县马家庄村第一书记，2017年获河北省精准扶贫"优秀驻村第一书记"称号，2018年获河北省脱贫攻坚贡献奖。

做 法

思路理清之后，夏凤阳上手抓基层组织建设，抓村干部转变思想和工作作风。一是推进村务公开和财务公开，主动接受群众监督，提高群众信任度；二是建立村干部定期入户走访、轮流值班和微信群议事等制度，坚持周碰头、月走访和季总结，确保及时发现、解决群众反映强烈的问题；三是大力做好精准扶贫、产业发展和项目建设等重点工作，让村民参与村庄建设，提高群众获得感和满意度。这几招下去，马家庄村慢慢稳定下来，村民对村干部的信任慢慢提了上来。

2018 年 5 月，按照村民委员会组织法规定和全省统一部署，马家庄村需要进行新一轮村"两委"换届选举。马家庄村这个"老大难"能否顺利换届，县里、乡里有不少人都为夏凤阳捏把汗。村里也有部分干部出现畏难情绪和抵触心理，刚开始被化解压住的矛盾也有激化的苗头。南寨乡党委与夏凤阳等村干部一起进行综合研判，最后定下正常推进换届工作，精心组织、依法依规、稳妥推进的原则，并从四个方面做好前期工作。

一是强化领导、有力保障。 在乡党委领导下成立马家庄村村民委员会换届工作小组，夏凤阳担任组长，直接指导换届工作。夏凤阳主持小组工作对可能出现的问题进行梳理，逐一分析情况。大家一致认为，经过近一年的工作，村里正气在抬头，出现一些矛盾苗头甚至有点激化是正常的，抓住换届契机把矛盾问题解决了，坏事就能变成好事。工作小组密切关注、周密部署换届工作，疏堵结合、攻

个人体会

组织村"两委"换届工作，首先要摸清情况，分析矛盾和其产生原因，抓住主要问题对症下药。其次做好宣传动员工作，创造良好氛围是选举工作顺利进行的重要环节。最后要坚持严格程序，严把政策，严守标准，牢牢把握核心环节和关键问题。

与老同志街边谈心

防结合，始终掌握换届工作的主动权，有效把矛盾冲突化解于萌芽之中。

二是加强宣传、营造氛围。换届工作越不敢阳光透明，越会暗流涌动、无事生非。夏凤阳说服村干部转变"宣传会激化矛盾"的观念，带领大家大张旗鼓地宣传，在村里营造良好的换届氛围。一次次广播动员宣传换届工作的重要性，一家一户上门走访听意见，全面公示选举政策和选举办法，有针对性地鼓励有能力、有想法的年轻人参与。

三是依法推进、严明纪律。换届工作铺开之初，村里有部分人试图通过激烈方式干扰，以实现自身目的。县委组织部和乡党委了解情况后，定下坚决维护选举纪律和村民合法权益、严肃处理蓄意破坏选举违法违规行为的原则。夏凤阳带领工作小组顶住重重压力，始终坚持严格程序、严把政策、严格标准，把握核心环节和关键问题，依法依规推进换届工作。夏凤阳先后三次主持会议动员每名党员参加支部换届选举，同时规定连续三次通知而不参加视为弃权。

四是把思想工作做实做细。工作小组采取分别谈话、重点突破的方式，会同乡党委领导上门与关键人谈心谈话。既动之以情尊重和保证他们公平参与换届选举的权利，又晓之以法严肃换届工作纪律。村里退下来的一些老干部威信高、情况熟，工作小组动员他们发挥自身优势，帮助稳定局面。有不少群众立场不坚定，想骑墙观望，工作小组深入做工作，帮助他们坚定立场、坚守公正。监督是否有力，事关换届选举成败，工作小组一方面指导村民代表推选监督人，另一方面亲自把关盯紧换届选举每一个环节，确保公开、公平、公正，群众拥护、当事人认可，程序公正、结果可信。

成　效

经过近五个月的艰苦工作，2018年10月3日，马家庄村第十一届村民委员会选举大会落下帷幕，村委会换届工作圆满完成，同时也选举产生了新一届党支部委员会。这次换届选举，党员、群众参选热情高涨，全村63名党员，参加选举60名，参选率95.23%；登记选民1018名，参加选举925名，参选率90.86%。共选出支委会成员5人，村委会成员3人，实现了马家庄村十五年来的历史性突破。

新的村"两委"班子产生后，夏凤阳又指导他们建立健全基层治理体系和规章制度。一是明确党支部领导村委会的关系定位，既划清职责权限，也强调加强党的领导，防止工作出现"两张皮"。二是完善治理体系，细化村民代表和村监会行使权利的具体形式和要求，稳步推进党务、村务、财务公开，主动接受监督。三是制定细则落实重大事项"四议两公开"制度，鼓励村民参与村务治理。扶上马再送一程，使新班子很快进入状态，各项工作都出现起色。村内工作逐步实现规范化、公开化、透明化，村民满意度显著提高，群众干事创业的信心不断增强，一批创业青年涌现出来。村内的道路、停车场、活动中心和文体广场建设项目顺利推进，葡萄酒加工厂、200千伏村级光伏电站和800平方米冷库建设基本竣工，村级集体经济收入也大幅增长。中央电视台、中国改革报、中国经济导报等多家媒体对马家庄村的发展变化进行了报道。

马家庄村实现了由乱到治的转变，开始并不被看好的换届选举取得了成功。实践证明，解决农村长期积累的矛盾难题，关键在于平时把功夫下足，把基层组织建强。处理好矛盾，换届就会顺利，反之换届就会成为爆点。再者，换届民主选举很重要，但更重要的是完善党领导的村民自治机制，让群众持续参与民主决策、民主管理、民主监督，让村民真正享受到民主的实质内容。这样才能从根本上加强基层治理体系和治理能力建设，更好地稳固基层基础。

点 评

基础不牢，地动山摇。村"两委"班子强不强，直接关系到贫困村扶贫进展和成效。夏凤阳同志摸情况、捋思路、想办法，找到了"两委"班子软弱涣散这个"病根"，开出了"三公"这剂良方：公众参与、公开透明、公正严明，打出了公开村务财务、转变村干部作风、推进产业和项目这套组合拳，并抓住换届契机，坚持疏堵结合、攻防结合，解决了近15年没有正常换届的老大难问题，选优配强"两委"班子。还未就此罢手，乘势而上建章立制，进一步巩固提升夯实基层基础。班子强了，脱贫攻坚的地基实了，经济强了，马家庄村实现了由乱到治。

以作风建设为主线建强战斗堡垒

背 景

　　四川屏山地处乌蒙山集中连片特困地区。龙华镇旭光村是该县 78 个贫困村之一。全村 408 户 1414 人，由于地处大山深处，交通不便、人多地少、土壤贫瘠、产业单一，2015 年统计贫困发生率高达 21.7%，建档立卡贫困户 73 户 307 人。

　　2017 年 7 月，杨启明*到旭光村担任第一书记。他到位后，克服语言不通、生活不便等困难，迅速适应环境、融入工作。原村党支部建设弱化，党员干部队伍涣散。针对这种情况，他主动向县委组织部、镇党委汇报情况，并逐户走访，同村干部谈心谈话、听取意见。经过综合研判和慎重研究，乡党委决定选派乡里一名年轻的大学生干部当支部书记，并重新选举产生了支委会。

　　新的党支部组建以后，杨启明指导支部一班人从抓思想和作风建设入手，努力把党员和群众凝聚起来，以过硬作风带领干部扎实推进村内各项工作。

做 法

　　一是凝聚共识增团结。新支书人年轻，有干劲，但让村民党员真心认

---

*　杨启明，科技部引进国外智力管理司主任科员。2017 年 7 月至今任四川省屏山县旭光村第一书记。

同拥护还有很多困难。杨启明带着新支书每周至少用4天时间入户走访，帮他迅速了解村情，列出支部工作"计划清单"，明确各项工作任务分工。村委会主任和文书资格老，指导新支书放低姿态，凡事认真听取意见。村"两委"商议事情，充分尊重各方意见，求得最大公约数。通过一次次沟通交流，新支书赢得大家认可，一班人的心慢慢聚在一起。

二是黑下脸来立规矩。新支部第一次组织生活会以转变思想和工作作风为主题，杨启明带头严肃开展批评和自我批评。开了六小时的会，让大家"红了脸""出了汗"，也"强了心""鼓了劲"。会后一名老党员说，"我当了一辈子党员，这次才觉得真是在过组织生活会"。以此次组织生活会为良好开端，杨启明又推动新支部严格落实"三会一课"制度，把组织生活严起来。过去开会经常有村干部迟到，杨启明帮助支部立了一个规矩，每周例会无故迟到的，通报批评，并提倡迟到者自愿捐出一百元用于村公益事业。说了算，定了办。这一规定刚讲过，就有两个人迟到。杨启明黑下脸来严格按规定办，大家一看这是动真的，自此再无开会无故迟到现象。

2019年6月22日上午11时杨启明在屏山县龙华镇紧急抗震防汛会议现场

三是坚持原则敢斗争。过去村委会无明确的责任分工，村干部对自身职责模糊不清，工作也马虎不清。老文书摆老资格，例会报告应销账目，被发现有 32 笔欠账。支部书记请其说明原因，文书当场说，"不想干了"，并公开提出辞职威胁。杨启明针锋相对，严正提出"不想干，可以，先把账理清楚。三天内交书面辞职报告。支书在一周内选定接替人选，十天内新老交接完工作。如有延误，提交镇纪委查办"。这一连串炮，把老文书给震住了，会后他主动在十天内将所有账目核销完毕，也不敢再提辞职的事。看到老文书心里有变化、思想转弯了，杨启明又对此予以表扬，同时以事为例教育大家认真干事。

四是创新手段抓落实。对每一项工作的推进和落实，杨启明总是注意强调及时反馈，有的村干部没有主动反馈工作进度，杨启明就不怕丢面子让其在会上红脸"解释"。为加强落实工作的调度和统筹，杨启明推动建立"脱贫攻坚工作微信群"。初期党支部在微信工作群内安排工作，总有人以"没看到"为由搪塞。对此，党支部明确规定，"所有群内人员必须将本群置顶，凡群内工作安排 @ 到个人的，必须回复'收到'。一周内一次未回复，下周例会口头检讨；两次未回复，书面检讨；三次及多次以上未回复，村'两委'开会研究处理意见并上报镇政府"。结果，再无类似情况发生，村干部执行力明显提升，各项工作落实速度明显加快。

五是规范程序办实事。过去村干部做事不严谨，随意向群众表态承诺，党支部和村委会成员间又缺乏沟通，结果很多事说了不算数，导致群众的

个人体会

农村工作千头万绪，要想有效推进，首先要下"绣花"功夫全面掌握村内情况，其次要精通基层各项惠民政策，最后要有一个强健的基层组织去落实，及时总结，摸出规律。当好村干部凡事要以身作则，公道正派，树立良好形象；要敢于和不正之风开展正面斗争；要倾听群众声音，真心实意为群众服务，就能真正赢得群众支持。

不信任。一个村民反映村里欠其 100 米水管，经了解是前任村支书表了态后又没和其他村干部通气所致。他以此事为诫，组织大家展开讨论，推动支部建立"凡事议定"制度，即"任何不经村'两委'会议议定事项绝不向群众随意表态。如有违反，表态者个人负责"。"凡事议定"制度建立后，村干部随意表态问题得到有效遏制。杨启明还推动村里严格落实重大事项"四议两公开"制度，各项办事程序向群众公开，接受群众监督，有效提升群众对干部的信任度。

成　效

"只要功夫深，铁杵磨成针"。作风正换来人心正，作风强催开事事变。杨启明以身作则、严格要求、较真碰硬、公正公开，干部、党员、群众看在眼里、记在心上，越来越信服，也越来越有心劲。村干部的纪律性和执行力大大提升，为群众服务的态度明显转变。党员干部从过去的消极应付变成现在的主动而为，群众从以前的抱怨闹事变为现在的积极拥护。2018年村干部召开院坝会 30 余次，解决遗留问题 15 个；组织开展近 20 次有规模的群众活动，累计参与近 3000 人次。当年村民生项目全部按时完工，产业发展提速，完成 1500 亩茶叶、500 亩猕猴桃、100 亩芽菜种植和肉牛、肉兔、小龙虾养殖"三种三养"产业布局，群众收入更加可靠保障；完成该村水泥路近 25 公里，主干道安装了路灯，建成了 300 平方米党群服务中心和 600 平方米文化广场。

2018 年 12 月旭光村圆满完成脱贫摘帽任务，"老大难"变成了全县的新典型，不仅县乡干部给予好评，群众也大大点赞。2019 年春节前夕，旭光村组织了建村以来首次"坝坝宴"，全村老老少少一起观看当地文艺团队自编自演的"旭光村春晚"。欢声笑语中，一位老大爷拉着杨启明的手说："我活了近 70 岁，这个年我过得最开心、最热闹……"

点　评

　　作风是无形的力量，无声的号令。旭光村从支部建设无人管、生产生活各顾各、全村群众一盘沙，到群众组织起来、产业发展起来、村容村貌改善起来，制胜一招是转变干部作风。杨启明同志牵住作风建设这个"牛鼻子"，多管齐下、多方施策，带领一个落后村脱贫摘帽的实践进一步证明，党员干部作风正、能吃苦、有奉献，群众的心气就顺、干劲就足，就没有解决不了的问题。作风建设永远在路上。这一法宝、经验，不仅在农村管用，在其他各条战线、各个领域、各项工作中也管用，应当始终坚持、不断弘扬。

精心设计打造红色阵地

背 景

　　南充市嘉陵区是工业和信息化部定点扶贫县。谢家庙村隶属嘉陵区世阳镇，全村 298 户 1034 人，2014 年建档立卡贫困户共 98 户 261 人，贫困发生率超 25%。2017 年 7 月，陆瑞阳*到谢家庙村担任第一书记。他到村一段时间后走访发现，这个村因为山高沟长交通不便，各方面事业发展欠账较多，党的建设和经济基础也比较薄弱。原有村活动室空间狭小，设施老化缺乏更新。党支部和村委开个会，不少人甚至需要站在外面听，农民夜校效果也不理想。由于年轻人大多外出打工，村里空心化、老龄化问题突出。党支部也没有 30 岁以下年轻党员，党组织的活力和凝聚力都不强。

　　如何破题解决矛盾？陆瑞阳同县乡党组织和村里的党员干部充分沟通，最后定下"两条腿"走的思路，即：一手引进资源发展产业，壮大村集体经济，强化村党支部的领导作用；一手抓基层党组织建设，规范党员组织生活，丰富群众文化生活。大家对这一思路都很赞同，但也都看到要推进这两方面工作落地，原有村活动室无法满足需要。新建村级组织活动场所提上议事日程后，陆瑞阳积极向部里争取资金，并主动参与设计，又用两个多月时间盯着建成。

---

*　陆瑞阳，工业和信息化部机关党委副调研员。2017 年 7 月至今任四川省南充市嘉陵区谢家庙村第一书记。

做　法

　　建一个什么样的活动场所？开始，村"两委"干部和镇领导意见不一，有人想大建大办，有人想因陋就简。陆瑞阳深入走访党员群众听取意见，又到其他镇村学习支部活动室的建筑式样和建设经验，然后与镇、村干部反复进行商量。最后，大家共同定下三条建设原则：一是选址要交通便捷、方便群众；二是功能要满足服务需求，适度超前，留有余地；三是采取川东北民居式样，保留传统建筑风格，体现地域文化特色。新活动场所命名为"党群活动中心"，定位是打造"一站式"政治学习、便民服务、文体娱乐、展览展示、卫生计生、综治调解、农家购物、日间养老场所，同时为下一步发展乡村旅游和建设农村党校预留基础。

　　一是着眼发挥党建阵地功能精心设计。新活动中心"姓"党，必须要围绕加强党的领导、宣传党的政策和适合于抓班子带队伍进行功能布局，把党建阵地功能放在首位。因此，新活动中心在一层大厅正中央设计了直径达 2 米的党徽吊灯，时刻提醒党员干部群众牢固树立党的观念、增强党的意识。160 平方米的阶梯会议室，主席台布置液晶大屏，可以满足组织收看重要新闻、开展"三会一课"、村民大会议事决策、农民夜校等日常所需。阶梯会议室后半部平台区设置了图书角，藏书 3000 多册。还摆有沙发座椅，村民既可以在这里看书学习，也可以相互交流。书架背面是村上的"光荣墙"，历年取得的奖牌有利于激发村民的光荣感和自豪感。在图书角和会议区之间，用红色拉帘隔开，拉帘的设计运用了五星

个人体会

　　"如何建好用好村级党群活动中心"，既要体现政治性，这是首要的，又要考虑农村实际，不能板起脸来讲话、照本宣科，那样老百姓是听不进去的，也就起不到效果。活动场所的建设和使用，要让老百姓不陌生、不抗拒，觉得实用、亲切，他才愿意走进来，跟你说到一块去，接下来才是教育和引导，在一种看似随意其实精心的情境中，得到共鸣和感化。

陆瑞阳向贫困户介绍传统竹艺加工，带动妇女居家就业

红旗的元素，提醒党员干部群众增强爱国情怀。整个建筑的外墙顶部，布置一党徽灯箱，明确标识党群活动中心。

二是着眼发挥便民服务功能精心设计。活动中心也是服务中心，让老百姓觉得办事方便就会愿意来爱来想来。陆瑞阳在这方面既大胆设计，又充分听取大家意见，该一步到位的不吝啬，不该花的钱坚决不浪费。建成后的活动中心，实现了无线网络全覆盖，安装了打印复印设备，还预留了远程医疗端口，既满足村里办公需要，也方便村民办事。一层右厢房专门辟出文化活动室，摆放有棋牌、乐器、茶道，供村民休闲娱乐也兼顾日间老人照料。一层大厅液晶屏加上音响组合，可以达到乡村电影院的标准，主席台预留演出空间，以满足老百姓文化活动需求。二楼的露台能远眺山景，摆上几把椅子和茶具，以供将来发展旅游需要。

三是着眼发挥宣传教育功能精心设计。一层左厢房布置了村情村史暨脱贫攻坚展室，通过展板、实物展示五年来脱贫成效。展厅中央设计了传统粮斗农产品展示架，地铺五谷杂粮，寓意丰收。从一楼到二楼的拐弯平台墙上，用红字铭刻习近平总书记的要求："干部敢于担当作为，这既是政治品格，也是从政本分。"时时提醒村干部要勤奋工作、勇于担当。二楼设有乡村小课堂，用于举办农技交流和青年、妇女活动或调解矛盾纠纷。会客室也是小会议室，采用传统家具，会议桌嵌入川北民居构件：石柱、卡槽、石板、挑梁、卯榫、青瓦。平时小型会议可在此商议，俯瞰落地窗外的太极绿化图和中式园林，感受"中国气派"，增强文化自信。

四是着眼生态示范功能精心设计。活动场所外面用老百姓家旧房拆下的石板铺路，左侧建一水池，"半亩方塘一鉴开，天光云影共徘徊。"既满足周边果园灌溉需要，同时巧妙阻断公路边的灰尘影响，还倒映出建筑和天光，上善若水，滋润家园。如果放光池水，又可作为坝子，用于集会。路右侧是黄葛树，准备布置若干鸟巢并设置旋梯，体现人与自然共生，诗意的栖居。树下的三角地安装有健身器械，供村民在此健身游乐和休憩交流。建筑中庭是一弧圆墙，取意天圆地方。门前浅水，方形石框，取景天地。转过角，则是用细石堆造的枯山水，虽无滴水，胸中却有千壑。百姓家中的石磨、陶罐也被放置一角，颇有古意。几面中式砖墙，高低错落，互相映衬，太极绿地阴阳共生、中和至简。建筑的后身是绿色走廊，12 对 24 根绿柱与檐齐平，象征 12 个月 24 节气，地面是绿红黄白相间步道，体现四季轮回。整个建筑采用装配式，屋顶采用汉瓦薄膜发电技术，既与周围山林、田地融为一体，保留传统，又能发电增收。

成 效

新党群活动中心成为全村引以为豪的标志性建筑。谢家庙村的党员和村民都精神为之一振，到活动中心听党课、喝茶会、搞交流、下盘棋、健身慢慢变成了村里的时尚，不少村民有事没事就爱往活动中心跑。

新中心运行一段时间后，村里党员、干部的政治意识明显增强，自我要求也在提高。经常听到人说，"陆书记通知我们去看直播，习大大又要有新讲话了"。不少群众表示："没想到这辈子能在这么有意义的房间里开会，看电影！"过去党员干部开会经常人请不来的，现在喊一嗓子或者村民微信群一招呼，人就都来了。有的人还主动帮助收拾卫生，自觉维护

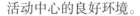

活动中心的良好环境。

　　活动场所建设为党支部提高凝聚力战斗力打下坚实基础。干部状态好了，老百姓心气顺了，村里各项工作也积极向好。2018年10月谢家庙村顺利脱贫摘帽，村集体经济收入超过20万元，村民通过村上产业发展实现就业100人次规模、务工收入50万。谢家庙村被评为南充市"四好村"。陆瑞阳还打算抓住中央开展新时代文明实践中心建设试点的契机，以活动中心为支点，打造文化市集，定期邀请各类团体组织文化活动，培育特色文化村镇。同时，引入新村民、植入新业态，激活乡村文脉、带动周边业态，提升乡村生活品质，带领群众共同努力建设美好生活。

点　评

　　加强农村基层党的建设，密切党群干群关系，既需要春风化雨、绵绵用功，提升"软"实力，也需要有"硬"平台，把党员、群众聚起来、动起来、干起来。陆瑞阳同志从谢家庙村实际出发，精心设计建设党群活动中心，为干群齐心谋发展奠定了良好基础。需要强调的是，村级组织活动场所建起来是第一步，很关键，但更为重要的是要管好用好，使之成为村级组织开展各项工作和活动的主阵地，成为联系群众、凝聚群众、服务群众的重要窗口。这是更重要的一步，也是根本所在。

如何帮助村干部做好群众思想工作

思想工作要做实做细做到心里

背 景

　　江西省吉安市遂川县地处罗宵山脉集中连片特困地区，是民政部定点扶贫的国家级贫困县。遂川也是革命老区，是井冈山精神的发祥地之一。习近平总书记到井冈山视察时指出："今天，我们要结合新的时代条件，坚持坚定执着追理想、实事求是闯新路、艰苦奋斗攻难关、依靠群众求胜利，让井冈山精神放射出新的时代光芒。"2015 年 7 月 25 日，金伟*任遂川县枚江乡枚溪村第一书记。枚溪村是"十三五"规划扶持贫困村，没有特色产品，也没有集体经济。金伟到村工作后，下定决心要大力弘扬井冈山精神，用习近平新时代中国特色社会主义思想，加强党员干部和群众的思想政治工作。把党员、干部、群众紧密的凝聚在党支部周围，把思想教育工作做实做细做到位，把基层党组织打造成坚强的战斗堡垒，充分调动干部群众积极性，充分激发打赢脱贫攻坚战的内生动力，才能让党员群众坚定信心、看到希望、找准出路，彻底改变枚溪村贫困落后的面貌。

做 法

　　一是把村里的带头人和"五老"积极性调动起来。到村以来，金伟主动与村"两委"班子成员、党员干部谈心交流。看望慰问劳动模范和为村

---

*　金伟，民政部社会组织服务中心党委办公室主任。2015 年 7 月至 2016 年 7 月任江西省遂川县枚溪村第一书记。

里发展作出贡献的老前辈、老党员、老同志。

二是把党员"两学一做"学习教育生动化具体化。他自费为全村党员购买党章,并将习近平总书记关于"三农"和扶贫工作的重要指示摘录整理汇编成册,发给每名党员。利用召开党员大会的契机,和大家一起对照党章找不足,联系自身谈体会,启发引导大家守纪律,重品行,作表率。

三是搭建起群众表达心声、干群交流情感的平台。为了能够更好地活跃村民思想,弘扬正气新风,他还组织党员和村里的青年共同创办了《大美枚溪报》,每月一期。为了让身在异乡创业打拼的村民也能够及时了解家乡的变化和发展,他创建了枚溪村党支部微信公众号,图文直播党员群众齐心协力摆脱贫困的场景,用党组织的温暖和强大的正能量感召他们回乡创业,为家乡建设添砖加瓦。为进一步密切与群众之间的联系,他利用大数据的手段和互联网的思维,建立了一条第一书记便民服务专线。一方面宣传党的惠民政策,解答群众关心的问题,另一方面吸纳和收集大家提出的宝贵意见和建议。

为农村留守儿童开办德育讲堂

四是把群众最关心的事办好，用好事实事来说话。"高标准农田改造"是群众向他反映最多的问题。村里的老书记和他谈心时，算了一笔账，"没有改造的田，请人种，一亩地要付三四百元，改造后，别人抢着种，还给你三四百，前后相差七八百元！"听了之后，他想到村里还有许多老人、残疾人没有劳动能力，如果将他们手中的土地盘活，规模化生产，会给他们带来稳定持续的收入。他和村"两委"班子，马不停蹄的往返于县、乡之间，积极主动地向有关部门反映群众心声。在县委、县政府的大力支持下，枚溪村农田改造已经纳入全县规划，实现全村家家能增收，人人得实惠。长期以来，枚溪村通村道路狭窄，坑洼泥泞，最窄处只有两米，不仅严重影响群众出行，也极大束缚村里经济发展。群众迫切希望尽快改善落后出行条件。修路是好事，可是钱从哪儿来？他心里犯难，一筹莫展。很多村民对他说"金书记，你不要压力那么大，没钱，我们可以凑！"贫困群众收入微薄，生活艰辛，凑钱修路，不仅杯水车薪，也会让艰难困苦的生活更加雪上加霜。2015年"十一"前夕，他回到部里，向领导汇报了驻村工作情况，谈了自己的体会和工作困难。得到了领导的重视和支持，在第二个"全国扶贫日"前夕，部里专门到村捐赠修路扶贫资金。之后，枚溪村基础设施改造的大幕拉开了。修弯取直，拓宽重建，沿途还加固了河床，修缮了桥梁，最终打通了105国道与大广高速连接线，让人流、车流、资金流、信息流在枚溪村加速流动，带来商机、市场、财富和无限的发展可能，充分发挥中心村的区位优势，充分激发村民的内生动力。同时，在部里领导的亲切关怀下，申请了中央财政支持社会组织参与社会服务

个人体会

做好第一书记的五个要素：一是不断强化党的领导，二是团结凝聚党员干部，三是努力赢得群众信任，四是因地制宜谋求发展，五是派出单位和地方党委，政府给予的强大支持。只要我们抓好思想，带好队伍，强化作风，把党员群众紧紧团结在党支部周围，形成强大的合力，就一定能够打赢脱贫攻坚战！

项目资金 50 万元，沿路安装了百余盏太阳能路灯，让留守人员告别夜间出行难的历史，让党的关怀照亮老百姓的心中。

五是对群众的思想教育也要从孩子抓起。小手拉大手，大手拉小手。为了让孩子们从小在心中埋下一颗善良、向上、自强的种子，他还创办了党支部关爱留守儿童德育讲堂，每周日下午 3 点到 5 点，用 2 个小时的时间，和孩子们学习社会主义核心价值观，背诵《弟子规》和《少年中国说》。鼓励引导他们立志向，有梦想，爱祖国，在党的阳光沐浴下，沿着正确的道路走，努力做最好的自己 …… 他还将部里给他的生活补贴，全部捐给村里，设立爱心基金。现在，村里孩子们纷纷给他写信，他们说："金叔叔，在北京等我，我要考到北京去！"

六是用榜样和示范凝聚团结前行的力量。在驻村工作中，金伟把岗位当作锤炼党性、洗涤灵魂的平台，真正把全村 1065 名男女老少当作家人来对待，把关系村民生产生活的大事小情当作家事来处理。到村后，他婉言谢绝了县里领导给他安排车辆方便出行的好意，选择步行这个更能走近群众的方式。果断推辞村里为他开小灶，担心他吃辣不习惯的优待，选择到群众家，付餐费吃派饭；主动放弃了配备空调的农庄单间，搬到村委会居住。虽然房间闷热，晚上整栋村委会大楼只剩下他一人，尽管身上被蚊虫咬得伤痕累累，但他从来不觉得苦，因为这里离群众更近一些。他的房间里总聚集着那么多的群众，他们在一起拉家常、谈过往、谋发展，群众有许许多多的话要对他讲。

成　效

金伟在驻村工作期间着力打造一支"不走的工作队"，让农村的发展持续长期向好。除了解决群众迫切需要解决的现实问题和主要矛盾外，他还从落实国家政策、完善管理制度、加强信息公开、培养后备力量、拓展产业布局五个方面共同发力，真正做到一张蓝图绘到底。在金伟同志和全村党员群众的共同努力下，枚溪村已经改变了贫穷落后的面貌，顺利实现了整村脱贫。广大村民紧紧凝聚在党支部周围，呈现出心齐气顺、活力迸发、欢乐和谐的崭新面貌。

点 评

　　井冈山是中国革命的摇篮，井冈山精神是中国共产党和中国人民不向命运低头、不被困难压垮、敢于顽强斗争、勇于追求幸福的生动写照。这种精神是渗入井冈山的土壤、流进井冈山人民的血液里的，是革命老区自力更生、艰苦奋斗、脱贫致富的宝贵资源禀赋。金伟同志在扶贫工作中注重发挥党的思想政治工作优势，通过创新宣传教育载体、维护群众切身利益和自己以身作则示范，把群众血液里的井冈山精神再次唤醒，让自强不息的火种不断放大，为枚溪村脱贫攻坚和发展进步注入了强大精神动力。这一案例值得老少边穷地区党组织在脱贫攻坚中学习借鉴。

建强组织聚人心　干群合力促脱贫

背　景

　　东安村位于祖国大陆版图最东北角，距市区 25 公里，全村共 169 户 347 人，村内地势高低不平，土质贫瘠，耕地治理程度低是导致贫困的主要原因。

　　2015 年 8 月，李世杰*担任东安村第一书记。上任之初，在东安村的干部和村民眼中，李世杰是从北京来"镀金"的第一书记。有的村干部回忆起自己当时对李书记的态度："这么年轻，能干什么事，我就没太搭理他。"初见时虽正值八月暑期，李世杰却只能看到村干部和村民们一张张冰冷的脸。为尽快打开局面，改变"一人干、众人看"的窘境。李世杰边走访，边请教，边思考，确定了以抓党建，强堡垒，聚人心，促脱贫的思路，用两年的时间，把东安村建设成为远近闻名的示范村、先进村。

做　法

　　一是从严从实夯基础，一马当先抓党员。2015 年 6 月，在来东安的两个月前，东安村被抚远市列为党组织建设软弱涣散村。到东安村 20 天后，

---

*　李世杰，市场监管总局办公厅主任科员。2015 年 8 月至 2017 年 8 月任黑龙江省抚远市东安村第一书记。被黑龙江省委、省政府评为 2015–2017 年度全省"新农村建设先进个人"，被黑龙江省委组织部、省人力资源社会保障厅授予"优秀第一书记"称号，被中央和国家机关工委授予"中央和国家机关脱贫攻坚先进个人"称号。

李世杰组织召开了一次党员大会，全村 14 名党员，只来了一半。后来的学习中，虽然人是来了，可是心还散着。不断碰壁，让李世杰逐渐认识到，要想解决"一人干，众人看"的问题，就必须从村"两委"班子和党员队伍入手。通过开设微信平台、利用大喇叭广播、出黑板报等方式，不断改进学习内容和组织形式，把每月 15 日定为党员集中学习日，让丢失多年的"三会一课"制度重新焕发了生机。

有一次在组织活动时，村民刘延辉提出"家庭农场"和"合作社"的想法，李世杰在了解相关政策后，带着刘延辉到工商局注册了家庭农场，还利用互联网把她生产的农产品和副食在网上销售。紧接着，为了让党员"有事干"，解决"群众站一边看"等问题，李世杰从建章立制入手，研究制定"设岗定责"，把民意调查、纠纷调解等 10 个岗位，由 14 名党员自愿认领。同时，通过开展党员承诺活动，把党员认领的承诺贴在公告栏里，发到村民的微信群里。通过不懈努力，李世杰在党员心中的形象悄悄发生了转变，而看到党员干部的变化，村民的意识也在发生着细微的转变……

二是上下联动齐推进，内育外引促脱贫。推动精准扶贫是第一书记的重要职责之一。"要想使村民的口袋鼓起来，必须发展高效农业、特色农业。"于是，李世杰动员群众带地入社，实现增收目的。然而，这边喊破了嘴，那厢村民迟迟没有动起来……李世杰一头扎进群众中，走东家串西家，很快理出了头绪：村民们世代种地，现在让他们交出土地给别人种，顾虑很多。为打消顾虑，李世杰带领支部一班人，创新探索"党支部+合作社+农户"的富民思路，采取"支部动员村干部、村干部发动党员、党员带动群众"的网格化模式，分层分类、

个人体会

要想推动脱贫攻坚，就必须紧紧依靠基层党员干部和广大群众这个根本力量。要充分调动基层党员、干部、群众参与脱贫攻坚的积极性和主动性，不断培育自我发展能力，让大家的心热起来、脑转起来、手动起来，通过辛勤劳动来改变贫困落后的面貌。

到五保户王连忠家里走访慰问

上下联动做好带地入社思想动员工作。经过大量细致的工作，农户的态度逐步从"漠不关心、消极抵触"转变到"理解配合、主动参与"。农户由原来的一亩地外包收入220元，提高到现在每亩400元以上。农户的腰包鼓起来了，支部的威信逐渐树立起来了。

与此同时，李世杰借助总局帮扶优势，打造特色农副产品品牌，动员近20家企业、个体工商户等社会力量参与，组织开展技能培训，为困难家庭捐资送物，为困难大学新生捐赠奖学助学金等实际行动，提升群众对驻村工作的认可。

三是尽心竭力办实事，为民服务育新风。"有的村民觉得，北京来的年轻书记也就走个过场，能干啥？"东安村村主任说，就连他自己也曾在心里犯过嘀咕。"要让村民满意，必须把好事办实，把实事办好，办到群众的心坎上。"李世杰走家串户，深入田间地头；帮助村民办理低保；为贫困户联系就业；修田间路、硬化边沟……一件件实事"落地"，让东安村有了大变化。

除此之外，李世杰积极向上级部门争取支持，推进光伏发电、电网改造等惠民项目实施，在村内修建村民文化活动亭和文化活动室，安装健身器械，组织开展内容丰富的主题文化活动，村民生产生活和文化娱乐活动条件得到改善，村内基础设施得到改善，村民获得感、幸福感明显增强。

四是以人为本惠民生，蹄疾步稳抓治理。第一次到村里，李世杰没有见到村支书。当时村支书在佳木斯住院，对于李世杰的到来，村支书后来谈到，当时内心也觉得有些别扭："我十多年书记了，又给我派来一个，就是对我的不信任。"从8月到10月，乡领导和村民都冷眼看着这位上面派来的第一书记，两个月来，李世杰默默无声，一直跟着村干部熟悉农村事务。

为解决垃圾处理的老大难问题，李世杰首先在村民的微信群里号召大家不要往沟渠里面倒垃圾，但没人响应。随后，他又想到给每家门口免费发放一个垃圾桶，可是垃圾桶的费用又成了新问题。村里没有这笔开支的预算，李世杰和支部其他委员商量，买了一些装柴油的桶，一裁两半，就变成两个垃圾桶，为了省钱，李世杰和村支书两个人拿切割机手工割出了全村的垃圾桶，可村民依旧不配合。有了党支部做基础，李世杰决定带领村干部换一种工作方式，让党员带头清理垃圾。渐渐地，东安村变得干净了，被堵塞的沟渠也清理了出来，村民也开始改变了乱扔垃圾的老习惯。经历了这么多事，村干部和村民渐渐对李世杰转变了态度。有人对他说："世杰，你就别走了，留在这吧。"

成 效

两年来，李世杰带领村"两委"强基固本、攻坚破难、扎实工作。支部堡垒作用更加巩固，党员模范作用全面提升，精准扶贫工作持续向好，集体经济基础不断壮大，全村各项事业稳步发展。支部先后被评为抚远市先进基层党组织和"五领域"党建示范工程示范单位。

现在的东安村，农业有了提升，产业有了融合，脱贫有了出路，村容村貌整洁美观，经济呈现一派繁荣景象。

点 评

农民群众讲求实际，若不眼见为实，干部说得天花乱坠，他们也不会认可，更不会跟从。东安村群众对初来乍到的李世杰同志投以冷漠态度，完全可以理解，也需要正确认识。作为中央机关下派的年轻干部，李世杰同志放下身段，转换角色，想群众所想、急群众所急、解群众所难，用一点一滴的实际行动感染群众，最终成为群众的贴心人、致富的领路人。这一转变很有示范意义，说明到底如何才能做好农村工作。干部驻村就应当有李世杰同志这样实打实的干劲，横下心来把实事干好、好事干实，自然就会赢得群众拥护和信任。

紧扣村情务实严谨定制度

背 景

　　山西省繁峙县是体育总局的定点扶贫县之一。该县共有 401 个行政村，上西庄村在全县既是贫困村，又是基层党组织软弱涣散村。

　　2015 年 8 月，张家伟*到上西庄村担任党支部第一书记。初来乍到，张家伟没有"先点三把火"，而是首先俯下身子调查研究，深入走访村里每家每户，了解村情民意。通过调研他发现，这个村的党组织软弱涣散主要原因在于党支部缺乏凝聚力，"两委"班子不团结，干部在群众中没有威信。虽然 2014 年底成立了新一届党支部，但因为办事没章法、工作缺制度，村里仍然是人心散、怨气多，脱贫攻坚等各项事业发展仍旧困难重重，难有起色。

　　改变村里软弱涣散现状，带领群众脱贫致富，到底该从何入手？张家伟思前想后，最终确定了充分发挥自身法律专业特长，以制度建设为突破口全面加强党建工作的思路。在县乡党委的支持和帮助下，他带领党支部一班人从实际出发，制定了村"两委"工作基本制度、村务公开制度、村监委会工作制度、党员和村干部学习教育等组织生活制度，使村里各项工作都有基本的制度规范。有了制度之后，他又狠抓制度执行，以落实制度推动全村工作上台阶、上水平、有特色、有实效，使该村各项事业发展取得明显进步和变化。

---

*　张家伟，体育总局青少年体育司副调研员。2015 年 8 月至 2016 年 8 月任山西省繁峙县上西庄村第一书记。

做 法

一是围绕促进村党支部工作制度化规范化定制度。新一届村党支部改变不了软弱涣散面貌，相当大的原因在于本身开展工作不规范，工作缺乏标准、弹性较大。这种状态极易引起村民不满，也存在很大的风险隐患。针对这个问题，张家伟与党支部一班人坐下来议，根据有关法律和制度研究制定《上西村"两委"工作基本制度》，具体规定"两委"主干的协作、议事决策、集体学习、党务村务公开、民主生活会、谈心谈话、报告工作、对老干部尊重等制度规定。大家一起商量，一起讨论，一起确定，制度规定既入心，也走心。

二是围绕村民最关心的村务公开问题定制度。村民最关心的问题就是村务公开。村务不公开，尤其是经费使用不公开，容易使群众不信任干部，导致干群关系紧张。张家伟要求依法推进村务公开，刚开始有的村干部心有顾忌，怕公开后村民指指点点，人多嘴杂变得被动。张家伟对他们说："不用怕，你越不公开，村民越怀疑你有问题，越和你对立，该公开的你公开了，他们了解了，气也就顺了。"他带领大家制定村务公开制度，详细规

向前来参观的领导介绍制度建设情况

定村务公开的内容、形式、期限、接受监督等。此前村里对经费使用等许多重要事项没有公开，大家都有意见。现在全面进行公开，人心明显顺畅。村民郎大叔说："过去我对村里发展很不看好。现在你们把事情都晒出来，支部是在为我们村办好事，我听你们的，我也有信心了！"

三是着眼加强监督避免村干部违纪违法定制度。过去上西村没有成立过村务监督委员会。张家伟提议召开村民代表会议并推选成立了监委会。监委会成立后，如何开展工作？怎样避免缺位或越位？如果缺位，则机构成为摆设，损害党支部威信。如果越位，则容易和村委会关系紧张，影响团结稳定。张家伟又推进党支部、村委会、监委会一道制定监委会工作制度，规定了监委会和党支部及村委会的关系、监督的内容、监督的方式、相关会议的列席、报告工作、制度修订程序等。这样，监委会依据制度开展监督工作，从机制上予以保证，完善了党领导的村民自治机制。

四是着眼改进党员和村干部的思想政治教育定制度。学习教育是一项基本组织生活，也是团结凝聚党员的一项有效手段。张家伟注重抓集体学习，并着力通过学习加强党员和村干部思想政治教育。他带头授课，每次授课后，还要组织大家结合实际开展研讨，帮助大家把学习内容入脑入心。有次授课后几位党员谈了自己的担心，"大家在一块学习不知能不能坚持下去"，其他人员也表示了同感。了解到村里党员和干部有这样的想法，张家伟就推动支部总结经验制定集体学习制度，详细规定学习分类、学习内容、学习召集、学习方式、专题讨论、学习时间、学习签到、请假人员的学习等，使之成为得到全体拥护的一项自觉要求。

农村基层实际工作中不缺制度文本、不缺制度要求，但

个人体会

农村治理，要下功夫抓制度建设和制度执行，这其实是一个推行法治的过程。让党员及村干部自觉服从制度、遵守制度、维护制度。要善于以法治思维和法治方式推动各项工作持续稳定健康发展，这才是农村长久的发展之道。

缺符合当地实际的具体制度规定，关键是缺制度意识和制度执行。张家伟在推动上西庄村加强制度建设过程中，注意把握四项原则，努力提高制度建设实效。一是于法有据。认真研究党章党规和相关法律，确保制度符合党章党规和相关法律的要求。二是务实管用。坚持问题导向，不求全。从实际出发，不简单照抄照搬，要求简单明了，管用就行。三是民主集中。定制度必须会议讨论通过，形成一致决议，共同商量的过程就是统一思想的过程。四是注重执行。禁止空洞性的口号式规定，力求具体细致，可操作性强。

成 效

抓制度建设，抓制度执行，能带动和影响村里的全局工作，也能管好村里各项事业的长远发展。张家伟通过制度强村、制度强支部的探索，在实践中收到积极成效。党支部工作制度化规范化水平明显提高，党员和村干部规矩意识增强，党支部权威在全村树立起来。经上级党组织新一轮评估确认，2016 年 3 月村党组织软弱涣散摘帽。凡是涉及村民利益的重大事项，严格按照"四议两公开"程序落实，村民的知情权、参与权、监督权得到保障。制度建设不仅使上西村上上下下人心顺了，村民发展致富的热情也空前高涨。一年时间，村里建造起 1000 平方米的体育文化广场，安装起全民健身路径器材；硬化 1000 平方米村部大院，维修粉刷原有房间，提升了村活动场所；栽种 380 棵绿化树木，美化了村容村貌；成立果业互助合作组，推广果树种植发展果业，各项事业发展都走上了正轨。2017 年底，村里如期脱贫，摘掉了贫困村的帽子。群众喜气洋洋，纷纷认为，党的政策好，支部带领得好，让大家过上了好日子。

点 评

"矩不正，不可为方；规不正，不可为圆。"规矩是谋事的准绳，制度是成事的保障。加强党的基层组织建设，必须强化规矩意识，重视制度建设。张家伟同志通过制定一系列切合上西庄村实际的村级组织工作规章制度，让党员干部知道支部怎么建、工作怎么干、监督怎么管，解决村班子软弱涣散问题，真正体现了驻村帮扶"授人以鱼，不如授人以渔"的好理念。这一做法值得认真总结推广。要以制度刚性约束让支部堡垒硬起来，推动各项工作部署落下去。这样，才能真正从被动接受转到主动作为，实现从"输血"到"造血"的动力转换。

用行动强班子　用真心换真情

背　景

　　河北赞皇是国务院港澳事务办公室的定点帮扶县。尹家庄是该县97个贫困村中一个贫困程度较深的典型，也是全县基层党建软弱涣散村之一。2015年该村共有村民396户1264人，其中建档立卡贫困户176户560人，贫困发生率高达44.3%。

　　2017年8月，陈喆*到尹家庄村担任第一书记。他到村后迅速转身份、换角色，通过实地调研、入户走访、与村"两委"班子成员座谈等方式，摸清掌握了村里的情况，并制定了"一二三"工作思路。即：围绕一个基本目标——精准扶贫、精准脱贫，打造两个组织依托——基层党组织战斗堡垒、集体经济合作社发展平台，明确三个努力方向——强化产业支撑、改善村容村貌、推进移风易俗。讨论时，大家对这一思路都说好。但部署实施时，他又发现，从村"两委"班子成员到普通党员和干部人齐心不齐、声音讲得高但干劲不足，本应成为"主心骨"和带头人的村干部普遍抱着事不关己看热闹的态度。针对这一状况，他下定决心先破解村基层党组织建设的难题，把党支部建强，把干部和党员积极性调动起来，逐步把愿景思路变为现实。

---

* 陈喆，国务院港澳办秘书行政司副处长。2017年8月至今任河北省赞皇县尹家庄村第一书记。

做 法

一是团结凝聚干部。过去村"两委"班子成员受生活环境和文化水平所限，看事往往眼前利益想得多、长远规划考虑少，利益面前难免出现不团结、不担当的现象。怎么化解这个矛盾，陈喆琢磨了个"三多"法。即，多开会、多谈心、多学习。"多开会"即多开工作会，凡涉及全村工作的事都要上会集体讨论，改变过去由个别人拍板决定的问题现状。他与村支书、主任每天开碰头会，召集班子成员每周开例会。大家开会时踊跃发表意见、表达诉求，营造形成集体讨论、集体决策的氛围。"多谈心"即他每周都会找一个班子成员谈心交流，谈家庭，谈生活，谈工作，在谈心中与班子成员建立感情，鼓励其更多更好地为全村发展出策出力。"多学习"即加强班子成员对党的路线方针政策及国家扶贫惠农政策的学习，提高党性修养，加深政策理解。同时，定期组织"两委"班子成员到周边市县进行考察，学习先进经验做法，开阔视野思路。"三多"实质都是正常组织活动，但真做实了、做到位了，润物无声就把支部一班人讲政治、讲团结的规矩立起来，各项工作组织基础和领导力量得到显著加强。

二是真情化解矛盾。农村工作既要讲原则，也要讲感情，干群之间"走心"了，各项工作才能真正办好。尹家庄村不大，但村干部之间、村干部与村民之间也有不少"历史恩怨"，有不少你长他短的复杂矛盾。深入了解这些情况后，陈喆在大会小会前都注意与村干部充分沟通，不了解情况的事情尤其是涉及政策和利益的事从不轻易表态。同时，在遵守纪律和政策规定前提下，千方百计关心关爱村干部，最

个人体会

相比机关工作而言，驻村工作更接地气，实践性更强，考验了第一书记"把文字转化为行动、把理论延伸为实践"的能力。同时，驻村工作也是一项需要对工作和人倾注感情的事业，只有用真心才能换真情，第一书记才能得到村"两委"的最大支持！

带领全村党员在西柏坡重温入党誓词

大限度凝聚共识。有一名副主任在村委会工作多年，是村里大小事务的明白人，同时也是村里建档立卡贫困户之一。2018年精准识别"回头看"中发现其家庭条件不符合，但他又不想退出贫困户行列并因此和其他村干部有了矛盾，认为自己为村奉献多年应该继续享受相关政策。陈喆没有以第一书记的身份下"硬命令"，而是主动到他家中，与他和家人促膝长谈，帮其明白党和国家政策，明白当干部就得带头等道理。这名副主任最终带头放弃贫困户身份，还动员身边不符合条件的亲朋好友也都主动退出。干部带了头，群众就少矛盾，从而为精准识别"回头看"打下坚实质量基础。

三是强化党员培训。党员队伍强起来，支部工作才能实下去。陈喆推动支部建立健全和认真落实"三会一课"制度，每月一次由班子成员带头召开支部党员学习会，着力提高全体党员的政治素质和政策意识。他还创新党课形式，建立党员微信群，经常向党员推送最新的政策法规、工作动态，实现党员教育常态化。开展党员知识竞赛和主题生活会、赴革命教育基地学习，唤醒每一个党员的入党初心，增强党员意识，提高理论水平。

四是倾力培养骨干。支部强不强，关键看头羊。陈喆深知把支部书记带好的重要性，对新支书扶上马多送一程，手把手教。他帮助新支书学习党的政策理论，提高理论水平和政治素养，增强对党负责、为民尽责的使命感和责任感。鼓励其参加自学大专考试，提高学习能力和学历层次，提升文化知识水平。推荐其参加市、县、乡党委、政府组织的考察培训和学习交流，帮助其开阔视野。在村"两委"班子会议上强调其权责，支持其当好班长、树立威信。引导其关心村民生活，谁家有难事及时送去组织温暖。新支书在他的帮助下积极干事、创业有为，荣获全县"十大杰出青年"和石家庄市"百名好支书"称号，成为全县基层干部的品牌人物。

成　效

付出终有回报。陈喆担任第一书记一年多，用实际行动抓领导班子和基层组织建设，用真情实意赢得全村村民支持，尹家庄村各项工作迈上新台阶、取得新变化。

一是基层党组织全面加强。顺利完成村"两委"换届，党支部的凝聚力、组织力、战斗力进一步增强，班子年龄和文化结构明显改善。全村党员一改过去"事不关己高高挂起"的消极态度，参会议事、干事创业积极性显著提高。

二是村集体经济从无到有。香港爱心组织捐建给村集体的蔬菜大棚项目顺利落地，全村未脱贫户入股参与，仅第一季西红柿种植就为村集体增收 5 万余元，每户分红 2000 元。2018 年 9 月村集体合作社采购赞皇板栗 46 吨销往外地加工企业，首次实现销售收入 50 余万元。

三是村容村貌显著改善。道路硬化、街道亮化、道边绿化等项目落地实施，村容村貌得到较大改观；新建起村医务室、实施公共卫生托管、设立行政审批试点等进一步提升了村"两委"为民服务办事水平。

尹家庄村群众看到眼前身边的一点一滴变化，切身感受到了党的温暖，感受到党支部的战斗力，更增强了听党话、跟党走、勤劳致富、建设美丽家园的信心。

点 评

对症下药，事半功倍；盲目做事，事倍功半。驻村之初，陈喆同志满怀信心制定的"一二三"新思路很好，但叫好不上座、贯彻不下去。原因何在？药方不完全对症！村庄是个小社会，这问题、那问题，追根溯源都是人的问题。而要改变人，就得下功夫把党支部建强，把党员、干部的积极性调动起来。陈喆同志通过团结凝聚干部、强化党员培训、倾力培养骨干，推动尹家庄村各项工作迈上新台阶、取得新变化，生动说明用行动来说话、用真心换真情，就没有过不去的山、打不赢的仗。

党建引领激活基层干部干事
创业"一池春水"

背 景

　　河南省淅川县毛堂乡银杏树沟村是一个偏远闭塞的深度贫困村，全村179户625人，贫困人口74户258人，贫困发生率41%，"无村部、无广播、无信号、无网络，喝雨水、走泥路、住土房、没新娘"，是当地群众对贫困状况的形象描绘。2017年以前，村集体长期无收入，村"两委"班子不健全，干部在群众心目中无号召力，村里上访告状多，是县里乡里出名的"穷、弱、散、乱"村，村干部普遍目标不清、能力缺乏、干劲不足。

　　王涛*2017年8月到银杏树沟村任第一书记后，坚持党建引领，创新党建工作方法，大力发展村集体经济，聚焦环保脱贫产业，使基层干部干事创业的信心振奋起来了、思想素质提升起来了、积极性充分调动起来了，村里各项工作都迈上了新台阶。

做 法

　　一是解决群众突出困难，让基层干部干事有威信。王涛通过走访了解到，村里群众最渴望解决的是饮水难、通讯难和出行难问题。王涛发

---

* 王涛，国务院研究室秘书司副处长。2017年8月至今任河南省淅川县银杏树沟村第一书记，获2018年"中央和国家机关脱贫攻坚优秀个人"称号，获2018年"河南省脱贫攻坚奖贡献奖"、第23届"河南青年五四奖章"。

挥自身优势，带领村干部积极与县直相关部门对接，前前后后跑了十几趟，用1个多月时间，新打机井3眼，建成2个移动信号塔，争取了通村水泥路建设。三大难题的解决，群众看到了希望，村里再开会，村民的积极性都很高，很快就达到上百人，提高了村支部和村干部的威信。

二是发展村集体经济，让基层干部干事有底气。村集体没钱，干部干事没底气、说话没分量。在王涛的协调推动下，以村集体100%股权的方式，成立劳务公司、农业公司两家公司，劳务公司输出劳务，农业公司在村里搞种植加工。村民到集体企业就业挣钱，年底还有分红，形成了村"两委"、集体企业、村内群众"三位一体"的利益联结机制，人人都受益。集体企业发展起来后，村里有钱了，群众腰包鼓起来了，干部干事也有底气了，在群众中说话也更有分量了，积极性更高了。

三是强化教育引导培训，让基层干部干事有激情。长期以来，村组干部普遍觉悟不高、素质较低。针对这种情况，王涛先是利用"三会一课""我来说说十九大"、党员活动日等契机，宣讲各种政策，教育引

田间地头主持召开邻家支部会议，打通党建最后一公里

导党员干部讲党性、讲奉献、比付出。同时，在集体企业和扶贫项目上成立 4 个党小组，每天党小组开展政治思想学习，然后干部带领职工学习讨论，经过一段时间，村干部思想觉悟普遍有所提高。在干部群众中定期评选表彰"创业创新标兵""志愿服务标兵""最美银杏树沟人"等优秀典型，鼓励干部和群众干事创业争先。在做好群众培训的同时，组织村干部外出考察培训 20 多次，基层干部普遍开阔了视野、转变了观念、提高了能力。

四是拧紧压实干部责任，让基层干部干事增动力。王涛在充实村"两委"力量的基础上，将村支委成员分别派往脱贫产业和项目上担任党小组组长，建立党员帮扶贫困群众责任制，根据个人情况为全村 8 名非党员干部设岗定责，做到人人肩上挑担子。干部带贫成效和个人作风定期在村民大会公开，组织村民对其进行监督考核评议，奖优罚劣，村组干部充分感受到责任和压力，进一步增强了干事创业动力。

五是聚焦环保脱贫产业，让基层干部发展强信心。王涛推动成立村集体企业时，就把脱贫产业发展方向定位为：发展兼具政治意义、生态意义和社会效益高的绿色环保产业，实现资源循环利用。对此，一些村干部思想认识不到位，认为穷山村的企业搞点劳务输出、种加养还行，搞高科技环保产业肯定行不通。后来，王涛以村办劳务公司为依托，按照"村企智"三方合作扶贫模式，在实现劳务输出的同时，引进国内领先的环保技术，以消纳大宗固废垃圾为特色，参与承接县内多条"新材料道路"工程；同时，围绕固废资源循环利用，

个人体会

要提高基层干部创业积极性，必须坚持党建引领，创新党建工作方法，提高村党支部的威信，做好教育引导培训，让基层干部信心振奋起来、思想素质提高起来、积极性充分调动起来，充分发挥基层党组织的战斗堡垒作用；同时，大力发展村集体经济，聚焦环保脱贫产业，提升了基层干部发展的信心，增强了贫困村可持续发展能力。

又引进参股两家环保企业，建成新型环保建材厂和生态修复基材生产基地，填补了区域市场空白，取得了良好的经济效益，村干部们对发展绿色环保脱贫产业信心更足了，决心更强了。在村组干部的积极组织下，村农业公司很快在村内发展核桃 600 亩、套种玫瑰 500 亩，还流转周边 8 个村部分土地引导群众发展核桃、艾草等产业，利用当地资源，建设芈月山牌浓缩洗衣液、芳香制品生产线和环保日用品扶贫车间，进一步增强了贫困村可持续发展能力。

成　效

在王涛带领下，银杏树沟村壮大了村集体经济，激活了基层干部干事创业积极性，很好地发挥了先锋模范作用，全村上下心齐、气顺、劲足，短短一年半时间，使银杏树沟从一个全县出名的"穷、弱、散、乱"村，变成远近闻名的富裕村、文明和谐村，贫困群众实现了"短中长"三线产业叠加增收，2018 年贫困人口人均收入突破 1 万元，实现整村脱贫，贫困发生率降至 1% 以下。村集体经济收入从无到有，连续两年突破 300 万元，2019 年底有望达到 500 万元，可持续发展能力进一步增强。一年多来，新发展党员 3 名，一些 80 后、90 后充实进基层干部队伍，基层组织建设实现历史性突破。在党员干部的带动下，全村群众在脱贫攻坚事业中凝心聚力、各尽所能，银杏树沟村呈现出前所未有的新气象、新面貌。

点 评

  "条条大路通罗马"。改变农村面貌、实现脱贫目标，方法有很多种，道路有很多条，但加强党的建设无疑是最根本的一条。这不仅关乎我们党的执政基础，也关乎千万百姓的幸福安康。王涛同志立足实际、着眼长远，从加强党的建设这一根本问题入手，以党建激发基层干部干事创业，不失为具有政治头脑和长远眼光、保持农村可持续发展的重要举措。党建是源头活水，是撬动所有工作的杠杆。银杏沟村整村脱贫的实践再次证明，抓好党建既是第一书记职责所在，也是实现脱贫目标的聪明之举，往往会起到事半功倍之效，党建抓好了，党的建设加强了，一解百解，一通百通。

让村支部人气"旺"起来

　　突泉县位于内蒙古自治区东部，属于大兴安岭南麓集中连片特困地区，是国家扶贫工作重点县。五三村位于突泉县东北部，辖 5 个自然屯，区域面积 19.8 平方公里，耕地面积 9495 亩，人口 387 户、914 人，贫困发生率 6.8%，是内蒙古自治区 258 个深度贫困村之一。

　　五三村被划定为深度贫困村的主要原因是基础设施落后、公共服务水平较低。这些短板在村级活动场所表现得尤为突出，由于设施落后、服务功能缺失，导致党建活动组织不起来，村干部不愿意坐班，村民办事找不到人，村党支部联系群众、凝聚群众的作用削弱，已经影响了正常村务治理。针对这些问题，2016 年 8 月驻村以来，程飞 * 采取以政治引领、服务群众、凝聚人心为目标，统筹利用各类资源等措施，逐步健全完善村级活动场所各项功能。

做　法

　　一是突出"党建活动阵地"功能，打造政治引领的"主阵地"。 驻村伊始，程飞碰到的第一个难题就是党建活动难组织，经常遇到原定 8 点钟开会，到 9 点钟党员还到不齐的情况。经过走访调查，他摸清了原因所在：

---

* 程飞，中国气象局综合观测司副调研员。2016 年 8 月至 2018 年 8 月任内蒙古自治区突泉县五三村第一书记。2018 年被评为全国气象部门扶贫先进个人、记三等功。

首先是党员活动室没有设计安装取暖设施，每到冬季室内十分寒冷，党员不愿意来参加活动；其次是党员活动室缺少党旗党徽等基本元素，党建氛围不浓；第三是长期以来村党支部党建活动就是读书念报，形式单一，党员参加活动的积极性不高。程飞针对这些问题，一是进行党员活动室设施改造，利用中央和国家机关工委划拨的专项党费，加装了外墙保温，购置了取暖锅炉，安装了暖气片和暖气管道，改善了党员活动室冬季取暖条件；二是开展党员活动室规范化建设，争取当地组织部门支持，在醒目位置悬挂党旗、党徽和主题党日横幅，将"三会一课"制度、党员议事制度、党支部职责、党员义务等内容制作成牌匾张贴上墙，营造了庄重严肃的党建活动氛围；三是充实党建活动内容，利用党员大会、主题党日等重要场合，有针对性地将村内重要事务、重大事项摆出来让大家讨论，引导党员在党组织活动中更多地感受到自身价值。

二是强化"办事服务窗口"功能，打造干部联系群众的"连心桥"。 由于村部的办公设施比较落后，一些村干部不愿意坐班，揣起公章在家办公、流动办公、没有上级检查不开门、没有重要事情不上班等情况比较普遍。村干部不坐班，村民办事也就很少到村上来，平时村部还是冷冷清清。程飞针对这种情况，先是改善村干部办公条件，协调相关部门为村干部配备了办公电脑，购置了办公用品，开通了无线网络，更新了风扇、电暖器等设备；再是推行村干部坐班服务制度，

个人体会

村级活动场所是农村党员干部学习、工作、治理村务的基础平台，是农村基层组织联系群众、服务群众、凝聚群众的重要窗口，是扩大党在农村的群众基础、巩固党在农村执政地位的主要阵地。建好管好用好村级活动场所，应突出政治引领、服务群众、凝聚人心的功能，坚持因地制宜、量力而行、稳步推进原则，以提升治理服务水平和群众满意度为目标，不宜贪大求洋大搞基础设施建设，而应注重统筹资源推动效益发挥。

为农民夜校授课

督促他们转变工作作风、增强服务意识，设立办事服务窗口，村民不再跑着办事、等人办事，急事难事都能得到及时处理，设立矛盾调解窗口，健全调解服务台账，做到矛盾纠纷有受理、有记录、有回复。

三是发挥"农民夜校课堂"功能，打造农民教育培训的"加油站"。针对扶贫工作中"给资金换不来人心，给政策拔不掉穷根"的问题，程飞以村部为主要课堂，精心组织"扶贫扶志：新时代新型农民素质提升工程——农民进夜校"活动。他探索提出"教学四+"模式，在教学内容上采用"点菜"+"配菜"、教学力量上采用"专家"+"能人"、教学场所上采用"课堂"+"田间"、教学效果上采用"评学"+"评教"的方式，邀请领导干部、技术专家、乡土人才、致富能手到村开展普法教育、扶贫政策、紫皮蒜种植、肉羊养殖、种植业结构调整等培训，激发困难群众的内生动力，提振贫困户脱贫致富的精气神。截至 2018 年 8 月，五三村农民夜校已累计培训 200 余人次。

四是增强"文明宣传平台"功能，打造弘扬乡风文明的"传播点"。村部人气"旺"起来之后，程飞利用这一平台，大力推动乡风文明宣传。先是宣传社会主义核心价值观，在村部室内、围墙和周边街巷张贴主题鲜明、通俗易懂的社会主义核心价值观宣传图片和标语，制作了由数十组村民笑脸照片组成的"我们是相亲相爱的一家人——幸福五三村"宣传墙。这些宣传载体扮靓了乡村面貌，同时也在潜移默化中让社会主义核心价值观走进村民心中。再是开展"倡树真善美，弘扬正能量"行动，在全村组织开展"和谐家庭""孝老爱亲""自主脱贫""带民致富"等典型人物和典型事迹评选，并把他们的姓名、照片、事迹制作成大型展板，张贴在村部醒目位置。这种"身边好人感染身边人"的宣传方式，很好地发挥了激励群众、引领风尚的作用。

五是健全"文体活动中心"功能，打造村民文化娱乐的"大舞台"。长期以来，五三村缺少相对集中的文体活动场所，一些村民闲来无事就只能选择走进麻将桌、走进小酒馆，赌博现象严重、酗酒滋事频发。为改变这种状况，程飞积极推动村级活动场所的文体活动功能完善。先是完善图书阅览功能，订阅了《农民日报》《内蒙古日报》《兴安日报》等报刊，通过"捐书惠农"等途径增添了普法教育、种植养殖技术等书籍。再是完善文体活动功能，争取文化、体育等部门支持，配备了门球场、篮球场、象棋桌、台球桌、乒乓球桌、健身路径等文体活动设施。三是完善文艺娱乐功能，组建村秧歌队，农闲期间每天在村部广场组织扭秧歌活动，经常邀请乌兰牧骑到村开展文化惠民演出。

六是完善"驻村干部之家"功能，打造干部扎根农村的"根据地"。由于村部条件所限，难以满足驻村工作队的工作生活需要，驻村干部往往只能上午来一趟下午就走人，无法静下心来驻村开展工作。因此，程飞协调乡政府、帮扶单位、扶贫部门支持，为驻村干部开辟了寝室，购置了床铺、炊具、餐具、冰箱，配备了电脑、打印机、档案柜；建立轮班签到制度，保证每天至少2名驻村干部在村工作。通过改善食宿和办公条件，驻村干部在村脱产上班和集中办公成为常态，"走读""两头跑""名驻实不住"等现象得到扭转。

成　效

　　一是凸显了政治引领功能。通过突出"党建活动阵地"功能，党员参加党建活动的积极性和参与率不断提高，"三会一课"、主题党日、组织生活会和民主评议党员等党的组织生活进一步规范，村党支部的凝聚力、战斗力和领导核心作用进一步加强，村部真正成为了政治属性和政治功能突出的党在农村基层的政治中心。

　　二是提升了服务群众能力。通过强化"办事服务窗口"功能，村民来村部办事随时都能找得到人，一些矛盾也能得到及时化解，改变了村干部常年在家办公、流动办公，村民办事要到处找村干部的尴尬局面，村部逐渐成为全村人气最旺的地方。五三村"农民夜校课堂"在帮助农民提高产业发展技能、树立劳动脱贫意识、转变等靠要思想等方面发挥了积极作用，内蒙古电视台"新闻再观察"栏目报道了他们的做法。

　　三是发挥了凝聚人心作用。通过增强"文明宣传平台"功能，培育了文明、健康、和谐的乡村文明新风尚，在全村推动形成了弘扬道德力量、学做身边好人的良好精神风貌。通过健全"文体活动中心"功能，全村的文化体育娱乐生活不断丰富，村民有空就来村部看书、健身、休闲，或者在村部广场扭一扭秧歌、打一打篮球、看一看演出，身心健康了，矛盾纠纷也少了。通过完善"驻村干部之家"功能，干部吃住在村、工作在村、发现问题在村、解决问题在村，为村里办成了一件件好事实事，真正"驻"进了老百姓的心坎里。

点 评

　　打仗需要阵地，开展扶贫工作、教育党员群众同样离不开阵地和载体。毋庸讳言，村级活动场所功能不全、作用不彰的现象很普遍，这也是脱贫攻坚、全面实现小康社会的一个突出短板。程飞同志把拓展完善村级阵地功能作为建强基层组织的重要抓手，强化六大功能，抓住了关键和重点，而且所做工作扎实有效，使村级活动场所成为姓党为民聚人心的坚固阵地。这样的案例可复制可推广。

搭建村"两委"班子的连心桥

背 景

江西省寻乌县晨光镇高布村辖9个自然村组、465户、1725人。全村现有党员30人,党支部委员5人,村委会委员5人。

2016年1月,吉志雄*到高布村任第一书记后了解到党支部工作开展不经常,总体软弱涣散,村干部在工作中经常出现分歧和矛盾,特别是村"两委"班子成员之间推诿扯皮情况时有发生。就在吉志雄到村的2016年当年,村支部书记因工作不力受到上级党委约谈,在党员群众中的威信较低。村委会主任与村支部书记分歧较大,女支部委员和负责妇女工作的女村委会委员长期以来工作分歧多,内耗大,工作难以有效推进。包括村支部书记在内的四名村"两委"干部均提出过辞职,工作效率低下,镇党委、政府对村"两委"班子批评较多,党员和村民群众对村"两委"干部队伍意见较大。

做 法

一、当好"两委"两个班长的第一纽带

吉志雄认识到,村"两委"班子间的扯皮与两个班长之间的扯皮与矛盾分不开。因此,应先从解决村党支部书记和村委会主任之间的扯皮与矛

---

* 吉志雄,全国供销合作总社机关党委副调研员。2016年1月至今任江西省寻乌县高布村第一书记。2018年获"中央和国家机关脱贫攻坚优秀个人"称号。

盾入手。

一是找准两个班长矛盾积累的症结。他通过向镇村两级干部和村民的反复了解，村支部书记和村委会主任之间的矛盾原因主要有三：第一是历史原因。村委会主任在 2015 年村两委换届前是村里的文书，在支部书记的支持下竞选村委会主任成功，角色变了，但村支部书记看待村委会主任的老眼光没全变。第二是村情姓氏原因。村里五个姓氏中，两个最大的姓氏占到了全村 90% 以上的人口，连续几届的村"两委"班子的班长都分别产生于这两个最大的姓氏，一人被选为村支部书记，另一人被选为村委会主任。两大姓氏在村里公共事务中的分歧和矛盾会集中体现在各自选出的村支部书记和村委会主任的身上。第三是性格和工作习惯原因。村支部书记不太喜欢与人主动交流，是连续四届的"老"书记，经常行使村委会主任的职权。村委会主任相对好说话一些，做事不喜欢大包大揽，当工作完成不到位或是效率低下时，用村委会主任的话说"村里办的一些事情我也不清楚，书记清楚"。

二是把做好党支部书记的思想工作作为重点。他对村党支部书记不放权问题及时敲响警钟，特别是结合镇党委的诚勉谈话向村党支部书记明确

深入了解民情

指出这样做的危害性。要求明确分工，该村委会主任做的就不要自己做。加强协商共事，两个班长之间多交心、多通气，纠正村委会主任遇事不知情的现象，两人之间的矛盾和扯皮也得到了有效解决。

三是处理好两个班长之间的"平衡"。在首个村级文化广场的选址问题上，村支部书记和村委会主任一直存在分歧，无论选在两大姓氏哪个人口占多数的区域都会引起争议，从而难以确定选址。最后由他协调，镇村两级共同决定建在不属于两个大姓氏聚居区的中间位置，既属于比较优选的地域，也兼顾村内平衡。

二、当好"两委"两个班长威信的第一维护者

村支部书记受到镇党委诫勉谈话后，在党员和群众中的威信降到了低谷，有的老党员直接在党员大会上和村支部书记吵架，有的村民到村委会和支部书记拍桌子。村委会主任由于没有充分行使权利，威信一直不高，村民们也对村委会主任不够尊重，和村委会主任争吵的情况时有发生。两个班长布置安排工作后，其他村干部也不认真落实，"两委"干部之间扯皮推诿不断增加。吉志雄一边组织他们加强学习，提高服务意识，一边配合做好相关人员的思想工作。他想方设法和意见比较大的村民做朋

个人体会

村"两委"班子扯皮的问题不是具体事的问题而是具体人的问题，终归是人的思想问题。正视"两委"班子软弱涣散和推诿扯皮的惯性挑战，能换思想就不换人。通过较为透彻的症结分析，对症下药，以全面从严治党为东风，以带好队伍为方向，让曾因工作不力受到诫勉问责、威信下滑的支部书记换届时以最高票连任，被镇党委评为优秀村书记；让因共事关系紧张、多次提出辞职的村委会主任被评为县优秀村委会主任同时换届时高票连任，曾软弱涣散的村党支部连续三年被评为先进党支部，让先进的贫困户、优秀的村民进入"两委"班子，科学分工，因才施用。三年建强一个支部、一套"两委"班子的回忆满满，不走的工作队就是村党支部和村"两委"班子。

友、做思想工作。对于和支部书记争吵较激烈的老党员，他主动住到他家里，同吃同住同劳动，既听取老党员的诉求，也对老党员及相关人员做好解释工作；对不太尊重村委会主任的村民，他及时说明村委会主任工作的压力和不易，得到了绝大多数村民的支持和肯定。两个班长也抓住时机，提高工作水平和质量，"两委"班子安排的工作也得到了较好地落实。

三、当好"两委"班子成员的第一伯乐

2018 年换届以前，两位都负责过妇女工作的"两委"班子女成员一直有矛盾，工作布置下来，两位女干部就会有分歧，扯皮闹矛盾时有发生，支部书记和村委会主任难免要维护各自班子的成员，两位女干部之间的扯皮导致了两委班子之间的扯皮。吉志雄引导两位女干部认清自己的优势和长处，以 2018 年换届选举为契机，在新的"两委"班子分工中发挥作用，其中一位在党员大会上被选为了支委委员，另一位相对年轻的非党员女干部再次被选为村民委员会委员，并当选村干部。他建议"两委"班子分工作出合理调整，让年龄偏大的女支委委员负责老党员工作，协助做好村里的老年人工作，让女村委委员专门负责妇女工作。同时他分别做工作，让两位女委员都安心干好自己分内事情，不再互相做比较，两人专注于自己分内的工作，受到的好评也多了起来。吉志雄积极推荐村里的优秀青年同志参加换届选举，他帮扶的贫困户因为勤劳致富，带头脱贫，主动退出了建档立卡贫困户序列，受到全村好评，被选为了村民委员会委员，换届后"两委"班子扯皮的现象得到有效避免。

成　效

村委会主任通过踏实工作在村民中的威信不断提高，被评为全县的优秀村委会主任，并在 2018 年的换届选举中高票连任；支部书记也通过改

进作风，在 2018 年的换届选举中以最高票连任第五届支部书记，并被镇党委评为优秀党支部书记。村党支部连续三年被县、镇党委评为优秀党支部，村党支部和"两委"班子的威信都大幅度提升，换届前的"两委"班子成员全部进入了新班子，但没有一个人再提出辞职，8 位"两委"班子成员共事关系更加融洽，大家把全村建设好的信心也更足了。

点 评

　　凭心而论，由于错综复杂的原因，"两委"扯皮是比较常见、处理起来又很棘手的问题。如何解决这些问题是对驻村第一书记最直接的考验。吉志雄同志正视"两委"班子软弱涣散和推诿扯皮问题，弄清事实真相、查明原因所在、探索解决之道，使"两委"班子解除了信任危机，走出了低谷，融洽了关系，提升了威信，这是非常难能可贵的。吉志雄同志的做法和经验具有很好的借鉴意义。

提升支部战斗力　打赢脱贫攻坚战

背　景

　　江西省赣州市会昌县珠兰乡大西坝村共有 135 户 638 人，其中精准扶贫户 29 户 124 人，村庄基础设施不完善、村级产业层次低、人居环境差。共有正式党员 12 名，平均年龄 61 岁，党员队伍严重老化、结构不合理、文化程度低、日常生活在村里的少，支委成员自身素质能力有限、部分党员党性意识淡化、示范作用不强，党支部战斗力弱，几乎没有带领群众脱贫致富的能力。

　　冯宗伟[*]到任后，从摸清党员个体情况入手，不断强化党员队伍基本素质和能力，逐步提高班子凝聚力和战斗力，发挥党支部战斗堡垒作用，构建了以党建为引领统筹推进各项工作的新机制，带领乡亲们脱贫致富奔小康。

做　法

　　一是摸清党员情况。冯宗伟经常到党员家里，像亲戚一样与他们拉家常；利用外出办事的机会，和在县城住的党员见面聊天；抓住流动党员返乡探亲的机会，了解他们外出期间的表现，遇事还和他们电话沟通。他还要求党支部其他成员多和普通党员联系，并定期进行交流，分析党员思想

---

　　*　冯宗伟，中国日报社巡视办公室主任。2015 年 11 月至 2017 年 11 月任江西省会昌县大西坝村第一书记，2018 年获"中央和国家机关脱贫攻坚优秀个人"称号。

状况。在很短的时间内，他就准确掌握了党员的基本信息，当他们遇到问题时，一起出主意、想办法。对一些贫困党员，多关心他们的实际困难。由于党员居住分散，有的行动不便，不利于经常性搞集中学习。冯宗伟就采取灵活方式，除了坚持"三会一课"集中学习之外，对于一些需要及时传达的上级精神、文件及村里的重要事项，采取入户谈心、偶遇交谈、电话沟通等方式进行交流，让他们感觉到党组织的存在，增强党员的归属感。通过不懈努力，党员对村里的工作热心了，并给予了关心、理解和支持，积极拥护村支部各项决定，经常参加各种活动，主动为村里的发展建良言、献良策。

二是强化党员意识。过去，村里部分老年党员仅满足于吃饱饭、看孙子，把自己等同于一般群众，党员意识淡化，荣誉感和责任感缺失。冯宗伟从组织党员开展"两学一做"学习教育着手，督促党员按时参加"三会一课"和各种重要会议，增强他们的组织观念，不断激发党员的责任感和使命感；对于村里的一些大事，及时向他们通报、征求意见，让他们树立主人翁思想，积极参与到村子建设中来；向全村发出学习优秀党员的号召，重新燃起他们的荣誉感；村里成立志愿者服务协会、村民理事会、村民纠纷调解委员会等组织，让党员参与其中，使他们感觉到自身的价值；定期组织党员深入村民家里，积极为民办实事、做好事、解难事，充分

个人体会

村干部带领群众脱贫致富本领的强弱，直接关系到农业发展、农村稳定、农民富裕，关系到决战脱贫攻坚、决胜全面小康，关系到党在农村的执政根基，关系到乡村振兴的实现。为此，我在摸清党员个体情况以后，从强化党员意识着手，不断提升党员队伍基本素质和能力，反复锤炼干部队伍带领群众致富的本领，最后达到提高班子凝聚力和战斗力，发挥党支部战斗堡垒作用的目的。构建了以党建为引领统筹推进各项工作的新机制，形成了村务有能者管、发展有能者推、队伍有能者带的局面，确保村庄发展不停滞、不倒退、有后劲、有前景。

和村干部实地研究村庄规划

体现党员的示范性。

在强化党员意识的同时，冯宗伟还重点抓党员的带头作用、骨干作用和桥梁作用。他首先从"两委"人员抓起，除了组织他们学习之外，把解决突出问题作为突破口。在贫困户的认定中，通过反复与"两委"成员沟通，村支部书记、组织委员、民兵连长做自己亲属的工作，主动退出了低保户，在村民中产生了不小的震动。受他们影响，有的村民主动要求退出贫困户。在整村推进过程中，在县城开小卖店的64岁老党员主动配合村里的整体规划，自己率先拆除规划区内的新楼房，在村里引起了强烈反响，在他的带动下，拆迁工作顺利进行。以前，该名老党员只是偶尔回村，现在经常能在村里看到他的身影。有些村民不理解党支部的决定，他就主动去解释做工作，有什么问题及时反映到党支部，大家一起协商解决，成了党支部与群众之间的纽带与桥梁。

三是抓好党员队伍。为了党支部后备人才队伍建设，冯宗伟一直致力于把党员培养成致富能手、把致富能手培养成党员、把党员致富能手培养成村干部。他鼓励党员种植白莲，取得了很好的经济效益，并成立了白莲合作社带动乡亲们发展产业，该党员成了远近闻名的致富能手，在村里换届选举中，被选为村书记。村里有位致富能手一直在外做生意，在冯宗伟多次邀请下回村发展，成立了农业科技发展专业合作社。还搭建蔬菜大棚30多亩，带领大家种植蔬菜，得到了群众的认可，光荣地加入了中国共产党，被聘请为村干部，还被选为赣州市人大代表。在他们的带动下，村民尤其是贫困户或以土地入股、或现金入股、或劳动参与，都投入到了产业发展中来。为了向党支部输送新鲜血液，冯宗伟把重点放在复员退伍士兵、返乡青年、产业大户、务工能人、回乡学生和优秀农村妇女中，着力把政治素质高、致富能力强的优秀青年吸纳进党组织。在两年之内发展正式党员2人，培养预备党员3人、入党积极分子6人。

四是提高支部战斗力。冯宗伟在全面提高党员队伍基本素质的同时，把抓好领头雁、抓好班子团结、抓好党员发展、抓好能力提升等四个方面作为提升支部战斗力的重点。他实行例会制度，指导村支部书记每周一召集村"两委"会成员召开会议，对工作中取得的成绩及时肯定并鼓励，对于出现的问题或失误及时分析原因并给予指导和帮助。对于一些棘手问题，大家一起出主意、想办法，共同来解决。几个月下来，提升了村支书的组织、协调能力，促进了班子成员之间的交流，推动了工作顺利开展，增加了工作透明度，强化了村干部的责任意识，并使村干部之间的矛盾得到有效化解，使村里的各项工作取得明显成效。

为进一步提升支部战斗力，冯宗伟提出了"党建+N"模式，把基层党建工作融入村里工作的各方面、全过程，构建了"党建+乡村旅游""党建+电子商务""党建+精准扶贫""党建+新农村建设""党建+农村整治"等一系列工作机制，在各项工作中不断强化党的领导、加强党员干部责任，使党员干部成为助推发展、服务群众、凝聚人心、促进和谐、带领群众脱贫致富奔小康的主力军。

成 效

通过两年的努力，大西坝村发生了天翻地覆的变化，在全县率先脱贫，成为会昌脱贫标杆村，被评为"最美村庄"。大西坝村党员干部能力水平大幅提高，党支部战斗堡垒作用已形成，在各项工作中作用发挥明显，形成扶贫开发在哪里，党建工作就跟进到哪里，扶贫项目在哪里开展，党员作用就在哪里彰显良好局面。目前，大西坝村队伍有能者带、村务有能者管、发展有能者推，留下了一支"永不走的扶贫工作队"。

点 评

"火车跑得快，全靠车头带。"这个车头就是党的各级组织。由于历史原因和时代变迁，农村党员队伍老化、文化程度较低、素质能力不强，严重制约和影响着农村党支部战斗力和号召力的提高，严重制约和影响着脱贫攻坚目标的实现。冯宗伟同志深入了解党员情况、强化党员队伍素质能力、提高班子凝聚力和战斗力，思想务实、作风扎实，体现了第一书记的历史担当。尤其是提出了"党建+N"模式，把党的建设与脱贫攻坚各项工作紧密结合、融会贯通，避免了"两张皮"，实现了"两加强"，值得第一书记们学习借鉴。

发挥好"第三方"优势 积极协调处理村"两委"关系

背 景

山西省吕梁市兴县沙壕村位于县域西北部山区，距县城约 27 公里，辖王家崖、三眼泉、沙壕、碾塔 4 个自然村，共 245 户 753 人，主要由刘、王两大姓组成。因历史遗留问题较多，"两委"班子一直有矛盾，互不服气，明争暗斗，逐渐演变成"大事不讨论、小事不商量""要么都想管、要么都不管""表面互相支持、实际背道而驰"的局面，导致村"两委"在群众中威信较低，缺乏凝聚力和号召力，村民对长远发展丧失信心，普遍认为"这样下去，什么也干不成"。

2017 年 8 月，李鑫*到沙壕村担任第一书记，发挥第一书记作为"第三方"的优势，化解"两委"之间的矛盾分歧，提高了"两委"班子的凝聚力和战斗力。

做 法

一、搭建平台，解决"两委"班子融合不够的问题

"两委"的问题，归根到底是人的问题，人的问题解决了，事也就将

---

* 李鑫，全国友协机关服务中心七级职员。2017 年 8 月至今任山西省兴县沙壕村第一书记。

顺了。由于换届选举及历史原因，"两委"班子很难坐下来心平气和商议村级事务。此时，李鑫利用"第三方"的身份优势，很好地发挥了粘合作用。比如：他以主题党日活动为切入点，强化村"两委"融合，通过主题党课、支部共建、红色教育基地现场参观教学、集中学习、建言献策、义务劳动、重温入党誓词等，组织党员、村"两委"班子成员、乡包村干部、县驻村工作队参加活动，很好地搭建起了新老干部、在村无职党员沟通交流的平台，让大家畅所欲言，集思广益，营造出团结和谐的正能量氛围，有效促进了村"两委"班子建设。

二、明确职责，解决"两委"班子谁说了算的问题

在"两委"班子换届选举过程中，党支部班子由党员选举产生，一个村的党员也就是十几个人，而村民委员会班子由全体村民选举产生，至少也有两三百人参加投票。因此，部分村民错误地认为，村民直选的村主任比十几名党员选出的党支部书记权力要大、说话要好使。在这种情况下，

主题党日，审议党支部阵地建设征地事宜

支部或村委班子都不好直接做解释说明和思想工作，李鑫就及时站出来，对这些错误观点予以坚决纠正，和村"两委"班子成员及全体村民讲清楚，绝不能以选票的多少定地位高低、定权力大小。讲明白党的领导和村民自治是统一的，村党支部发挥领导核心作用与村委会依法履行职责也是一致的。讲明白党支部对村委会既要敢于领导、善于领导，又要依照宪法和法律的规定支持和监督村委会依法履行职权，支持和保障村民开展自治活动、直接行使民主权力；村委会既要自觉接受党支部的领导和监督，又要严格依法办事，积极主动地完成各项任务。引导村"两委"成员自觉维护党支部的集体领导和班子团结，协助村"两委"班子进一步明确分工，做到思想上合心、工作上合力、行动上合拍。

三、建立机制，解决"两委"班子关系忽冷忽热的问题

村"两委"班子关系良好发展离不开及时有效的沟通，互相沟通得好，则村级事务推进顺利，民意顺、民心畅；反之，如果遇事不商量，自作主张，则容易引起互相猜忌，进而导致民心分化，谣言四起。为避免出现这种情况，李鑫坚持会议制度，使村"两委"的议事会保持常态化。严格实行村级重大事项决策"四议两公开"，即村党组织提议、村"两委"会议商议、党员大会审议、村民会议或者村民代表会议决议，决议公开、实施结果公开。他及时召开工作通气会，传达乡党委政府工作会议精神，通报村级事务进展情况，收集梳理解决村民近期反映的问题，统一思想认识，形成工作

个人体会

民心在于凝聚、民智在于汇集、民意在于引导，每个村如果能有一两个坚定的领路人，则脱贫致富可期、乡村振兴可期。帮扶的最终目的应该是建设一支年富力强、公信度高、敢于担当作为的带头人队伍，悉心培养想干事、能干事、干成事、不出事的村"两委"主干，通过他们引导村"两委"班子，进而带动全体村民共同努力，亲手建造属于自己的美丽家园。

合力。他建立仲裁机制，积极为村"两委"解除来自不合理诉求的工作压力。村级事务繁琐复杂再加上历史遗留问题，村干部很难将具体事情处理得绝对公平公正，这也导致部分村民会以"两委"成员一时的工作失误为由，提出不公正不合理利益诉求。这时，李鑫及时引导，敢于"断家务事"，既向村民解释清楚，又保护村"两委"成员工作积极性，同时也做好挨骂的心理准备。他畅通协调机制，发挥好第一书记与上级部门协调作用。帮助村"两委"主干协调好与县乡两级党委和政府部门的关系，促使"半是农民半是官"的村"两委"主干迅速成长为带领村民致富的行家里手，也为他们描绘出共同的奋斗方向，以"大目标"化解"小隔阂"。

成　效

经过近两年的摸爬滚打，沙壕村"两委"班子的凝聚力、号召力、影响力显著增强。

一是来村委大院说事的村民越来越多了，因为他们找到了主心骨。以往刘姓村民找村主任、王姓村民找村支书的情况彻底消失了，现在的村"两委"是一个心往一处想、劲往一处使的团结班子。随着投资 200 万元建设的生猪养殖场投入使用，投资 200 万元建设的 300KW 村级光伏发电站完成并网发电，村集体经济收入达 45 万元。2019 年第一季度，村"两委"一次性拿出 6 个公益性岗位，进一步织密民生保障兜底网。

二是村里向好向善的风气越来越浓了，因为有"两委"班子带着头。"靠着墙根晒太阳，等着别人来帮忙"的懒惰思想、"恨人有笑人无"的狭隘思想在村里已经没有市场，村"两委"一致推行"你不动、我不动，你若动、我先动"的思路，从"逼民致富"转变为"帮民致富"，采取"先干后补"的方法，呵护主观意愿，钙化内生动力，辐射全体村民。同时每年在"七一"时，评出"孝敬老人、内生动力、模范带头、遵纪守法、乐于助人"等 5 个方面好人好事，统一表彰，弘扬正能量。

三是与县乡两级党委和政府越来越熟了，因为"两委"班子名声在外。

现在县乡有一些试点的项目，第一考虑就是放在沙壕村，因为沙壕村"两委"班子团结和谐有战斗力，想干事、能干事还不出事。先后实施退耕还林1500亩，荒山绿化950亩，成立经济发展合作总社，试点电商，种植中药材，农机具规范化使用观摩，太阳能路灯全覆盖，水泥路"户户通"。村民们纷纷点赞："给钱给物不如给个好支部。"

点 评

　　邓小平同志曾一针见血地指出："没有团结稳定，什么事也干不成。"扶贫工作面临很多困难，其中难以回避的就是"两委"不合的问题。如何协调"两委"一齐发力、形成脱贫攻坚的合力，是驻村第一书记绕不开、躲不掉的问题。李鑫同志直面现实，立足减少"两委"之间内讧，搭建平台、加强融合，明确职责、增进团结，建立机制、密切沟通，化解了矛盾、理顺了情绪、顺畅了人心，形成互相支持、齐抓共管的良好局面。应为李鑫同志点赞、加油！

　　"两委"吃的是"一锅饭"，下的是"一盘棋"，理应顾全大局、精诚团结。但愿李鑫同志的做法和经验能让更多第一书记受益。

精选内容配菜谱 "党课巴扎"味更浓

背 景

　　都先拜巴扎村位于新疆和田县西北部，西临墨玉河，全村总面积1380亩，总人口1177人，人均耕地仅1.1亩，人多地少，农村党员29人，均为维吾尔族党员，其中女党员4人，占13.79%；初中及以下学历27名，占93.10%；熟练掌握国家通用语言3人，占10.34%。长期以来，受地理环境、传统习俗等因素影响，党员宗旨意识淡化、文化素质普遍不高，在党员教育培训上存在党课制度落实不够、教育内容不规范、教育方法不灵活、教育层次区分不清等问题，导致党课教育的吸引力下降、效果不佳。2018年2月，艾合买提·阿地力[*]到村开展工作。

做 法

　　"巴扎"在维吾尔语中表示"集市"，"都先拜巴扎村"汉译是"星期一集市"村，"党课巴扎"就是在集市当天组织群众开展党课教育，解决群众驻地分散、党员难以聚集、不便于开展党课等问题。

　　一是建立长效机制，设计党课"总菜单"。在艾合买提·阿地力带领下，党支部一班人经过深入调研，结合村星期一集市人员易集中的特点，制定出台了《开展"党课巴扎"教育培训活动实施方案》，建立了党课计划、

---

[*] 艾合买提·阿地力，中国铁路乌鲁木齐局集团有限公司和田巡养车间副主任。2018年2月至今任新疆维吾尔自治区和田县都先拜巴扎村第一书记。

党员教育、授课计划、内容安排等工作制度，明确了开展"党课巴扎"的时间、步骤、方式。按照分步进行、集中攻坚、重点突破、以点带面的原则，对村干部、驻村工作队、农村党员、入党积极分子、致富能手、返乡大学生等开展集中教育培训。将铁路驻村总领队、副总领队纳入村授课组成员，全程参与"党课巴扎"前期准备和授课等环节，确保全村党员教育培训有的放矢。

二是科学设置内容，配好党课"食材料"。在党课内容设置上坚持理论与实际相结合，重点对政治理论、政策法规等内容进行宣讲，做到内容通俗易懂乡土化，与农村党员身边的事关切身利益的法律、政策和农技知识宣讲紧密结合，使党课更加具体、生动、接地气。如在2018年"党课巴扎"教育培训活动的主题设置上，针对核桃树种植存在的病虫害泛滥、产量不高问题，确定了以"推进特色林果业提质增效，助力脱贫攻坚"活动为主题的农技知识宣讲与党课安排结合起来，实现了党课内容与村民需求相融合，与产业发展相对接。

三是贴近农村需求，精选党课"营养餐"。为让培训内容更加务实管用，根据上级中心工作和重点任务，通过入户走访、座谈交流、调查问卷等形式，广泛征求党员的意见建议，全面了解党员培训需求，动态调整党课计划。村党支部注重扶贫同扶志扶智相结合，确定了"干，才能改变；干，才会富裕"的主题党

个人体会

通过开展"党课巴扎"，实行"补内强外"的具体措施，村党支部成功摘掉了和田县"软弱涣散党支部"的帽子。同时，将党课送进了小队，将课堂搬到了田间，通过案例式、互动式、网络式的教学模式，以身边人讲身边事的方式，让"党课巴扎"更加贴合基层实际，成为农村少数民族党员教育培训的一道"开胃菜"，为落实全面从严治党向基层延伸夯实了思想基础，实现了与农村党员"零距离"交流、"面对面"谈心，培养了一批政策明白、技术多面、信息灵活的农村经济发展带头人，激发了党员的干事创业热情。

开展红色教育

课，引导全村党员、积极分子变"要我脱贫"为"我要脱贫"，激发党员群众发展的内生动力。截至目前，全村 18 名贫困党员已全部脱贫，其中 4 名党员已成为全村脱贫致富带头人。

四是注重灵活多样，送出党课"外卖餐"。除了周一集中"党课巴扎"外，还主动探索"点餐外卖"模式，根据村里党员时间，把党课主要安排在忙完农活的空隙时间，有时是白天劳作的间隙，有时是晚上做完农活后，课时长可达一两个小时，短则十来分钟，节省了农村党员集中参加学习的时间，也不耽误农活。"党课巴扎"根据党员分布、农时特点，采取灵活方式，把课堂搬到田间地头、农家小院，送到广大党员身边。"党课巴扎"不限参与人数和讲课次数，白天事多，以三五人为宜；晚上稍闲，安排人数多一点，做到学教、农活两不误。

五是创新培训手段，做出党课"家常味"。"党课巴扎"将讲理论与讲故事、分享电视剧等情景教学结合起来，将党课由宏大叙事向日常叙事转变，更容易让党员理解党课教育的理论内涵。针对党员文化水平差异性，授课人员充分运用身边典型现身说法、现场互动、座谈交流等方法，通过多说农家话，多使用农村党员群众喜闻乐见、简单实用的内容和形式开展宣讲。还组织和田县文广局干部把党的富民政策编写成民歌、麦西来普舞曲进行传唱推广,增强了培训的吸引力,让参训的党员群众喜欢听、听得懂、记得牢、用得上。

六是依托网络平台,推送党课"网约餐"。 为了确保本村党员离乡不离党、流动不流失,党支部积极推进互联网 + 党建工作,建好、用好党支部交流微信群,依托网络平台促进党员沟通交流,将党支部和党员紧密联系在一起,常态化开展线上教学,扩大党课思想教育的覆盖面,让党员时时可以接受教育,处处能够学习党课,将网上学习、网下集中学习、上门送学相结合,实现了党员教育全覆盖。同时,组织青年党员制作拍摄易企秀、抖音、兔展等新媒体党课作品,使党课看起来新鲜、有趣。

成 效

一是提升了党支部凝聚力,壮大了积极分子队伍。 通过"党课巴扎"教育培训活动的常态化开展,不仅满足了新形势下党员对政策、知识的需求,还创新和丰富了基层党组织"三会一课"的形式和内容,提升了党员的政治素质,壮大了积极分子队伍。2018 年共有 6 名优秀村民发展为中共党员,21 人培养为入党积极分子,有 35 人递交了《入党申请书》,村党支部也成功摘掉了和田县"软弱涣散党支部"的帽子。

二是把党员骨干培养成为脱贫攻坚的致富带头人。 通过开展"党课巴扎",极大地调动了党员的生产、工作积极性,带头致富、带领致富意识明显增强,涌现出了"养羊大王""维修能手""核桃大叔""天眼兽医"等一批优秀党员的先进典型。以"养羊大王"为例,他牵头成立了本村第一家托羊所,成功带动了贫困户从事托羊养殖工作,降低了贫困户养殖风险,减轻了政府的扶贫压力。截至目前,托养所共养殖扶贫羊 145 只,贫困户平均每年每只羊可分红 110 元。2018 年"天眼兽医"更是由于在技术党课的突出贡献,被授予和田地区优秀共产党员光荣称号,获得了赴北京交流学习的机会;有一名"四老人员"(老军人、老党员、老村干部、老模范）荣获和田地区五星级优秀共产党员称号，政府奖励10000元。

三是脱贫成效初步显现。在党支部引领和党员示范作用的带动下，通过"党课巴扎"积极推进"农户＋合作社＋电商"营销模式，全村3家核桃合作社平均每年销售核桃1000吨左右，有效推动了核桃种植业的产业化、规范化，真正让核桃产业成为村民增收致富的"黄金果"。2018年全村核桃产量同比增长了42吨，创造了核桃产量336吨、核桃收入410万元的历史纪录，年人均收入同比增加1500元左右，村集体收入同比增加22140元，共有58户253人如期脱贫，从深度贫困村一跃成为远近闻名的致富示范村。

点 评

为农村党员讲党课，除了主题把握得当、内容贴近实际外，形式、方法也要很考究，像绣娘一样，不跳针、不脱线，下足精细功夫。"党课巴扎"教育培训活动的成功探索，对于不断提高农村党员思想素质和致富能力具有明显现实意义，不仅满足了新形势下农村党员对政策、知识的需求，还创新和丰富了基层党组织"三会一课"的形式和内容，让基层组织建设内涵更加丰富，可谓"色香味形"俱全，不啻为党课教育的崭新样本。

当前，如何上好党课是一个重要课题，我说你听、大水漫灌形式不适合党员的实际需求。党课教育也应顺应时代要求、进行一场供给侧结构性改革，像"党课巴扎"那样，融思想性、知识性、趣味性于一炉，以自由轻松活泼的形式代替传统的说教，增强党课的现场感、直观性和愉悦感，使党课更加具体、生动、"接地气"，有效提升党课教育质量。

规范党的组织生活　发挥党支部作用

背　景

　　大山深处的乐乡中心村距离贵州省榕江县所在地 15 公里，距忠诚镇所在地 4 公里，由乐乡村、寨章村、高扒村三个建制村合并而成，共 9 个自然寨，14 个村民小组，749 户 3313 人，其中 3 个自然寨在 880 省道公路沿线，6 个自然寨分别散居在距省道公路 15 公里远的山顶上，而且每个自然寨的距离相对较远，主要居住有侗、苗、水、汉等民族，为国家二类贫困村。

　　乐乡中心村现有党员 53 人，分布在三个建制村。由于党员居住分散且部分党员长期在外务工，党支部也未根据实际情况采取切实有效的措施，造成党内组织生活坚持不好、流于形式，党支部的战斗堡垒作用得不到发挥，党组织的号召力、凝聚力、战斗力有所弱化。

　　2015 年 9 月，魏恩会＊带着脱贫攻坚重任和组织重托，奔赴贵州省榕江县忠诚镇乐乡中心村任村第一书记。

　　"帮钱帮物，不如帮助建设一个好支部！只有规范党的组织生活，党支部的政治功能才能得到加强，党支部在脱贫攻坚战斗中才能更好发挥引领作用。"魏恩会是这么想的，两年帮扶工作中也是这么做的。

＊　魏恩会，国家铁路局运输监督管理司调研员。2015 年 9 月至 2017 年 9 月任贵州省榕江县乐乡中心村第一书记。2016 年被贵州省委评为"全省优秀村第一书记"、"优秀共产党员"，2017 年被国家铁路局评为"优秀共产党员"，2018 年被中央和国家机关工委评为"中央和国家机关脱贫攻坚优秀个人"。

做 法

　　一是严肃党的组织生活。为解决农村党员居住分散、党的组织生活不规范的问题,魏恩会同志在深入推进"两学一做"学习教育中,采取三个建制村轮流开展"三会一课"的形式,组织党员学习习近平新时代中国特色社会主义思想、上级精神和脱贫攻坚政策。利用"萨玛节""牛腿琴歌节""六月六""八月八""重阳节""春节"等节日,落实组织生活会、民主评议党员等制度。魏恩会还根据村民喜欢唱民歌的特点,在召开"三会一课"前,组织党员将会议宣传、传达的内容编成民歌,通过"唱谈会"将党的方针政策传达给与会党员,并在民主评议党员时将"唱谈"效果作为党员评优的加分条件,这样不但保证了党员干部的参会率,而且提高了组织生活的效果。建立外出务工党员活动微信群,及时将党的组织生活情况传达给外出务工党员,使他们也能参与到党建工作中来。驻村以来,组织召开党务会议 46 次,上党课 8 次,培训党员干部 1530 人次,集中培训致富带头党员 10 多人。

　　二是强化班子建设。为了给村里搭配一套强劲的党支部班子,在第十

协调社会帮扶力量为乐乡中心村贫困户赞助 20 吨化肥,并组织发放

届村支两委换届选举中，魏恩会带领工作组深入走访，鼓励和引导有热情、有基础、有本事、靠得住的人员参加竞选，把一批政治素质好、带头致富能力强、能干事、想干事的同志充实到村支两委班子中，选举产生了群众拥护、能为民服务的新一届村级领导班子，同时择优选出 5 名后备干部，并让他们参与村级工作，为村级组织发展储备人才。注意吸纳能带领群众致富的新型农民入党，使基层党组织得到进一步加强，党员队伍进一步壮大。驻村以来，发展党员 1 名、培养入党积极分子 4 名。

三是规范党支部管理。魏恩会组织汇编了《乐乡中心村两委管理制度》，收录了党建制度 30 项、村务制度 31 项；重新修订了《村规民约》，形成村干部按章理事的良好局面，实现了农村工作制度化、规范化。推行集中办公，确保上情下达、下情上传，及时化解了一批矛盾纠纷，得到群众的认可。对群众反映较为强烈的突出问题和重大事项，实行挂牌销号的方式予以解决落实，共为村民解决道路硬化、照明、卫生整治、民俗文化、安全隐患以及村级信息化建设、改善教学条件等关系民生的重大问题 18 件，使广大群众体会到

个人体会

规范农村基层党的组织生活，最困难的事情就是将党员"聚"在一起。这个"聚"，一个是将党员聚在一起开会学习，提高党员干部的政治理论水平和党性修养；另一个是将党员聚一起为民办实事、办好事，发挥党组织的战斗堡垒和党员先锋模范作用，提高党的威信和号召力。在农村规范党的组织生活，如只靠党纪要求和行政命令，效果不好，要学会"借势、造势"，"借势"就是了解民情，知道大家喜欢什么方式过党的组织生活，如乐乡中心村村民喜欢歌舞，就结合民族节日和唱谈方式，来提高党的组织生活的趣味性和党员参与率；"造势"就是在党员中开展为民做事的主题党日活动，为他们立簿传世，张榜公布，使他们有成就感、荣誉感、存在感，主动参与党的组织生活，同时也增强了群众的认同感，从而进一步巩固了中国共产党在人民群众中的领导地位。

党的关怀，获得感大大增强。确定切合村情实际的 50 项村级权力清单和 19 项权力风险点及防控措施，加强"四议两公开"工作，使村级权力运行更加规范，村务工作更加公开透明，有效防止了村官的"小权力"演变成"大腐败"。

四是发挥党支部战斗堡垒作用和党员先锋模范作用。魏恩会积极推行上午在村委会"门诊"接待群众、下午主动"出诊"掌握民情、夜晚集中"会诊"联合破题、月底"复诊"巩固成果的"四诊工作法"，通过主动服务、建立台账、挂牌督办的方式，实行代办服务，帮助群众办好事办实事，解决群众办事难的问题，打通了群众办事"最后一公里"问题。通过"四诊工作法"接待群众 120 余人，为群众代办事项 21 件，形成了一套为民服务的农村基层工作思路，被全县推广。

为发挥党员的先锋模范作用，魏恩会提议开展了"美丽乡村，我在行动"主题党日活动，要求每名党员每月至少为村民做一件好事，可大到捐钱捐物、架桥修路，也可小到拾垃圾、种树除草，将主动拆除自家违建、改灶、改圈、改厕也作为好事，季度统计张榜公布，年底由全体村民评选出有突出贡献的 10 名党员，列入村功德簿内。2017 年，村民石喜江患了白血病，广大党员群众积极捐款捐物达 7 万多元，石喜江家属主动提出要立功德碑，彰显了党组织和党员在群众心中的良好形象。

成　效

经过两年的扶贫实践，魏恩会加深了对做好驻村工作规律性的认识，总结概括了"四真八得"的体会，即：真情为农村奉献，真心为群众办事，真挚为解困付出，真扶为脱贫助力；沉得下身心、融得入农村；用得了真情、献得了真心；耐得住辛苦、忍得了委屈；掌握得方式、看得见实效。魏恩会从抓基层党建入手，通过规范党的组织生活，发挥党支部战斗堡垒作用，党在农村的领导力、凝聚力、战斗力和号召力得到进一步巩固，村党支部也被评选为贵州省先进基层党组织。他本人通过真心实意、倾情帮扶，为群众搭建起了"致富跑道",赢得了广大村民的认可,先后被评选为中央和国家机关扶贫优秀个人,贵州省、黔东南州、榕江县三级优秀驻村第一书记和优秀共产党员。

在党组织的领导下,乐乡中心村以"党社联建"的模式,成立乐乡小香鸡养殖基地、明慧肉牛生态养殖农民专业合作社和两家农家乐,用产业发展带动贫困户脱贫致富。两年来,村集体收入年均 50 余万元,贫困户户均增收 500 多元,共获得社会捐赠各类物资 3825 件,折合人民币达 100 多万元。乐乡中心村也被评选为贵州省省级卫生示范村。

点　评

　　无数事实证明,严肃规范的党内生活,对于每一级党组织、每一名党员来说,都是至关重要的。农村基层党组织、农民党员,宗旨意识不强、组织生活不经常不规范比较普遍,没有发挥组织生活的应有作用。魏恩会同志围绕规范党内生活,加强党支部政治功能、发挥党支部在脱贫攻坚中的引领作用,采取多种形式加强党课教育、强化班子建设、规范党支部管理,可谓号准了脉搏、看清了病症、开对了药方。他能带领群众取得突出成绩、脱贫攻坚取得明显效果,乃是水到渠成的必然结果。

转观念　重实效　做脱贫致富的带头人

背　景

　　安徽省临泉县张老庄村是个人口大村，共有 1762 户 6532 人，人均耕地不足 1 亩，经济发展长期乏力，2014 年建卡贫困户曾高达 179 户 618 人。

　　2017 年 5 月，蔡毅*任张老庄村第一书记。通过在村里实地走访，他发现村"两委"干部抱着传统发展思维不放，觉得只要镇里安排了就干，村民反映了就处理，完全是被动地干工作。特别是在经济发展上存在着村经济发展没有出路或者满足现状的思想。长期以来村干部得过且过、不思转变的思想导致了张老庄村经济建设滞后。蔡毅认识到，只有解决好村"两委"干部思想观念落后的问题，才能从根本上解决张老庄村的困境，为此，蔡毅通过消顾虑、明方向、立目标，转变村"两委"干部的思想观念，为张老庄村建好了一个支部，打造了一支"不走的扶贫工作队"。

做　法

　　一是讲事实、摆道理，帮助村两委打消发展顾虑。十几年以前村里也曾引进过中药材种植、蔬菜种植等项目，但都以失败告终。因此，村干部对发展的风险有顾虑，不敢尝试。通过对村情的分析，蔡毅指出张老庄村

---

* 蔡毅，国家药监局监管司副调研员。2017 年 5 月至 2019 年 5 月任安徽省临泉县张老庄村第一书记。

要发展，必须调整农业种植结构，改变以小麦、玉米传统作物为主的种植习惯，大力发展经济作物。在与村班子成员交流中，大家虽然赞同调整种植结构的思路，但也提出了很多困难：一是药材市场价格常有波动，怕药材种植出来了，行情却下去了；二是担心种植技术要求高，怕药材品质不过关，卖不出去。蔡毅提出，要因地制宜选品种，选道地药材，保障药材品质；要选择种植管理技术相对简单的，适合大面积推广；要积极与药材品种需求量大的中药企业建立合作关系，发展订单式中药材种植业，增强抗风险能力；发挥与中华药都亳州相邻、靠近最大的中药材市场、信息灵通、运销便利的区位优势；要先试点，让群众们看到实际效果、得到认可后，才能大规模推广。慢慢地，"两委"干部的思想得到了统一，在华润三九医药公司的帮助下，开始了100亩板蓝根种植示范基地的建设。目前中草药种植面积达到了上千亩的规模。

二是讲实情、拓思路，帮助村"两委"明确发展方向。 村"两委"干部往往满足于现状，当取得一些成绩后容易裹足不前。蔡毅在落实中草药种植项目后，带着村"两委"深挖发展潜力，谋求多条路发展，通过对农业产业链的研究，把目标锁定在农事服务上。安徽辉隆农业开发有限公司在单桥镇流转土地8000余亩，其中有4000亩在张老庄村。公司每年需要为5000亩种植用地喷洒农药，此项工作以前都是外包给别的公司。蔡毅提出在村里建立一个农事服务队，购买农业植保机，承接辉隆公司喷洒农药业务，也可以为其他有需求的村民服务，增加村集体收入。但在村两委会讨论时，大家对农业植保机并不了解，觉得高科技的东西我们能干得了吗？是不是离

个人体会

习近平总书记强调"农村要发展，农民要致富，关键靠支部"，作为村党支部的第一书记，我们要把建好支部作为工作的重中之重。破除群众陈旧观念，要从解放思想、转变村"两委"干部的观念入手，打消顾虑、明确方向、确立目标，给村"两委"带来新思想、给农民带来致富新思路。

和村干部一起讨论板蓝根种植

我们太遥远了？看到村干部面露难色，蔡毅指出，农业科技应用到田间地头是发展的趋势，我们要赶在科技发展的前沿，要敢于尝试新鲜事物。在蔡毅的努力和坚持下，北京悦康源通医药有限公司为张老庄村捐赠了 3 台大疆农业植保机，由蓝天飞扬公司培训了三名飞手，并顺利承接辉隆集团喷洒农药业务。几个月后，他们飞行的轨迹不光在本村、本县，还到了阜南县和亳州市，为村集体经济的壮大发挥了重要作用。

三是重实际、讲实效，帮助村两委确立发展目标。每当夜晚降临，村里黑漆漆一片，村民关门闭户，文化大舞台基本闲置，文化生活十分匮乏。蔡毅提出基础设施建设是村民幸福感最直接的获得渠道，得到了村"两委"的认同，决定从安装路灯着手。蔡毅在出外招商过程中积极对接企业扶贫信息，争取到北京三家企业的专项赞助款 20 余万元，购置了 160 余盏太阳能路灯，基本覆盖了村里的主要道路。华灯初放之夜，村庄明亮如昼，群众三五成群上街散步、谈天，令邻近村庄称羡不已。夜晚户外活动多了，增加了村民交往的机会，丰富了群众文化生活，改变了人们的生活方式。在此基础上，蔡毅又引入资金，在文化大舞台安装了大型广场灯和 18 平方米的户外 LED 显示屏，作为政策信息窗口和文化活动平台，丰富村民的

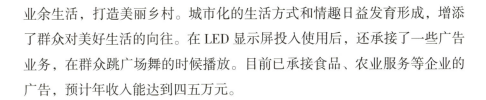

业余生活，打造美丽乡村。城市化的生活方式和情趣日益发育形成，增添了群众对美好生活的向往。在 LED 显示屏投入使用后，还承接了一些广告业务，在群众跳广场舞的时候播放。目前已承接食品、农业服务等企业的广告，预计年收入能达到四五万元。

成　效

　　"思路就是出路"。村两委干部的顾虑打消了、思路清了、目标明确了。村里脱贫攻坚工作也得到了稳步推进，在蔡毅的带动和协调下，在村两委的齐心协力下，在全村村民的积极行动下，张老庄村的脱贫工作取得了喜人的成绩。一是基础设施明显改善。围绕着村委会、村民的最紧迫的需求，推进村里基础设施建设。对村委会党员活动场所进行了修缮，增加了电子条屏、音响、空调、电视等设备，改变了党员活动的条件，增加了活动的多样性。为了方便办事群众停车，将村委会门口 400 平方米的泥土地进行了修整，改建成了停车场。安装路灯 160 余盏，价值 20 余万元。不仅照亮了原来漆黑的村庄，更是照亮了村民脱贫致富的道路。投入资金 20 余万元为文化广场安装了广场灯、LED 显示屏。新的文化设施的投入，改变了村民传统文化生活方式，极大地满足了村民对精神文化生活的需要。二是做强村集体经济。建立张老庄村无人植保机飞防队承接喷洒农药业务，每年能增加村集体收入 10 余万元。利用 LED 显示屏拓展广告业务，为村集体增加收入 4 万元。村集体经济的壮大是村出列、户脱贫的根本保证，通过蔡毅的不断努力，张老庄村有望将村集体年收入达到 30 万元。三是促进产业转型升级。协调华润三九医药股份有限公司与临泉县金果源果业有限公司、张老庄村村委会联合建立 100 亩板蓝根种植示范基地。引入亳州中药材种植大户流转了张老庄村、姜楼村 2000 亩土地，建设丹参、玄参、白芷等中药材种植基地。利用村办光伏电站 30 亩的草地空间和周边水塘，开发养鹅业。并且还筹办村级供销社，形成规模优势，为群众代购种子、化肥等生产资料。通过产业转型发展，多方面产业布局，多渠道降低生产成本，真正实现村级产业兴旺、村集体经济壮大、村民增收。

点 评

"思路决定出路，格局决定结局。"驻村第一书记带给农民的不仅是扶贫资源、资金，更重要的是先进的理念、开阔的视野、清晰的思路，是追求卓越的精神和不懈奋斗的力量。这也是党中央采取包括选派第一书记在内一系列扶贫举措的初衷和深邃考量，实际上也是对第一书记深深的期盼和殷殷的希望。蔡毅同志发挥专长、因地制宜，引导群众调整种植结构、改变种植习惯、拓宽发展路径，正是贯彻党中央决策部署，忠实履行驻村第一书记职责使命的生动体现。

解放思想、更新观念是永恒的课题。期待着第一书记们在农村广阔天地间写出满意的答卷！

讲好农村基层党课
让党员受教育群众得实惠

背 景

四川省越西县华阳村位于县城以北，面积 4.2 平方公里。农民收入主要依靠种植水稻、油菜、玉米等传统农作物。全村辖 3 个村民小组，532户 1656 人，属彝族与汉族杂居村，致贫原因复杂、贫困程度深、扶贫成本高、脱贫难度大，是典型的深度贫困村。

2015 年越西县被确定为中国延安干部学院定点扶贫点，程时旭*主动申请驻村担任第一书记。他遍访村民，深挖贫困根源。他调查发现，华阳村党组织功能弱化、领导力不强、凝聚力不够，一个重要原因在于村党支部党课教育流于形式，效果不好。

做 法

有过"村官"经历的程时旭认为，要做好脱贫攻坚工作，建强基层党组织是根本，抓好党员干部的教育是关键。通过查阅支部记录和走访调研，他了解到，之前华阳村的党课主题安排随机随意导致无法形成教育合力，部分党课内容脱离实际导致学习积极性不高，传统党课形式呆板导致党内

---

* 程时旭，中国延安干部学院办公厅主任科员。2015 年 10 月至 2017 年 10 月任四川省越西县华阳村第一书记，2017 年被评为"四川省脱贫攻坚'五个一'驻村帮扶先进个人"。

教育有效性不强。于是，他依托中国延安干部学院的干部教育培训资源，从华阳村工作实际出发，紧紧抓住党员群众教育这个关键点，坚持以目标精准、重视创新、落实有效为原则，讲透理论课提升本领，讲准形势课提高认识，讲活传统课改变风貌，增强村支部的政治领导力和组织动员力。

一、既搭天线又接地气，确保党课具有针对性

程时旭深知，"从群众中来，到群众中去"是开展工作的重要法宝。要让党课发挥作用，不流于形式，必须让党课既"搭天线"又"接地气"，传导党中央的温暖，反映彝族群众的心声。

广泛听取农民群众意见。讲好基层党课，首先要通过深入群众，听取基层对讲课内容的认识和企盼，找准党课的切入点，增强党课的针对性。程时旭带领党员干部，多次深入走访农户，面对面地接触农民群众，去亲身体验农民群众对党的要求和期盼。从失依儿童救助到大病医疗保障，从产业发展到政策咨询，建立民生诉求、困难群众、稳定工作三本台账，掌握了许多以前村干部听不到或不愿听的情况和意见。通过耐心、扎实和细致的工作，华阳村的党课开发工作形成了"要解群众难，先听群众言"的良好局面。村干部们感慨道：

个人体会

讲好农村基层党课，最主要的目的是增强村支部的政治领导力和组织动员力，使党员群众有更强的使命感和责任感，在脱贫攻坚工作中发挥主体作用。要讲好农村基层党课，首先要广泛听取群众意见，会诊群众具体问题，确保党课具有较强的针对性，不流于形式；其次讲课要讲究方法，农村基层讲党课，要结合当地实际，充分调动党员群众积极性，确保党员群众喜欢听，通过结合实际的授课内容与新颖的教学方式，让党员群众能听得进去、消化的了；最后党课要能够产生实际效果，让党员真正受到教育，群众得到更多实惠，才能充分发挥好党课在基层党组织建设中的作用，凝聚人心。

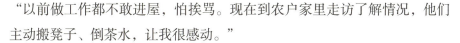

"以前做工作都不敢进屋，怕挨骂。现在到农户家里走访了解情况，他们主动搬凳子、倒茶水，让我很感动。"

认真会诊存在的突出问题。"听群众言"，目的是"解群众难"。为讲好农村基层党课，在了解群众情绪和群众需求的基础上，程时旭通过开展"党建月会"活动，紧紧围绕党章党规、习近平总书记系列重要讲话、国家扶贫相关政策以及群众反映的突出问题，组织全村党员集体备课、集体研究问题、集体学习政策、集体讨论主题、集体商量对策，将党员们收集到的各种发展难题以及群众遇到的实际困难，在"党建月会"上受理与讨论、解决与反馈。以解决问题为出发点，下功夫把查找问题、思考问题、解决问题作为讲党课的出发点和落脚点，把存在的问题理清，把要解决的对策找对，确保党课从主题安排到内容设计上都具有针对性。

二、既重规范又求创新，确保党员群众愿意听

"平时农业生产很忙，召集开会有很多党员都不愿意来。而且我们这些人文化水平低，让我们讲党课也讲不了。"支部书记潘虎道出了党员教育的困难。如何增强党课吸引力，确保党员群众愿意听、听

给党员群众讲党课

得懂，成为打磨一堂好党课的着力点。

创新教学内容，将"延安精神"与民族地区和彝族群众的实际结合起来。彝族地区有着"一步跨千年"的社会历史发展进程，社会发育程度滞后，部分群众文化程度较低、思想观念封闭。针对彝族同胞生产生活实际，在党课内容上，程时旭同志进行大胆创新，他将"延安精神"量身定制"延安精神、彝族文化、健康卫生"等教学内容，为大家讲授《怎么实事求是做好脱贫工作》《怎么发扬南泥湾精神，自力更生、艰苦奋斗》《怎么解放思想，形成好习惯、养成好风气》等课程，让党员群众学习领会延安精神，从延安老区的发展过程中看到自身的发展潜力。

创新教学方法，以"互动体验式党课"模式增强党员使命感。程时旭同志曾以"我为华阳谋发展"为主题给全村党员讲了一堂生动的党课，在党课上，程时旭明确要求党员们假设自己是村干部，来领导村子发展。"我想上山种苹果，带着大家一起致富，但是没有路，所以要先修一条生产路""我们三组的水好，我准备在山下挖两个堰塘养鱼，发展水产养殖业""村里没路灯，晚上走夜路很危险，我要让村里家家户户门前都被照亮"。你一言我一语，大家都积极对村子发展建言献策，把埋在心里许久的话说了出来，互相之间还进行了可行性比较讨论，在党课上就一些问题进行解答。这种互动体验式教学模式，得到了党员们的热烈欢迎，让他们觉得自己成为了村子事业的真正参与者。90多岁高龄的老党员也积极参与，就算被人搀扶着，也坚决不落下一堂课。

三、既讲导向又抓效果，确保党员受教育群众得实惠

教学内容的改变、教学方法的创新，让党员们有了更强的使命感和责任感，他们自发成立了"党员先锋服务队"，为村里挖沟修堰、整治环境、帮无劳动力贫困户建房，帮助群众解决实际困难。群众通过学习政策及其他专业知识，参与村务的热情也空前高涨，干事创业决心信心比以往更加强烈。村里涌现出一大批创业先锋和致富带头人，他们在没有资金和项目支持的情况下，自筹资金8万元建立了苹果育苗基地，为华阳村苹果产业发展打下了

基础；自发成立了养殖合作社，开办了养猪场；发展起休闲旅游，办起了民宿。

成　效

　　华阳村的新党课受到了党员群众的广泛欢迎，将党员与群众的关系越拉越近，村里党员的风貌发生了彻底转变，也让越来越多的群众信任党组织，并向组织靠拢。两年时间里，党支部培养了 1 名预备党员，2 名积极分子，有 1 名预备党员转正。

　　在党支部和党员的带领及群众的共同努力下，通过数十个扶贫项目，华阳村解决了一些长期存在的老大难问题，实施住房建设 260 余户，全村群众住上了安全住房，家家用上了太阳能；华阳小学建起了 350 平方米的功能教室，有了自己的计算机房和图书室，华阳村的孩子有了家门口的幼儿园；全村道路完成硬化，安装路灯 166 盏，解决了全村群众出行难题；群众有了自己的专业合作社，种下了 260 亩苹果，建起了蔬菜大棚，开始了水产养殖。2016 年年底达到整村脱贫各项要求，顺利脱贫摘帽。

点　评

　　讲好基层党课，是第一书记的基本功，也是对第一书记理论水平、政策水平、表达水平的综合考验。程时旭同志发挥延安干部学院教学资源优势和自身学识渊博的优沃条件，吸取群众意见、会诊存在问题、创新教学内容、改进教学方法，做到"适销对路""供需平衡"，让党员群众真学真信真懂、入耳入脑入心。程时旭同志的实践给我们一个重要启示：真理是科学的，科学的真理需要用科学的方法去灌输和宣传。如果第一书记虚言累牍、空话连篇、牵强附会，那就不必惊讶和哀叹："为什么播下的是葵种，收获的却是带刺的蔷薇？"真诚地希望第一书记们以党的创新理论说服农民，用真理的强大力量引领农民，"论天下之精微，理万物之是非"。

探索建立"先锋化、本土化、群众化"农村党支部组织生活新模式

背　景

　　花桥村党支部有党员 45 人，党员老龄化严重，党组织软弱涣散，长期缺乏健康正常的党组织生活。党支部会议流于形式，习惯于以会议落实会议，以文件传达文件，议而不决、议而不行、敷衍塞责情况突出。党员大会数量和质量不够，党支部凝聚力、战斗力不足，党员自身也没有感到自己作为一名党员所应该具有的光荣感、自豪感，感觉被组织遗忘，不能在平时的劳动生活中发挥出本应该具有的模范带头作用。范国盛*到任后，规范党组织生活，支部会议议而行、抓落实，坚持上党课、鼓干劲，抓党员大会的数量和质量，让广大党员干部有归属感自豪感使命感，通过这一系列措施，把花桥村党支部建成了坚强战斗堡垒，给村里留下了一支带不走的工作队。

做　法

一、摒弃"平庸"思想，发挥第一书记先锋模范作用

　　刚驻村时，村干部对驻村第一书记带着怀疑观望眼光，认为是上面派来镀金的。为打破大家的疑虑，驻村第一天，他就让村干部带着他走村串户，

---

* 范国盛，中国井冈山干部学院教务部副处长。2015 年 9 月至 2017 年 8 月任江西省鄱阳县花桥村第一书记。

了解村史、村情和村貌，并借阅他们的族谱，查看鄱阳县志了解风土人情、气候温度和作物种植。短短两周时间，他就把花桥村的贫困户走遍了，并作了详细记录。花桥村基础设施落后，脱贫任务艰巨，他带领村干部几乎跑遍了县里相关的局委办，积极争取资金和项目。在他的努力下，长久以来困扰花桥村的小河淤塞问题解决了，花桥村村民洗衣难的问题解决了，村民翘首企盼的行路难问题解决了……

相处久了，村干部在他身上感受到浓浓的正气，出于感情，过年时村里给他送来鄱阳土特产，但他坚决拒收。对于村里送给他的黑木耳，实在不好拒绝，他以高于市场价的方式买下，并且帮助联系销售，解决了村里黑木耳销售难的大问题。一桩桩、一件件实绩摆在村民面前，赢得了他们的信任和拥护。村里的党员干部被他的事迹所感染，知道这个第一书记是个真正来干事的，因此自发地团结在他周围。

二、杜绝"本本"主义，坚持本土化开展党组织生活

范国盛驻村期间，正值推进"两学一做"学习教育常态化制度化，要想让党组织生活有吸引力，就得杜绝本本主义，结合实际，因地制宜，坚持本土化开展党组织生活。他恢复和规范了

个人体会

党的三大报告曾说：要使自己说出来的话和老百姓透出来的呼吸一样，说到老百姓的心坎里。首先，规范基层党组织生活，要从收服人心工作做起，第一书记只有率先垂范、以身作则，用自己的实际行动感染、激励全村党员干部，才能真正收服人心。其次，规范基层党组织生活应该有重点、有方法、分步骤实施，开会只是一个手段，重要的是统一思想、统一行动，要把大家的思想和行动统一到脱贫攻坚——即我们党作出的庄严承诺上来。再次，规范基层党组织生活不是坐而论道，不是让每个基层党员成为理论专家，而是"要到群众中去"，要让基层党员有事可干，有业可创，充满阳光、充满希望，满怀信心地参与到脱贫攻坚这一伟大事业中来。只有如此，基层党建才不是"两张皮"，才能有依托，有成效。

给党员上党课

党组织生活，主持召开全体党员大会，给大家戴上党员徽章，重温入党誓词，过党的生日，去产业基地参观，并为大家拍照留念，很多老党员感动得热泪盈眶，感觉到自己的党员身份被唤醒，感觉到自己被关心关爱，在座谈会上不由自主地回忆起当年入党时的庄严场景。

鉴于村里老党员多的情况，他充分发挥老党员德高望重、影响大的特点，让他们"多管闲事"，引导村里舆论。比如村里环境卫生工作刚开始时，很多村民不把垃圾倒在垃圾桶里，他组织老党员分片巡视，并到村民家中检查，教育引导大家讲究卫生、爱护环境、减少污染。对于村干部和各个小组长，他则重点监督，结合发生在他们身边的实际案例，以案说法，警示大家要管好和用好自己的"小微"权力。村里过去评选的贫困户，群众意见很大，干部也感到委屈，贫困户名单一张贴就被村民撕下。为此，他组织村干部采取"五步工作法"，先由各个村小组组织村民公开评议、公示、再由村民代表大会评议、公示、最后村委会把关再上报乡里审批。通过公开透明程序，村民再也不在背后指指点点了，村干部也不被人情所累，真正使精准扶贫帮在点上、扶在根上、落在实上。由于公开透明，权

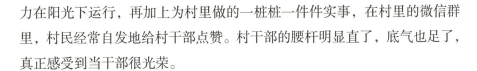

力在阳光下运行，再加上为村里做的一桩桩一件件实事，在村里的微信群里，村民经常自发地给村干部点赞。村干部的腰杆明显直了，底气也足了，真正感受到当干部很光荣。

三、摆脱"机关"形式，坚持群众化践行党建理论

在农村，要想与农民坐在一条板凳上讲党建理论，采用"机关"说教形式收效甚微，只有坚持"从群众中来，到群众中去"，让群众有实实在在的获得感，才能使得党建理论践行良好。一次在高家岭的大棚蔬菜参观时，他对村干部谈到，高家岭离花桥村只有不到五里地，并且花桥村的农户经常去高家岭打工摘菜，两地相邻、气候土壤一致，为什么花桥村不可以搞自己的大棚蔬菜？为此，他充分利用学院的帮扶资金，帮助建起了60亩的蔬菜大棚，请农业专家到实地讲课，请有经验的老菜农到现场指导。大棚蔬菜喜获丰收，解决了40名贫困户的就业问题，为他们年均劳动增收近两万元，还给他们带来了每亩600元的地租收入。此外，他还带领干部群众，充分利用国家帮扶资金，种植了60亩黑木耳，初步实现了贫困户家家有产业、家门口就业的梦想。

针对村民在生产生活中遇到的困难和日常生活的琐事，他号召村干部打造"提包村委会"，提包上门服务，为村民代办就医、入学、申请资金等各种杂事。通过深入群众的工作，村民真正感受到村干部是真心实意地在为大家办事服务，并称赞他们为"提包干部"。

成　效

花桥村党支部在规范基层党组织生活后，广大党员干部的思想觉悟明显提高了。一是公心。大家都把集体、把村民的利益放在第一位，在利益冲突时，能从原则出发，处事公道正派，自觉接受村民监督。二是热心。花桥村党员干部的心更热了，村民有困难找到村干部，村干部都是毫不推托，随时提着一个提包，方便为村民办事服务。三是齐心。花桥村党员干

部的心更齐了，大家能够心往一处想，劲往一处使，从集体出发，从大局出发，集中力量为村民办实事。

点 评

建好党支部，是驻村第一书记的重要职责。把基层党支部建成坚强战斗堡垒，给村里留下一支不走的工作队，是摆在每个第一书记面前的重要考题。范国盛同志将井冈山干部学院所积淀的党建理论与驻村实际紧密结合，把软弱涣散的党支部建成了坚强的战斗堡垒，倾注了自己的智慧和心血。有理由相信，他在这个过程中增长了见识，丰富了阅历，成为人生中弥足珍贵的精神财富，也完全有理由相信，他会把扶贫中的故事融入到今后教学中，以教育感染更多的人。

推动精准扶贫

坚持精准方略，提高脱贫实效。脱贫攻坚，精准是要义。必须坚持精准扶贫、精准脱贫，坚持扶持对象精准、项目安排精准、资金使用精准、措施到户精准、因村派人（第一书记）精准、脱贫成效精准等"六个精准"，解决好扶持谁、谁来扶、怎么扶、如何退问题，不搞大水漫灌，不搞手榴弹炸跳蚤，因村因户因人施策，对症下药、精准滴灌、靶向治疗，扶贫扶到点上扶到根上。

——习近平总书记在打好精准脱贫攻坚战座谈会上的讲话（2018年2月12日）

扬长避短抓机遇 "大田"生出新产业

背 景

　　贵州省台江县位于滇黔桂石漠化片区内，土地稀缺，经济发展滞后，经济总量在贵州88个县里排名垫底，国家级贫困县的帽子已经戴了很多年。16万人口中98%是苗族，多数从事传统种养殖业，收入普遍偏低。

　　大田村距离县城不算远，但相对其他地区优势并不明显。50多公里山路当年要坐近三个小时的汽车。422户居民分成5个自然寨，分散居住在山坡之上。妇孺老弱守着几块巴掌大的梯田，收入主要靠在东部省份务工的青壮劳力赚钱回家。村里发展集体产业的尝试一度陷入困境：养鱼养猪种菜种药一类的扶贫项目搞过好几个，投入了很多扶贫资金，但是没有一个见到效益。

　　刘虎辰*到村后了解到，大田村发展当地优势产业主要面临三个方面的困难。一是土地稀缺，山水连绵，2万亩的村域范围内没有一块面积超过5亩的平地，大半区域位于雷公山国家级自然保护区内不能开发。二是交通不便，多数农田没有通路，管理及运输极其困难。村里老杨家的田在三个小时路程之外，去年辛苦劳作一年，秋收时花800元雇了匹马才把2000斤稻谷运回家，而每斤稻谷只能卖到1元钱。三是成本过高，转移支付资金的输入和务工人员带回的大量现金，导致当地以食材为主的消费物价偏高，产品缺乏竞争力，土鸡、土鸭、田鱼统统都卖30元一斤，而省城市

---

* 刘虎辰，中央组织部机关事务管理局副调研员。2017年8月至今任贵州省台江县大田村第一书记。

场上同等品质的鸡鸭鱼不到 20 元一斤。

　　村委会账户上只有三千元钱，公用的自来水泵坏了没有钱修，每天只能限时供水两小时。村"两委"难为无米之炊，加上原有"授鱼"式扶贫在群众之间产生了"悬崖效应"，激化了村内矛盾，群众对村干部很不满意。村支书和村主任有苦难言，辞职信已经交到镇党委。

做　法

　　用过去的眼光来看，大田村的确没什么优势可言。干部群众空有致富愿望，却有劲使不出。刚到村里，刘虎辰就听说了一件事情：邻近村子得到了一笔蔬菜种植扶贫资金，在山坡上流转了 50 亩梯田，全部种上了冬瓜。精心管护了半年，冬瓜长的又大又好。但是问题来了：冬瓜这种蔬菜亩产达到上万斤，而市场售价不到五毛钱一斤。由于当地耕地分散，田路不通，采摘和运输成本过高。最后，冬瓜只卖掉了五分之一，剩下的全部烂在了地里。

刘虎辰在民宿改造工地上摔断了手骨，但他仍然坚守在岗位上

变劣势为优势，转换思路最重要。在大田村村务会上，刘虎辰问大家，咱们村干部和乡亲们最想做什么产业？大家七嘴八舌，想养猪，想养牛，想养羊，想养稻田鱼……他又问，这些传统产业，周边村镇以前都搞过，但是没有成功的，他们错在哪里？咱们有什么优势？大家面面相觑，有人大声说："我，我们村没有优势，但我相信我们村能搞好……"

挖掘资源优势不像垒砖头，花了钱、出了力就能搞好。刘虎辰分析说，深度贫困地区存在诸多短板，限制了资源禀赋的发挥。临近村子的冬瓜种植之所以没能成功，正是因为踩在了交通不便、耕地零散的短板上。因此，科学决策是关键。要经过深入调查研究，思考清楚如何扬长避短，发掘和运用当地可能存在的优势长板。

调查研究是科学决策的基础，发挥当地优势更需要知己知彼。刘虎辰先把大田村的五个自然寨全走了一遍，下到田间地头和老乡们一起干农活拉家常，实地调研已经落地的扶贫项目，又到省城各大农贸批发市场去观察了两天。这一圈走下来，他对限制发展的三大障碍以及解决问题的办法有了相当深入的了解和思考。

难道大田村就真的没有自己的优势吗？当一扇门关上，必定另有一扇窗打开。在这些问题和困难背后，刘虎辰同时看到了

个人体会

扶贫产业的选择和发展，一要顺天时，看哪些产业符合中央政策方向，符合本地经济社会发展历史阶段，属于当前市场环境下的朝阳产业；二要应地利，适应本地的地理区位、雨露阳光、土壤水质、基础设施、市场需求；三要得人和，群众是产业的真正主人，他们对脚下土地有着深厚感情和充分了解，产业选择要尊重贫困群众个人和农民合作社等市场主体地位，调动群众的主观能动性；四要守本位，政府的职责定位应是进行宏观调控、营造发展环境、提供公共服务，而不是大包大揽、闭门造车，摒弃"想当然""短平快""出成绩"的思维，以"功成不必在我"的担当和"功力必不唐捐"的信心，克制产业选择过程的"长官意志"，才能选得出真正适合本地区的产业。

大田村的优势：虽然没有连片土地，但大田村有着良好的环境、秀美的山水、浓郁的民族风情，常有游客前来踏青溯溪；交通不便的同时，意味着远离城市，没有任何工业污染，适宜种养优质食材；物价偏高的背后，是区域内消费需求旺盛的巨大潜力和供给不足、竞争不充分带来的巨大空间，适合发展面向本地市场的优势特色产业。

刘虎辰同大田村的党员干部反复研究论证，最终确定了发展优势特色产业的努力方向：依托乡村旅游资源，发展重点面向本地市场的环境污染小、单位产值高的特种养殖业，开发特色食材，提升旅游体验，形成特种养殖与乡村旅游相互促进的发展格局。

方向确定了，接下来就是选择具体项目和路径。经过广泛征求群众意见，刘虎辰带领党员群众在大田寨和展归寨重点实施了竹鼠养殖和蛇类养殖产业。之所以选择这两个产业，是因为这两个产业在当地主要具备以下优势：一是节约土地，相较传统养殖业污染少、单位面积产值较高。二是运输成本在售价中占比较少，适合远距离运输。三是当地人喜食野味，但当地很少养殖，产品市场售价较高，市场基础较好。四是当地野生竹鼠和蛇类资源丰富、数量众多，农户经常与野生蛇鼠打交道，对这一产业较为认可，并具备一定的养殖知识。同时，他在具备旅游接待基础条件的记刀寨申请实施了森林康养基地建设项目，为村民改造民宿、修建停车场和生态餐厅，以带动蛇鼠餐饮产品销售。

成　效

经过大家一年来的共同努力，大田寨600平方米的竹鼠养殖示范基地已经建成，200对种鼠顺利入住，正处在种群繁育阶段。村里已经与收购方签订了商品鼠保底收购协议，确保了销售渠道。承揽养殖场建设的施工队长说："这个产业好，盖完这个场房我也不再做工程了，回家自己养竹鼠。"展归寨蛇类养殖场也已完成厂房建设，在村里挑选出来的养殖户也正在接受技术培训，等待天气转暖后引进蛇卵。记刀寨也已完成设施建设。

寨里从未出过远门的大嫂看着自己装饰一新的房子，用苗语高兴地说"太漂亮了，象香港一样"！村民们在家门口就卖掉了农产品，拿到了工资收入。有旅游企业主动找上门来，提出参股合作意愿。同时，经过刘虎辰多方争取，五个自然寨的基础设施也有了很大改善。村民的幸福感、满意度大幅提升，村支书和村主任也打消了辞职的念头，党员和群众依靠自己双手摆脱贫困、建设美丽家园的信心和决心空前高涨。

点 评

深度贫困地区普遍面临着如何把优势资源转化为优势产业的挑战。大田村的案例告诉我们，要找准自身竞争优势，不仅要同资源禀赋相适应，还要同市场需求相适应，更要同农民的生产能力和生产条件相适应。刘虎辰同志遍访村寨，深入集市，集中民智，在小小的竹鼠野蛇身上发现大市场、实现高价值，成功发展特色优势产业。事实证明，一些地方优势资源难以发挥应有作用，主要问题在于方向不明确、管理不完善、权责不明晰，关键要理清思路，扬长避短，科学决策，让农民真正成为项目实施和受益的主体。

充分依靠派出单位　发挥桥梁纽带作用

背　景

　　东井底村位于河北省行唐县城西北部，2013 年年底被确认为贫困村，贫困发生率为 75%。全村缺水问题突出。"井底村"名称的由来，是因为村里只有一口井，遇到干旱就见底。李双伍[*]及工作组进驻前，村党支部软弱涣散，多年未召开过党员大会和村民代表会议。村干部从来不值班，也不上班，多数都去打工挣钱。村集体没有任何产业，也没有收入，且负债 40 多万元，干部群众从未获得过一分钱的分红或补贴，对脱贫奔小康普遍缺乏信心。基础设施和公共服务投入为零，脏乱差现象突出。村里村外没有一条水泥路，没有一盏路灯，车子进不了村，下雨天出不了门，群众意见很大。

做　法

　　中央对外联络部领导高度重视东井底村的脱贫攻坚工作，多次就该村脱贫工作作出指示和批示，明确要求驻村第一书记以抓党建促脱贫为突破口，做出特色、做出亮点。部里先后拿出党费 100 多万元，支持东井底村的产业发展、基础设施和公共服务建设。

　　一是情况汇报常态化，为派出单位领导亲自指挥、协调各方参与帮扶

---

[*] 李双伍，中央对外联络部研究室处长。2017 年 7 月至今任河北省行唐县东井底村第一书记。获 2017 年度河北省优秀驻村第一书记，2018 年度河北省脱贫攻坚个人贡献奖。

提供及时准确翔实的决策依据。李双伍定期向部里汇报情况、沟通信息。每个季度向部干部局提交书面材料，汇报驻村工作情况。同时，同部扶贫办保持常态化联系，基本上做到每天汇报扶贫工作进展。通过部扶贫办，及时将村里扶贫工作进展情况向部领导汇报，在部范围内进行宣介，并向中央和国家机关工委推介，形成了情况汇报、领导重视、积极宣介、引进社会资源相互促进的良性循环。

中央对外联络部可以直接给村里带来的项目和资金有限，但是具有总揽全局的政治站位、政治担当和海内外联系广泛的优势。驻村第一书记积极履行连接派出单位和帮扶对象的桥梁纽带职责，及时为部领导提供准确翔实的决策参考，为发挥自身优势做好扶贫工作提供了有力保障。

一年多来，部领导多次就村里脱贫工作作出指示和批示，中央纪委国家监委驻中央外办纪检监察组、全国政协外事委员会以及河北省委、石家庄市委领导同志先后来到东井底村检查指导扶贫工作。部领导亲自联系中国人保财险公司捐赠200万元，资助全县考上大学的贫困家庭子女；联系中国教育基金会捐赠200万元，帮助行唐县建设现代化教室。在部领导带动下，各职能部门和社会各界出钱出力，迅速形成了帮扶东井底村的热潮。

二是建立帮扶项目库，为派出单位明确任务清单。为确保扶贫资金发挥实效、使贫困

个人体会

习近平总书记指出，扶贫开发是全党全社会的共同责任，要动员和凝聚全社会力量广泛参与，加快形成全社会参与的大扶贫格局。东井底村能够在2018年底提前实现整体脱贫出列，最主要的是得到了派出单位的强大支持，尤其是宋涛部长的亲自关心和关注。正是因为派出单位联系协调的170多万元的无偿捐赠，成为东井底村脱贫致富的第一笔投入，形成了强大的集聚效应，带动了地方政府的财政支持，吸引了村里致富带头人、返乡创业人员和各类社会资本的纷纷跟进，从而形成了政府、市场、社会"三位一体"的扶贫合力。

向莅临东井底村检查指导扶贫工作的中联部领导汇报工作

农民真正受益，中联部机关党委负责人向驻村第一书记提出明确要求，要在充分调研基础上提出切实可行的帮扶方案。驻村伊始，李双伍就召开村"两委"班子和村民代表会议，并进行个别谈话和走访，分别到一些贫困家庭、非贫困户和村民代表家里拉家常，深入了解不同类型百姓的真实需求。经过一系列深入调研，列出基础设施、扶贫产业、公共服务等30多个寻求帮扶的项目清单，金额从几千元到几亿元不等。然后根据当地条件、政策要求、市场前景和紧迫程度，分门别类进行系统梳理甄别，形成帮扶项目库，主动向部扶贫办报告。部里根据项目库提出切实可行的任务清单，面向社会公布，广泛寻求各方支持。因为事先调研深入扎实，准备比较充分，中联部捐赠的党费用在了刀刃上，迅速落地生效。

三是夯实基层党建，充分依靠派出单位优势提升服务能力和水平。火车跑得快，全靠车头带。必须紧紧依靠中联部在长期从事政党理论与政党交往工作中积累的丰富党建经验，夯实东井底村基层党组织建设，引领村"两委"干部主动为企业排忧解难，解决投资者的后顾之忧，让企业愿意来、留得住。李双伍驻村后，在中联部和县乡党委支持指导下，将派出单位的党建优势运用到基层党建当中，实施了一系列抓党建促脱贫举措。一是抓住每次部领导来村调研指导扶贫工作的机会，召开党建座谈会，同全村党员干部开展形式多样的共建、联建活动，听取部领导对基层党建的意见，提升党员干部的思想意识。二是利用驻村第一书记熟悉政策和理论的优势，结合村里实际，给党员干部上生动的党课，宣讲中央精神，消除了干部群众在发展方面的一系列顾虑和困惑。三是工作组发挥表率作用，带动村"两委"班子一起实行坐班制和值班制。四是工作组将村"两委"会、村民代表会议和支部党员大会制度化，公开讨论审议并张榜公示重大事项，落实村务财务公开制度。五是发现和推荐年轻同志参加县委组织部组织的脱产培训、参与换届选举，实现村"两委"班子有序更替。六是带领村干部一起跑项目、要资金、外出考察，提升村"两委"班子办事能力和服务意识。

四是协调职能部门，积极推动帮扶项目的落地生效。第一书记不仅要学会规划帮扶项目，还要学会克服重重困难落实好帮扶项目，尤其是要学会开创性地优化整合帮扶项目。部里一位退休干部捐赠20万元，要在村里建立面粉加工厂。李双伍积极联系村里的致富带头人和村民，进行配资和免费出工。他又联系县里，争取到改造变压器和修建村路等配套项目，最终形成了"捐赠＋配资＋义工＋配套"的整合模式，建起了总投资60万元的面粉粮油综合加工厂。部机关党委捐赠20万用于建设党员之家，又联系到企业捐赠20万元用于建设村级幸福互助院。李双伍将两个项目合在一起，并争取到县民政局补贴40万元，建成总投资80万元的功能齐全的幸福互助院，实现扶贫资金效益最大化。中联部捐赠41万元用于建设黑木耳大棚。为用好这笔资金，李双伍动员本村返乡创业人员，引进东北的技术和管理，形成了资金与技术合作、产权与经营权分离、保底分红与利润分成相结合的合作模式。

成　效

基层党建面貌一新。村"两委"干部的思想、作风和能力有了根本性变化，从软弱涣散转变为坚强有力，东井底村获得"全国民主法治示范村"荣誉，于2018年底提前脱贫出列。中央和国家机关工委的旗帜网对此作了专题报道。

乡村面貌焕然一新。一年多来，村"两委"带领村民埋头苦干，修建了13.9公里的口东灌渠、2个水库、7口深水灌溉井和16000平方米灌溉管道，彻底改变了东井底村长期缺水的状况。地下管网、道路硬化、绿化美化、产业大道、太阳能路灯、危桥改造、田园路等一批基础设施建成并投入使用。党员之家、文体中心、幸福互助院、文化广场、电代煤工程、集体产权制度改革等一批社会服务项目完成并发挥效益。

集体产业蓬勃发展。服装加工厂、大山东井股份合作公司、黑木耳大棚、粮油综合加工厂、村级光伏电站、循环农业园、养殖小区等先后建成，行唐县中部养老中心、集中式光伏扶贫产业园、仓储办公中心等正在紧锣密鼓建设中，以火龙果为主打产品的村南现代农业产业园开工建设。村集体收入从零增加到每年40万元以上。

目前，村"两委"正致力于进一步改善村容村貌，积极推进以康养为主的中华龙源文化园建设，引进台湾企业实现村一二三产业融合发展，着力打造田园综合体。

点 评

　　对口帮扶单位，尤其是单位主要领导的高度重视，是东井底村成功脱贫出列的决定性因素之一。东井底村的案例告诉我们，驻村第一书记必须发挥好沟通信息、协调各方的桥梁和纽带作用。首先，政治站位要高，善于从全局角度把握扶贫工作的重要意义，及时把基层情况反馈给派出单位，为领导决策提供科学依据。其次，发展思路要明，善于沟通和动员有关职能部门，充分挖掘派出单位的优势，把基层党建、乡村治理、产业发展的成功经验引进来，凝聚起干事创业的合力。第三，执行能力要强，要把信息收集分析等基础性工作做在前面，提出具体项目和实施方案，高效整合各方资源，为派出单位支持扶贫工作提供明确的任务清单。

依托返乡创业企业家带动产业发展

背 景

　　临城县地处太行山东麓、河北省西南部，是国家级贫困县。西冷水村位于该县东南部，距县城 15 公里，全村 197 户 599 人，耕地面积 1470 亩（其中，水浇地面积 300 亩），荒岗地面积 4800 亩。由于条件艰苦，该村在历史上从来没有发展过特色产业，群众主要以种庄稼和外出务工为生，收入低微，脱贫难度大。

　　西冷水村位置偏僻，民风淳朴。村民思想较为保守，发展意愿不足，尤其对外来的企业和驻村干部缺乏信任。魏皓阳*在和群众沟通中，发现他们对产业缺乏了解，对外人有警惕情绪，害怕上当受骗，宁可受穷也不敢冒险。

　　同时，魏皓阳在走访中了解到，西冷水村历来有重视教育的传统，考出去的大学生多，在外地工作的成功人士多。该村主要有尹、褚两大姓氏，血缘关系重。在外工作的人士和家乡联系紧密，乡土情怀浓厚，愿意回馈故乡，是可以借重的一支力量。经过周密权衡，他决定着重发挥身边能人的作用，在本土本乡培养致富能手。

---

* 　魏皓阳，中央和国家机关团工委办公室副主任。2017 年 1 月至今任河北省临城县西冷水村第一书记。2018 年获河北省全省脱贫攻坚优秀驻村第一书记称号。

做 法

以情动人，消除后顾之忧。经多方联系，魏皓阳决意邀请西冷水村籍企业家尹女士回乡创业。尹女士从小在村里长大，熟悉村情民意，深得群众信任。她在邢台市、临城县经营多年，具备一定实力，有健全的工作团队。她深具乡土情怀和创业热情，眼界宽干劲足，愿意反哺家乡父老。由她出面做工作，有助于打消群众疑虑，迅速打开局面。

然而，尹女士已在市、县拥有成熟产业，且发展良好，对返乡创业难免心存疑虑。她说："我是村里嫁出去的闺女，村干部都是自己的长辈，农村里是非多，别让人说闲话，认为我是回家显能耐来了。万一没搞成功，怎么面对乡里乡亲？"魏皓阳锲而不舍，反复登门拜访，动员她说："扶贫是村里的大事，乡干部都支持。你从小生长在这里，现在有能力给村里做些贡献，人生也充实！何况还有驻村第一书记给你当后盾，就算有什么困难，咱们共同克服。"既讲扶贫政策，又讲乡土情怀，既以理服人又以情动人，终于说动她带动乡亲们脱贫致富。

虚心求教，明确发展方向。西冷水村仅有少数小规模种植

个人体会

贫困村位置偏僻，群众思想保守，对发展产业心存疑虑，对外来人员缺乏信任。这是客观存在的事实，无法在一朝一夕扭转。要勇于承认和面对，逐步加以引导。

要善于发现、树立群众身边的致富带头人，让他们打消顾虑轻装上阵，发挥他们熟悉乡情、深得群众信任的优势，带动群众脱贫致富。在产业选择上，要找到比较优势，和村子的资源禀赋相符合，切不可盲目行动。要主动拜访各级领导，积极融入县乡脱贫发展规划，争取支持，形成工作合力。要注重做好贫困户和扶贫企业的利益连接，一开始就把收入帐算得明明白白，既要让企业盈利，又要让贫困户得实惠。要在产业发展中加强对群众的教育引导，激发内生动力，让他们发挥主体作用，实现扶贫扶志齐头并进、相得益彰。

养殖业（养鸡、养蜂、种核桃），没有特色产业，群众缺乏相关经验，不知道搞什么好。面对这种情况，魏皓阳联系到在苏州创业的西冷水村籍知名企业家尹先生。尹先生为中科院博士后、苏州硒谷科技有限公司董事长，致力于硒形态自然安全、硒含量稳定可控的有机硒添加剂的技术研究与应用。魏皓阳多次拜访他，恳切请求他为故乡脱贫出谋划策。

在拜访中，尹先生提出，西冷水村周边土地平整，灌溉条件好，可以通过添加富硒肥料的方式，改善土壤结构，种植富硒作物，带动全村父老脱贫致富。经过专家咨询和论证，魏皓阳决定在西冷水村发展富硒产业，种植基地以西冷水村为中心，辐射周边东代社村、石匣沟村和耿家庄村。村集体和企业一拍即合。双方商定，由尹先生参股企业，全面参与支持家乡发展；提供富硒肥料，用于改善土壤结构；派遣技术人员，对群众开展培训；承诺帮助对接市场，寻找销路，让群众放心。

改善环境，争取政策支持。不仅要让创业者愿意来，更要让创业者留得住。有的领导提出："富硒产业在咱临城从没搞过，你们一个村能搞成吗？"魏皓阳回答道："一张白纸才好描绘最美的图案，产业发展必须抢占蓝海，如果等到各个县都搞起来，西冷水村也就没有市场了。马云不也

魏皓阳向媒体推介富硒产业发展

是从无到有发展起来的吗？"他发挥中央和国家机关工委优势，带领尹先生拜访县领导和有关职能部门，宣传富硒产业，寻求支持。

2018年11月，在县委、县政府大力支持下，召开了富硒功能农业产业协会成立大会暨首届会员大会。会前举办富硒功能农业产业知识讲座，邀请苏州硒谷科技专家做讲解，介绍硒的作用和富硒产品市场前景，为协会会员做好富硒产业坚定信心。县委分管领导出席会议并讲话，从县委层面对富硒产业发展予以肯定，给群众吃下定心丸。魏皓阳上门做县有关部门工作，恳请国土部门在土地流转方面予以政策支持，尽快办完各项手续。他又拜访项目所在乡镇，请党委政府主要负责人为项目站台，最大限度减轻群众顾虑。上述努力为项目顺利开展营造了良好政策环境。

广泛宣传，树立品牌形象。选定项目，成立企业仅仅是第一步。要想做大做强，实现持久盈利，必须借助社会、媒体和专业力量，创品牌促发展。这样才能让企业有干劲，让群众看得见希望。

魏皓阳借助工委平台，多渠道宣传西冷水村富硒产业。2019年争取工委《机关党建研究》杂志第一期封底以"精准扶贫在临城"为题，为"浉河粮仓"品牌做广告。他组织推荐企业参加2018年人民网 "人民优选"项目评比，"浉河粮仓"产区荣获"人民优选"产业合作示范基地。他主动借助网络资源销售产品，协调企业参加快手电商扶贫平台，入驻"公益中国"手机APP，扩大影响力。他多方联系，推荐"浉河粮仓"参加中国红十字会"扶贫众筹"擂台赛，借助全国、省、市等各级红十字会的力量宣传项目。善用舆论引导，不仅在当地政府和公众中形成正向反馈，而且为企业带来实实在在的经济效益，激发了干部群众干事创业的积极性。

扶贫扶志，培育内生动力。在引进社会资源的实践中，魏皓阳深切体会到，只有当贫困群众认识到通过劳动摆脱贫困的可能，尝到了脱贫致富的甜头，才有可能焕发出摆脱贫困的强大内生动力。他注重找准企业利益和群众利益结合点，既要让企业留得住、能赢利，又要让群众得实惠。富硒项目通过基地＋合作社＋农户订单带动农产品提质、提价，让群众参与到发展中来，共享发展成果。村里成立河北冷水湖生态农业开发有限公司，注册资本为 1000 万人民币，尹女士担任法人，尹先生入股。在西冷水村周边流转耕地，建立富硒功能区，基地优先雇佣贫困户。贫困群众不仅可以获得土地分红和产品销售收入，而且可以通过在家门口就业增加收入。公司主打"沘河粮仓"品牌的富硒农作物，生产富硒小米、花生、绿豆等特色产品。在县城岐山湖大道设立"沘河粮仓富硒产品体验店"，以节水、环保、生态、观光、循环为亮点，宣传现代农业理念。

借助工委的政治思想工作优势，坚持加强对贫困户教育引导。魏皓阳注重政治引领，定期向干部群众宣讲党的政策，让群众明白好日子得益于党的领导，坚定群众一心一意跟党走的信念。他尤其注重激发群众实现自我发展的内生动力，大力弘扬"脱贫攻坚是干出来的""幸福是奋斗出来的""滴水穿石""弱鸟先飞""自力更生"等精神，帮助贫困群众摆脱思想贫困、树立主体意识，激励他们辛勤劳动，用双手改变家庭命运，改变家乡面貌。他注重做好技能培训，聘请各界专家定期到基地，到农户家田间地头开展科技推广、技术培训、技术服务。2018 年培训次数达 10 次以上，培训人数超过 1000 人次，发放科普图书 2000 册。他帮助村里设立专门的科普培训室、科普宣传栏，配备电脑、科普图书供农民学习使用。他注重培养群众规则意识、合作意识、契约精神，引导他们逐步克服狭隘观念、培养同现代化接轨的精神素养，跨上全面发展的快车道。

成 效

产业发展初具规模。截至 2018 年年底，富硒功能农业基地流转 500 亩耕地，涉及 145 户贫困户，租金收入 600 元。签约订单农业 600 亩耕地，收购价比市场价高 20%，涉及 120 户贫困户。2018 年共收购富硒谷子、玉米、花生共计 22 万斤。基地长期雇佣 20 名贫困群众劳动，每人每天收入 80 元左右，不离乡不离土就近打工。

旅游资源有效衔接。农业产业发展带动了生态旅游业的发展，吸引了更多社会资源陆续投入。以 2018 年临城县举办旅游发展大会为契机，西冷水村大力发展生态旅游，打造河北"休闲型功能农业旅游示范第一区"。富硒功能区紧邻新开通的邢石大道，旅游资源丰厚。基地距崆山白云洞3公里，距岐山湖8公里，距天台山8公里，具备资源共享、相互吸纳的便利条件。魏皓阳谋划将西冷水村富硒产业拓展到苹果、杏、葡萄、草莓、桃等果品种植，探索功能农业示范区生产模式和后端产业配套服务体系。通过项目示范、规模推广和周边辐射效应，结合生态、环保、养生、保健理念，实现"种、养、培、加、游、教"科学合理相互配套的布局。

村容村貌得以显著改善。富硒产业把村民凝聚在了一起，大家心往一处想，劲往一处使，共同建设美好家园。目前，富硒功能区内每逢春暖花开，芳草萋萋，绿树成荫，还有连带的几条沟壑湿地，芦苇地，二十世纪六七十年代留下的老柿子树，枣树，梨树，别有一番自然景色。村民在这里劳动其乐融融。几代人面朝黄土背朝天辛苦劳作的低质量生活方式，有望得到彻底改变。

点 评

脱贫攻坚需要动员社会力量共同参与。西冷水村的案例告诉我们，吸引社会力量参与扶贫，要注重同当地贫困群众密切联系，坚持扶贫与扶志扶智相结合。魏皓阳同志以乡亲乡情为切入点，借助群众当中能人的力量，带动思想封闭的贫困群众转变观念、适应市场化模式、强化内生动力，收到了四两拨千斤的效果。实践证明，引入社会力量助力脱贫攻坚，必须有长远眼光，走可持续发展的道路。要善于找到企业利益同贫困群众利益的结合点，实现共赢，让企业留得住，群众得实惠，集体增效益。

纵深推进教育扶贫 打好三套"组合拳"

背 景

　　威县魏家寨村地处河北省集中连片扶贫重点区域之一的黑龙港流域，是典型的传统农业村、留守人口村。由于缺乏矿产资源支撑，不临海靠港，远离大城市，长期以来，魏家寨村周边是全县经济发展和教育文卫工作的"洼地"，面临缺师少教、公共服务资源缺乏等诸多问题，群众脱贫致富步伐缓慢。

　　张晓彬*到任后了解到，乡镇企业技术落后发展缓慢。近些年，一些村民在城里增长了见识、开阔了视野之后，陆续踏上了返乡创业的道路。2014年，从北京返乡的村民刘光华、赵清奎、刘宝根等，合伙成立了龙永胜焊接设备有限公司，从事汽车电焊机、钣金修复机、启动电源、保险杠修复机等汽修设备的生产销售，带动30多名村民就业。由于缺乏核心技术，企业发展面临产品更新慢、利润低、规模上不去等瓶颈，让这些乡村"土秀才"们在市场经济浪潮中踟蹰不前。

　　农产品销路不畅导致丰产难增收。魏家寨生态农业区地处北纬37°，拥有独特的水文、光照、湿度，无霜期长，雨热同期，是植物生长的黄金气候带；发源自太行山的洺河古道穿境而过，流经区域形成独特的沙土地，土壤富含硒等20多种微量元素，种植出的小米、红薯、蔬

---

* 张晓彬，教育部政策法规司一级主任科员。2017年7月至今任河北省威县魏家寨村第一书记。2018年3月，其所在工作队被中共河北省委组织部评为"全省扶贫脱贫工作先进工作队"。

菜、梨等营养价值极高。但由于传统的农户分散经营，与消费市场联系不够紧密，受市场供求关系的影响，当地生产的粮棉蔬果经常积压滞销，遭遇压价收购。

乡村学校办学条件和质量堪忧。魏家寨村所在的枣元乡地处三县交界，教育发展不均衡问题突出，农村学校在师资力量、教学管理、安全设施、后勤保障上与城市学校差距较大。一些有条件的家庭把子女送到红黄蓝幼儿园、仲夷小学、思源学校等县城优质学校就读，而农村学校应对贫困家庭子女的基础教育起到兜底作用，亟需引起高度重视。特别是二孩政策放开后，周边村每年都有数百名适龄幼儿需要走进校门，村周边的幼儿园、中小学在数量质量上，都无法满足日益增长的入学需求。

做 法

一、开展产学研合作，为乡村小微企业插上科技的"翅膀"

如何发挥农村实用技术人才在脱贫攻坚中的作用？张晓彬借助高校智力密集的优势，帮助这些"土秀才"们提高科技致富技能，带动更多村民走上脱贫致富之路。积极联系中国农业大学、天津大学、河北地质大学、邢台职业技术学院、邢台农校等院校，与村内龙永胜焊接设备有限公司、春凯果树种植合作社等签订产学研合作协议，协调专家到村里实地调研，帮助梨园解决了种植管理难题，为焊接公司提供技术培训支持和成果转让，研发了汽车变速箱换油机、防冻液刹车油智能换油机、便携式电焊机等新产品。

2018年4月，该村焊接公司接到多名客户反映，公司生产的换油机出现清洗效果不彻底、换油易烧变速箱等问题，有的大客户甚至威胁要另选新的供货商，企业负责人火急火燎地来到村委会寻求支援。张晓彬随即带企业来到国家重点实验室——天津大学内燃机研究所请求技术帮扶。经过一段时间的科研攻关，该企业生产的换油机产品同时攻克了"零压力换油""汽车静态更换冷却液""换油不混油"等难题，新研发的冷却制动二合一智能养护设备在国际上处于领先地位。他还帮助企业申请专利和标准，支持企业参加北京汽博展、法兰克福国际展览会、深圳高交会等，凭借优质产品到国内外舞台上亮相展出。

二、实施农校对接工程，将贫困村农产品端上高校师生的餐桌

农校对接和精准扶贫相结合，是教育系统落实中央关于消费扶贫政策的创新举措。两年来，他多方协调联系，在枣园乡开展茄子、西红柿等食堂用菜的订单种植，协调在高校食堂设立贫困地区劳动力就业岗位，开通贫困地区农副产品绿色渠道，把定点扶贫县、扶贫村的农副产品直接送到了高校师生的餐桌，既减少采购中间环节差价，确保师生用餐物美价廉，又解决了贫困地区农民就业，为贫困县农产品新开辟了稳定而有利润的市场。

个人体会

贫困乡村工农业发展落后、经济薄弱，是脱贫攻坚推进缓慢的重要原因。作为教育部派驻的第一书记，我在驻村工作期间认识到，教育扶贫不仅要控辍保学、改善乡村学校办学条件，还要有更广泛的内涵。应立足教育系统智力密集、师生人数众多的优势，通过产学研合作、技术培训、农校对接、产销直通等措施，深挖拓展教育扶贫的内涵和路径，全方位发挥教育部门在产业发展和乡村振兴中的重要作用。

2018年秋季，魏家寨村周边的10多家农户种植的红薯和梨子产量较高，无奈部分收购商借机压价，农户苦不堪言。经过驻村第一书记联系协调，10月15日，多辆满载红薯、梨子、小米、三白瓜的零担车，陆续驶入教育部机关、考试中心、北京师范大学的食堂，一定程度上解决了魏家寨及周边村镇的农产品滞销的难题。

此外，该村还成立了农产品电子商务展销平台，注册"威魏农品"商标，通过线上线下

产学研＋精准扶贫启动仪式

相结合，帮助村民销售黄金小米、富硒红薯、空心挂面等优质农产品。平台承诺优先雇佣本村村民，优先采购本村土特产品，每年拿出 60% 的利润向困难群众分红，打造一个绿色、公益、长期的消费扶贫平台。为此，他邀请县职教中心的老师们，定期为魏家寨及周边村的青年举办公益淘宝培训班，安排村民到邢台、威县几家大型电商平台去顶岗实习，提升实战操作技能。目前，村里 30 多名村民拥有汽车零配件、洗护用品、农产品销售等独立经营的网店，还组建团队负责电商平台的运营销售，带动 40 多人从事生产、采购、打包、运输等工作。

三、加大资源投入，改善学校软硬件办学条件

"一学期才 600 元学费，条件和城市幼儿园也差不离儿。"受益于教育部、河北省实施的学前教育三年行动计划，2017 年秋季魏家寨村建起第一所公办幼儿园，敞开大门迎接 90 多名幼儿新生入学。3 岁半的幼儿跟着在北京打工的妈妈回到家乡，幸福地成为这里的第一批入园幼儿。

作为第一书记负责的精准扶贫工程，在师资配备、硬件配套、教

学设施、安全卫生等方面始终坚持高标准，着力打造一座具有示范意义的优质乡村幼儿园。同时，他和工作队员们还积极奔走，为邻近的潘店小学新建了三层教学楼、学生食堂，利用教育发展基金会资金启动建设邵固小学教学楼，对全乡8座薄弱中小学校舍、宿舍、土操场行了修建。

为提升教学质量，第一书记发动教育部的领导同事们慷慨解囊，为潘店小学和魏家寨幼儿园的老师们捐赠了笔记本电脑、多媒体教学一体机、投影仪、图书，添置了室外游乐设施，铺设了1230平方米的悬空地垫，让孩子们户外游戏活动更加安全舒适。同时，他还帮助老师们引进上海小金星幼儿教材，培养孩子们的音体美特长；为潘店小学等学校引进VIPKID北美外教在线课程，提高孩子们学习英语的兴趣；同时援建广播电视演播室，培养提高学生们综合素养。此外，还组织全乡的中小学幼儿教师轮流到省会学校跟班培训，邀请河北师范大学、邢台学院、县职教中心优秀学生到当地中小学幼儿园实习实训，通过交流学习补齐乡村教师的短板，有效提升了教学业务水平。

成 效

乡村学校发展助力小村庄办出优质教育。在2019年3月8日召开的威县教育工作大会上，枣元学区获评2018年度全县综合考核先进单位、教学成绩优秀单位、省教育督导评估工作先进单位、五A级学校创建工作先进单位等荣誉，潘店小学荣获全县中心小学第一名的优秀成绩，多位教师荣获全县骨干教师、教坛新秀荣誉。作为第一书记负责精准扶贫工程，魏家寨幼儿园教育质量快速提升，在全县学前教育质量评比中屡获殊荣，学生人数从办园之初的90多名学生猛增到160名。魏家寨村村民谈到子女教育时经常笑称："居住在魏家寨村，相当于城里人买上了学区房。"

科技转型为企业开辟了国内外市场。在2019年3月21日的北京国际汽保展上，一家占地 200 平方米、打着天津大学技术开发帮扶企业标语的展台格外引人瞩目，这家从魏家寨村走出的乡村企业展台前人头攒动，当天斩获 1000 台一体化换油机订单，产品卖到了南非、越南、印度等海外市场。2018 年，企业产值突破 2000 万元，订单数量和利润均大幅增长，先后获得 15 项国家专利，被评为"河北省科技型中小企业"，入选河北省科技英才"双百双千工程"企业。在快速成长壮大的同时，企业致力于服务社会和扶贫事业，稳定带动 60 多名劳动力实现村内就业，并成立"胜援计划"基金，捐助资金支持本村贫困群众和学生。仅去年，企业就向全村贫困户、边缘户、贫困学生捐款 30000 元人民币，深受全村群众和合作客户的好评。

电商平台、农校对接有效解决农产品滞销难题。目前，魏家寨电商平台已经获得 CASPS 供货商资格，产品纳入"北京高校食堂开设贫困地区特色农产品示范窗口"项目范围。2018 年，教育部机关、国家开放大学、教育部规划建设中心、天津大学、北京师范大学等单位和 2000 余名个人客户，先后在魏家寨村采购价值 80 余万元的农产品，直接带动 10 余家本地加工企业、60 余名群众参与平台经营和产品加工生产，累计分红近 10 万元。2019 年初，该村电商平台被县委县政府评为"全县优秀电子商务企业"。2019 年 3 月，河北大学、河北师范大学、河北农业大学等多所学校后勤集团负责人到该村洽谈采购，该村将按照订单农业的发展模式，长期稳定向相关高校供应多种农副产品。

点 评

　　在脱贫攻坚中，教育扶贫是最具潜力的领域之一。无论是增强脱贫本领，还是培育振兴动力，都离不开教育。魏家寨村的案例告诉我们，在魏家寨村这样的留守人口村，补足农村教育短板、发挥基础教育兜底作用，具有十分重要的意义。张晓彬同志积极协调整合政府政策、院校力量、社会资源，发挥教育系统的优势，把基础教育低地改造成周边乡镇居民心仪的优质教育基地，成功经验值得借鉴。更可贵的是，他把科研、技术、管理和师资等优质资源引入当地，全方位助力脱贫攻坚。实践证明，教育扶贫需要着力解决农民的眼界、技能和素质问题，促进农村、农业和农民同市场接轨，同科技接轨，同城市接轨，同国际接轨，为实现城乡一体化发展奠定基础。

引来活水润心田　部委资源惠陇山

背　景

　　陇山村位于大巴山南麓，四川省平昌县北部，以陇山包为中心，6个农业合作社环形分布。全村共有村民2285人，其中有75户建档立卡贫困户，贫困人口485人。青壮年村民大多在外打工。村集体经济薄弱，历史欠账较多。基础设施较差，村里只有一条三米宽、不到两公里长的石子路。产业发展基础差，村民常年从事水稻和红薯种植，基本上没有经济作物。

　　2011年，袁存凤[*]驻村开展工作。

做　法

一、党建扶贫联接机关党员和贫困村

　　袁存凤依托司法部系统组织有力、战斗力强的党建优势，积极为贫困村架起爱心桥梁。他与村支部书记一起积极对接司法部、四川省司法厅、戒毒管理局、监狱管理局等机关党委，推出党建扶贫项目"大巴山核桃树认养计划"。司法部系统党员干部以购代捐，每名党员拿出100元认养一棵核桃树，待核桃成熟后，由陇山村核桃合作社按照市场价格返还认养数

---

[*] 袁存凤，司法部戒毒管理局主任科员。2016年10月至2018年9月任四川省平昌县陇山村第一书记。任职期间，陇山村被司法部和民政部评为"全国民主法治示范村"，被四川省依法治省办公室评为"四川省法治教育基地"。

额等值的核桃。项目开展第一年，党员们共认养核桃树 2300 余株，给村里带来 23 万多元收入，为即将收获的核桃开拓了销路。2018 年 10 月，第一批核桃已经送到了认养核桃树的党员手中。

个人体会

一是体会到把资源导入到村里的不易。越到基层，对资源的渴求越强烈，资源来了，县里、镇上、邻近村里都想着分流一些，这时，要充分考虑并处理好各方面关系，努力让资源落地。二是体会到满足农民对引进资源的期望不易。大多数农民都希望快速见到效益，今天引来资源，明天就能分到家里、摆在桌上、吃到嘴里，而我们更希望资源整合、养鸡生蛋、源源不断，这个过程会带来不理解和各种阻力。三是体会到争取资源的不易。在四川省，各级层面的司法行政部门都有自己的扶贫任务，占有的资源本就有限，协调起来不容易。四是体会到只要组织支持，所有的不易都会变得容易。司法部党组一直非常关注扶贫工作，原司法部部长张军同志、现任司法部党组书记袁曙宏等领导同志亲自到陇山村检查指导工作，帮助出谋划策。司法部扶贫办还专门协调全国监狱和戒毒所采购贫困地区的农产品，这些都为我们发挥部门资源、搞好扶贫工作提供了坚强保障。

二、法治扶贫提高乡村治理水平

2017 年 2 月，在司法部和省、市、县司法行政部门支持下，袁存凤带领村民开始了"全国民主法治示范村"创建工作。在专家们的指导下，他带领村"两委"高起点规划，三次修订了民主法治示范村创建方案。

接下来的 5 个月，他与施工方一道考察建筑材料，加班加点地勘探现场，走遍了村里的大道小路，仔细推敲每个点位相关法治要素的布置，周密施工，盯着每一个现场，完成施工并进行打磨。终于在 9 月份初步建成了法治文化大院、法治文化广场、法治石刻走廊和法治连接环线。他邀请专家适时开展法治宣传、矛盾调解、村民说事会、法律咨询活动，有效解决了一些矛盾纠纷，受到群众欢迎。

他主动联系全国普法办公室、法律出版社和四川法制报社等系统内单位，为当地中小学生送来了一大批法治教育读本和法律书籍，建立了法治图书室。他把派出单位的法治教育资源同当地旅游资源有机结合起来，组织开展了8批次1500余人次的"法润陇山·乐学田园"主题研学旅行活动，为打造研学旅行基地积累了经验，拓宽了当地产业扶贫的渠道。

三、教育扶贫项目阻断代际传递

由于工作关系，袁存凤在全国心理教育领域联系广泛。他主动把这一资源用于对贫困学生的帮扶上。2017年4月，受巴中市教育局委托，他开始为巴中市中小学生特别是留守儿童开展心理健康教育和咨询辅导，并从全国8个省份选拔聘请了12名心理教育专家。这些专家一部分是司法行政戒毒系统从事心理矫治的同行，另外一部分是他攻读心理学硕士、博士时的师友。他们一道实施"大巴山留守儿童心理关爱计划"，探索开展针对全市留守儿童的教育扶贫。

2017年7月27日到8月6日，在巴中市职业技术学院培训中心，专家团队分三期，为巴中市教育系统510余名心理健康教育和咨询老师举办

召开村民说事会研究民主法治示范村创建方案

了心理健康教育与咨询培训班。参训教师纷纷表示非常受益。培训班举办期间，专家团队还和兰州大学教育学院的大学生志愿者一起制作调查问卷，开展调研，收集统计相关资料，进行数据分析，为当地教育行政部门开展学生心理健康工作提供了科学依据。

2018年春节期间，袁存凤联合巴中市教育局培训中心在法治文化大院举办了"大学生国学心理学寒假行"活动。陇山村和周边村里的大学生都来学习阳明心学和积极心理学，不仅丰富了假期生活，而且学习了优秀传统文化，树立了学习的目标和方向。

袁存凤还应邀为巴中市和平昌县实验小学、驷马中学、德胜小学、雷山小学等学校义务开展心理健康培训和咨询服务。同时，他为巴中市总工会、同凯能源"职工心理驿站"建设提供指导和支持，为市委宣传部未成年教育中心做教师辅导，指导巴中市家庭教育学会开办心理咨询服务，传播心理学知识和技能。

2018年6月，袁存凤发起成立陇山村"法治教育基金"，基金来自阳初乡味电子商务有限公司的30%的利润分成和社会捐赠，用于帮助陇山村贫困大学生完成学业。资助分两个档次，一本学生每年5000元，二本学生每年2000元，以此鼓励陇山村中小学生努力学习，考上好大学。袁存凤同电商公司负责人一起制定了法治教育基金管理制度，规定受资助大学生每年至少在阳初乡味电子商务有限公司志愿工作30天，既培养了孩子们感恩意识，也为村电商公司和村里集聚了人才，推动解决山区农村高技术人才短缺的问题，实现了多方共赢。

在驻村工作中，袁存凤深切体会到长期工作在基层一线的村镇干部的艰辛，主动利用司法部系统心理专家的业务专长，为他们疏困解忧。由于长期在基层工作，一些干部视野得不到拓展，每天面对着家长里短，加之工作任务更加繁重，他们的职业枯竭感、无助感和疲劳感越来越明显，迫切需要培训和心理服务。值得一提的是，袁存凤在2018年为巴中市公安系统全体干警开展了一次《公安干警压力与情绪管理》电视电话讲座，受众达2300余人，受到了市领导和全市公安干警的赞扬。

四、推广电商平台激发村民致富活力

为了解决村合作社销售能力不足的问题，袁存凤指导陇山村于2017年10月成立了"阳初乡味电子商务有限公司"，建成线上农产品销售平台。他借助司法系统联系广泛的优势，发动司法部机关在内的各级司法行政机关干部积极转发推广，动员各界朋友把链接发微信朋友圈和微信群等。

2017年冬季，为了扩大传播效果，他利用当地村民为过年准备腊肉腊肠的时机，自掏腰包从一户贫困户那里买来一头猪，请村民帮助做腊肉、灌香肠。他则忙着同电商公司的年轻人一道，拍照、写文案，放在电商平台上推广。司法系统的干部群众踊跃转发和购买平台上的农产品，贫困农户的蔬菜、核桃、土鸡、淡水鱼、腊肉、腊肠等迅速卖到全国27个省份。

2018年3月15日，袁存凤倡导的"驻村第一书记＋电商精准扶贫县域论坛"在平昌县召开，《法制日报》、《四川农村日报》、中国网、《经济》杂志等媒体进行了报道，介绍了"第一书记＋电商扶贫"的好做法。四川、陕西、山东等地组织电商企业和生产企业来陇山村学习经验，交流销售渠道。

成　效

经过两年多的努力，陇山村已经由当地出名的穷村变成了远近闻名的脱贫村、富裕村。2017年初，全村75户贫困户、485名贫困人口全部如期实现脱贫，完成20.67公里水泥路硬化施工，种植核桃1100余亩，莲藕200余亩，蔬菜70余亩，新建储水用堰塘6口，水产和土鸡养殖初具规模，果蔬肉产业融合发展。

村民们精神状态更好了，更愿意做事了。村民们表示，党的政策这么好，自己也要发狠好好干，幸福都是奋斗出来的。有一位村民原来和爱人一起在县城做童装生意，后来回到村里，在村"两委"的支持下成立了电商公司，通过司法部系统的销售渠道，帮助村民销售核桃、蔬菜、土鸡、腊肉、腊

肠等农产品，2018年，实现销售收入70余万元。"电商公司＋合作社＋农户"模式有效改变贫困群众"等、靠、要"的思想，激发了他们通过产业发展勤劳致富的积极性。

点　评

　　派出单位在组织动员、执行落实、保障投入等方面具有不可替代的优势，是驻村第一书记必须用好的首要资源。陇山村的案例告诉我们，要创造性地用好派出单位资源，就需要把自身的专长同贫困地区干部群众的需要紧密结合起来。袁存凤同志作为戒毒矫治方面的专家，不仅善于利用司法部党组织的力量帮扶贫困村，而且巧用本职工作在心理教育领域的影响力，为贫困地区的学生、干部和群众疏解困扰。他运用电商平台搭建起司法部系统党员干部同贫困村的联系纽带，成功探索出持续帮扶、实现共赢的新途径。实践证明，用好派出单位资源，不仅限于授鱼式的捐赠，更在于扶志与扶智的结合，扎扎实实办成几件经得起时间检验的好事，让派出单位的优势资源转化为贫困村脱贫振兴的内在动力。

"三坚持，三注重" 确保贫困户识别、退出"真、准、实"

背 景

2017年6月，刘一*到河北省隆化县海岱沟村担任驻村第一书记时，全村368户1260人中有建档立卡贫困户232户787人。这一数据在2014年海岱沟村进入贫困村序列时确定，因各种原因，在前三年的脱贫攻坚工作中没有进行系统全面的梳理和调整。在入村后的入户走访中，刘一发现扶贫系统中部分数据和档案内容并不准确，其中存在的分户、并户等情况也影响了扶贫措施精准落地，部分村民认为贫困户评定不够公平。

做 法

为了摸清底数，让扶贫脱贫工作有的放矢、精准发力，刘一与村"两委"团结协作，在发展致富产业、办好惠民实事的同时，按照上级政策要求和村内贫困户实际情况，对建档立卡贫困户数据多次进行动态调整，确保扶贫系统内海岱沟村贫困人口数据与实际情况相符。2018年底，海岱沟村建档立卡贫困户数据更新为224户705人。

---

* 刘一，生态环境部核设施安全监管司副调研员。2017年6月至2019年6月任河北省隆化县海岱沟村驻村第一书记。2018年获中央和国家机关脱贫攻坚优秀个人、2017年度河北省脱贫攻坚优秀驻村第一书记称号。

一、坚持调研走访，注重政策宣讲

贫困户精准识别和退出关系到村民的切身利益，不论是贫困户还是非贫困户，都会非常关心。第一书记对村情户情要经常走访，了解村民真实情况；对扶贫政策要经常学习，真懂会讲，争取群众主动配合。

2017年，刘一入村后不久，省内统一开展农村贫困人口建档立卡"回头看"专项行动。在接到上级文件后，刘一与村干部认真学习工作指南，掌握最新评议标准及车辆、商品房等贫困户认定的政策细节，并第一时间组织召开村民大会，在广场上详细解释识别标准和程序。通过日常走访调研，刘一与村干部已大致掌握了村内较为困难家庭的情况。在专项行动中，工作组再次分头全面入户，对照标准"看住房、看大件、看劳力、看产业、看负担"，有主动申报的村民，就登记家庭情况，取得更加详实的证明材料；偶尔遇到不愿配合的村民，就先聊家常，帮助他算好家庭收支一本账。

政策宣讲和调查中，有时村民会对贫困户识别表达意见甚至不满。通常，工作组不仅要答复本户村民为什么评不上，还需要解释村里的贫困户为什么能够享受扶贫政策。"刘书记，我们村民小组长的合作医疗保

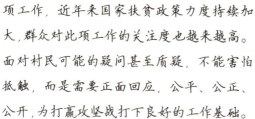

个人体会

贫困户精准识别和退出是容易引发村民争议的一项工作，近年来国家扶贫政策力度持续加大，群众对此项工作的关注度也越来越高。面对村民可能的疑问甚至质疑，不能害怕抵触，而是需要正面回应，公平、公正、公开，为打赢攻坚战打下良好的工作基础。

秉持公心，坚持工作原则。待人和气，为民服务，但是不能也无法无底线地满足各种诉求。日久见人心，出于公心办事，依靠大多数，最终会得到群众的理解。

做到公平，一碗水端平。掌握政策标准，详细调查民情，一把尺子衡量，应纳则纳、应退则退，没有例外。

全过程公开，让广大群众监督，打开大门接纳意见，充分暴露矛盾，意见提出了，问题答复了，心结解开了，才有助于整体扶贫工作的推进。

中秋节慰问五保户

险费为啥今年不用交了，我们的就还得交，明明去年他家也要交的？"这是一次集中接待上访群众时村民提出的问题。"不是这样的，您家要交是因为您家不是建档立卡贫困户；你们小组长家是 2014 年脱贫的建档立卡贫困户，这项政策今年刚扩大覆盖到 2016 年前脱贫的贫困户，所以存在您说的情况。"近年来各部门陆续出台很多扶贫政策，实施范围和力度也不断加大，但是村民只能直观地知道谁得了多少补助、谁减免了多少费用。做好政策宣讲是扶贫干部的重要任务之一，这就要求扶贫干部不仅要学习当前政策，还得了解政策的来龙去脉，做到心里有底，同时留心走访调研，知晓村民诉求，做到心中有数。

二、坚持遵守程序，注重村民评议

精准识别和退出是政策性很强、村民关注度很高的敏感工作，不能有分毫差池，一定要讲究方法，特别是把民主评议工作做细，坚持程序标准，力求结果精准。

从驻村第一书记的工作方法来说，是按照"备、训、访、帮、档、验、录、示"的八字法进行识别与退出。从程序制度来说，需要经过"两公示一比对一公告"。在整个流程中，一户农户是否能够评为贫困户享受政策，最基础的评定依据还是在村一级的入户调查和评议会议。

在 2017 年农村贫困人口建档立卡"回头看"、2018 年扶贫脱贫基础工作规范提升等专项工作中，刘一同村干部组织召开村民代表会议，对村内贫困户识别和退出进行民主评议。在几次会议上，村民代表们的讨论都比较激烈，总会有要求照顾特殊情况的声音出现。一次，一位村民代表以其妻子患腰椎间盘突出为理由，坚持要进入贫困系统。刘一在会场上耐心解释，说明这并不是必须纳入贫困系统保障的大病、重病。最终，提议没有通过。村民代表刚开始很不理解，退场抗议，后来经过多次沟通协调，还是接受了评议结果。

在组织村民代表开展评议工作方面，刘一的经验是：会议前认真准备好户情资料和政策解读，会议中做好录音录像等记录，会议后及时整理公示和上报材料。遇到特殊情况，可能还需要将会场记录呈交上级部门或交给村民代表查看。评议后及时做好公示公告并对村民意见及时反馈，是确保评议结果符合民情民意的有效方法。

三、坚持工作原则，注重利益共享

海岱沟村有一千余村民，经常会有村民对精准识别和退出工作发出不同的声音，面对各种压力，必须坚持实事求是的原则。原则问题不能退让，实心为民服务争取理解。

"回头看"专项行动中，有的村民对评议结果不满意，写信举报评议过程不公平，有的闹上门吵着要说法，甚至还有人喝了酒拎着菜刀到工作组驻地周围打转。在给贫困户发放鸡苗帮助发展养殖时，有个别村民认为平时没有得到好处，硬生搬走 20 只鸡苗。驻村以来，刘一面对千人千面的村民，始终做到既不正面冲突，也不无原则妥协，最终总能获得村民的理解，得到了大多数群众发自内心的支持。对结果不满意的村民，经过帮扶责任人后续细致耐心帮助落实政策，不再干扰正常工作；搬走鸡苗的农户，经过村干部和村里老人上门劝说，承认了错误，第二天主动把鸡苗送回工作组。

在严格落实政策的基础上，刘一注重为村民办好互惠共享的实事，淡化贫困户、非贫困户的区别，减小"悬崖效应"。他组织义诊，给村民送医送药。在发放红十字会慰问物资时，他对全体村民一碗水端平。2017年，村干部走访慰问贫困户时，因资金有限，只给30余户未脱贫户送了米面油。2018年，刘一就将慰问范围扩展到全部200余户建档立卡贫困户。2018年，他为村里争取到清洁取暖示范项目，村民无论是否贫困户，只要自愿且房屋具备条件，都可以领到清洁炉具和型煤。他在实施各类基础设施项目时，全面覆盖7个自然村，惠及全体村民，力争不落一人。

成　效

通过做好精准识别和退出工作，刘一为海岱沟村扣好了精准扶贫、精准脱贫的第一粒扣子，为打好脱贫攻坚战奠定了良好的基础。一是具体落实了"真扶贫，扶真贫"的要求，解决好帮扶谁的政策问题。例如，将住楼房开轿车的清退出扶贫系统，把分户、并户的调整回原家庭，避免了扶贫项目资金纠纷。二是通过走访宣讲贴近民情，了解群众疾苦，听老人讲村史，问村民实际需求，向大户了解产业情况，掌握了村情第一手资料。三是在繁琐、细致的工作中树立了扶贫干部良好形象，直面矛盾，解决问题，纠正以往工作偏差，得到了村民的认可。刘一驻村以来，通过深入调查，海岱沟村累计新纳入贫困系统71人、退出153人，全村没有出现明显的不稳定因素，村民对贫困户评定的公平性更加认可，确保了海岱沟村在脱贫攻坚过程中的和谐稳定。

点 评

　　精准识别、精准退出关系到脱贫攻坚的成色。海岱沟村的案例告诉我们，精准脱贫的根基在基层，关键在落实。刘一同志坚持实事求是原则，纠正以往工作偏差，做实做细基础数据采集调整工作，为贫困村系好脱贫攻坚的第一粒扣子，功在长久。实践经验证明，在识别和退出工作中，第一书记务必秉持公正、公平的原则，树立功成不必在我的正确政绩观，发扬钉钉子精神，严格执行国家标准，严密遵守工作程序，严谨回应群众诉求。同时，要讲究工作方法和策略，善于沟通和化解矛盾，既不正面冲突，也不无原则妥协，执两用中，以正取信，以理服人，终会赢得群众的理解和支持。

栽好旅游梧桐树　引来致富金凤凰

背　景

　　大周镇铺垭村位于重庆市万州区主城东部，长江之畔，山高坡陡，风光秀丽，幅员面积2.84平方公里，人均耕地面积不足半亩，集体经济薄弱，基础设施较差。铺垭村守着丰富的自然资源过着贫困的生活，2015年初全村贫困发生率11.85%。如何团结干部群众，改变思想，找准发展定位，挖掘当地自然资源优势走上脱贫之路是亟待破解的难题。

做　法

　　习近平总书记指出，绿水青山就是金山银山。如何把这里的"绿山青山"变成"金山银山"就是沈东亮*挂职的初心。他走村入户征求老乡的意见。经过商议，大伙形成共识，准备发展乡村旅游，打造"沿江一条长廊，村中一条公路，山上一条观光道"。于是，沈东亮接连砍下了"三板斧"。

　　第一板斧，拍宣传片。发展旅游，首先要有知名度，让外界了解铺垭村。沈东亮准备拍摄铺垭村历史上第一部宣传片，向外面介绍村里的风光和文化。这样的事情，班子成员闻所未闻，认为这是异想天开之举。宣传片是

---

　　*　沈东亮，水利部财务司副调研员。2015年7月至2017年8月任重庆市万州区铺垭村第一书记。被国务院扶贫开发领导小组评为"2017年全国脱贫攻坚奖贡献奖"、被重庆市人社局、扶贫办评为"重庆市扶贫开发工作先进个人"，被重庆市委宣传部、重庆市精神文明办等单位评为"重庆好人"。

按秒收费，一部五分钟的宣传片少则几万，多则几十万。有的老乡说起了风凉话："有这几十万，分给大家不就脱贫了吗？"大伙认为北京来的书记不靠谱，不搞大项目，却要"拍电影"。几十万的拍摄经费成为最大的拦路虎，让沈东亮几乎没有信心再做下去。

习近平总书记说，现在，许多贫困地区一说穷，就说穷在了山高沟深偏远。其实，不妨换个角度看，这些地方要想富，恰恰要在山水上做文章。总书记的话给了他启发，媒体拍摄节目总是选择景色优美的地方，这不就是铺垭村最大的资本吗？在派出单位领导和同志们的帮助下，他邀请了三峡传媒、湖北电影制片厂、万州电视台到村里拍摄取景。铺垭村通过真情沟通，用满满热情和诚意打动了媒体朋友，合作拍摄很顺利。但当村里提出留下一些视频时却遇到了难题。按照媒体管理要求，拍摄视频涉及版权，不能随意给别人。没办法，他们讲了村里的困难和想法，媒体朋友被他们的真诚和付出所感动，经过报批终于把一些视频素材留了下来。沈东亮将这些视频素材送到北京合成。技术人员要求村里提供解说词，根据解说词来组合画面。一听还要写解说词，让大伙有点懵。沈东亮就把村干部和村民代表召集起来开会商议。这样，村干部第一次当起了编导，第一次写起

沈东亮挂职结束回京前，村民自发送锦旗送行

了解说词。解说词发到编辑那里，又被退回来修改，反复四五次才过关。随后，在派出单位同志们的帮助下，他又协调中央人民广播电台主持人给免费配音。历时三个月，没花一分钱，完成了大伙认为不可能做成的"大事"。这让村干部和老乡对沈东亮另眼相看了，沈东亮也有了点"小威望"。大家通过QQ、微信等平台广泛转发，扩大宣传片影响力，提高村庄知名度，吸引了一批游客来村里参观游玩。

第二板斧，抓环境整治。游客来了，觉得村里的卫生状况差。怎么办？沈东亮的想法是，游客所到之处不能看到丢弃的烟盒烟头，不能看到白色垃圾。偏偏村支书、村长、村组长都是吸烟的。沈东亮要求从村"两委"班子自身做起，于是这中间就产生了不少矛盾。按规定，每次开会谁扔烟头，谁留下搞卫生。而村干部则同沈东亮打起了"嘴官司"："沈书记，你不能按照北京的标准来要求我们。你不能从北京到这儿跑了几千里，就管捡烟头这些小事吧？搞点大项目才实惠呢。"村干部说话时流露出满脸的不屑。沈东亮挨家挨

个人体会

发展乡村旅游不是新鲜事，一般人都能想得到，但是要做到落地生根、见到实效，需要把握三个关键点。一是要学会换位思考。发展乡村旅游是我准村庄定位、整合资源优势的过程，更是带领村民统一思想、理清发展思路的过程。要站在游客的角度看待村里优势资源，搞清楚游客想什么、看什么、吃什么，找准亮点，按需打造，做到既要把游客吸引得来，又要留得住。二是要有乡村旅游整体规划。缺乏资金支持是发展乡村旅游的普遍难题。一般说来，村里会想办法分年度从建设、国土、水利、旅游等多个部门争取资金。事先做好整体规划，分步分年实施建设项目，逐步实现目标。如果东一榔头，西一棒槌，无序建设，难以形成整体效果。三是要在细节之处见真情。发展乡村旅游既要大胆设想，又要小心论证，更要注重细节。细节决定成败。细节打造好了处处显真情，处处给游客带来惊喜，才能给游客留下深刻印象，把游客变成村免费宣传员，形成良性循环。

户走访，看到老乡们房前屋后的垃圾，他都会现场监督他们搞好。有一天，村长悄悄把他拉到一边说："沈书记，你别让老乡搞垃圾了，有人在背后骂你呢。"听了村长的话，沈东亮也反思自己工作方法的不妥之处，随即改变了策略。一是自己带头干。在督促大家打扫卫生的同时，他带头捡烟头、烟盒、塑料袋。看到他捡垃圾，班子成员不好意思，也跟着捡了起来。二是实施卫生整治责任制。在马路、江边等公共区域，由身体健康的低保户轮流打扫，定期考核奖惩。发动村组干部，整治村里白色污染。与镇政府沟通，争取了一些移动垃圾桶，方便老乡倒垃圾。三是激发内生动力。凡是由老乡参加的会议，都把宣传片播放一次。优美的自然风光、富有磁性的解说、描绘的美好前景，让每一个人都深感震撼。老乡说："原来看到电视中其他地方非常漂亮，没想到我们村庄也这么漂亮！"村干部抓住机会激发老乡自豪感，引导他们转变思想，爱护家园，为发展旅游创造条件。

第三板斧，修沿江长廊。铺垭村最大的地理优势是位于长江之畔，最大的亮点就是沿江一带。这里河势开阔，春有枇杷，秋有桂圆，更有大红的橘子江边挂，滔滔江水，让人难想家。如何突出铺垭村的亮点，让更多游客来村里旅游？在派出单位帮助下，沈东亮带领铺垭村班子成员一改零敲碎打的做法，请来上海交大设计院从旅游规划高起点入手，充分挖掘当地历史文化资源，设计旅游项目，为以后投资指明方向。在镇党委政府支持下，村里找到镇、区、市移民部门，积极向水利部等部门争取并整合资金1200多万元，集中有限资金建设沿江长廊，打造旅游亮点，争取引来"金凤凰"。沈东亮和镇、村干部一起干，拿出绣花的功夫，到当地博物馆查找历史资料，多次察看现场、反复商议。经过多次头脑风暴，大伙别出心裁地在古红桔树下建设彩色田间小路，结合当地历史资源修建古琴俑广场、八角井广场，在江水之上修建步行道路，让游客与长江亲密接触。

成　效

铺垭村乡村旅游火爆。经过不懈努力，到村里旅游的人越来越多，铺垭村的名气也越来越大。万州区中小学学生到村里野炊，一些公司来村里搞拓展训练。周末到村里自驾游的车辆有 500 多辆，有时还堵车。沿江长廊的建设，成功实现"筑巢引凤"的效果。铺垭村成了众多旅游开发公司争抢的热土，给村民带来旅游红利的同时，土地流转价格也节节攀升，增加了土地流转收入。2018 年，重庆某集团公司与大周镇政府签订投资协议，逐步投资 10 亿元打造江边科教亲子主题乐园，让农民变股东，资金变股金，资源变资产。

激发脱贫攻坚内生动力。2017 年 7 月，铺垭村贫困发生率降到 1% 以下，摘掉了贫困的帽子。全村面貌的变化大大激发了老乡们发展信心。村里开了五户农家乐，高峰时游客都要排队吃饭。大家自觉行动起来，积极打扫卫生，清理长江漂浮物，保护生态环境。老乡们加入村里新组建的文艺宣传队，敲腰鼓，跳坝坝舞，开展"好邻居""好婆婆""好媳妇"评选活动，和谐邻里关系、婆媳关系，不仅物质脱贫，更要精神脱贫。

基层组织战斗力得到增强。发展乡村旅游的过程中，广大党员干部统一思想，凝聚共识，积极发挥模范带头作用。铺垭村党支部由原来的"后进"提升为"先进基层党组织"，大周镇基层党组织现场会在铺垭村召开，万州区周边乡镇到该村学习党建经验。2017 年 7 月，中央组织部到该村调研抓党建促脱贫攻坚情况。

点　评

　　做好乡村旅游，必须做好"山水＋文化"这篇大文章。铺垭村的案例告诉我们，乡村旅游需要有整体谋划，高效整合区位、风景、历史、文化、民俗等优势资源，方能引来金凤凰。沈东亮同志从规划设计、形象宣传入手，在高起点上谋划推进铺垭村乡村旅游产业，有计划、分步骤实施，带动产业发展、村民增收、村容改善、村风改变，收到十分显著的效果。实践证明，第一书记胸中要有长远发展的蓝图，才能绘就乡村旅游的秀美图卷，从而造就兴村富民的金山银山。

多措并举壮大村集体经济
千方百计实现可持续发展

背 景

　　革新村所属的四川省广安市龙安乡，是全国地理标志产品"龙安柚"的发源地和主产地。革新村占地面积1200亩，可耕种土地1055亩，其中栽种龙安柚800亩，是不折不扣的主导产业。但因为种种原因，"主导产业不生钱，集体经济不赚钱，群众兜里没有钱"。革新村共有9个居民小组、289户、968人，其中贫困户24户，67人。因为产业不兴、经济不振，稍有劳动能力的青壮年都外出务工，全村整户外出务工162户，占比56%，常年外出务工人员730人，占比75.4%。留在村上的人可以用"三多一少"来概括，即病人多、残疾人多、老人多、文化人少，而贫困户又是这"三多一少"的集中体现，帮扶难度大。

　　2018年，金达苒*驻村开展工作。

做 法

　　"留在村上做啥子？种柚子赚不到钱，又没有别的活路，不出去怎么办？"到任第一天，"村支书之问"在金达苒的心中留下了深深的烙印。"振兴主导产业、搞活集体经济、带动群众增收"就成了他为革新村谋划的脱

---

*　金达苒，商务部人事司主任科员。2018年3月至今任四川省广安区革新村第一书记。

贫致富、乡村振兴的"三部曲"。为了做好这三件事，金达苇依托商务部定点帮扶的优势，综合利用商务部"五大扶贫"提供的各种资源，对贫困村集体、贫困户个体展开精准帮扶、综合帮扶、全方位帮扶，取得了一定实效。

一、抓住关键强产业，打造全程盈利产业链条

为了找准龙安柚经济效益低迷病根，金达苇到村后第二天就马不停蹄地开展调研。此后一个月的时间里，他带着工作队遍访所有在村农户和附近因柚致富的先进村。通过向群众取经、向干部问计，金达苇抓住了革新村龙安柚产业发展的"病根"——由于之前柚子销售乏力，严重地打击了农民种养管护的积极性，产业陷入了"销售难—没人管—品质下降—销售更难"的恶性循环。

"别的村把柚子树当宝，我们村把柚子树当草，这怎么能不穷？"金达苇认识到，要把革新村的龙安柚搞起来，首先就是要提振村民信心。要提振信心，光靠思想动员是不够的，还要用效益说话。金达苇解决这个问题的思路就是"向管理要效益，用效益聚人心"。

金达苇从城里找来了做花茶的企业，从农户手里高价收购柚子花，联合研制柚花茶，

个人体会

关键是要培养农村基层经济组织的长远眼光和市场思维。短期来看可以靠政策扶上马，中期来看可以靠驻村干部送一程，长期来看要靠村干部、带头人自主发展。一是选对方向。比如川东北地区物产丰富，交通便捷，自然资源决定了比较适合发展农村电商；二是找准模式，要善于利用好社会分工，勇于把不擅长做的事分包给专业团队，建立互利共赢长效模式，真正促进村级经济体逐渐市场化；三是立足长远，一方面要抓好骨干队伍建设，提前谋划人才储备，规避"人走茶凉"的风险，另一方面，还要注意在实践中不断提高村级集体经济组织管理者能力、视野，使其符合自主发展的要求。

金达菲与驻村工作队一起打包革新村第一件电商产品

提高村民在开花期主动疏花的积极性。到了挂小果的时候，金达菲通过商务部联系医药企业，将小柚果烘晒成药材"柚枳实"卖给企业，既能助农增收，又带动了村民疏果，提高果树管理水平。

在金达菲带领下革新村摸索出了一条"柚花制茶、小果入药、水果电商、废果循环、种养一体"的绿色生态全产业链，大大提高产业附加值，让群众在每个环节都能切实受益。

二、因地制宜抓电商，激活集体经济造血能力

为了使村级集体经济谋长远、见长效、利长久，金达菲认为必须实现市场化发展。要市场化发展就必须有市场主体——合作社。

要办合作社，先要解决三个问题：谁来办？谁投钱？干什么？其中最难的是后两个问题。首先就是资金从何而来的问题。金达菲通过研究脱贫攻坚以来各种政策、资金和项目，发现上级拨付了一笔面向贫困户的产业扶持基金，由于以往贫困户缺少发展产业和承担风险的能力，多年以来一直没有发挥作用。如果让贫困户将这笔钱投到合作社里，既可以解决贫困户入股金的问题，又可以为合作社带来更充裕的启动资金，贫困户还可以

通过成为合作社的"股东"而获得分红。

有了钱，剩下就要解决"干什么"的问题。金达苿经过和村"两委"班子反复讨论，决定依托派出单位的优势发展农村电商。在基层走访中，他发现革新村六组陈大姐做的剁椒酱很适合成为电商产品。辣椒是四川的名片，地域特色鲜明；剁椒酱加工工艺简单，起步难度较低，又是贫困户自主生产，扶贫特质明确。这三个优势坚定了他将剁椒酱打造为电商产品的决心。金达苿专门找来了专做县域电商的服务企业，一起设计电商详情页、宣传文案、包装方案，打通物流环节。短短半个月时间，革新村第一款本村农特产品——手工剁椒酱正式上线。

随着剁椒酱的热销，越来越多的贫困户加入到电商队伍中来，短短半年多的时间，十余款电商产品逐步上线，覆盖全年所有时段的"四季鲜"电商产品矩阵基本形成。

三、多措并举助增收，创新集体经济发展模式

扶贫道路千万条，腰包鼓起第一条。贫困群众增收，是发展集体经济的出发点和落脚点，发展集体经济，是助力贫困群众增收的有效手段和可靠保障，"让群众收入和集体经济同发展、共增长"是革新村合作社的根本发展理念。在一次偶然走访中发现，此前被村上选送参加家政扶贫的贫困户陈女士，除了3000元的月薪外，雇主还经常订购她家的农产品，每月增收数百元到上千元不等。金达苿受到启发，积极组织本村、本乡外出从事家政服务，尤其是号召住家服务的村民"兼职"担任电商宣传员，既能让家政服务员赚取销售返点增加收入，又能快速提升电商产品销量。例如陈女士，她原先只能卖自家的鸡、鸭、蛋，现在通过合作社授权，她可以向雇主推荐质优价廉的水果、辣酱、茶叶……赚取合作社给予的销售奖金。目前，金达苿正带领革新村合作社和各类家政企业寻求合作，积极拓展这种"家政扶贫"与"电商扶贫"深度融合的"家电扶贫"新模式，将革新村农产品销售触角伸入城市的千家万户。通过这一模式，革新村专业合作社真正展现出了农民合作互助、互利共赢的巨大优势，在带动各类农

产品销售显著提升的同时，也帮助参合贫困户进一步拓宽了收入渠道。

集体经济，不仅要做强，更要做长。任期进入后半程，金达苤把工作的主要精力放在了寻觅和培养合作社的接班人上。村干部熟悉情况，也有热情，但年纪太大，文化程度偏低，要想让集体经济实现可持续发展，最终还要靠本乡本土的年轻人。金达苤把目光投向了村里的第二代，他先从村干部和业主入手，动员他们的子女尝试熟悉电商业务。为了打消年轻人的顾虑，他请来了附近乡镇乃至区县搞电商创业的青年模范，用同龄人的事迹鼓励村里的年轻人，同时举办业务培训，向年轻人传授经验。在他的鼓励和筛选下，村支书的女儿小杨、村上业主的儿子小邓，两位90后年轻人成了合作社里的新鲜血液。通过几个月的锻炼，他们逐渐熟悉了电商业务的基本流程，下一步，金达苤还打算带他们走出革新，走出广安，去见识更广阔的市场，让他们在市场经济的浪潮中得到充分锻炼，这样才能真正实现革新村电商产业的永续发展。

成　效

通过龙安柚产业链、村级集体电商、家政电商融合等各种渠道，集体经济、村民增收、产业发展效果十分明显。

集体经济发展十分迅猛。2018年是革新村集体经济从无到有的一年。在村合作社的组织下，龙安柚生长过程中的废花、废果摇身一变成了金疙瘩。村里通了物流，农村土特产触了网，卖到了大城市。城里的"双十一"也不再遥远——促销活动当天在顺丰平台卖出土鸡蛋30000多个……一年多的时间，村集体经济创造了50多万元的营收，12万余元的利润。在金达苤的带领下，革新村集体经济大幅增收，发展活力大大增强，后续发展路径逐渐明晰，组织管理水平显著提高，独立带富能力突飞猛进。

村民增收效果非常明显。在合作社的带动下，村民收益明显提高。2018年，革新村24户贫困户经营性增收户均超过2000元，其中，革新村六组制作手工剁椒酱的陈大姐增收近万元，革新村三组贫困柚农龙大哥通过龙安柚产业链增收 6000 元。共有 118 户农户通过合作社倡导的龙安柚和电商产业受益，占全村在村农户的 92.2%，其中贫困户受益率达 100%，实现集体经济对贫困户帮扶全覆盖。

优势产业经济效益初步实现。经过 2018 年革新村龙安柚产业扭亏为盈的试验，群众对龙安柚种植信心明显增强，管理水平逐渐提高。2019 年柚花、柚果采摘量较去年同期呈倍数增长，其中柚枳实产业辐射面不断扩大，覆盖全乡 11 个自然村，收购规模达 30 余吨，实现经济价值超过 100 万元，产业良性循环势头已经逐步显现。

点 评

探索集体经济发展新模式是农村改革的恒久主题。革新村的案例告诉我们，发展集体经济必须走提高质量、提升价值的道路。金达芾同志对症下药，把名声响却效益低的柚子种植业向全产业链延伸，引入制茶、制药、电商等高附加值业态，以提效增收的事实解答了村民心中的疑问，带动全村所有贫困户参与到壮大集体经济中来。他探索的"家电扶贫"模式，有效解决了小农户参与大市场的难题，增收效果明显。最重要的是培养一支现代农民队伍，让贫困农民不仅成为种养高手，而且成为熟悉市场的创业达人。

精准制定扶贫规划　打造脱贫内生动力

背　景

　　2014 年，后营村被确定为建档立卡贫困村，2015 年"回头看"，建档立卡贫困户 111 户 229 人，贫困发生率为 46%。村"两委"班子分歧较多，配合不够、集体观念缺乏，存在党员队伍结构老化、组织生活缺乏常态化、村级制度不健全、群众基础差、战斗力和凝聚力不强等问题。由于受年龄、学历、能力等因素制约，村"两委"主要负责人对政策措施不能真正弄清、吃透，制定村发展规划和年度工作计划，与实际情况结合得不紧密，发展思路不清、方向不明。村内缺乏主导产业，没有专业合作社，贫困群众单打独斗、分散经营，基础设施建设滞后，项目投入严重不足，村民持观望态度，致富难。

做　法

一、锤炼作风　夯实基础

　　为帮助村"两委"班子制定出切实可行的脱贫计划，孙英浩 * 到任后用了两个月时间，走访了全村 111 户贫困户 229 名贫困人口，宣传脱贫政策，了解村情民意，查清困难和发展需求。在调研基础上，他提出了两年计划：

---

* 　孙英浩，应急管理部信息研究院资源部副主任。2017 年 2 月至 2019 年 6 月任山西省阳高县后营村第一书记。先后获 2018 年山西省扶贫开发先进个人、2019 年应急管理部青年优秀干部称号，2019 年山西省五四青年奖章。

"一年治软，两年脱贫"。

1.加强支部建设 打造战斗堡垒

贫困村要彻底摆脱贫困，激发和凝聚村民的内在动力是关键。在制定和实施脱贫计划过程中，村"两委"班子的坚强领导和党员的模范带头作用显得尤为重要。孙英浩刚驻村时，部分村"两委"干部和党员对强调基层党建工作不太理解。在他们的观念中第一书记为村里争取经费比什么都重要。针对这一情况，孙英浩没有气馁，大胆创新，带领村"两委"积极探索适合当地村情民意的工作方法和途径。

要转变村"两委"班子的发展思路，首先必须加强学习。孙英浩以"两学一做"学习教育活动为切入点，坚持为村"两委"干部和党员上党课，同时还分别组织开展了种植、养殖、厨师、家政、保姆、工艺品制作和机动车驾驶等技能培训，内容丰富、贴近实际，在村里广受欢迎。他创建了后营村"同心共建之家"微信群，要求村"两委"班子成员和党员每天轮流牵头讨论学习一个主题，同村民进行交流，以此搭建起学习交流、引领脱贫攻坚的思想平台。他以改造破败的村委会办公场所为突破口，夯实党建阵地，建起党员之家、图书室、会议室、办公室等一体化办公

个人体会

一是机制上"育"。政府、帮扶单位、企业、带头人与贫困户之间建立有效的带贫联结机制、实现脱贫成效的长远巩固。创业致富带头人不仅要实现自己创业，还要带动贫困户增收脱贫，保证脱贫成效巩固。二是行动上"引"。把村党组织带头人和有致富能力的党员培养成致富带头人。同时，积极吸收产业带头人、种养殖大户等致富能手加入党组织，引导他们积极参与到脱贫攻坚中来，让党员成为带领困难群众脱贫的"排头兵"。三是物质上"帮"。为全村贫困户引资新建56栋阳光大棚，实施蔬菜订单生产脱贫增收工程，建立以大田为主的蔬菜生产基地，确保贫困户能种得出，销得掉，通过蔬菜种植实现脱贫致富的目标，从根本上增强脱贫的"造血"功能。

设施，为保障村委会运行和组织党员活动提供了可靠基地。

要让村"两委"真正扛起带领全村脱贫致富的责任，就必须让想干事、能干事的人进到班子里来。在孙英浩主持下，村"两委"进行了换届选举，吸收1名年轻党员进入班子，确保有一个好的"带头人"和"接班人"。通过选举，村"两委"重新补齐缺位干部，并以党支部为核心，构建了村工会、村妇联、村老人协会和村民代表小组等基层组织多元融合的组织体系。孙英浩积极培养发展年轻同志入党，优化党员结构，补充新鲜血液。

2.统一班子思想　落实扶贫责任

要让村"两委"班子拧成一股绳，齐心协力谋发展，就必须健全制度，落实责任。新班子成立后，孙英浩指导村党支部落实好"三会一课"制度，定期组织开展主题党日和专题学习，强化对党员的教育引导。在他带领下，村"两委"建立健全了村务公开制度、民主决策制度、党员学习制度等规章制度，实行了村委会每周一工作例会制度，制定每周工作清单，落实工作责任。

2018年7月，在后营村党员之家开展过好政治生日，重温入党誓词活动

村"两委"还对全村脱贫攻坚文书进行收集、整理和归档，重新完善上墙图表信息。他们制作了精准扶贫"示意图"，对贫困家庭收入、致贫原因和帮扶干部、帮扶措施、脱贫时限等在村务公开栏公示，让扶贫攻坚目标、任务、措施、职责上墙，接受村民监督，促进村"两委"任务落实。

二、紧扣重点任务 激发干事创业动力

制定脱贫计划必须抓住重点，分清主次。孙英浩带领新班子紧扣中心工作，把贫困人口精准识别和退出作为基础性工作，落细落实。他们按照国家扶贫标准，完善并发放扶贫手册 111 份，并对全村 229 名贫困人口的精准扶贫信息资料逐一进行线上线下比对，完善一户一档。他带领班子成员逐一走访全村 231 户村民，开展扶贫对象核实工作。他们实地勘察村民生产生活状况，了解群众困难，召开村民小组评议会，审定剔除对象及新增贫困对象，实现扶贫对象不漏一人，不多一户。

从精准识别阶段起，孙英浩就带领村"两委"尝试建立贫困户信息数据库，帮助贫困户查找致贫原因。在对大量信息进行分析比对后，发现 90% 以上的贫困户缺乏增收途径，传统的家庭小规模种养殖业很难产生可观的经济效益，而且面临较高的风险。扎实的统计调研为村"两委"制定精准脱贫计划提供了科学依据。

制定脱贫计划要坚持问题导向，切合实际。后营村缺水，旱地占耕地总面积近九成。村里唯一一眼机井已使用 30 余年，且小毛病不断。每到农忙供水紧张时节，村民们为了省下水浇地，甚至不敢洗澡、洗衣服，群众反应很大。群众的呼声就是冲锋的号角。孙英浩带领村"两委"向缺水这块"硬骨头"发起决战。目标虽然美好，部分村干部却怀有畏难情绪：当地新打一眼 200 米深的机井大概需要 20 万元，这么多钱从哪里来呢？从村民那里筹资肯定是行不通的。怎么办？

孙英浩主动担当，一面带领村干部深入调研，提出翔实的调研报告和施工计划，一面积极联系自己的娘家——应急管理部，争取支持。最终，

在应急管理部扶贫领导小组协调下，山西省水利厅为村里新打三眼机井，铺设输水管道 5000 余米，彻底解决了长期困扰村民的用水难题，使全村新增水浇地 400 余亩。在孙英浩帮助下，后营村先后争取到帮扶资金 1000 余万元，显著改善了基础设施和环境卫生。

经过孙英浩的不懈努力，村"两委"在群众中的威信迅速提高，脱贫攻坚的自信心和凝聚力显著增强，谋划发展的主观能动性越来越足。

三、改变思想 拓宽致富途径

1. 理清发展思路

孙英浩通过走访了解到，后营村具有 20 多年的养猪历史，但养殖规模小、品质差，销售不稳定，扣除成本后，收入所剩无几。他同村"两委"班子反复讨论，拟定了"一村一品，发展特色产业合作社"的扶贫工作思路。在应急管理部扶贫领导小组的大力支持和县委县政府的帮助下，他带领村"两委"班子成员和村民代表到各地考察学习，尽职尽责地完成摸底调查工作，整理了详尽的项目资料，制定了规模化生猪养殖场、柴鸡养殖和蔬菜阳光大棚园区等产业脱贫计划。

一是新建养殖专业合作社。带动留守劳动力发展规模化生猪养殖为主、庭院式柴鸡养殖为辅，实现种养结合、综合发展。合作社与大同市著名养殖企业签订了"支部＋公司＋合作社＋贫困户"的订单式高效发展模式，年出栏 1000 头，贫困户参加养殖，由企业负担猪苗、疫苗、饲料等供应并保证销售，保底收入 200 元/头，超出市场销售平均价格 6 元以上的部分，合作社分成 40%，并计入总收入，年底统一向贫困户分红。

二是实施阳光大棚园区蔬菜订单生产脱贫增收工程。村里创立"村企联建"扶贫模式，与多家企业签订订单式销售合同。村民按照市场所需蔬菜及柴鸡配额，合理分配种植种类和数量。这样做既保证了销售渠道，减少了中间环节，又增加了贫困群众的收入。

三是坚定贫困户自主脱贫的信心。孙英浩与村"两委"设计了"订单式分红""收益分红"和"奖励分红"三种分配模式。贫困户以及 80 岁以上无劳动能力老人可以从村集体产业收益中获得基本分红；而参加集体劳动的贫困户，除了获得务工收入即订单分红外，还能获得一定比例的奖励分红，从而提高了勤劳致富的积极性。

2. 培养致富带头人

为进一步拓宽党员干部的眼界，孙英浩利用从应急管理部申请到的党建扶贫资金，先后组织村"两委"干部、党员代表、致富带头人到天镇、榆次、太古等地参观学习，考察蔬菜大棚种植基地、生猪规模化养殖场等。不少党员干部表示，一趟参观学习既让大家看到了差距，感受到了压力，也让大家有了撸起袖子加油干、奋起直追的干劲！

党员带头致富的先锋模范作用在村民中起到的良好的示范作用，在村"两委"及党员干部的带领下，村民逐渐拧成一股绳，朝着脱贫致富的目标大踏步前进。

成　效

作风转换效果明显。两年多来，村"两委"的凝聚力增强了，干部带头作用和党员的先锋模范作用提高了，为全村孤寡老人新建了日间照料中心，新建了村级公共浴室和机井，改善了村民生产生活用水条件。通过一件件看得见摸得着的实事、好事，党员群众看到了新的"两委"班子的务实清廉形象。党员主动支持村"两委"班子的工作，积极发挥先锋模范作用，从而彻底解决了"党组织、党员与贫困户联系不够紧密"的问题。

脱贫成效明显。通过大力改善村民生产生活条件，赢得群众信任。村"两委"加强产业基础建设，制定并实施了生猪养殖、蔬菜大棚种植、水产养殖和柴鸡养殖等符合实际的产业扶贫计划，实现了贫困户自主创收，户均纯收入由原来的 1000 多元增长到 5300 余元。2018 年底，后营村贫困户全部实现脱贫。

产业脱贫带动效应良好。生猪规模化养殖场、阳光大棚园区和柴鸡养殖均收益良好，2019 年将继续申请扩大规模。村集体经济也由"零"达到了 20 余万元，贫困户分红最高达 1.7 万余元，最低为 500 元，全村 80 岁以上贫困老人年均每人分红 1000 元，增强了村民的获得感、幸福感。

点　评

　　给钱给物不如建个好支部。后营村的案例告诉我们，驻村第一书记要善于把谋发展和带队伍结合起来。孙英浩同志通过抓班子建设，把一个内耗不止、威信不高的软弱涣散党支部改造成奋发有为的基层战斗堡垒。而他带动村"两委"实现转变的抓手，就是帮助村"两委"制定切合本村实际的脱贫计划，促产业、谋发展、惠民生。无论是基层组织建设、致富能人培养，还是基础设施改造、集体经济发展，都以班子建设为引领，着力提升谋事干事成事的动力和能力。实践证明，驻村第一书记要在推动村"两委"转换思路、改变作风、提高能力、培养新人等方面发挥作用，为贫困村留下一支不走的工作队。

从示范户到服务平台再到电商协会

背 景

河北省平乡县深受土地盐碱化之害,过去一直是国家级贫困县。艾村地处全县盐碱最为严重的区域,贫困的帽子始终牢牢地扣在艾村人的头上。二十世纪九十年代以来,平乡县开始发展自行车配件生产加工业,到2010年后逐渐衍生出儿童三轮自行车产业。部分艾村年轻村民开始在淘宝等电商平台销售童车,少数村民开展家庭作坊式童车部件加工和组装,成为脱贫增收的一大亮点。但艾村童车电商发展水平相对较低,"小、散、乱"的现象突出,对于有3000多人口的艾村,脱贫拉动作用还不够明显。一是产业集中度低,利润缩水。家庭作坊式生产导致从业者之间缺乏交流、信任与合作,难以形成产业协同,工艺水平和质量控制难以提升,最终产品同质化严重,竞争手段以价格战为主,致使利润持续下降。二是厂房仓储零散,限制发展。电商户、加工户主要利用自家院落或宅基地进行生产和仓储,厂房和场地严重制约经营规模的扩大。

做 法

2015年,王磊*被选派到艾村任第一书记,他和艾村的电商户、加工户一道,走出了一条从示范户到服务平台再到电商协会的电商提质发展

---

* 王磊,国务院国资委机关服务管理局主任科员。2015年9月至2017年8月任河北省平乡县艾村第一书记。2017年获河北省精准脱贫"优秀驻村第一书记"称号。

之路。

一、以示范户带动为抓手，提升产业规模和质量水平

基于既有产业环境和艾村贫困现状，扩大生产经营规模不具现实基础。经过对村情和产业的深入调研，王磊发现，艾村的电商户和加工户常以亲友关系为纽带，结成松散的生产经营分工，形成非正式的上下游产业链。他提出，以部分能力较强的电商户为骨干，打造相对稳定的产业链，上下游共担风险，实现规模扩张和质量提升。

王磊决定通过示范户的榜样作用带动童车加工、组装产业提质升级。他首先从思想较为开放活跃、有提质转型意愿的两户电商户入手，帮助他们梳理既有供应链条，确定主要零部件和工序的上下游合作关系户，以优质优价激励关系户提升产品质量、稳定供应关系。随着关键部件和工序质量的提升，两户示范户的童车产品质量显著提升，差评率大大降低，产品生命周期明显延长，取得了良好的经营效益。

示范户的成功，带动村中其他电商户、加工户迅速跟进，纷纷寻找合作伙伴，形成了新的产业环境。一方面，质量观念深入人心，相关产品都有了初步的质量等级划分，优质优价成为主

个人体会

在艾村电商发展的过程中我的体会有三点。一要实事求是，切不可盲目贪高、求新、要快。必须尊重村庄历史，立足村庄实际，具体到艾村，家庭作坊作为经济发展的一个阶段，虽然有些小问题，但更要看到它从根本上改变了艾村的经济结构，符合现阶段发展的需要，加以引导可带领村庄实现脱贫。二要充分发挥群众的智慧和力量。艾村电商的发展，思路和办法其实都是从群众中来的，第一书记要做的更多的是真正地融入群众中去发现好的思路和办法，带领群众克服困难，坚定地将正确的思路和办法一步步变成现实。三要充分发挥示范作用。农村是熟人社会，榜样的力量尤其明显，在经济发展中抓好典型示范，村民看到可行、有利就会自发地跟上来。

161

艾村成为"中国淘宝村"，实现了脱贫出列

流。另一方面，产业规模迅速扩大，相关从业户数增加到约100户，从业人员超过500人，大大拓宽了村民的就业增收渠道。由于本村劳动力不能满足需求，吸引了周边村的村民到艾村打工，带动脱贫成效明显。

目前，部分以电商户为骨干的联合经营体已经初具规模，自发开始差异化竞争，通过参加展会等方式获取行业动态和市场信息，积极跟进流行产品款式，申请产品3C认证，经营活动日趋规范。

二、搭建电商服务平台，打造电商协会雏形

艾村童车电商初具规模后，进一步产生了成立电商协会的需要。王磊深深感到，无序竞争状态不利于产业的长远发展。如何让电商协会切实运作起来就成为摆在他面前的又一个课题。

2016年春节期间，王磊认识了打算回乡创业的艾村村民小孙。小孙在省会石家庄从事男装电商，十分看好母婴电商市场的前景。在两人持续深入交流中，新的思路逐渐清晰。他们认为，需要成立一个服务平台，将村里不同电商店铺的零星流量汇合起来，引入规模厂家产品进行代销。这样做，既可以丰富电商户的产品结构、提升店铺形象和收入，又可以拓宽童

车生产厂家的销售渠道、提高利润率，还可以为电商平台带来利润分成，是一举多得的共赢之策。两人积极运作，于2017年年初成立了电商服务平台，多方联系童车生产厂家入驻，引入产品拍摄、文案美工、网页设计等服务项目，受到当地电商户广泛认可。

在电商服务平台的基础上，他们又成立了电商交流会，引入培训机构、组织参加展会、对接县商务局和电商办……直到王磊的任期结束，"电商协会"的牌子还没有挂上，但他知道，一个真正的电商协会正在不断孕育成长。

三、 积极谋划长远，童车电商产创园纳入规划

童车电商产业初步发展后，空间限制就成了制约发展的最突出瓶颈。为引导产业向高层次发展，王磊多方考察借鉴其他地区电商产业园的经验，并同电商户、加工户反复沟通。在此基础上，他提出了建设童车电商产创园的设想。针对艾村及周边童车电商产业的需求，他制定了园区的具体设计与规划，实现集约化快递物流、专业电商配套服务、电商创业孵化器、专业电商仓储、标准化生产厂房及配套设施、行业组织培育等六大功能。经过王磊的汇报争取，童车电商产创园已列入平乡县发展规划，建成后将为艾村童车电商产业开辟一番新的天地。

成 效

艾村童车加工、组装和电商产业取得长足发展。从2016年起，艾村连续三年被阿里研究院评为"中国淘宝村"，村里从事童车加工、组装和电商行业已经成为风气，产业环境已基本形成。

在童车加工、组装和电商行业带动下，艾村除五保老人和因大病、因重度残疾无劳动能力的贫困人口外全部实现脱贫，于2016年年底通过河北省验收，成为平乡县第一批脱贫出列的贫困村。

点　评

　　农村电商入门容易,要做大做强却很难,必须跨越技术、人才、管理、流量、产业链、物流交通等一系列门槛。艾村的案例告诉我们,完整的产业和服务体系是农村电商脱颖而出的必要基础。王磊同志把村里既有的"小、散、乱"电商户聚集起来,依托当地相对完整的童车产业链,以有实力的电商户为骨干,在搭建平台、提供服务、优化管理上做文章,促进当地童车产业转型升级、高质量发展,收到"四两拨千斤"的效果。他成功将童车电商产创园列入县发展规划,明确了下一步艾村电商发展的方向。实践证明,农村电商必须紧密依靠本地资源,争取当地政府提供政策和服务支持,充分用好平台创造流量和价值,走差异化发展之路。

扶贫扶智相结合　贫困山村谱新篇

背　景

　　大库土村位于青海省民和县核桃庄乡往西12公里处，是县内为数不多的位于山顶上的村落。常年干旱少雨、植被稀少、生态脆弱，自然条件较差。全村共有建档立卡贫困户25户110人，是纯回族村。村内耕地面积1496亩，主要种植玉米、马铃薯等作物，除此之外，大库土村还有三个特点：一是受宗教影响比较大。小到日常禁忌，大到节庆、婚丧嫁娶。二是受教育水平不高，村民不太重视教育，而且结婚普遍偏早，40岁以上的村民里文盲的比例非常高，特别是建档立卡贫困户。三是自我发展的能力较弱，创收增收渠道单一，"等靠要"思想普遍，自谋生计、自寻出路的积极性不高，接受新事物的意愿不强。

做　法

一、明确思路抓扶贫

　　到任伊始，弓弢*就马不停蹄地走田间、进农家，扑下身子，沉下心思，了解村情民意，与群众交朋友……为了深入掌握村情，他遍访全村老少，翻查10余卷各类档案史料，短时间内就掌握了大库土村的基本情况。正是这种秉持初心、认真钻研的精神，让弓弢在与村民的交往中很快跨越了

---

* 弓弢，税务总局督察内审司副处长。2018年初至今任青海省民和县大库土村第一书记。

语言障碍。从最初的语言不通需要"翻译"，到后来自如地和村民"唠一唠"。

在前期深入调研的基础上，弓弢多次组织召开支部委员会、党员大会和村民代表大会，与群众一起想问题、谋对策，针对大库土村实际特点，围绕扶贫、扶志与扶智，制定了大库土村脱贫致富三年规划。其中，异地搬迁、产业帮扶、农畜结合等政策的实施，使大库土村在短时间内有了翻天覆地的变化。

他引导农民因地制宜种植玉米、马铃薯，推广全膜双垄栽培技术近1000亩；充分利用国家粮改饲政策，积极开展玉米青贮工作，实现农畜联动、循环发展，每户每年仅销售秸秆就能取得4、5万元的收入；大力发展畜牧养殖，充分利用产业扶持的家庭牧场大棚，扩大养殖规模，单户最多可养殖牛羊100余头；开展职业技能培训，鼓励村民外出务工，确保每户都有一名劳动力稳定就业；推广"拉面产业"，增加农民工资性收入。累计引进和协助落实帮扶资金600余万元，落实帮扶项目10余个，实现了整村异地搬迁，25户贫困户全部搬进新村。

当前，大库土村虽然已经脱贫，但是巩固阶段的任务仍然很重，决不能掉以轻心。如何持续巩固脱贫攻坚已取得的战果，防范已脱贫群众重新返贫，扶贫必扶智就成为转变发

个人体会

贫困的成因多种多样，山区的贫困与教育的缺失是分不开的。收入微薄是贫困的表象，根源还是受教育程度过低，是见识、眼界的局限。习近平总书记就指出，扶贫必扶智。

对于这样的贫困，我们在抓好产业帮扶、提升农民收入的同时，还要从教育入手，提高村民尤其是他们下一代对客观事物的认识水平，才能真正改变贫穷、摆脱贫困。因此，只有通过党建引导思想的转变，通过支教打开心灵的窗户，通过激励营造良好的氛围，真正使当地的老百姓认识到知识的力量、教育的力量，让贫困地区的孩子接受良好的教育，才能使教育的理念深入人心，最终达到以教化人、持续脱贫、阻断贫困代际传递的目标。

展观念、巩固脱贫成果的重要方法。

二、多措并举巧扶智

一是以党建引领思想的转变。抓党建，是第一书记的根本任务，只有夯实党建基础，发挥党员的先锋模范作用，农村的各项工作才能提纲挈领抓住重点。他组织党员学习习近平总书记关于扶贫工作的重要论述，学习乡村振兴、精准扶贫等方面的重要政策，结合青海省委省政府开展的"两讲三促"百日活动，积极向村民宣讲党的方针政策。以新时代农民讲习所作为主要平台，形成经常性学习教育阵地，积极推荐村支书、村主任、村"两委"成员及致富带头人参加党建、脱贫培训。积极开展先锋指数评比和"一名党员一面旗"活动等，让党员以身作则，带头抓教育、重视教育、宣传教育，扎实开展控辍保学，全面清查核对，确保学龄儿童全部接受义务教育。

二是以支教打开心灵的窗户。他协调中国地质大学研究生院开展半个月的暑期支教，看望慰问本村及周边残疾学生家庭 10 余户，热火朝天的支教活动不仅为村里带来了 10 余门文化、艺术、体育方面的课程及两次

爱心呵护孩子冷暖，弓弢为山村小学的孩子们送去冬衣

捐赠、一次座谈、一场实地调研、15 次家访，而且也为全体村民，特别是青少年打开了一扇窗，播撒了渴望知识、积极求学的种子。以梦为马，不负韶华，孩子们纷纷表示要靠自己的奋斗，改变家乡的面貌。同时，以这场暑期支教活动为素材的创意短片在 2018 年全国大中专志愿者暑期"三下乡"社会实践成果评选中，被团中央、人民网评为"百佳创意短视频"，产生了积极的社会影响。

三是以激励营造良好的氛围。弓弢有针对性地建立奖助学金制度，争取社会爱心力量，一方面用奖学金奖励成功考上高中、大学的学生，树立学习榜样，另一方面用助学金帮助家庭困难的学生家庭，帮助他们渡过难关，目前已累计发放奖助学金 1 万余元。开展积极的助学活动，争取新华书店开展公益捐赠，协调税务杂志社等单位为贫困学生捐助学习用品，为村里带来了价值超过 6 万元的各类学习生活物资。村上有部分青年人想外出务工，却苦于没有技能，他帮助联系相关部门免费为他们培训餐饮、工程机械等方面的技能。初中生马学良品学兼优、聪明好学，但从未走出过大山，他帮助其免费参加北京游学活动，圆了一个孩子的首都梦。他还积极联络上海的英语教育机构，免费远程授课并提供原版教材，让更多的孩子可以在家门口享受外教的教学。他还利用节省下来的 1.9 万元工作经费建立起村上第一个图书阅览室，丰富村民的业余文化生活……

成　效

从大库土村开展扶贫扶智的实践看，村民们也越来越意识到教育的重要性，扶贫工作队在村里和大家拉家常的时候，大家讲到过去进城打工有力气就行了，现在没有技术、没有知识根本寸步难行。对于孩子们就更是这样，在暑期支教课堂上，大家根本不想下课，小眼睛直勾勾地盯着老师，问下一节是什么课，那么渴求知识和学习，让大家感到欣慰，也看到了希望。

在弓弢的努力下，扶贫扶智的效果也正在逐步显现。2018 年，大库土村走出了第一个硕士研究生，一名同学被中科院心理所录取，同时全村学生高中、专科、本科阶段录取率也创新高。村民们的观念也在逐步转变，教育作为阻断贫困代际传递的重要途径，激发了贫困人口内生动力，逐步实现了从"输血"式扶贫向"造血"式扶贫和内发式发展的转变。截至目前，村民年平均收入稳定在 6000 元以上，全村已整体脱贫并通过省、市两级验收考核，被海东市委授予"脱贫攻坚工作先进村"称号。

点 评

脱贫攻坚关键是要阻断贫困的代际传递，只有扶贫扶智才能真正拔掉穷根。这个案例中，弓弩同志以党建引领思想的转变，以支教打开心灵的窗户，以激励营造良好的氛围，加大教育扶贫力度，帮扶贫困户下一代，改变贫困户家庭，攻下贫困户心中的"堡垒"。他引进先进教育资源，改变当地教育水平落后的现状，以知识技术和先进理念，引领当地文化发展进步。此外，结合异地搬迁、产业帮扶、农畜结合等扶贫政策，发展了当地的产业经济，带动了当地的可持续发展，让百姓的腰包与头脑同步充实起来。

积极借助社会力量
破解"夹心层"保障难题

背 景

　　黑龙江省抚远市东发村地处祖国大陆版图东北角，地理位置偏远、气候寒冷。全村土地面积 4977 公顷，有 117 户共 246 人，是黑龙江省典型的纯农业村、地广人稀村。在各项扶贫政策的保障下，东发村民生状况整体良好，但部分村民因患病、残疾、子女赡养能力差或赡养意识弱、未成年子女丧父（母）等原因导致生活困难。他们既达不到建档立卡贫困户的标准，又不属于低保、五保、孤儿等民政救助的范围，是扶贫政策保障的"夹心层"。"夹心层"农户的收入水平高于贫困户，但因为缺少政策支持，生活水平可能低于贫困户，严重影响群众满意度。曾经发生过没有获得低保救助的村民在省、市领导到村检查指导工作时到村委会静坐上访的事件。

做 法

一、基金来源

　　肖聂尊*看到"夹心层"农户的疾苦，想到习近平总书记"要以更实的

---

　　* 肖聂尊，国家知识产权局知识产权保护司主任科员。2017 年 8 月至 2018 年 4 月任黑龙江省抚远市东安村第一书记。2018 年 4 月至 2019 年 8 月，任东发村第一书记。

措施保障和改善民生，在幼有所育、学有所教、劳有所得、病有所医、老有所养、住有所居、弱有所扶上不断取得新进展"的指示，萌生了在东发村建立民生基金的想法。但是派出单位市场监管总局帮扶经费有限，怎么解决民生基金来源问题呢？

国务院办公厅 2014 年 11 月下发的《关于进一步动员社会各方面力量参与扶贫开发的意见》中指出"广泛动员全社会力量共同参与扶贫开发，是中国特色扶贫开发道路的重要特征。"中央组织部等部门 2015 年 4 月下发的《关于做好选派机关优秀干部到村任第一书记工作的通知》中有"积极引导社会资金，促进贫困村、贫困户脱贫致富"的要求。

引导社会资金促脱贫致富不仅为国家政策所鼓励，也是第一书记的职责。通过学习政策文件，肖聂尊想到了从社会要资金。于是他利用朋友圈，通过企业工作的同学、朋友了解，其所在企业是否有扶贫计划或公益项目，积极介绍东发村扶贫需求。功夫不负有心人，世界五百强之一的宝洁（中国）有限公司表达了兴趣，肖聂尊当即向派出单位汇报设立民生基金的想法和落实基金来源的办法，该建议得到市场监管总局扶贫领导小组办公室的高度肯定和大力支持。2018 年 4 月，宝洁（中国）有限公司对接东发村扶贫座谈会在总局扶贫领导小组办公室的主持下召开，并形成宝洁（中国）有限公司助力市场监管总局定点扶贫工作组。2018—2020年，宝洁公司每年向东发村捐赠十万元，设立了"'宝洁'东发村民生基金"。

个人体会

借助社会力量，建立村级基金，破解"夹心层"农户保障难题，一是基金引入过程中，要充分发挥第一书记桥梁纽带作用，设身处地站在各方立场考虑问题，充分沟通协调，争取同时让爱心企业、派出单位、村满意；二是基金使用过程中，要做到公平公正公开，把好事办好办实，让广大群众满意；三是既要立足于当前，更要着眼于长远，第一书记不能只考虑任期内的民生保障，要为长期的民生改善谋出路。

在入户走访中思考夹心层农户保障难题的破解之道

二、基金落地

在捐赠的落地方式上，宝洁公司提出两点要求：一是作为美国企业，其有美国《反腐败法》约束，不能向中国各级政府进行捐赠，需要有适格的受捐主体；二是希望其捐赠善举得到总局和当地的肯定。东发村村委会虽属于基层群众自治组织，不是一级政府，但是村账由乡农村经济经营管理站代管，而乡经管站是政府机构。为确保捐赠合法合规，肖聂尊联系中国社会福利基金会作为东发村民生基金的管理方，促成宝洁公司、东发村、基金会签订三方捐赠协议；为肯定宝洁的捐赠善举，经多方协调，2018年9月，在总局有关领导和佳木斯市委、抚远市委领导的见证下，宝洁公司向东发村捐赠仪式在抚远市顺利举办；同时，为表达东发人懂感恩、思进取、求发展的精神，经村民代表大会决议，以村党支部和村委会名义授予宝洁公司负责人及经办人"东发村荣誉村民"称号。捐赠方的要求得到充分满足，捐赠顺利落地。

三、基金使用

习近平总书记曾指出，中国社会历来有"不患寡而患不均"的观念，我们要在不断发展的基础上尽量把促进社会公平正义的事情做好。群众好攀比，基金引入后，如果使用不当，容易引发群众不满，把好事办砸。为确保善款用好用实，肖聂尊带领村"两委"，按照"四议两公开"程序，广泛听取各方意见，组织制定基金使用章程。最后，涵盖大病救助、残疾补助、鼓励教育、弘扬敬老爱老、崇军尚武、表彰先进等民生保障和改善方面内容的"宝洁"东发村民生基金章程获得村民代表大会一致通过。

四、长久运转

"宝洁"民生基金解决的是脱贫攻坚期内东发村民生保障，尤其是"夹心层"群众的民生保障问题，但输血式帮扶不能长久，要长久地改善民生还是有赖于村自身发展，村集体经济增收。为了东发村民生的持续保障和改善，肖聂尊首先借鉴宝洁基金的成功经验，协调奥克斯集团有限公司为东发村捐赠 50 万元，设立"奥克斯"东发村扶贫基金；其次大力推销村里的农产品大米，积极寻求企业、机关、协会的大额订单，以消费扶贫的方式，帮助东发村销售大米 533 吨，销售金额 316.48 万元，为村集体增收46.5 万元；最后拟整合扶贫基金和销售收入，为东发村村委会购买耕地，预计可购买 120 亩耕地，发包后每年为村集体稳定增收租金 5 万元，租金收入作为 2020 年以后村民生基金的来源，以实现民生基金的长久运转。

成　效

2018 年，在宝洁基金的保障下，东发村 2 名村民得到残疾补贴，1 名罹患先天性心脏病的儿童得到大病救助，全村 60 周岁以上老人全部办理了城乡居民基本医疗保险，残疾户、无劳动能力户、重病户等贫困边缘的"夹心层"农户均远离了贫困；在宝洁基金的激励下，首次有贫困户因奋发图强获市委市政府表彰，首次有妇女荣获全市巾帼英雄孝老爱亲楷模，首次有学生考上"211 工程"重点大学，有效激发了群众脱贫致富的内生动力。在村级民生基金设立后，再也没有村民因为不能享受贫困户、低保等保障政策而上访，而且在国务院扶贫办组织的第三方考核评估中，东发村以综合贫困发生率0，脱贫人口错退率0，贫困人口漏评率0，群众认可度100%的"三零一百"满分成绩脱贫出列。因为民生基金成效显著，宝洁公司主动提出2019年的捐赠资金由10万元增加到15万元。

点 评

> "夹心层"民生保障问题是在全国脱贫攻坚战中凸显出来的问题，这部分人虽然暂时达不到建档立卡的标准，但由于随时可能掉入贫困线之下，也是打赢脱贫攻坚战中最容易忽视，又最为"危险"的人群，如何保障好这部分"锅底"人群的基本生活是当前不容忽视的问题。在这个案例中，肖聂尊同志通过借助社会力量，建立村级民生基金，把政府暂时没有能力管的事情管起来；同时建立村级扶贫项目基金、大力践行"消费扶贫"，多措并举促村集体稳定增收，实现民生长久保障，不仅破解了"夹心层"农户保障难题，还激发了贫困村脱贫致富内生动力，为广大第一书记提供了有益借鉴。

靶向治疗找问题　因人施策拔穷根

背　景

龙山村是朝鲜族聚居村，现有人口135户220人，其中朝鲜族占比60%。全村共有贫困户36户52人，其中因病因残致贫占比61.1%；缺资金占比38.9%；普通劳动力占比44.2%；弱劳动力或半劳动力占比40.4%；丧失和无劳动能力占比15.4%。

龙海村是汉族聚居村，现有人口129户294人，其中朝鲜族占比6%。全村共有贫困户36户51人，其中因病致贫占比89%；因残致贫占比5%；缺资金占比3%；缺劳动力占比3%；普通劳动力占比8%；弱劳动力或半劳动力占比27%；丧失和无劳动能力占比65%。

2017年和2018年，王优[*]先后驻两村开展工作。

做　法

一、精准识别、反复自查

龙山村、龙海村精准识别工作，采用"逆向推理"方法，以家有商品房、私家车、大型农机具、公职人员、出国人员、经营实体、长期雇佣他人从事生产经营、户在人不在、操办婚礼致贫、非农户口、城市廉租房、享受城镇政策、外侨、有劳动能力但好吃懒做等14类人群作为重点筛查对象，

---

[*]　王优，国务院参事室文史业务司主任科员。2017年8月至2018年5月任吉林省龙井市龙山村第一书记，2018年5月至今任龙井市龙海村第一书记。

梳理情况说明和不纳入贫困户原因，确保基础材料"零遗漏、无死角"。对于未建档立卡的重病户、危房户、残疾户、低保户、独居老人等6类重点人群和刚刚从外地迁回的在籍村民疑似贫困人口，及时入户、重点核查、反复对比、确保准确。精准识别始终坚持严格程序，入户核查按照"一进二看三算四比五评议"的方式进行；数据比对结果统一反馈到组屯和农户，经过入户核查核实后，交由村民民主评议，再按贫困人口识别程序进行识别，确保清退和新增人员都逻辑严密、程序完整、群众公认。

二、明确分工、形成合力

根据"五级联动"工作机制，龙山村和龙海村为切实发挥村"两委"和包保部门工作能动性，实施村干部会同包保单位"包村到屯、责任到户"制度。由第一书记和村书记负总责，村干部与包保部门分工到屯开展工作，驻村工作队督导、把关各屯工作进展，制定任务分解表，确定时间节点，努力做到分工明确、责任清晰、任务到人、监管到位。实行第一书记和包村领导每周四"民生恳谈制度"，听取群众对脱贫攻坚工作的意见建议，梳理群众生产生活困难诉求，建立群众工作台账，分为"红黄蓝"三级，根据轻重缓急，抓重点户、重点人，重点开展工作。对工作中可能

个人体会

深刻领会习近平总书记关于扶贫工作的重要论述，以习近平新时代中国特色社会主义思想武装头脑、指导实践、推动工作，是第一书记驻村开展工作的根本遵循。在开展贫困户精准识别、退出工作领域，要把握好"扶持谁、谁来扶、怎么扶、如何退"等一系列问题，处理好"群众认可度"这一工作难点。坚持实事求是，把从严要求贯穿脱贫攻坚工作始终，确保精准识别，确保把真正的贫困人口、贫困程度、致贫原因等搞清楚；扶贫干部要做到分工明确、责任清晰；坚持需求导向，做好一户一策，努力引导和支持有劳动能力的村民依靠自己的双手开创美好明天；平衡各方利益、宣传脱贫致富典型，激发群众内生动力；创新工作、提升效率，充分利用信息化手段简化工作流程。

存在的脱贫质量不高、帮扶工作不实、扶贫措施不够精准、部分群众认可度不高等问题，认真做好工作台账，反复组织自查自纠，确保条条有落实，件件有反馈。

三、因人施策、精准扶贫

紧紧围绕"两不愁三保障"，坚持需求导向，为贫困户"画像"、梳理个人需求，做到一户一策。根据"五个一批"的要求，龙山村设置2名村保洁员和4名护林防火员，共6个公益性岗位，龙海村设置6个村保洁员和1名护河员，共7个公益岗位，支持和引导有劳动能力的贫困群众用勤劳双手创造美好生活。

结合参事室定点帮扶政策对农村贫困家庭学生给予助学金支持；对贫困人口中完全或部分丧失劳动能力的人，尤其是智力和精神障碍贫困户，组织开展免费残疾评定，积极申请民政临时救助，加强医疗保险和医疗救助，宣传落实新型农村合作医疗和大病保险政策，符合条件的及时移交集中养老、救治单位；经村民代表大会讨论通过，决定为1户处于贫困边缘且不能定为贫困户的群众提供公益性岗位，巩固提升扶贫成果，做好"边

看望身患重病的朝鲜族贫困户

缘户"群众稳定工作。因地制宜、因人因户因屯施策，突出产业扶贫，提高组织化程度。培育如峰山大米加工厂等带动贫困人口脱贫的在村企业实体，以四部委联合扶贫工作为契机，结合"海兰江畔"第一书记代言平台等，努力引入社会各界力量，着力加大电商帮扶力度，切实提高村集体收入。

四、严格程序、逐户销号

严格按照吉林省贫困户脱贫 7 项指标摘帽标准，实行逐户销号，做到脱贫到人。坚持"量力而行、真实可靠、保证质量"的原则，贫困户退出逐屯召开村民大会，脱没脱贫同群众一起算账，让群众认账。严格按照"村'两委'提名—入户核实—贫困户确认—村级公示—乡镇核准—公告退出—签字确认—备案销号"的程序实现有序退出。认真贯彻精准再精准的工作要求，确保扶贫工作更加务实，脱贫过程更加扎实，脱贫结果更加真实，让脱贫成效真正获得群众的认可、经得起历史的检验。

五、找准方向、提升认可

努力做深做细群众工作，切实提升群众认可度。多次组织问卷调查和大走访，摸排解决影响群众认可度的共性问题。一是改善村屯环境。以村党支部为核心，广泛动员党员、屯长、妇女等各方力量，开展"清垃圾、清柴草、清粪堆、清院落、清沟渠、清死角"的农村生活垃圾治理专项行动，从电商扶贫收入中拿出部分资金开展各屯环境评比活动，改善农村人居环境。二是坚持正向激励。多次开展评先评优，并赴北京开展脱贫攻坚、一村一品、现代农业等调研活动，帮助村班子、党员、屯长、致富带头人拓展视野、开拓思路、对接资源，让村民在勤劳致富中被引导、受表彰、能出彩，激发群众内生动力。三是开展村风整治。依托村规民约，组织开展"讲孝善、树村风"活动，发动村民讲家风、评家风、以家风促村风；开展孝慈媳妇，孝慈家庭等评选；建设孝善文化墙、设立孝善文化展板；举办"强健身、促脱贫"文艺联欢和趣味运动会，让群众在集体活动中增强幸福感、获得感。

六、创新思路、提升效率

龙山村在全市首先结合超市信息化系统，开展爱心便利店工作，用扫码枪一键生成奖品台账和积分信息；第一书记牵头编制《脱贫攻坚数据库建库指南》，首先建成龙井市第一个村级脱贫攻坚数据平台。经龙井市委领导调研，吸收相关经验，先后建成了龙井市爱心便利店信息化系统和脱贫攻坚大数据平台，并全面推广使用，极大提升了工作效率，取得了良好的效果。

成　效

一是龙山村、龙海村精准识别和退出工作，始终坚持实事求是的原则，对于不符合贫困标准的认真加以排除，不该进入人员努力做到全部清除，有错必纠、应纳尽纳，努力做到不漏一户、不落一人。贫困户退出严格执行退出标准、规范工作流程，做到程序公开、数据准确、档案完整。2018 年至 2019 年，所驻村顺利通过贫困村退出考核。

二是龙山村、龙海村群众满意度工作，既聚精会神帮贫困户，又左顾右盼看一般户，适当平衡各方面利益。在打赢脱贫攻坚战的同时，努力弘扬"不等不靠不要，美好生活自己创造"的精神，宣传孝敬老人、夫妻和睦、邻里和谐、互帮互助的榜样，家风、民风、村风得到明显改善，群众认可度显著提升。2018 年州级退出初审和省级退出检查，所驻村普查群众满意度均为 100%。

点 评

　　王优同志作为龙山村和龙海村第一书记，带领全村坚定落实精准扶贫政策。通过逐户调研，深入了解民情，将扶贫政策落到实处。通过制定任务分解表，做到分工明确、责任清晰、任务到人、监管到位，严格坚守贫困户准入标准。在这一过程中，王优严格按照解决"扶持谁、谁来扶、怎么扶、如何退"等一系列问题为导向，以"群众认可度"为目标。在拔穷根上，这个案例里突出产业扶贫，提高组织化程度。培育带动贫困人口脱贫的在村企业实体、努力引入社会各界力量，同时着力加大电商帮扶力度，切实提高村集体收入。在严格遵守贫困帮扶规则的同时，积极锐意进取，开拓创新，给全村人民不断提供了新的致富道路。

成立合作社"抱团"做大高原苹果产业

背　景

　　云南省会泽县竹园村位于滇东北乌蒙山主峰段，最高海拔 3000 米，属于高寒冷凉贫困山村，辖区面积 19.2 平方公里，农户 715 户 2692 人，其中建档立卡贫困户 249 户 854 人，贫困发生率 35%。竹园村基础设施薄弱，主要经济作物为 5000 亩苹果，有 40% 是低产果园，品种老化、销售困难，村集体无任何产业。

　　2017 年 7 月，马守磊*到竹园村任第一书记，考虑到当地有苹果产业基础，反复调研论证后确定把精准扶贫的着力点放在做大做强高原苹果产业上。通过把中国工程院的科技优势转化为贫困乡村的发展动力，联合周围 3 个村发展苹果产业专业合作社，嫁接改良品种，品牌化生产经营，壮大村集体经济，带领老百姓走上可持续增收的道路。

做　法

一、千亩苹果严重滞销，公益众筹破解难题

　　上任伊始，马守磊就遇到了苹果滞销的难题。苹果是村里的主要经济作物，但是因为地处偏远、信息闭塞，竹园村苹果严重滞销，果

---

*　马守磊，中国工程院一局副处长、教育工作办公室副主任。2017 年 7 月至今任云南省会泽县竹园村第一书记。被云南省扶贫开发领导小组评为 2018 年云南省脱贫攻坚奖"优秀驻村扶贫工作队员"。

农们唉声叹气、愁云惨淡。他从解决群众最关心的问题入手，在网络开展了竹园村苹果众筹活动，在工程院同事和众多爱心人士的支持下，短短十几天，为果农卖出 100 多吨滞销的苹果，销售额达 20 余万元。公益众筹毕竟只是权宜之计，为彻底打开竹园苹果销路，他争取到昆明理工大学老师和创业团队的支持，以金钟街道 3 名优秀大学生村官为核心，开通了淘宝店，在昆明召开"爱心扶贫、牵手会泽"新闻发布会，竹园苹果进入昆明外资高端超市销售。

二、成立农民专业合作社，打造品牌抱团发展

驻村工作千头万绪，但队员的精力和时间是有限的，必须有主有次、有先有后，重点发展优势产业。数十位全国农业领域的专家到竹园村实地调研、反复论证，最终确定做大做强高原苹果产业。但农户现有的单打独斗模式难以适应激烈的市场竞争，于是他带领扶贫工作队和村"两委"班子多次召开会议，统一思想、形成共识，动员党员和种植大户成立合作社。通过几轮动员，竹园村联合周边 3 个村庄共 1 万亩果园，共同成立了"会泽世外桃源种植合作社"。依托束怀瑞院士设在云南省农科院的工作站和郝玉金教授、马钧研究员对竹园村苹果产业发展进行技术指导，对"秦冠"等老化品种进行改良，新栽和嫁接果树 1000 余亩，建设"中国

个人体会

面对基层复杂的局面和脱贫攻坚艰巨的任务，真诚待人、踏实努力、开拓创新，从做成一件件小事开始，逐步得到大家的认可和帮助，形成扶贫聚力与合力。一是发挥好派出单位的优势，因势利导，引入发展所必备的要素和资源；二是真情换真心，和基层干部谈心交流、做朋友，互相学习，在最短的时间内熟悉基层情况并打开局面；三是紧紧依靠本村党员和群众，抓主要矛盾、解决主要问题，改善基础设施、发展集体经济、培养本地青年人才，留下一支"不走的扶贫工作队"。

马守磊和竹园村民交流苹果种植技术

工程院科技示范果园"。果农从这位年轻的干部身上看到了干劲和热情，看到了脱贫的希望，亲切地称呼马守磊为"苹果书记"。

三、修建民生产业道路，补齐基础设施短板

产业发展受方方面面的影响，基础设施薄弱是制约竹园村发展的最大瓶颈。泥泞崎岖的山路，连果贩子都不愿意上来收苹果。他每次到果园里走访，群众说的最多的就是："就是这股路啦，啥时候能修啊？"。要想富、先修路，这句话一点儿也不过时。他先后到各级交通部门积极沟通协调，向领导一次又一次地汇报，经过多方努力推动，长达11公里、投资预算550万元的龙姜公路2018年列入修建计划，2019年初建成通车。他还积极协调农田水利等基础农业设施，为产业发展夯实基础、补齐短板。

四、建立电商扶贫平台，拓宽产品流通渠道

缺少稳定的销售渠道是农业产业的痛点，拓宽销售渠道也是农民最不擅长的领域。在中国工程院和会泽县委、政府的支持下，马守磊推动建立

了会泽"第一书记电商平台",汇聚会泽县 355 支扶贫工作队人力和帮扶资源,在淘宝、微信、优帮帮等开设了"云南高原特色产品企业店",在会泽、昆明开设了云南高原特色产品实体体验店。以会泽为起点、昆明为中心,辐射全省,共同推广云南高原特色产品。主办召开第一书记产业扶贫暨消费扶贫论坛,呼吁驻村扶贫干部、龙头企业、青年创业者形成合力,促进农民合作社健康成长。

五、引进院士专家团队,助力乌蒙乡村振兴

合作社的成长、产业的发展、农村人才的培养为竹园村打下了良好的基础,也为实施乡村振兴战略提供了可能。借助中国工程院的人才优势,陈剑平、彭金辉、束怀瑞、黄璐琦等 6 位院士担任发展顾问,形成了"6 院士 +4 单位 +10 专家"的科技支撑体系。陈剑平院士、彭金辉院士牵头战略咨询课题"深贫困地区科技扶贫开发战略举措研究",研究探索科技扶贫、产业脱贫、城乡融合发展的新路子,帮助规划以竹园村为中心、合作社发展为重点的科技示范区;束怀瑞院士对竹园村的苹果产业发展给予全方位指导;黄璐琦院士指导开展中药资源普查。这些宝贵的高端人才不仅指导会泽县和竹园村的科学发展,也为云南实施乡村振兴战略提供了强大的智力支撑和资源保障。院士、专家和扶贫队员响应习近平总书记的号召,"把论文写在祖国大地上",在脱贫攻坚一线挥洒汗水、播种希望。

成　效

一是脱贫成效精准。从竹园村实际出发,重点发展苹果产业,品种改良以嫁接后次年挂果为主、新栽果树为辅;改良前的"秦冠"苹果 0.5 元 / 斤仍销售困难,改良后的"华硕"5 元 / 斤供不应求;销售渠道逐步拓宽,线上电商销售带动线下批量采购,产业发展带动群众增收,不到两年的时间竹园村贫困发生率从 35% 下降至 12%。

二是内生动力增强。更加注重帮扶的长期效果，发挥合作社指导作用科学种植、规范管理，并争取专项资金建设冷库和果品交易市场，进一步延长产业链，大户带小户、党员带群众，夯实稳定脱贫、逐步致富的基础。2018年竹园村被评为会泽县"产业先锋村"、入选"云南省现代农业产业园"建设，"会泽世外桃源种植合作社"被评为云南省农民合作社示范社。

三是扶贫扶智结合。"落后的地区最缺人才"，从成立合作社伊始就注重培养本地人才、激发群众斗志，院士专家授课培训学员400余人次，成立青年创业者协会，选拔青年创业人才20余人。在电商平台的建设过程中，马守磊经常加班到半夜，凡事亲力亲为，手把手地指导团队成员，运营重心从扶贫干部向本土人才逐步转变，留下一支"不走的扶贫工作队"。

四是示范效应显著。中国农科院、北京航空航天大学、荷兰瓦赫宁根大学等中外研究机构的学者对工程院的驻村帮扶高度关注并进行追踪研究。马守磊同志被人民日报全国党媒信息公共平台评为全国百名"乡村致富带头人"，获评曲靖电视台"建功脱贫攻坚，聚力全面小康"专栏首期典型人物，及云南省、曲靖市"优秀驻村扶贫工作队员"，连续三年被评为中国工程院优秀公务员，记三等功一次，竹园村及其所在乡镇入选云南省首批乡村振兴示范项目。

点 评

　　如何找到并打造产业是实现农民可持续增收的核心，在这个案例中马守磊同志把产业的发力点放在了当地已有基础的苹果种植上。他从一开始就抓住了产业发展的几个核心要素，通过联合周围3个村共1万亩果园，共同成立了"会泽世外桃源种植合作社"，为高原苹果产业品牌化发展奠定了产业规模，修路补齐基础设施短板提供了硬件支撑，"6院士+4单位+10专家"体系为品种改良提供了技术支持。有了合作社这个平台，软件和硬件资源源源不断汇集，最终产品通过电商平台销售，为农民留下了可持续增收的业态。这个案例告诉我们，产业发展要想可持续，必须打造一个健康的业态，形成一个闭环。这个案例里，从育种优种到拓展产业链条；从科技优种，到活用营销策略；修建运输公路，打造了产销一体化，他为当地脱贫致富注入"源头活水"，留下了一支不走的扶贫队。

把贫困的"盐碱滩"变成致富"黄金滩"

背 景

张常丰村共有 1508 人，贫困户 125 户，是河北省海兴县贫困户最多的村。当地自然资源匮乏，土地贫瘠盐碱化，因此流传着这样一句顺口溜"地碱、水咸、心甜"。由于村里没有规模型产业，村集体经济收入十分有限。该村虽然有着独具特色的"大红王"小麦、粮食喂养的生猪、生态鸡鸭等特色农产品，但是如何让这些土货打开更广阔的市场，让村民持续增收成了当地的关键问题。

张巍婷*经深入调研，确立了培养致富带头人、树立特色品牌、推广绿色农产品的工作思路，又通过电商扶贫，使农产品走进了更加广阔的市场。

做 法

一、找准产业支撑，不卖小麦卖面粉

在村里人眼里，盐碱地产量低，种地就是看天吃饭，因此即使在农作物生长期，村民们也懒得打理，不浇水、不用农药，小麦亩产一般也就三四百斤。收获的优质"大红王"旱地小麦常以极低的价格卖给小商贩，

---

* 张巍婷，女，国家信访局督查室副调研员，公职律师。2018 年 5 月至今任河北省海兴县张常丰村第一书记。被评为河北省扶贫脱贫优秀驻村第一书记，2019 年 3 月荣膺"2018 年度全国三八红旗手"。

村民收入很低。但张巍婷发现，"大红王"小麦生长周期大约244天，从播种到收割全是自由生长，是地地道道的天然无污染的绿色食品，其磨成的面粉做出的馒头十分劲道、特别好吃。

个人体会

落实特色农产品开发销售项目，让土货出村，思路决定出路，态度决定成效，找准突破口是关键。一是先理清工作思路，思路问计于群众、专家和市场。要因地制宜、敢闯难关，有了正确思路我们才决定做好盐碱滩上的大文章。二是引导村民有新型致富观念，让村民注重眼前与长远利益相结合，树立市场观念，建立诚信机制，注重品牌效益，加强质量监管。善于运用科技力量为脱贫攻坚打开新通道。比如加大产品质量科学认证，办理准入证件，建立微商平台拓宽销售渠道，这点对农民致富非常重要。三是延长产业链，组织好贫困地区的剩余劳动力做好农产品深加工，在产品中展现文化元素，增加附加值，这是增收的重要基础。四是做强合作社，实现全程扶贫。引导和鼓励"合作社＋专业大户＋农户""企业＋农户"等致富模式，把贫困户全部吸收到农业产业链上来，确保致富路上一个都不落下。

"这么好的小麦低价卖了太可惜，我们可以磨成面粉卖到大城市，既可以让城里人尝尝不一样的好味道，同时也能让村民增收。"为了实现这个目标，张巍婷邀请河北省农科院专家化验当地"大红王"小麦的成分，发现其中钾元素、植物蛋白含量都比普通小麦高。原来盐碱地也是一块宝地，也可以种出高品质的粮食。同时她又进一步了解到通过低温低速的石磨加工，可以减少现代机械生产中高温高速对营养和口感的不良影响。于是，张巍婷带领村民探索石磨面粉产业化之路，把盐碱地变成香饽饽。

二、做强合作社，实现全程扶贫

张巍婷动员组织村民加入合作社。合作社与农户签订收购合同，以高于市场价的价格统一收购村民的小麦、玉米、杂粮等农作物，对收购的"大红王"小麦都用石磨研磨成面粉，让贫困户挣加工费，收益也用来给贫困户分红。

三、培养致富带头人，增强市场意识

村里有农户从事小作坊家庭式手工加工，市场意识和开拓精神不足，只在本村内销售。张巍婷同志奔走市场监管等部门，帮助农户改善生产加工环境，将产品标准化，推动10户办理小作坊食品加工许可证，有资格进入电商平台销往全国各地，乡亲们即使在家带娃，也能增收致富。

四、加强营销推广，打造绿色品牌

为了保证产品质量，打造村自有品牌，张巍婷通过工商部门申请注册了"张常丰"牌商标，引导村民树立"质量是产品的生命"的理念；请母校北京印刷学院和北京科技大学志愿者创业团队设计和印刷农产品包装；还建立了村里的青年创业团队，培养商品意识和信誉意识，引导他们以市场需求为导向，不断提高质量和服务，增强用户对土货的认可。春节前夕，

与留守妇女研究开发农副产品

她组织召开外出务工返乡人员座谈会，让村里退休干部、大学生、青年人为农产品开发和销售献计献策。

"盐碱旱地的贫困，只产天然野生的张常丰"——打开海兴县张常丰村"驻村扶贫干部"微信公众号的书记商城专栏，石磨全麦粉、石磨精面粉、石磨天然玉米面等特色农产品琳琅满目。张巍婷做好营销策划，运用"互联网＋扶贫"思维，利用微商平台建立"驻村扶贫书记推荐张常丰农产品"店铺，并链接产品制作全过程，仅仅一个多月销售总额就达到了9万元。目前，"张常丰"特色农产品品牌效益初显，节假日期间还掀起销售小高峰。"张常丰"农产品积极对接饭店、超市，已经成为海兴县政府采购和老百姓走亲访友的佳品。她还响亮提出"中国好面在海兴，海兴好面出常丰"的口号，并发动各级信访系统和亲朋好友在微信圈转发。3月，参加中央和国家机关妇工委"巾帼绽放、逐梦前行"活动，4月参加央视《开门大吉》活动，现场推介农产品，取得了良好反响。

五、延长产业链，传承发展面文化

农产品深加工产业链越长，"含金量"越高。小麦每斤能卖1元多，用石磨加工成面粉后每斤能卖到6元，把面粉做成面食，收益还会更大。在调研中，张巍婷发现，张常丰面花、大饼在海兴县很有名，村里很多人从小都会做面食工艺品，但一直没有形成产业。她发动村民设计图案，组织留守的妇女们以特色面粉为原料，用黄河水调、大锅蒸，做面花、蒸窝头、寿糕，传承和弘扬面食、面塑文化。在她的倡导、带领下，村里还建立了全县第一个村史馆，收集了村内80多件石磨等老农具，开辟了民俗文化展，成为开展体验销售的场所。

成　效

一、产业支撑促扶贫攻坚渐露雏形

2018年以来，通过以村集体名义统一收购、用石磨研磨、设计包装，

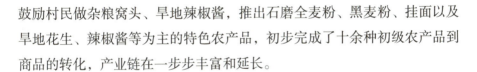

鼓励村民做杂粮窝头、旱地辣椒酱，推出石磨全麦粉、黑麦粉、挂面以及旱地花生、辣椒酱等为主的特色农产品，初步完成了十余种初级农产品到商品的转化，产业链在一步步丰富和延长。

二、打开市场叫响了当地特色名牌

通过"互联网+"，打开农产品销路，使村里最具特色的盐碱地旱地的面粉、面条、面花三"面"产品打开市场。海兴县政府投资193万元，正在村里建设一座石磨面粉厂，建成后将成为海兴县第一家现代化石磨面粉企业。

三、村民的幸福感、获得感不断提升

通过产业全过程扶贫，在生产包装环节，安排贫困户就业，合作社收益也用来补贴贫困户，这样整体带动了村民增收，特别是张常丰村40余户贫困户也实现了亩均收入翻番。增收的同时，村民打开了视野，看到了致富希望，逐步破除了旧观念，掌握了更多的信息和技能，群众的精神面貌也焕然一新，干劲很足，更多的贫困户成了"点子大王""销售能手"。

四、村组织凝聚力不断增强

张常丰村曾是个党支部软弱涣散的村子，但通过近年的党建引领产业发展和脱贫攻坚工作，今天张常丰村已经被县委组织部确定为"基层党建示范村"和文明村，被沧州市委组织部确定为"基层党建示范点"。由于工作出色，作为中央和国家机关驻村第一书记的张巍婷，在刚刚完成的村"两委"换届中，被选举为村党支部书记和村主任，这充分体现了党员干部和群众对她工作的高度肯定和信任。

下一步，张巍婷将谋划与石磨面粉加工车间联手，以"留住乡愁"为理念，将传统文化资源与生态环境相融合，打造面食文化体验一条街，将面食产业和旅游业发展紧密结合，着力提升文化氛围，打造张常丰村亮丽新名片，更好地带动土货出村、财富进村，让大家一起富起来。

点 评

虽然有了产业支撑，但由于贫困地区初级产品、品质参差不齐、没有品牌等问题制约了销路，如何打开贫困地区"土货"的市场是很多贫困地区产业发展接下来要解决的难题。在这个案例中，张巍婷同志将当地盐碱地的劣势变为优势，难点变为卖点，发掘当地小麦生长期长、口感好的优势，大打绿色生态牌，将土特产销售与电子商务相结合，做深做细产品加工，延长了产业链。同时通过"合作社＋专业大户＋农户""企业＋农户"等致富模式，把贫困户全部吸收到农业产业链上来，在带领村民脱贫致富的同时，亦延续了当地特色传统面食文化。

因地制宜发展生态土鸡养殖促增收

背 景

　　陕西省汉中市勉县属于秦巴山区集中连片贫困县，栗子坝村地处县城东北，秦岭南麓，海拔 1000-1600 米，全村总面积 16.3 平方公里，其中耕地面积 1910 亩，林地面积 2.2 万亩。全村辖 11 个村民小组 222 户 689 人，其中建档立卡贫困户 111 户 298 人，贫困发生率 43%。

　　海拔高、气温低、土壤含沙量高，在一定程度上制约了村产业发展，全村主要靠传统种植业勉强解决温饱问题。冯永全*自 2018 年 2 月 27 日到该村担任第一书记以来，深入田间地头，对全村 11 个村民小组的 112 户贫困户逐户进行走访，从家庭成员状况、住房、耕地、收入来源、种养殖情况等各个方面，进行全面调查了解。为找到产业发展的路子，他组织驻村干部、村"两委"进行多次研讨，同时到县农业局、畜牧局征求专家意见建议，最终结合当地林地资源丰富的优势，在引进"秦山源"专业养殖合作社的基础上，选择了发展生态土鸡规模化养殖，以带动全村贫困户增收脱贫。

做 法

一、动员贫困户参与生态土鸡养殖项目

　　村集体 2017 年 6 月成立了互助合作社，但由于没有相关产业支持，

---

*　冯永全，中国铁路西安局集团有限公司西安客车车辆段安康运用车间党总支副书记、车间工会主席。2018 年 2 月至今任陕西省勉县栗子坝村第一书记。

基本属于"空壳"合作社。他驻村时,全村贫困户平均年龄51岁,其中60岁以上贫困群众100人,自身发展动力严重不足。对此,他决定发展新型经营主体,动员贫困户贷资入股合作社,让有能力的出智慧,有劳动力的出体力,老弱人员参股入股,带动大家共同致富。工作初期,村里贫困群众不同程度都存在畏难情绪,害怕资金投入到合作社本金亏损,不愿加入合作社。针对这一问题,他带领工作队入户讲政策,耐心讲出路,给群众算细账,带着贫困户外出参观,让贫困户切切实实看到别人的受益。经过耐心地做工作,贫困户才放心地从村互助资金协会贷款5000元加入合作社。通过这种方式,入股贫困户很快从原来的七八户,增加到了34户,入股资金也达到了22.3万元。

二、精细推进生态土鸡规模化养殖管理

为争取单位支持,他将土鸡养殖项目前期论证情况进行了整理,在向西安局集团公司汇报后,他得到了12万元专项帮扶资金。拿到资金后,他带领工作队和村"两委"同志,组织力量,以村合作社为经营主体,建成生态土鸡养殖大棚三座,养殖土鸡5800只。在养殖过程中,养殖者高度关注生态问题,严格把控周边环境,规范土鸡喂养,餐料均为天然玉米、山虫,饮水为山间泉水,杜绝吃饲料、激素。同时,他们也随时关注鸡苗长势,出现问题及时咨询专业技术人员。从疾病防治、防疫等各个方面入手,认真做

个人体会

脱贫攻坚是党中央部署的一场伟大战役,如何在这场战役中取得胜利,是对每一名参与脱贫攻坚工作的党员干部的考验。在脱贫攻坚路上,必须结合帮扶村实际,因地制宜,通过实践,我准一条适合本村产业发展的道路。在产业发展过程中,避免贪大求全,稳步推进,综合做好各个环节的风险防范。同时在产业链延伸上,争取经济利益最大化,是今后工作的重要突破口和方向。

汇报"云雾山生态土鸡养殖基地"建设运营情况

好日常养殖的管理和指导工作。为规范管理生态土鸡养殖基地，他带领工作队先后组织制定并实施土鸡存栏管理制度、物资采购及使用消耗签字制度、财务收支管理制度，保证了土鸡养殖项目的规范化发展。

三、拓宽生态土鸡销售渠道

土鸡养得好，销路是关键。在偏僻的山区村落，如何把土鸡销售出去又成了他日思夜想的难题。根据养殖情况，他提前测算每只鸡的养殖成本、出栏时间，带着合作社负责人多次到勉县、汉中、安康、西安等农贸市场进行考察、了解市场行情，为土鸡销售寻找出路。2018年10月13日，中铁西安局在西安火车头体育馆举办了"村口到门口"消费扶贫直通车活动，他带领贫困群众将300只土鸡辗转带到了西安。到底能卖出多少，他心里忐忑。结果，活动开始不到30多分钟，300只土鸡一抢而空，实现销售收入3万元。通过这次活动，"栗子坝生态土鸡"品牌终于走出了大山，这让他看到努力付出就会有回报，同时也鼓舞了贫困群众发展生态土鸡养殖的信心。在此次活动后，他又积极走访了安康铁路站区7个站段，深入车间、班组进行宣传，并在铁路小区张贴宣传海报，宣传"栗子坝生态土鸡"

品牌。2019 年 1 月 12 日，他在安康火车头体育馆又组织举办了一场生态土鸡销售活动，800 多只活鸡一上午时间全部售罄，实现销售收入约 8 万元。2019 年春节前夕，又在西安火车头体育馆举办年货节销售活动，1200 只土鸡销售一空，实现销售收入约 9.6 万元。

虽然土鸡销售有了一些路子，但他并没有满足其中，他认为要想把云雾山生态土鸡的品牌打的更响、形成长期稳定的养殖销售产业链、让土鸡养殖持续造福栗子坝村，就必须拓展思路、放宽眼界。于是，他开始借助"互联网 +"模式，探索电商网络销售途径，开设网店，扩宽销售途径。通过创作《舌尖上的扶贫路》微电影，在网络上展示土鸡养殖全过程进行宣传，提升了栗子坝生态土鸡品牌效应。下一步，他准备继续争取县相关部门的支持，注册"云雾山生态土鸡"商标，利用抖音、直播等平台，对生态土鸡养殖环境、过程进行广泛宣传，扩大宣传效果；与已建成的骆驼项冷链加工车间合作；积极走访各大型集贸市场，寻找稳定的土鸡供销平台。

成　效

冯永全带领工作队合力攻坚，全村土鸡养殖量逐年增多，产业发展后劲充足。2018 年建成的"生态土鸡养殖基地"顺利出栏生态土鸡 1.2 万只。2019 年还将再投资 30 万元，进一步扩大养殖规模，计划年出栏土鸡 2 万只以上。目前，"栗子坝生态土鸡"品牌已初具影响，集体经济从无到有，逐渐积累，村民不仅可以通过入股合作社进行分红增收，还能足不出户就把种植的玉米以高于市场的价格卖到养殖基地，同时还可以在家门口务工增加收入。合作社向入股贫困户分红最多 2000 元，最少 200 元，户均增收 348 元。2018 年全村 47 户 149 人高质量脱贫。截至 2018 年底，贫困发生率降至 11.6%，为 2019 年全村整村脱贫摘帽打下了坚实的基础。

点 评

　　冯永全同志在担任栗子坝村书记期间，结合当地地形地势，几经考察选定了适合当地发展的生态土鸡规模化养殖。种养殖是很多地方精准帮扶的主要产业，但单打独斗的方式往往效果不理想，没有销路、产品品质参差不齐、无法对抗市场风险等一系列问题都是农民增收致富路上的"拦路虎"，在这个案例中冯永全通过合作社经营，让有能力的出智慧，有劳动力的出体力，老弱人员参股入股，有效破解了这些风险和难题。在发展规模化养殖的过程中，冯永全活用营销策略，结合了互联网电子商务模式和当下火热的直播平台，以多种媒体共同宣传发展的方式为土鸡销售打开市场，带领当地村民走上了一条可持续发展的致富路。

电商扶贫"4+"模式壮大村集体经济

背 景

　　2018 年 7 月，国家能源局浙江能源监管办副处长谷双魁*从浙江杭州来到甘肃省通渭县，担任平襄镇孟河村第一书记。孟河村位于县城以南 5 公里处，辖 8 个社、305 户、1319 人。

　　农村电子商务作为现阶段农村经济发展的新产业，在贫困地区更有利于产业扶贫政策的落实，更便于有效调动贫困群众积极性，更能快速体现发展壮大村集体经济的效果。然而孟河村和其他贫困村一样，受制于长期以来自然环境、经济水平、交通等因素限制。在发展电商的过程中，面临着一些突出的困难：一是保守思维的惯性较大，认为村里没有特色农产品，不知道卖什么产品；二是缺乏对发展电商基本知识和技术的了解，不知道如何能够发展起步；三是在电商发展过程中，遇到问题不知道如何解决；四是对电商发展的带动作用认识不够。针对上述问题，甘肃省通渭县孟河村"陇上孟河"的创立、发展和壮大，为大家提供了可以复制、可以借鉴、可以推广的经验。

---

　　*　谷双魁，国家能源局浙江监管办公室副处长，2018 年 7 月至今任甘肃省通渭县孟河村第一书记。

做 法

一、创新思路，带领村民成功解决村级电商发展的货源问题

针对孟河村内缺少成熟的农特产品，第一书记谷双魁带领并依托村"两委"和驻村帮扶工作队员，创新思维、开拓思路，提出了"立足孟河村、着眼通渭县"的原则，寻求通渭县内所产的优质农特产品。经过大家一起讨论，将当地的粉丝、粉皮、苦荞茶、燕麦、藜麦、糯小米、小黄米、土蜂蜜、苹果、土豆等10余种名优产品和特色产品纳入了首批电商产品名录，成功打消了村"两委"和村民无产品可卖的顾虑。

二、优选平台，帮助村集体成功搭建"陇上孟河"电商平台

孟河村在第一书记谷双魁的带领下，针对如何搭建电商平台的问题，组织了村内相对年轻的帮扶队员和村干部。他们积极发挥年轻人学习能力强、接受新事物快的特点，进行了平台建设的攻坚与研究，前期按照搭建快速、操作方便、客户体验便捷的原则，选取微信的微店为平台，采用"电商＋村集体＋合作社＋贫困户"的模式，申请并搭建了国家能源局帮扶通渭县消费扶贫官方平台——"陇上孟河"，并将孟河村和全县优质农特产品整合集中进行线上销售。

个人体会

帮助发展村集体经济，增加贫困村的"造血"功能，是第一书记脱贫攻坚的重要任务之一。经过一段时间的调研与思考，提出了"跳出仅仅依托孟河村资源的局限，立足孟河村、着眼通渭县，通过发展电商，进行消费扶贫，增加村集体收益"的新思路，理顺电商发展的各环节，最终带领村"两委"和帮扶队员建立并打造村级电商"陇上孟河"，拉动消费扶贫的同时，为村集体带来可观收益。思路决定出路，发挥好第一书记的优势、带好头，以前的贫困村一样可以走上致富小康之路。

三、身体力行，帮助完成村级电商初期发展各流程的疏通

扶贫先扶志。面对孟河村的困难尤其是村民与"两委"班子及帮扶队员对新电商的陌生，第一书记书记谷双魁变身"多面手"，身体力行，带领大家一起打通并熟悉进货、开票、运输、发货等环节。从订单汇总、上门取货到分拣打包等环节，他都全程参与其中。经过一段时间的努力，村"两委"和帮扶工作队掌握了各流程环节，能够独立完成"陇上孟河"销售产品的打包、分拣以及贴标等工作，并发动村里贫困户参与其中获取劳务收入。仅 2019 年 1 月 14 日当天，村"两委"带领 10 余名贫困户打包并发出"陇上孟河"礼盒300 余个。

四、聚合力量，帮助"陇上孟河"实现稳步发展

"陇上孟河"产品定位为"天然、绿色、有机、健康、品种丰富、物

带领村干部一起精选好食材

美价廉",但它缺少与外界大中城市广大消费者的直接有效沟通。第一书记谷双魁带领村"两委"和帮扶队员,一起编制了粉皮粉丝、定制礼盒等推荐方案和10余种农特产品的宣传文案,并将"陇上孟河"的初期销售市场定位在面向国内相对发达的京津冀、珠三角、长三角等地的消费者。为此,谷双魁积极鼓励大家利用朋友圈转发产品信息、推广客源,并向亲朋好友邮寄产品样品。同时,还利用到北京、浙江、上海等地汇报工作和出差机会,带着通渭农特产品寻找客源、市场,邀请社会各界人士来到孟河村,为"陇上孟河"发展助力,进一步拓宽销售渠道,提高孟河村及产品的知名度。

五、规划引领,不断丰富完善"好产品 + 好风景 + 好文化"的特色扶贫之路

孟河村的"陇上孟河"电商发展初具雏形,为孟河村的产业发展打通了一条"产品走出去、客人走进来"的新路。现在,谷双魁及帮扶队员正在努力规划"好产品 + 好风景 + 好文化"的特色扶贫之路。他们期望以"陇上孟河"为杠杆,切实撬动村里第一二三产业融合发展。为此,他带领大家引入社会资金20万元,打造了300亩金银花连片种植基地和20亩紫斑牡丹园;招商引资落户草编手工艺品、服装扶贫车间;利用政府整合资金全面治理孟河村环境,并将有着300余年历史、保存完整的村内"孟河龙尾堡"规划为村里的第一观景平台,讲述通渭"千堡之乡"的历史文化,不断探索"一村一品、一村一韵"的发展道路。

成 效

一、电商扶贫效果初步显现

孟河村立足本村、着眼全域,整合工厂、农户资源,初步建立"陇上孟河"电商平台,完善农村电商产业链,探索"电商 + 村集体 + 合作社 + 贫困户"

的扶贫发展模式，实现了村集体经济、网销产品的从无到有、从小到大，扶贫效果初步显现。2018年10月至2019年2月，"陇上孟河"产品销售到北京、上海、浙江、广东等20余个省份，销售额达到30万元，村集体和贫困户分红约5万元，村集体经济实现零的突破，带动31户贫困户户均增收1000元。2018年全村脱贫人口24户81人，贫困率下降至2.65%，成功退出贫困村行列。

二、村集体经济发展提升了村党支部和村委会的凝聚力、公信力

"陇上孟河"的创立，紧紧依靠第一书记带领，村"两委"牵头，党员干部带头实践，树立信心、解放思想、创新思路，充分发挥党组织的战斗堡垒作用和党员的先锋示范作用，以"陇上孟河"电商发展为抓手，影响和带领村里贫困户、村民积极参与壮大村集体经济，让村集体和村民都受益，村民对村党支部和村委会为民办事的认可度显著提升。

就像年轻的"陇上孟河"既带着乡土气息，又兼具现代意识一样，第一书记谷双魁正带着他的帮扶队员，与村"两委"和全体村民一道，在脱贫攻坚的路上，着力加强村级电商发展所需的人才培养和品牌营销，逐步壮大"陇上孟河"，不断夯实"电商＋村集体经济"的新路径，带领村民脱贫致富奔小康。

点 评

　　来自电商之乡浙江的谷双魁同志将电商模式引入贫困村，与当地特色农产品相结合，带领全村人民开拓"电商＋村集体＋合作社＋贫困户"的"4+"的扶贫模式，在实践过程中解决了当地村民不知道卖什么、不知道怎么卖、不知道卖给谁的问题，壮大了村集体经济。这个案例告诉我们，驻村第一书记发挥自身的优势和专长是帮扶贫困村非常有效的方式，清楚自身的优势，并知道如何将这一优势应用于实践，这是每一个驻村第一书记帮扶都应该牢固树立的意识。谷双魁在发展电商产业经济的每一个环节都亲力亲为，引领团队向前发展，广受村民好评。同时注重精神文明建设，发展文化产业、开发当地旅游资源，走出了一条"好产品＋好风景＋好文化"的特色扶贫之路。

因地制宜发展产业　精准聚焦精准施策

背　景

　　紫林山村地处贵州省黔南布依族苗族自治州独山县影山镇东北部，自然基础薄弱，37 公里的盘山公路蜿蜒曲折，每年能见度不足 20 米的大雾天气超过 200 天。全村建档立卡贫困户 291 户 1138 人，贫困发生率高达42%，少数民族人口占比 90%。当地没有农业主打产业，群众主要依靠种植玉米、水稻等低效传统农作物为生，靠天吃饭，收入微薄。由于没有持续增收渠道，外出务工人员比例高达 63%。

做　法

　　2017 年 8 月，曲佳*深入国家级贫困县贵州省独山县紫林山腹地，任驻村第一书记。为尽快掌握村情民况，曲佳上任首日就一头扎进村里，克服语言交流不畅、住宿环境艰苦、交通条件恶劣等困难，认真开展走访调研。经过两个月的不懈努力，他走遍了全村 23 个小组，召开小组会、院坝会 20 场，走访贫困户 150 余户，发放"第一书记联系卡"300余份，摸清了紫林山的经济发展基础，强烈感受到群众对美好生活的殷切向往，深刻认识到"没有产业发展作为支撑，脱贫致富、乡村振兴只能是空谈"。

---

*　曲佳，国家林草局规划财务司副调研员。2017 年 8 月至今任贵州省独山县紫林山村第一书记。

产业发展五要素之一：定产业

产业发展中产业选择是首位。在紫林山这个89%以上是山地且土地零散的大山里，要因地制宜调整产业结构，找到适合自己发展的经济作物非常关键。曲佳带领村"两委"围绕产业"优、特、俏、赚"作文章，不盲目跟风，打造"一村一品"，既要上规模，又要有特色。特别是立足当地潮湿多雨的气候条件，考虑本地群众多年种植习惯。通过分析市场前景，曲佳确定将海花草种植作为全村的主打产业。"我们不拿自己的短处去搏别人的长处，我们要走产业化、差异化的路子，同时兼顾当前和长远利益，增强抗风险能力，保障大家的收益。"曲佳坚定地说。

产业发展五要素之二：强技术

产业发展中技术服务是核心。想要持续增强海花草的带动能力，就必须走项目化、专业化、品牌化的发展道路，延长其产业和价值链，让当地群众更多受益。一方面，曲佳联系中国林业科学研究院的知名专家，借助国家级智囊团队的技术力量，对海花草的草苗培育、种植管理、采收保存、烘干压缩、打包运输以及精深加工等环节进行实验研究。目前，曲佳作为中央级公

个人体会

第一，要加强调查研究。要通过调查研究了解当地资源优势、生产条件，并从中把握产业发展规律，看清市场导向，提高决策水平。要通过调查研究熟悉群众想法、了解民情，让广大群众认识到他们是产业发展的主力军、受益者。

第二，要发挥科技优势。以符合发展规律为导向，以科技项目为纽带，以创造效益为目标，创新项目内容、提升科技比重，使科技力量为项目落实服好务，为群众致富服好务，为区域发展服好务。

第三，要加强党建引领。要组织基层党员干部把产业发展和生产经营中的技术难点和薄弱环节作为党建工作的切入点，以党建作为引领产业发展的有力引擎，实现党建与生产同频共振，使党建优势转化为发展优势。

邀请中国林科院专家团队研究海花草种植提质增效

益性科研院所基本科研业务紫林山海花草项目负责人，带领团队确立了以国家重点实验室为研究中心、以紫林山村为种植基地的产研结合格局，为满足技术发展需求及助力海花草产业转型升级保驾护航。

另一方面，曲佳积极争取地方政府支持，协调独山县扶贫办开展农民种植培训。成立由农业局技术人员组成的"三农"专家服务团，到农户身边开设"田间课堂"，手把手、面对面指导农户种植海花草。在"三农"专家的帮助下，农户一改之前海花草种植的"杂乱、低效"，转变为现在的"标准化、高产化"。这些实践表明，现代科技知识的普及和技术要领的传授，不仅增强了农业生产的可持续性和抗风险能力，也提高了广大农户的生产热情，成为农业产业结构调整过程中的重要保障。

产业发展五要素之三：筹资金

产业发展中资金筹集是重点。为推动海花草项目顺利实施及优化产业发展环境，曲佳依托派驻单位国家林业和草原局的政策优势，共筹措各类项目和扶贫资金共计1700万元，极大改善了紫林山村水电路讯等基础设施，使产业发展基础更完善，产品提质增效进入快轨道。截至2018年底，

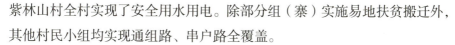

紫林山村全村实现了安全用水用电。除部分组（寨）实施易地扶贫搬迁外，其他村民小组均实现通组路、串户路全覆盖。

针对部分贫困户想独立发展却缺乏资金的困境，曲佳联系邮储银行，成功申报"信用村"资格，为村民创业打开资金绿色通道，特别是让贫困户享受贷款直通车服务，按国家贷款基准利率计息，最长贷款 2 年，最高贷款 10 万元，在资料齐全的情况下，最快 3 日到账。甲定组一位贫困户拿着 10 万元的存折激动地说："多亏了曲书记，没想到那么快就能拿到贷款，有了这笔钱，我就能买草种，跟别人一样卖海花草赚钱。"

产业发展五要素之四：拓销路

产业发展中产销联接是关键。曲佳始终坚持"两手抓"战略，一是积极引入龙头企业，依托贵州春禄农产品开发有限公司的外贸销售渠道，2018 年实现海花草出口 80 万美元（含代理），出口国家包括日本和美国。二是致力于培育本土企业。紫林山村成立了 3 家海花草专业合作社，分区域包片负责紫林山村的海花草销售。由于海花草质量小体积大，每立方米只有 40 公斤，运输、仓储及装卸费用高，高额的物流成本极大地压缩了海花草的利润空间。为此，曲佳积极申请项目，以《水苔加工关键工艺与设备研究开发项目》课题负责人的身份，牵头开发组装了一套压缩打包设备，使产品的打包体积由改进前每吨 25 立方米压缩到只有原来的 1/4，极大地降低了运输成本。2018 年专业合作社实现销售额 100 万元。除了企业销售，曲佳还鼓励村里头脑活、会电脑的年轻人在淘宝开网店，立足现代城市白领们种养兰花和多肉植物等对海花草小批量、大批次的需求，寻找新卖点、开拓新市场。

产业发展五要素之五：抓党建

产业发展中基层党建是保障。习近平总书记强调："党的基层组织是确保党的路线方针政策和决策部署贯彻落实的基础。"为巩固党在产业发展中的战略指导地位，充分发挥基层党组织在领导基层治理、团结动员群众、推动改革发展等方面的战斗堡垒作用，曲佳紧紧围绕"抓党建、强基础、凝人心、战贫困"目标，大力推广"党支部＋合作社＋贫困户"、"党支部＋基地＋贫困户"等模式，产业覆盖贫困户111户421人，带动贫困群众共同发展海花草致富。

产业强不强，关键看党建。而党建强不强，还得看人。为全面统一攻坚步调，曲佳提出进一步优化紫林山村党组织架构的设想。在上级党组织的帮助和支持下，全村设一个党总支，下设四个支部，吸纳年轻党员、致富带头人、创业能手和青年知识分子进入村"两委"班子，将村里120余名党员全部动员起来，覆盖全村每个角落，引导全体党员扛旗攻坚，冲在第一线，做到关键环节有党员顶着、关键时刻有党员扛着、关键步骤有党员领着，全面增强了党支部在村里的号召力和党员在群众中的影响力，让每个党员主动"带着群众干，领着群众上"，让群众的"腰杆子"挺了起来，在全村营造出了合力攻坚的良好工作氛围。

成 效

截至2018年，紫林山村共有506户1600余人参与海花草种植，全村海花草种植面积达3000余亩，实现年产值约1200万元，已有939人实现脱贫，贫困发生率从42%下降至7.7%，村集体经济积累达27万元。海花草种植户户均增收2万元以上。与传统农产品相比，每亩比水稻增收约2500元，比玉米增收3000元，为紫林山村的脱贫致富和乡村振兴打下坚实基础。

点 评

　　"拔穷根"和"真脱贫"的关键在于是否有产业支撑，产业不强是很多贫困地区长期以来贫困的原因。如何找到这个适合当地的农产业，需要"带头人"，在这个案例中，曲佳同志充分发挥了"引路人"的作用，通过深度调研，摸清了紫林山的农产业基本情况，找到了适合这个 89% 以上是山地且土地零散的大山里种植的经济作物——海花草。定产业只是打开财富之门的第一步，接下来强技术、筹资金、拓销路、抓党建等一系列配套措施精准施策，这一系列过程中曲佳再次抓住了人这个核心要素，通过组建能力强、信得过的"两委"班子，充分调动了村内党员同志的积极性，践行了为人民服务的宗旨。帮助贫困户创业就业，改善生活质量，引人致富，授之以渔。

如何消除"精神贫困"

让阳光照进老乡的心扉

背 景

桥沟村是吕梁山沟壑里的典型贫困村，全村共有耕地 565 亩，人口 126 户 302 人，党员 29 人，建档立卡贫困户 41 户 128 人，村民收入主要以传统的种植业和劳务输出为主。刘伟光*来到桥沟村时，全村贫困户仅有 2 户 5 人脱贫。经调研，刘伟光发现桥沟村脱贫面临的关键问题，主要在于贫困群众对扶贫帮扶形成的心理依赖，"精神贫困"严重限制了脱贫内生动力的产生。在桥沟村，非贫困户与贫困户争穷、比穷，村民对教育不重视；村支书和村主任虽然积极带领群众发展产业，但在如何实现产业盈利方面办法不多，工作重点还局限在向上级和帮扶单位要项目上；群众生产技能落后，不愿学习先进的农耕技术；另外，在对上级扶贫经费的使用、扶贫政策的落实上，也存在不规范的问题。

面对这样的实际，刘伟光决定将消除"精神贫困"作为自己工作开展的关键，想办法改变村干部和群众思想现状，引导全村群众依靠劳动和智慧来致富，并立志在自己的任期内带领桥沟村群众摘掉贫困的帽子。

---

* 刘伟光，北京理工大学物理学院团委书记、学生办公室主任。2017 年 2 月至 2019 年 6 月任山西省方山县桥沟村第一书记。

做 法

一、用优秀传统文化为思想注入正能量

让困难群众的思想从"要我脱贫"到"我要脱贫"不是一件容易事。刘伟光不断探索尝试,从村委会到田间里,从大棚里到群众家,努力获得村民群众的信任,引导村民群众改变思想。没想到,偶然间讲述的一则传统小故事为刘伟光的工作打开局面。在一次村党支部扩大会议上,刘伟光利用投票统计时间向与会人员讲了山西"表里山河"的来历,引发大家浓厚兴趣,不少人表示:"自己在山西活了一辈子,天天说'表里山河',今天才知道啥叫'表里山河',刘书记确实有学问,我们应该多听他的"。一个小故事让刘伟光在村民中的威信明显提高。刘伟光趁热打铁,经常抓住村"两委"会、党员大会、村民代表会甚至是和村民闲聊的机会,一方面把"大禹治水""秦晋之好"等一个个故事讲了起来,不断增进和村民们之间的感情,赢得更多信任;另一方面积极向村民群众讲述勤奋致富的典型案例,引导大家解放思想,树立主动脱贫的信心,鼓足奋斗的勇气。同时,

个人体会

随着脱贫攻坚工作的深入,贫困群众的精神贫困问题愈发引起社会的重视。长期以来的给钱给物的扶贫方式,虽然对改善贫困群众的生活发挥了一定的积极作用,但也让部分贫困群众滋生了"等靠要"依赖思想,丧失了自我觉醒与发展潜能。两年的扶贫经历,让我深切地感受到,做好扶贫工作,不仅要帮助困难群众解决物质上的需求,还要避免使其陷入"越穷越恩""越穷越懒""越穷越落后"的恶性循环。扶贫干部要结合实际,换位思考,用群众喜闻乐见的方式,潜移默化地改变贫困群众落后的思想状态,使其从骨子里树立起摆脱贫困、迈向富裕生活的志气,并努力提升自身的思想道德修养和科学文化素质,实现"要我脱贫"到"我要脱贫"的转变。

刘伟光还组织村全体党员到延安学习，用党的革命精神激励党员树立奋斗精神，用实际行动为群众做表率。

之后，刘伟光又主导制定《桥沟村集体收益分红办法》，结合实际开发道路维护、卫生保洁、护林防火、日间照料等公益性岗位，组织群众依靠自身劳动获得收入，树立自强自立新风；推出《桥沟村文明先锋鼓励办法》，鼓励勤劳致富、奋发向前的村民典型，坚持"勤劳致富受尊重、好逸恶劳终受苦"的导向，真正变贫困群众"要我脱贫"为"我要脱贫"。

二、用科学知识打牢脱贫致富的精神地基

消除"精神贫困"不仅要加强思想引导，还要让群众实实在在掌握脱贫的科学方法。面对村民生产技能落后，农产品滞销的现状，刘伟光找到中国农业大学、北京市平谷区农委的有关专家，在全村推进农产品提质增收，但村民们一开始并不接受。面对困难，刘伟光带头学起了现代农业知识和技术，亲身示范引导村民。

刘伟光以村集体的名义租下村内闲置大棚，邀请村里贫困户种植西红

刘伟光同桥沟村党员群众谈心

柿，并约定要使用自己提供的科学方法，如果大棚销售额低于其他农户，刘伟光承诺个人补齐收入差。最终，按照科学方法种植的西红柿在品质和产量上形成明显优势，销售收入提升明显。实实在在的成效让村民们开始相信，并主动向刘伟光请教如何提质增收。刘伟光以此为契机，在村内开展"读书增技"学习活动，结合《桥沟村文明先锋鼓励办法》，鼓励群众主动阅读村图书室沉睡已久的农业技术书籍，在桥沟村掀起了一股"比学风"。

三、用警示教育树立带头脱贫的责任意识

精准扶贫背景下，国家投入大量资金用于扶贫。扶贫资金能否用好，关键是在于村干部，消除"精神贫困"，村领导班子应走在前列，严格要求自己，消除自身"精神贫困"。

在桥沟村 "林畜结合"综合性采摘果园建设过程中，刘伟光发现部分村干部有挪用、违规使用扶贫资金的倾向，意欲利用扶贫资金提升个人声望。为保障扶贫资金的使用效率，刘伟光及时制止了这些行为，坚持原则没有签字。经历这件事后，刘伟光意识到在扶贫工作中，村领导班子还有思想深处的问题没有解决，这也是"精神贫困"的一种表现。此后，刘伟光一边积极带领村干部推动产业扶贫项目，一边积极开展党风廉政教育，结合当地违规使用扶贫资金的反面典型案例，让村干部深受教育。最后，动了"歪心思"的村干部主动承认错误，认真检查了自己在经费使用过程中的不规范行为，并对刘伟光的挽救表示感谢。

四、加强基础教育防止"精神贫困"代际相传

让贫困地区农村的孩子接受良好的教育，是防止"精神贫困"代际相传的重要举措。桥沟村作为山区贫困村，很多村民不重视教育。起初，刘伟光通过讲解宣传，收效并不明显，始终未能让村民理解教育的意义。

面对这种情况，刘伟光充分发挥高校背景优势，坚持每年组织北理工多个支教团队在暑假期间前往桥沟村开展支教活动，落实好"北理工暑期

学校"项目。同时，刘伟光还组织优秀学生到北京参观学习，帮助他们开拓视野，树立远大理想，提高主动学习的动力。孩子们学习状态的改变，直接触动了家长，桥沟村的家长们对教育的重视程度有了质的提升，对于教育的看法有了很大转变。

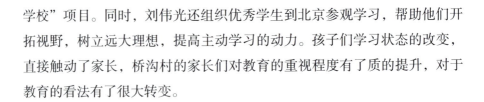

成　效

一、干部群众思想状态发生巨大变化

经过刘伟光两年春风化雨般的不懈努力，桥沟村的精神面貌和村民的思想状态发生了巨大变化，村领导班子廉洁意识和责任意识进一步增强，战斗力明显提升，在各项扶贫工作中发挥了头雁作用；村内党员先锋意识越来越强，主动申请参加村内集体劳动的群众越来越多，哄抢慰问品、助学金的现象越来越少，"等靠要"思想、依赖政府扶持的旧观念逐步消除，自力更生、努力奋斗的精神得到弘扬。

二、群众主动学习意识显著增强

在刘伟光的引导下，桥沟村内逐渐形成了比学赶超的学习氛围，群众变被动学习为主动学习，知识水平显著提升。刘伟光邀请专家到村讲座，村民们积极参加，"专家来讲座，村内无人听"的现象得到根本性扭转。在全村共同努力下，桥沟村村民收入增加明显，集体经济净收入达到28万元，并展现出良好的发展态势。

精神状态的改变，直接助推动了扶贫工作。在刘伟光的带领下，桥沟村贫困户全部实现脱贫，村容村貌焕然一新，整体向着产业兴旺、村民富裕、环境优美、风清气正的目标稳步前行。

点 评

　　解决"精神贫困"是中央一直在强调的扶志扶智问题。脱贫攻坚要攻下的堡垒有很多,最难攻下的就是贫困户心中的"堡垒"。刘伟光同志在任桥沟村书记期间,发挥其来自高校的优势,经过深入调研,敏锐地发现了阻碍贫困户脱贫致富的难点,他以用优秀传统文化为思想注入正能量,用科学知识打牢脱贫致富的精神地基,用警示教育树立带头脱贫的责任意识,加强基础教育彻底根除"精神贫困"这一系列措施,取得贫困户信任,攻下精神贫困的堡垒,对村内的"精神贫困"进行了全方位的攻克。在同步推进的产业扶贫中就取得了较为积极的成效,通过西红柿良种种植让村民们意识到科学知识在致富路上的重要性,与此同时邀请专家学者来村内进行知识科普讲座,邀请母校大学生来村内支教,改善孩子们的精神面貌。这个案例告诉我们,脱贫攻坚一定要"物质贫困"和"精神贫困"两手都要抓,两手都要硬。

如何升级换代农业种植产业促进脱贫增收

"致富果"引领产业升级
合作社促农民增收

背　景

广西壮族自治区金秀县三友村地处广西大瑶山山区，环境怡人，这里住着 916 户，3583 名村民，以壮族为主，民风淳朴。然而，贫困让这里的美蒙尘。2015 年三友村建档立卡贫困户 419 户，贫困人口 1550 人，贫困发生率为 43.25%，村民收入主要依靠种植甘蔗、稻谷、玉米等低经济效益作物。这让李峰*下定决心要带领群众找到脱贫奔小康的路子。

做　法

一、立足柑桔做文章，提高技能促增收。

因地制宜，产业支撑。过去三友村主要依靠种植甘蔗和玉米等作物，各家各户"单打独斗"，高投入带来的却是低收益。看到临近的荔浦县获得了"沙糖桔种植之乡"的美誉，来自哈尔滨工业大学的第一书记李峰 2016 年初到村便立刻开展走访、调研，借鉴荔浦县的成功经验。他与村党

---

* 李峰，哈尔滨工业大学能源学院学工办主任、辅导员（正处级）。2016 年 1 月至 2018 年 1 月任广西壮族自治区金秀瑶族自治县三友村第一书记。获 2018 年中央和国家机关脱贫攻坚优秀个人，2016—2017 年度广西壮族自治区脱贫攻坚先进个人等称号。

总支班子定下了"发挥土地优势，引导、扶持、壮大水果种植产业"的思路及规划，依托产业发展带动脱贫。

为了让这一规划早日变为现实，李峰利用周末到县城农业部门积极筹措县级"以奖代补"产业扶持资金；到十余公里外的农村信用社协调小额贷款；将哈工大和社会企业扶持的资金、物资投入发展沙糖桔种植业。工作两年时间，李峰利用各种"资源"汇集资金、物资1000余万元，村民看到种植沙糖桔不再只是规划，种植的积极性、主动性大大提高，种植面积由2015年的3500多亩增加到2017年的6500亩，实现了将全村脱贫产业聚焦到水果种植的目标。

从"种起来"到"种出来"。针对短时间内升级换代种植品种，村民种植技能跟不上现实农业产业发展需求的新问题，李峰发挥自己的院校优势，带领村民"走出去、引进来"，邀请种植专家进村指导，定期驻村技术培训。2016年，组织农业技术进村入户培训十余场，2017年培训场次翻了一番。他还联系哈工大将部分农产品送权威单位检测，组织本校研究生来村进行网络技能培训，教会有网络使用基础的村民利用互联网学习农业种植知识，为农民依靠科技脱贫提供有力扶持。为开阔村民的视野、积累经验，李峰经常带领村里的种植大户和骨干外出取经，附近

个人体会

三友村紧密结合村里土地、气候、人才等实际情况，利用第一书记带来的新思想，引导村民转变观念，在种植水果沙糖桔上下功夫，系统优化农民专业合作社，积极申报绿色无公害品牌，立足产业发展培育"带头人"和"领头雁"，扎实做好"产业＋合作社＋贫困户"模式开展产业脱贫攻坚，取得良好的效果。

要培育一支"不走的党员扶贫工作队"，变外在"输血"为内部"造血"，用新思想引导新作物种植，用新作物种植促进新产业运行模式，用新的产业模式来激发全村脱贫的活力。踏踏实实，真抓实干，没有什么困难克服不了，没有什么贫困不能战胜。

与贫困户交流砂糖桔种植技术

的"沙糖桔种植之乡"荔浦县、来宾市的生态种植园等地都留下了他们的足迹。

新思路引领新出路。三友村如今地里种的不再是低附加值的农产品，而是有着高经济效益、良好市场前景的水果，许多青壮年劳动力也不再是"靠天吃饭""靠体力吃饭"的传统农民，变成了掌握种植技术的行家能手。村民尝到甜头，心更齐了，劲儿往一处使，一场扎扎实实的脱贫攻坚在全村稳步推进。

二、整合农民合作社，共商产业兴旺计

布局"1+4"产业合作社。三友村有了水果种植的好势头，适应市场、培育良好的合作经营也同步摆上了日程。李峰会同村总支一班人从实际出发，经过调研发现"分散"的潜力要由"合作"来整合释放。经过广泛宣传和深入动员，他将原有村级专业合作社进行重新调整和布局，村委会组织成立了"三友村村民合作社（亦称三友村合作社总社）"，在原有的两个屯级专业合作社基础上，新成立三友村友村屯农副产品专业合作社和三友村养猪专业合作社，形成了五个屯都有专业合作社的格局。全村"1+4"

产业合作社格局初步形成，李峰形象地称呼它为"拳头"态势，全村紧紧握成拳头，击败贫困将更加有力量。

申请绿色无公害水果认证。为进一步使全村农产品适应市场、尽快形成品牌效应，提升水果合作社的效益，李峰于2016年底组织实施了创建"绿色生态品牌"的试点工作，提出申报"无公害水果品牌"认证。经过不懈努力，2017年初经过农业部门的认定，终于成功申请了广西"无公害水果品牌"认证，使该村的主导产品"沙糖桔"有了赢得市场及信誉的保障，2017年各专业合作社销售沙糖桔600多万元，创历史新高。2016年、2017年全村有149户贫困户在各专业合作社的扶助下脱贫摘帽。

三、选好产业带头人，扶贫先扶"智"与"志"

"打造一支不走的扶贫工作队"，李峰与村党总支班子一道在培育以先进党员、致富带头人为骨干的队伍上花气力，让"不走的工作队"在村里成长起来。三友村峰贵屯的党员梁耀峰，2015年种植了25亩沙糖桔，但由于种植经验不足、缺少技术，收入不尽人意，梁耀峰有些灰心。李峰多次深入到他家中鼓励他，帮助他找原因、重新研究制定增产增收的计划，带领他参加赴桂林、荔浦等地的考察交流活动，还安排他参与种植专家讲座和现场指导活动的组织工作。梁耀峰重拾信心，在自家地里进行技术改造、做试验，2017年年底他家的沙糖桔收入超过15万元。梁耀峰是全村公认的人品好、有文化、有想法的党员，被推选为峰贵屯水果合作社党支部书记、社副社长，带领合作社的骨干扶助60余户贫困户脱贫，人年均增收2000多元。像梁耀峰这样的党员，在2016年三友村第一批脱贫认定工作中，全部率先达标，并把百姓的困难当成自己的困难，起到了先锋模范作用，成为这场攻坚战的重要力量。

成 效

一、升级换代贫困村种植品种。

通过政策宣传和典型带动，引导村民转变观念，由经济效益较低的传统作物种植改为经济效益更高的水果种植。全村沙糖桔种植面积由 2015 年的 3500 多亩增加到 2017 年的 6500 亩，翻了近一番。其中，贫困户种植 2486 亩占全村的 38.2%，户均 5.89 亩，截至 2017 年底全村贫困户在水果销售上人均收益比 2015 年提高了 2100 元。

二、形成以合作社为龙头的现代绿色农业发展模式。

全村"1+4"产业合作社格局形成，并申请"无公害水果品牌"，每个屯都建立由党支部主导的水果专业合作社，引领从种植到销售各个环节。2016、2017 两年三友村有 149 户贫困户在各专业合作社的扶助下脱贫，脱贫贡献率达到 37.25%。2017 年底三友村按照广西自治区"八有一超"认定脱贫 400 户，1489 人，该村贫困发生率由 2015 年的 41% 降低为 1.63%。

三、致富典型引领着脱贫攻坚战走向胜利。

在三友村，一名党员就是一面旗帜，一面面旗帜引领下，脱贫攻坚战逐步走向胜利。党员梁丽萍积极推动水果专业合作社建设，使该专业合作社规模排进全县前三；党员梁卫强担任养猪合作社社长，积极发展养猪业，其母猪养殖数量全县第一，获得县"科技致富"能手称号……正是在全村党员干部、致富带头人的带领下，三友村成为全县第一批整村脱贫摘帽的村。

习近平总书记曾指出："实践证明，深度贫困并不可怕。只要高度重视，思路对头，措施得力，工作扎实，深度贫困是完全可以战胜的。"三友村依托产业发展脱贫的例子再次证实，只要找准贫困村致贫的根源，因村施策，撸起袖子加油干，全面小康必将高质量实现。

点 评

  三友村依托良好的生态优势，将周边沙糖桔种植经验发扬光大，将低经济效益的传统作物升级为高经济效益的水果。经过不懈努力，终于探索出了一条能够发挥自身优势又符合市场需求的脱贫致富新路子。这个案例告诉我们，农业还是农民最熟悉的产业，如何提高农产品附加值是脱贫奔小康的第一切入点，在升级农产品的过程中农民也将通过培训学习得到升级。只有农业和农民"双升"，才能从根本上摘掉贫穷落后的帽子。李峰同志带领三友村不仅找到了"致富果"，种出了"致富果"，更在这一过程中摸索出了以合作社为龙头的现代绿色农业发展模式，党员发挥先锋模范作用，得以将分散的潜力集中释放，形成脱贫攻坚的合力，让"致富果"越种越甜。

为民办事服务

要从最困难的群体入手，从最突出的问题着眼，从最具体的工作抓起，通堵点、疏痛点、消盲点，全面解决好同老百姓生活息息相关的教育、就业、社保、医疗、住房、环保、社会治安等问题，集中全力做好普惠性、基础性、兜底性民生建设。

——习近平总书记在重庆考察并主持召开解决"两不愁三保障"突出问题座谈会时的讲话（2019 年 4 月 15 日至 17 日）

践行群众路线　创新工作方法

背　景

　　帅志聪[*]到任后发现，四川省马边彝族自治县柏香村作为民族地区贫困村，情况复杂，积压了很多矛盾纠纷。有的只是鸡毛蒜皮的小事，影响邻里关系；有的是合理诉求得不到解决，切身利益受到损害；有的是长期交织的家族矛盾，导致互不往来、互相拆台；有的诉求特殊、牵涉广泛，关系到扶贫工作能否顺利推进；有的与作风和腐败问题交织，甚至影响基层组织的稳定。对此，帅志聪认真学习习近平总书记关于扶贫工作的重要论述，践行群众路线，创新工作方法，将分析梳理、切实解决矛盾纠纷作为工作的"先手棋"，基本实现矛盾纠纷不出村。

做　法

　　一是打牢工作基础。在全县率先将精准识别范围从贫困户扩展至所有村民。采集全村535户2203人共12万余条数据，建成一户一表、一人一记录的柏香村农户信息数据库，汇总出残疾人汇总表、辍学情况汇总表、矛盾纠纷情况表等10类专项数据表，为有针对性地开展工作打牢基础。

---

[*]　帅志聪，中央纪委国家监委组织部主任科员、团支部书记。2015年8月至2017年9月任四川省马边彝族自治县柏香村第一书记。2016年担任"号长"的扶贫工作队被评为四川省"青年文明号"，2017年个人获评四川省首届脱贫攻坚奖，2018年被评为中央和国家机关脱贫攻坚优秀个人、首都民族团结先进个人。

二是注重抓早抓小。很多矛盾纠纷源于村民身边的小摩擦，需要及时关注解决。在汇总建立矛盾纠纷情况表的基础上，通过走访群众、组织召开村民代表大会、院坝会、田坎会等多种形式倾听群众心声，为村民解决读书、就医、务工、政策咨询等事项280余次，做到防患于未然。

三是找准矛盾来源。很多矛盾纠纷都源于信息不对称、不公开。创新"线上线下"互动模式，通过村务公开栏、微信群、意见箱、短信群发平台、"策马扬边"村务公开平台和二维码6大渠道推进村务公开。通过村务公开栏和微信群，同步发布重要村务公告，通过微信群还可以及时答复村民咨询；通过意见箱，接受村民来信反映；通过短信群发平台，就暴雨预警等紧急事项进行通知；通过"策马扬边"村务公开平台，村民可以在家里的有线电视上看到村委会报销的每一张发票；通过扫描二维码，帮扶干部和贫困户可以实时看到帮扶工作进展。6种信息公开渠道，有效地保障了群众的知情权、参与权、监督权，从而真正做到"让群众明白，给干部清白"。

四是改进工作方法。坚持落实政策讲公平，不为个别贫困户在惠民政策上开口子，不因惧怕矛盾而让"强势"村民多占多得；上马项目前严格

组织村民开院坝会，上门听取诉求，现场解决问题

核算项目本身效益、村民（贫困户）受惠面和增收效果，先行征求群众意愿，深入了解相关政策法规和项目风险，防止"好项目变成烂摊子"。协调工作注重大局，遵守相关部门固有分配原则，不在既定盘子里"抢蛋糕"；如其他村更适宜、更迫切需要上马某项目，一般情况下不争取该项目。推动工作注重时机，结合已定稿的村级规划，根据工作进度和外部环境适时推进有关工作，注意与县有关部门和乡镇工作安排相衔接，借力或倒逼解决问题。

五是稳妥处置信访。在全县率先制度化、规范化处理村级信访。驻村期间，共收到 38 件信访诉求，按照信访工作要求及时分类处置，有的函交相关部门，有的督促村组干部处理，有的进行解释说明，复杂问题自己协调解决。经过艰苦努力，38 件信访诉求已全部处理完毕并答复当事人。特别是依法妥善处理某村民因家属医疗事故致死缠访闹访事件、某村民春节前滞留外省讨薪事件、某村民小组长被举报私分集资款事件和村民集中反映主干道拓宽质量安全隐患事件，既让当事人满意，又受到了村民普遍好评。

六是夯实经济基础。"仓廪实而知礼节"。在认真做好贫困户"精准识别""精准帮扶""精准脱贫"工作的同时，研究提出40 余个项目促进整村脱贫。逐一落实每个项目的资金、土地、人员、实施方式、受益范围等具体要素，切实解决道路、住房、饮水、用电、环保设施、幼儿园、卫生室、文化室、宽带、手机信号等长期存在的问题。通过光伏发电等 4 个项目为村集体年增收10 余万元，实现村集体经济零

个人体会

贫困地区矛盾纠纷相对易发多发，矛盾纠纷能否得到解决，关系到群众对美好生活的向往能否实现，关系到"以人民为中心"的发展理念能否真正落实。必须坚持党的领导，发挥基层党组织引领群众、凝聚群众、组织群众的中坚作用；必须践行群众路线，焕发人民群众自我管理、自我服务、自我提升的热情；必须夯实经济基础，培育文明新风，最终实现矛盾纠纷不出村。

的突破。多措并举发展产业，联系省市县乡 10 余家企业定向招聘，帮助村民增加劳务收入；经逐项落实帮扶措施并反复测算收入，2016 年提前达到整村脱贫各项要求，2017 年如期脱贫。

七是培育文明新风。积极宣传教育优先、勤劳致富的道理，约束"懒人"行为，激励能人干事创业，保障村组干部公正履职。寓教于乐组织系列活动，很多做法在全县乃至全市具有独创性。如 2016 年组织的柏香村"史上最大活动"，全天参加义诊、首届运动会、卡拉 OK 比赛、篝火晚会等活动的有上千名村民。仅花费 2000 元就凝聚了人心。先后组织两次村民运动会、八次农民夜校、妇女节参观、新村建设观摩、村两委规范化建设考察、儿童节慰问、学生夏令营、建军节座谈、青年座谈、返乡农民座谈等活动，组织村民参加乡村旅游培训、养殖培训、电工培训和致富带头人培训。这些活动使很多村民深受教育，"等靠要"思想大有转变。

八是建强基层党组织。始终把建强党组织作为化解矛盾纠纷的根本举措和扶贫脱贫的"最大政绩"。强化政治建设，和党支部同志一起认真学习习近平新时代中国特色社会主义思想，将"四个意识""四个自信""两个维护"贯穿到工作之中。强化组织建设，督促村党支部书记定期开展"三会一课"，特别是召开党员大会听取每名党员的意见；给每位流动党员写信并寄送学习资料，为行动不便的党员上门宣讲政策；实施"村级后备干部选育计划"，参照干部选任程序公开民主选拔村级后备干部，3 名后备干部顺利通过 2016 年换届进入村"两委"班子，此做法得到省纪委、省委组织部主要领导的肯定和群众一致好评，并在全县推广；通过组织程序，将 12 名村民小组长调整了 6 名，解决"中梗阻"问题；组织培养 3 名预备党员，2 名预备党员转正，扭转了到村前 8 年仅发展 1 名党员的不利局面。强化纪律建设，用好监督执纪"四种形态"，约谈有违纪苗头的同志 8 人次，化解违纪隐患 5 个；清理长期不参加组织生活的党员 1 名；对于村里的存量线索协调纪检机关坚决处置，让受到轻处分的同志在村支部组织生活会上自我剖析，既认识错误，也放下包袱，轻装上阵投入工作。坚持严格自律，对于村级管理存在的不规范问题，刀刃向内，协调审计、财政等部门对村级账务开展审计，既整改问题、排除隐患，又建章立制、规范管理。

成　效

帅志聪已离开柏香村，但他解决矛盾纠纷的好经验好做法留了下来。村民间矛盾少了，互帮互助多了；村民们依然会遇到各种问题，但有了正常的办理渠道和合理的解决机制，基本实现了矛盾纠纷不出村。村民运动会等活动已成为每年的规定动作，村民的集体意识大为增强；基层党组织更加规范有力，本村的年轻人挑起了为大家服务的担子；村民们的生活好了，大家对柏香村的明天充满了信心。

点　评

问题是时代的声音，人心是最大的政治。一名合格的领导者，更要具有深厚的问题意识，在实践中发现问题，在探索中提出问题，以实干精神推动问题的解决。帅志聪同志从柏乡村村民矛盾纠纷出发，找准问题矛盾来源，改进工作方法，稳妥处置信访，保障了群众知情权、参与权、监督权，有效化解了矛盾纠纷，赢得了群众的信任。他注重加强基层党组织建设，既严格要求，又关心帮扶。思想上少了一分负担，发展上就多了一分干劲。村里多措并举发展产业，帮助村民增加劳务收入，实现整村脱贫。

"三有三必"暖人心

背　景

于营村位于河北省滦平县东北部，潮河岗子川上游。长期以来，村党组织软弱涣散，部分村干部工作不在状态，或敷衍塞责，或推诿扯皮，不太把群众的诉求当回事。村里矛盾、纠纷积压，村民意见较大。有村民反映："前几年村里安装的路灯，刚安几天就不亮了，后来电缆都被人偷了。"村"两委"工作作风不严不实，村里基础设施不够完善，水资源比较匮乏……受种种因素制约，于营村村级经济发展缓慢，2017年人均年收入不到4200元；900多人的村子，建档立卡贫困户将近1/3，是平坊乡贫困村之一。

做　法

挂职近一年来，对于村民的各种诉求，无论涉及哪个方面，吕晓勋*都始终当作头等大事来对待。如今，"小吕书记"成为越来越多村民遇到困难时首先想到的那个人。而他所总结的"三有三必"工作法，也成为了做好扶贫工作、拉近与群众心理距离的有效抓手。

一、有诉必接纾民意

于营村村级集体经济发展缓慢，此前因管理不善，村集体欠了不少外

---

*　吕晓勋，人民日报社评论部编辑。2018年8月至今任河北省滦平县于营村第一书记。

债。尤其涉及村民在村务工，既有十多年前的几十元欠账，也有近两年的几千元债务，村民对此颇有意见。吕晓勋来村后，不管是在村部办公，还是走访农户，抑或是在村里巡查，总会有村民上来反映这个情况，反复问啥时候能还债。有的村民甚至直接拿着当年的用工纸条来对质。对此，他总是耐心地听村民把话讲完，并一一记录下他们的个人诉求，承诺一定会和村"两委"班子协商处理。

尽管债务问题属于历史遗留问题，在吕晓勋看来，如果不尽早解决，村民们的不满情绪就不会消除。这不仅会影响扶贫项目在全村内的开展，更有损新一届村"两委"班子的公信力。本着"老百姓的意见、建议，就是工作着力点、突破点"的初衷，吕晓勋组织当年 9 月新当选的村"两委"多次召开会议，明确必须还账。通过多方筹款，2019 年 2 月，所有提交务工欠账证明的村民，陆续拿到了欠款。有村民感叹："没想到新的村班子解决了村里多少年都没解决的问题，真不赖！"

二、有问必答畅民情

在工作过程中，吕晓勋听到不少村民反映，村里的事儿他们其实挺关心的，但因为缺乏沟通、交流渠道，久而久之他们就懒得问、不想说了。考虑到智能手机使用日益普遍，为了改变村民欲问无门、欲说无应的现状，吕晓勋协助村"两委"开设了"于营村务"微信群，目前有近 200人加入。从了解医疗保险怎么上，到咨询退役军人信息如何登

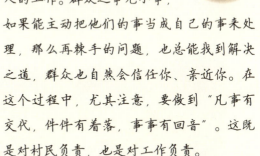

个人体会

扶贫工作，说到底是做人的工作。群众之事无小事，如果能主动把他们的事当成自己的事来处理，那么再棘手的问题，也总能找到解决之道，群众也自然会信任你、亲近你。在这个过程中，尤其注意，要做到"凡事有交代，件件有着落，事事有回音"。这既是对村民负责，也是对工作负责。

身入，更要心入。有诉必接，才能纾解民意；有问必答，才能畅通民情；有难必帮，才能温暖民心。做一名合格的驻村第一书记，让村民觉得我就是"自己人"，关键就在这"三有三必"里。

记,村民有任何疑惑,都可以随时在群里提问。吕晓勋和村"两委"值班干部,会及时在群里回复,告诉村民如何办理,怎么解决。另外,村里的大事小情,除了在村部门口贴公告外,他和村干部会第一时间在"于营村务"群里告诉大家,方便在外务工的村民及时了解村里情况,在线上为村级公共事务管理出谋划策。

在此基础上,吕晓勋又做了两件"小事"。一是画了两张涵盖4个自然村的"于营村引导图",标注出每一位有房农户的姓名、位置、所属小组,以及是否常住。两张引导图被放大打印后,贴在村部办公室,极大地方便了村"两委"开展各项工作。二是制作了一份于营村各户信息电子表格,详细记录每一户的联系方式、子女上学、家人就业信息等,方便随时查阅。不少村民称赞,小吕就是于营的活电脑,"谁家什么情况,他都清楚""有事问小吕书记,他办事靠谱!"

三、有难必帮暖民心

"希望你一直在我们这里待下去!"2018年9月17日深夜,于营村一位村民,给吕晓勋发来一条微信。大晚上的,村民为啥要给第一书记点赞?原来,刚到村里时,村北部三个自然村的村民反映,晚上出行黑灯瞎火,

走访村里农户

太不安全。此后，他带着村干部，连续几天，摸黑调研实际情况。哪个地方该安路灯，路灯朝哪个方向更合适，他都一一记录在工作本上。后经联系争取，来自江西的人民日报老读者徐新林，和在深圳工作的儿子共同捐赠了 10 万元，解了村里安装路灯资金短缺的燃眉之急。

第一书记的关心关爱，让村民感到暖暖的幸福。村民孙民记得，2018 年国庆节前，小吕书记向人民日报社争取，为全村所有建档立卡贫困户，每户发放价值 140 元的米面油一套。村民于长伟记得，为了帮助村民发展农业增收项目，小吕书记赶到天津学习秋葵种植技术，购买秋葵种子免费发给村民种植，并找到滦平县职业教育中心合作，联系种植专家提供全程技术指导。贫困户孙佳美忘不了，吕叔叔协调爱心企业碧桂园，对她和弟弟进行教育助学帮扶，"有这么多好心人的帮助，我一定要好好学习，做一个对社会有用的人"。

成　效

从添路灯、修道路、改危房，到还欠账、找产业、增福利，吕晓勋巧用"三有三必"工作法，从老百姓最关心的事做起，从老百姓最不满意的地方改起，和村"两委"、驻村工作队协同开展扶贫工作。目前争取到的帮扶资金，累计已超过 200 万元；村民对村里各项工作的知情率和满意度，相比以前大幅度提升。

驻村干部的努力，不仅让村容村貌发生了变化，村民的精神状态也因此积极改观。一个很明显的表现是，投诉、抱怨、无所事事的村民变少了，想要改变现状、关心村今后发展的人变多了。2018 年年底，村里几位贫困户主动联系村干部，说想趁冬闲找点活干；长期在外工作的几个年轻人，听说村里大环境越来越好，纷纷找村干部打听搞啥农业项目合适。村风正、民风淳、家风转，这让吕晓勋感到很欣慰。

2019 年 1 月 25 日，习近平总书记来到人民日报社新媒体大厦，在移动报道指挥平台前，同吕晓勋以及前来采访的人民网记者连线交流，了解该村脱贫攻坚工作进展情况，希望广大新闻工作者发扬优良作风，沉得下去，扑下身子，扎根基层，把基层特别是脱贫攻坚一线作为学习历练的平台和难得机会，实实在在为当地百姓解决实际问题，为贫困乡村带来新变化。

按照总书记讲话精神，经和村"两委"班子、驻村工作队多次讨论，于营村确定了"以党建引领，以基建靓村，以产业强村，以服务润村"的基本工作方向。在服务村民、拉近与群众距离方面，今年村里计划通过制定一套村规民约、成立一个红白理事会、组建一支志愿服务队、修建一个便民服务中心、打造一条乡风文明示范街等举措，促进村干部、党员进一步增强服务意识，提高服务群众能力，努力做到"小事不出村、大事不出乡、难事不出县、矛盾不上交"，最大限度地把矛盾纠纷解决在基层，让村"两委"班子真正成为村民的勤务员。

"老百姓的事，就是自己的事。""85后"的小吕书记，正以自己的实际行动，一步一个脚印，兑现当初"为老百姓做点事"的承诺。

点　评

"把人民放在心中最高位置"，就是对老百姓的事情"凡事有交代，件件有着落，事事有回音"。吕晓勋同志在挂职期间始终把与群众利益相关的事当作头等大事来对待，有诉必接、有问必答、有难必帮，实实在在为当地百姓解决实际问题。短短时间，他积极协调社会力量，发展当地产业，努力增加群众收入福利，改变了村容村貌，振奋了村民精神，为贫困乡村带来了新变化。

真情实意投入才能赢得信任

背　景

韩房村隶属于山西灵丘县武灵镇，共 398 户 1041 人，总面积 1.3 万亩，其中耕地面积 2185 亩。该村以种植和劳务输出为主导产业，产业结构单一；青壮劳力多以外出务工为主，人口结构呈现"空壳化"趋势；有一定的党建基础，但仍有较大差距。

有感于小岗村第一书记沈浩的动人事迹，怀揣着对农村工作的一腔热忱，2015 年 8 月初，赵赟*来到了韩家房村。带着对未来事业的无比崇敬，赵赟决心像沈浩那样，带着一颗真心去干，拜老乡为师，努力带领乡亲们闯出一条脱贫致富的新路。从大家炙热的目光中，赵赟既感受到了期待也捕捉到了怀疑。期待的是新知识、新技术，是北京来的年轻人可以给村子带来新发展，带领乡亲们脱贫致富；怀疑的是这位大城市来的细皮嫩肉小后生到底能干点啥，也就是来走过场、攒经历。同时，他感到目光背后是深深的不信任，自己无论如何努力拉近和群众的距离，总觉得贴不上去、走不进去。

做　法

在"真"字上下功夫，带着一颗真心投入驻村工作。为了尽快摸清村

---

* 赵赟，共青团中央办公厅处长。2015 年 8 月至 2017 年 8 月任山西省灵丘县韩家房村第一书记。

里的基本情况，赵赟白天与村民们一起下地干活、拉家常、听意见，与村里"两委"一起谈发展、议思路；晚上回到宿舍写日志、作分析，为村子发展谋长远。不到1个月，他爬山入沟用双脚丈量了韩家房村1万多亩土地，对所有的沟沟壑壑都熟稔于心，对每家每户的情况了如指掌……他用这颗诚挚的真心打动了全村老百姓。

在"情"字上下功夫，用深厚的感情融入群众。赵赟认为，做好村干部，首先就要从做好一名乡亲们的贴心人开始。他尽快进入角色，拜访时不嫌脏不嫌乱，主动盘腿上炕；交谈时，不时现学现卖说上几句灵丘土话，跟大家一起攀谈一起欢笑；从缸里舀上一瓢水喝，在炕上捏上一个莜面饺子吃。这些动作虽然不起眼，但是老百姓看在了眼里，记在了心里。慢慢地，村干部和老百姓都接受了这位北京来的"书记"，赵赟成了老百姓口中的好"后生"，成为一名地道的韩家房村人，甚至有的村民还以为"赵书记"是新上任的村支书。

个人体会

获得群众的信任，必须在"真""情""实""感"四个字上下功夫。要带着一颗真心投入驻村工作，拜老乡为师，向社会学习，才能打动韩家房村的老百姓。要用深厚的感情融入群众，带着对人民群众的朴素情感和对事业的无限忠诚，打消群众的顾虑和怀疑。要多动脑子、多想主意，找准工作的切入点，抓住主要矛盾和矛盾的主要方面，拿出实实在在的工作业绩，获得群众的支持。要带着一颗感恩的心，时时处处把群众的实际困难、群众的迫切需求放在心里，才能真真正正赢得村民的心。

在"实"字上下功夫，用工作实绩获得群众的支持。解决了融入的问题，得到了老百姓的支持，就为工作开展营造了良好环境。但是群众的眼睛是雪亮的，只会耍"嘴皮子"功夫，只做些"表面文章"，不能给村庄发展带来实际变化，就无法得到村民长久的支持。要想获得群众的长久支持，必须拿出实实在在的工作业绩。

为了加强韩家房村的基础设施建设，赵赟先是邀请华中科技大学的设计团队驻村两周，编制了符合韩家房村实际的发展规划。随后，他多方筹措资金，申请护村坝、护地小坝修筑工程立项，解决了村里存在多年的雨季田间路被冲断导致村民寸步难行的顽疾。他还努力争取各条块的财政资金和社会资金支持，完成了道路硬化、村庄亮化、平安村庄建设、农技推广中心配套设施建设等项目，恢复了村庄广播每天早晨和傍晚转播有关广播节目，为老年日间照料中心配备设备，在村庄主要道路墙面上

与技术人员探讨油用牡丹种植

重新粉刷了社会主义核心价值观等标语和二十四孝、灵丘十景等壁画。随着这些项目逐步推进，韩家房村村民看到了赵赟为村庄建设发展做出的努力和贡献，更加支持他的工作。

　　"授人以鱼不如授人以渔"，赵赟深知这个道理。农村的发展、村民的增收仅靠这些基础设施建设是远远不够的，还要推动产业结构转型，帮助全村持续稳定增收。晋北高寒地区无霜期短、海拔高，当地劳动力多老弱，很多高附加值的农作物不能种。有一次，一则林业部门推广油用牡丹种植的消息引起赵赟的兴趣，他对油用牡丹产业进行了深入研究，发现紫斑这一品种具备耐干旱、耐贫瘠、耐高寒、田间管理简单等特点，正是韩家房村想找的产业项目。和村干部商量后，大家对这一从未听说更未见过的品种顾虑重重，赵赟只好带着几名村干部去实地考察，并邀请技术人员到村现场指导，前后用了两个多月时间才做通村干部工作，2016年村"两委"终于确定试种150亩油用牡丹。

在"感"字上下功夫，用感恩的心真正赢得群众的心。韩家房村第一书记工作经历，是组织上给予的一次难得的在社会大学校中进修的机会。赵赟深知，尽管他日夜耕耘于此，但在这广阔天地中，他自己所学远远大于所做。正是基于这种认识，赵赟在工作中始终带着一颗感恩的心，在完成工作任务的同时，尽可能为老百姓解决实际困难。2017 年春节前，一些村民闲聊时说，现在农村过年也越来越没有年味了，无外乎吃个年夜饭、放个鞭炮，连灯笼都没有，村子里也是黑咕隆咚的。赵赟记住了这些"失落"，下决心一定要让韩家房村的年味慢慢浓起来。他从县里争取了几万元资金，为全村三百多户每户发了一对大红灯笼。并在村公园、广场、学校和主要街道都悬挂了灯带，让全村从腊月二十五一直亮到正月十五，让村民切实感受到了浓浓的年味。韩家房村有老人去世，作为韩家房村的"村民"、作为组织上派来的"第一书记"，赵赟只要有时间都会到场，送老人最后一程，让老人的亲人们感受到组织的温暖。

成　效

2017 年 8 月 11 日下午，赵赟结束挂职离开韩家房村时，上至耄耋之年的老者，下至牙牙学语的孩童，上百名村民自发到村委会门前为他送行。村民们拉着赵赟的手，眼眶中含着泪花，依依不舍地诉说着这两年他为村子发展、为老百姓生活付出的点点滴滴。这动人的一幕，体现出韩家房村村民的真情实感，也反映出赵赟为两年的驻村工作倾注了真情实感。

驻村工作期间，赵赟以促进组织建设和助力脱贫攻坚为统领，积极履职，出色完成工作任务，赢得了当地干部群众全力支持和一致信任，相关事迹被《人民日报》《山西经济日报》《大同日报》等媒体相继报道。

赵赟和村"两委"共同推进的油用牡丹试种项目取得成功。510 亩油用牡丹预计 2021 年达到丰产期，亩均净收益将达 2500 元以上，远远高出传统农作物的收益，在为种植户带来较好收益的同时，也在一定程度上解决了村集体经济收入的困难。

点　评

　　北京来的细皮嫩肉的后生，能行吗？——赵赟同志刚到韩家房村时不被村民信任，面对韩家房村村民的质疑和困惑，他把牢"真、情、实、感"四字要诀，踏实肯干，主动作为，与村民们一起下地干活、拉家常、听意见，找到了与群众拉近距离的办法。他因地制宜，努力推动村产业结构转型，通过实地调研、邀请技术人员指导等方式，在当地推广油用牡丹种植技术，增加了村民收入。同时他能够把村民的实际困难放在心上，落实在行动上，获得了群众的好口碑：北京来的后生，真行！

奋力托起飞出山沟的"金凤凰"

背　景

武都区地处川、甘两省交界处的白龙江中游，是甘肃省陇南市的首府所在地。鱼龙镇位于武都区东北方向，距城区约 50 公里。全镇地处米仓山区，海拔 1600—2200 米，属于较为典型的高寒阴湿地区。上尹家村地处鱼龙镇中心地带，全村 214 户，688 人（2015 年统计数字）。全村建档立卡贫困户 92 户，360 人，贫困发生率 52.3%，贫困家庭人均年收入不足 2800 元（2015 年统计数字）。

曹俊*驻村后了解到上尹家村村民小尹，1996 年 10 月出生，2015 年通过高考被兰州工业学院录取，就读该校机电学院机械电子工程专业；其父老尹在 2015 年 11 月被确诊为食道癌晚期（后于 2016 年 3 月因病去世）；其母体弱多病，长期卧床不起，完全丧失劳动能力（后于 2016 年 2 月因病去世）；其妹 2005 年出生，2018 年在鱼龙镇初级中学就读一年级。作为这个家庭的唯一经济支柱，老尹患病的消息在当时给了这个农村贫困家庭一记重击。2016 年春节期间，回乡过年的小尹在得知父亲患病的消息后，主动提出退学回家，打工挣钱为父亲看病和照顾母亲、妹妹。

---

* 曹俊，中国文联国际联络部处长。2015 年 8 月至 2016 年 8 月任甘肃省陇南市武都区上尹家村第一书记，2018 年 9 月至今再任上尹家村第一书记。

做 法

得知小尹一家面临的困境后，曹俊的第一反应是：对一个贫困山区的孩子来说，如果就此放弃了来之不易的大学学业，就等于放弃了一个改变命运的机会。他打定主意：绝不能让这个"飞出山沟的金凤凰"就此折翼！作为驻村第一书记，他需要尽快作出决策，既能实实在在帮助小尹一家，又不会被其他一些村民误解为"厚此薄彼"。经过权衡，曹俊决定引导大家把焦点放在小尹的大学生身份上。毕竟，村里因病致贫的家庭虽多，但在当时能够培养出一位大学生的却仅此一家。于是，一个名为"不要让凤凰折翼"的救助行动方案在他的脑海里成型了，主要包括以下三个方面：

筹措救助资金。缺钱，是小尹一家当时所处的最大困境。父亲患重病，让这个家庭的唯一经济支柱坍塌，全家人日常生活都将难以为继。针对这一问题，曹俊多措并举：首先，他从鱼龙镇镇政府那里为小尹一家申请临时救助金 2000 元。其次，2016 年 2 月，他通过"轻松筹"这一众筹平台，发起名为"不要让凤凰折翼"的公益筹款项目，以支持小尹完成大学学业和帮助其父亲完成首期 6 次化疗为主要内容，在短短一周的时间里为其募得救助款 45975 元，并全部交给了小尹一家。第三，2019 年 1 月，第二次上任的他以上尹家村党支部第一书记的名义给兰州工业学院校领导去信，如实反映了其家庭所面临的困难处境，兰州工业学院党委书记回信并批示该校有关部门为

曹俊与小尹一家交流谈心

个人体会

脱贫攻坚战中，每一位第一书记都是一面旗帜。在百姓群众心中，这面旗帜代表着中国共产党。这面旗帜能否立住，就看第一书记能否真正成为群众的"贴心人"。因为，群众的眼睛是雪亮的，面对那一双双"火眼金睛"，任何形式主义、官僚主义的行为都将无所遁形。只有真正与百姓群众打成一片，忧群众之所忧，急群众之所急，用尽浑身解数，助其解忧纾困的第一书记，才能得到他们的真心拥护和支持。而那些动则颐指气使，以敷衍塞责为己任，对百姓疾苦"事不关己"，干起工作来"拈轻怕重"的第一书记，是注定要被百姓群众鄙视和唾弃的。

小尹发放了 5000 元的临时困难补助。

做好心理疏导。悲伤，是小尹一家当时的情绪。从 2015 年 11 月父亲被确诊为食道癌晚期后，悲伤的事情就在这个贫困家庭接二连三地发生。2016 年的大年初五，母亲因病去世。仅一个多月后，父亲也因病去世。对于尚未自立的尹家兄妹而言，失去父母双亲的痛苦和无助，对未来生活尚不可知的担心与忧虑，就像千钧重担压在他们尚未成熟的心灵上。对此，曹俊感同身受。他多次前往小尹家中，与兄妹俩促膝谈心，帮助他们鼓起生活的勇气。在两次担任第一书记期间，曹俊都多次专门与小尹的大伯及伯母交流谈心，动员和鼓励他们作为长辈和亲属，在力所能及的情况下多多关心照顾小尹兄妹俩，弥补他们缺失的家庭温暖和关爱。

关注未来发展。成长，是小尹兄妹未来人生的方向。在写给兰州工业学院的信中，曹俊除了反映小尹的家庭状况外，还希望校方对将于 2019 年毕业的小尹给予必要的指导和帮助。在得知小尹已与宁波的一家船舶机械工程公司签订就业意向后，他第一时间致电小尹表示祝贺，并鼓励他勇敢面对新的挑战，为自己和家人的美好生活而努力打拼。在第二次担任上尹家村第一书记后，曹俊还专门抽时间前往小尹的妹妹就读的鱼龙镇初级中学，关心和了解其学习和住校生活情况，并带去了一些学习资料和工具书。

成　效

"不要让凤凰折翼"救助行动从 2016 年坚持到了 2019 年，总体来看，取得了预期的成效。

首先，总计 5 万余元的救助资金，帮助小尹一家渡过了最为艰难的困境，迎来了命运的转机。

其次，必要的心理疏导和关爱，一定程度上帮助小尹兄妹俩熬过了内心最为悲伤的时期，走出了心理阴影。小尹的大伯和伯母，对兄妹俩也是关爱有加，一定程度上弥补了他们失去的那份家庭温暖。

2019 年 7 月，小尹即将大学毕业。已经和用人单位签订就业意向的他，为自己的人生揭开新的一页。妹妹也在学习道路上一步一个脚印扎实前行。我们有理由相信，兄妹俩的未来是光明的。

更为重要的是，通过这次救助行动，党和政府在上尹家村全体村民心中的威望和公信力得到了进一步加强。曹俊在这次救助行动中所做的一切工作是以村党支部第一书记的身份开展的，他以实际行动让每一位村民相信，党和群众是心连着心的，共产党员是群众的贴心人。

点　评

抓好教育是扶贫开发的根本大计，也是阻断贫困代际传递的重要途径。当发现小尹一家面临的困境后，曹俊同志多谋民生之利、多解民生之忧，从实际出发开动脑筋，为群众排忧解难，想法清晰周延，对策得当管用，成效扎实明显，为小尹这个飞出山沟的"金凤凰"解决了后顾之忧，使其在家庭非常困难的情况下完成学业，找到理想工作的同时也拨开了笼罩的乌云，看到了未来生活的曙光。可以说，曹俊同志真正当好了群众的"贴心人"。

从"切人"到"亲人"

背 景

　　岚县地处山西省中部西侧吕梁山区，是国家级贫困县。长门村位于该县西南部，距离县城 20 公里，海拔 1450 米，地处于长门沟的上游，依山而建。全村 180 户 528 人，其中贫困户 86 户 295 人，全村耕地 3105.7 亩，林地 12311 亩。主要产业为土豆、玉米、小米、高粱等种植业，但是农业现代化程度较低，种植收入是村民的主要收入。

　　蔡钢*来到长门村，初来乍到，工作千头万绪，但最难的不是落实扶贫项目，而是怎样融入老乡和村干部的工作生活中，让他们接受自己，信任自己。

做 法

一、从头学说一门"小语种"

　　到村后，蔡钢眼前最棘手的一个难题就是听不懂老乡的话。长门村位于黑茶山山区，位置偏僻，普通话的普及率低，基本还是以讲岚县话为主，岚县话与普通话相差很大，两种语言之间没有互通之处。对于他这样一个出生在广东、生活在首都的南方人，山西方言就像是一门"小语种"，特

＊　蔡钢，中国科协信息中心工程师。2017 年 7 月至 2019 年 6 月任山西省岚县长门村第一书记。2018 年获"中国科协优秀共产党员"称号，2018 年获"中央和国家机关脱贫攻坚优秀个人"荣誉称号。

别是夹杂着地道岚县说法的老词儿，简直让人摸不着头脑。蔡钢刚进村的时候，两眼一抹黑，村民听不懂他说话，也不知道他想干什么事情。

攻克语言关，是蔡钢到任后的棘手工作，也是融入群众的关键第一步。他首先在村里选择一名会说普通话又会说岚县话的村民，每次走访入户的时候带着他，一是入户前就对村民有个大概的了解，便于进屋后沟通，二是遇到村民听不懂的普通话，或者蔡钢听不懂岚县话的时候，就能够起到"翻译"的作用。

了解了村里的情况，蔡钢首先开始学听岚县话。学语言没有捷径，只能下苦功夫。通过多听多记多想的方式，一开始少说多听，多和老乡、乡村干部交流沟通，特别是经常沟通使用频率高的土话儿，有一种"说话"叫"削话"，有一种"正中间"叫"当豁间"，他把这些词一一记在手机里，体验了一把用高考记英语单词的方法学"长门话"。比如多去老乡家里串串门，跟小孩子玩一会儿，因为大部分小孩子都在上学，既能用普通话聊聊，也能多少学点土话。语言学习就是点点滴滴的积累过程，积少成多。没事的时候还拉着村主任猜词，让村主任检查是不是记对了。一开始是很多食物的叫法，然后是名字，再则是农业工具、常用语等。

个人体会

脱贫攻坚是党中央、国务院的重大战略部署，一线驻村扶贫干部与老乡朝夕相处，是扶贫工作中最基础也是最关键的一环，因此，驻村干部与老乡们的沟通交流方式关系到各项工作的落实程度，直接影响到扶贫工作的效果。驻村干部作为外来领导，要想顺利开展工作，必须与群众拉近距离，融入到群众中去。语言关是很多驻村干部遇到的第一难题，一方面是要长期在当地语言环境下耳濡目染，通过情景再现等方式下苦功夫进行记忆，从一开始的单字单音到后来的多字多音和句子，就是一个量变到质变的过程。语言是一门艺术，通过老百姓质朴的情感展现出来，学会当地语言以后，村民会觉得你更加的亲近和亲切，这样才能真正的走进村民的心坎里。

245

与村民交谈

曾经有一度他也想，是不是可以自己也学说岚县话，但说一门方言可不是一两个月的事，最后他取了一个折中的办法，就是在说普通话的时候夹杂一些方言词，比如说麦"mai"子的时候要说成"mei"子，两三个月下来，基本能跟老乡聊聊今天中午吃的是"圪朵朵"（山西的一种面食）还是"扁食"（饺子）了。

二、不摆谱不装懂，找对沟通方式

在还没有完全掌握岚县话之前，难道就不和村民沟通？不跟村干部开会研究工作了吗？显然不可能，越是不懂，越要多沟通，关键是少讲面子，找对路子。

2017年10月，党的十九大胜利召开，需要将十九大精神传达到每一位党员群众，但传达的技巧很重要。直接照搬文件上的内容，群众是很难接受的，也很少有耐心听你念文件。只有将党的政策和会议精神入脑入心，通过群众能够听懂的大白话与其沟通。有些老乡性格比较执拗、听不进去，就先跟家人特别是子女沟通，然后再请家人将内容转达。当然，只靠嘴说肯定不够，跟老乡们讲一堆道理可能还不如陪他们下一趟田效果更好，用

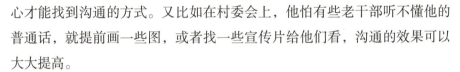

心才能找到沟通的方式。又比如在村委会上，他怕有些老干部听不懂他的普通话，就提前画一些图，或者找一些宣传片给他们看，沟通的效果可以大大提高。

文化活动广场、村民集体活动都是非常好的沟通阵地，村里休闲娱乐场地几乎没有，蔡钢就在村委会前的空地上加装了喇叭和音响，起初只是为了让大家晚上有个聊天休闲的地方，结果慢慢就变成了"村民文化广场"。他发现有几个喜欢唱歌跳舞的阿姨经常聚在小广场上，于是就请她们组织大家唱红歌、跳广场舞、踢毽子等，还放映爱国主义电影。通过这些活动，老乡们对他的信任和喜爱度大大增加，村里的氛围也更加活跃起来。

三、做一个守信重诺的有心人

沟通的目的就是要把最应该解决的根本问题在有效时限内解决掉。初到村里，急于求成，想做成立竿见影的成绩来，还有贪大求全的心思，但是碰壁严重。蔡钢一开始入户走访的时候，走到一位村民家里，看村民躺在床上就走过去打招呼，但村民立马就甩给他一个背影。他以为村民听不懂普通话，就比划我是新任的党支部第一书记。但是村民还是无动于衷，还挥了挥手，让他快点走。

后来经过了解，发现原来村民并不是听不懂他说的话，而是以前的有些干部说了很多空话、大话，最后很多事情都没有落实，村民都觉得干部们都是在忽悠，事情都不给落实，尽是耍嘴皮子。为此干部和群众之间生出了隔阂。

老乡们有句话说得好，"面还没饱光有卤子有啥用？"扶贫要做的是把最应该解决的根本问题在有效时限内解决掉，小切口、抓根本、抓重点才是正事！在工作中，蔡钢在做项目的同时，对关系老乡们衣食住行的重要方面下了一番功夫，比如在村里架设了路灯、购买了公共垃圾桶，更是把连接村里河沟两侧的桥梁架设起来，解决了多年来的交通顽疾。村民一看能干成事，才对他敞开心扉，心悦诚服。

成　效

经过一年多的真抓实干、不懈努力，蔡钢已经熟悉了岚县话，更成了地道岚县人。在村"两委"换届选举过程中，蔡钢耐心细致地做工作，考察干部，顺利将想干事、能干事的人吸收到村"两委"中来。2017年，长门村贫困户从52户减少至45户，村民平均收入增加400余元。2018年，实现了整村脱贫，人均收入超过4300元。昔日闭塞的山区贫困村逐步转变为产业初具规模、村容整洁优美、村民积极向上的奋进村。在老乡心中，蔡钢书记不再是村里的 "切人"（吕梁话的客人），而是村里脱贫致富的主心骨，更是长门村的"亲人"。

点　评

语言是一门艺术，说话是一种能力。听懂老乡说的话，看似是一件小事，实则关系到能否走好群众路线，和百姓更贴心。蔡钢同志从当地方言学起，想好办法，下笨功夫，于细微处见真情，于点滴处显真功，在熟悉了岚县话的同时，也走进了百姓的心坎里。有这样一股子劲头，蔡钢同志找准了切入点，打开了突破口，渐渐地从"切人"变成了"亲人"，扶贫工作自然水到渠成，带领昔日闭塞的山区贫困村逐步转变为产业初具规模、村容整洁优美、村民积极向上的奋进村。

视民如己　待民如亲

背　景

　　北隅村位于舒城县经济技术开发区境内，紧邻县城，下辖 17 个村民小组，版图面积 3.06 平方公里，820 户居民，人口 2365 人（2016 年统计人数）。建档立卡贫困户 82 户 168 人。按类别分，其中五保户 11 户 11 人，低保户 34 户 81 人，一般贫困户 37 户 76 人。按致贫原因分，因病致贫 52 户 110 人，因学致贫 9 户 22 人，因残致贫 21 户 36 人。贫困户均无就业技能，且身体多病或年龄偏大，不适宜外出就业，村民家庭贫富差距较为明显。

　　北隅村属县经济技术开发区发展重点区域，交通便利，基础设施较为完善。村辖区内有三乐童车、瑞田气泵、新马食品等企业。北隅村党支部共有党员 87 名，30 岁及以下党员 12 人，占比 13.79%；高中及以上学历 38 人，普遍文化程度较低。北隅村在 2000 年前一直非常贫困，后经几任村党支部书记的不懈努力，群众生活略有好转。2002 年，在兴建开发区时，村里绝大部分土地和房屋被征收，政府新建了拆迁安置小区。目前，绝大部分村民已经搬进了安置小区。北隅村留守老人和留守儿童多，大部分村民没有固定收入，主要靠就近打零工维持家庭开支，绝大部分家庭没有农业收入。

　　2015 年，赵立军*驻村开展工作。

---

*　赵立军，全国政协经济委员会办公室（二局）副处长。2015 年 7 月至 2017 年 7 月，先后任安徽省舒城县北隅村、朱流圩村第一书记。

做 法

一是深入走访群众。主要走访贫困户、曾任村干部、在村青年人。对贫困户逐一走访，具体了解家庭情况和致贫原因，精准分析精准帮扶。走访曾任村干部，尤其是曾任村党支部书记等老党员，听取他们对现状的认识和脱贫致富的意见建议。走访在村青年人，主要是了解他们的想法和愿望，以及对村未来发展和村两委班子的期望。走访后，根据实际情况制定完善《北隅村扶贫攻坚三年规划及年度实施计划》。

二是建强班子。能否回应北隅村群众关切，首先取决于村"两委"班子能否发挥好战斗堡垒和带头人作用，取决于班子是否团结一致、拧成一股绳。赵立军同志首先要让班子成员认识到自己不是来"镀金"的，有和大家一起搞好工作的信心和决心。只有这样，才能不分彼此，心往一处想、劲往一处使。为了让大家放下顾虑、开诚布公，赵立军同志先与村党支部书记面对面交流交心，争取理解和支持，并明确两个书记的责任分工；再通过集体谈心和个别沟通，和村党支部成员在思想上取得一致。与此同时，赵立军同志紧抓基层党组织建设不放松，鼓励在村优秀青年积极向党组织

与村民一起加固防洪堤

靠拢，改善村党支部党员年龄结构问题。

三是凝心聚力。针对北隅村退伍军人多的优势，赵立军同志以纪念抗战胜利暨反法西斯胜利 70 周年活动为契机，在北隅村首开先河，组织退伍军人座谈会，将村内近 40 名不同时期的退伍军人召集在一起座谈交流，与老兵们共忆峥嵘岁月，共谋北隅发展之路。通过纪念活动，凝聚起大家共创北隅美好未来的共识。同时，通过相关主题教育实践活动，强化党员意识和组织观念。先后组织开展庆祝中国共产党建党 95 周年、96 周年谈心会；组织支部党员参观金寨革命烈士纪念馆、新四军四支队革命纪念馆、小岗村大包干纪念馆等，重温入党誓词，增强党员干部向心力和凝聚力。

四是结对帮扶。北隅村辖区内有省电动车产业园、五金产业园、新马食品产业园、三乐童车以及中国瑞田气泵厂等民营企业，通过多次走访，赵立军同志了解到企业也有一些诸如厂区职工生活服务、周边环境整治等实际困难需要北隅村支持。为此，北隅村党支部与中国瑞田气泵厂党支部结成对子，成立共建党支部，定期开展交流活动，实现"双促双优"。尤其是在助力中国瑞田气泵厂非公党建工作中切实发挥促进企业成长和职工成才的作用。期间涌现了一批有理想、有信念、敢担当、干

个人体会

首先要带着对人民群众的深厚情谊去做扶贫工作，要像对待自己的父母兄弟一样对待群众，真正关心群众的实际困难，把群众的小事当成自己的大事来办。其次要提倡"在一起"的精神，能和群众干在一起，不惜力、不做样子，更不能装腔作势；还要和群众想在一起，要站在群众的角度想问题、做决策，做到身心在一起。再次要在工作中多向村里长者、乡贤等有威望的群众请教，充分听取他们的意见建议，争取他们的支持。四是要多到有特殊困难的家庭及五保户家中走访，一个月看望 2 至 3 次，多沟通多交流，鼓励他们多讲话。最后就是不要太注重个人仪表，有时候衣服脏一点旧一点、头发乱一点、鞋上多些泥水，群众反倒愿意和你亲近。

事创业的青年优秀共产党员。如中国瑞田员工朱洪波同志于 2016 年获评全国五一劳动奖章。

五是身先士卒。群众不光听你说了什么，更在乎的是你做了什么。赵立军同志在日常工作中始终走在前面，危险时刻也能冲锋在先。2016 年 6 月底，舒城连续降雨。7 月 1 日上午，赵立军同志刚参加完有关项目集体开工活动，20 年不遇的大洪水旋即扑来。村部前的道路很快就被淹没了，雨水倒灌进院内，顾不上村部险情，赵立军带着村班子走进雨幕，晚上 8 点多，在转移相关人员到安置点并加固小区围挡后，才返回村部，随后又逐一检查马路井盖是否移位。在确保没有安全隐患后，他返回村部带头值班。晚上 11 点，他发现一醉酒村民蹚水经过村部，将其护送回家；回来后再次检查安置小区和村部，确保没有安全隐患后才返回宿舍休息；仅仅休息了 2 个小时，他又随县领导到其他受灾一线抗洪抢险，深夜还守在堤坝一线。2 日上午，赵立军在陪同市领导检查钱大山河排险点返回的途中，碰到桃溪四圩堤坝有溃坝的危险，他紧随抢险小组冲到一线强堵管涌，无奈由于坝基不牢，加之洪水太大，在撤离十几秒后，四圩堤坝溃口。在 7 天 8 夜的抗洪抢险期间，赵立军同志每天平均只休息 3 至 4 个小时。

成　效

集思广益、多方发力。一是谋划开展一些短平快、技术和资金要求不高的项目，通过考察邻乡制砖厂、水稻深加工厂及特色养殖基地等项目，建起一座无公害黑毛猪散养基地。二是通过全国政协机关扶贫办牵线搭桥，邀请一些从事实体经济的企业家委员到县考察，争取入驻县经济开发区，带动开发区相关产业发展，进而实现北隅村整体脱贫；联系捐建一座 120kw 光伏发电项目，可实现年均发电 129000 度，收入 13 万元。三是围绕县经济开发区规划抓配套，鼓励和引导部分村民从事餐饮外卖配送及家政服务。四是充分利用本地政策，多方争取公益岗位，吸纳部分村民灵活就业，确保有稳定收入。五是利用北隅村区位优势，结合县域发展规划，推动村集体经济项目（农贸市场）进入规划。同时，多方争取资金 90 余万元，改善北隅社区的人居环境，先后完成 6300 平方米的小区绿化，一期建成 80 个生态停车位，修建 1300 平方米村民文化广场，硬化环小区步行道 1800 多米，架设一座高杆灯，安装太阳能路灯近百盏，修建小区围墙 2000 余米等。积极推进北隅社区生活 e 站工作，为社区图书馆捐赠图书 2000 余册，丰富图书的种类和内容；同时增设小区电子显示屏、信息布告栏等，及时通告村务村情。通过各种途径，为村民提供更多便利化的服务。

驻村两年，很大程度上改善了村里的贫困状况，受到了全国政协机关扶贫办和舒城县乡两级领导的一致肯定和认可，赵立军同志自身也得到了锻炼和提升，更加坚定了做好本职工作的勇气和信心。

点 评

群众利益无小事，对老百姓来说，他们身边每一件琐碎的小事，都是实实在在的大事，如果这些"小事"得不到及时有效的解决，就会影响他们的思想情绪，影响他们的生产生活。赵立军同志时刻把群众的困难放在心上，想群众之所想，急群众之所急，扑下身子，走进群众，深入细致体察民情，真情实意关注民生，精准施策反映民意，一点一滴解决群众的实际困难。一件件小事解决了，群众的生活水平就得到了提高，村里的贫困状况就有了很大程度的改善，这离不开赵立军同志付出的辛勤汗水。

找准"症结"才能找到解决问题的"钥匙"

背 景

格当村地处滇黔桂石漠化片区，属于我国 14 个连片特困地区之一，同时又系革命老区、民族地区和边境地区，自然环境恶劣，几乎聚集了所有的贫困因素，贫困程度深，脱贫难度大。

驻村后的秦西宁*发现，道路、饮水等基础设施严重落后是造成村民贫困和阻碍当地发展的主要原因。在格当，地里不长庄稼长石头，村里的乡亲们要靠"载土种庄稼"才能勉强有点儿收成。如果能有块儿平整的土地，老百姓会看得格外珍贵。碰到修路架桥这样的事情，难免会占到谁家土地的边边角角，就会引发矛盾和纠纷。比如，格当村苗族聚居的苏麻弄村小组，要在村里找一块合适的场地作为村集体活动场所，场地要占两户村民的菜地。原本答应"让地"的村民突然变了卦，索要补偿。秦西宁带着村干部一遍遍登门做工作。他发现，问题症结其实不在于补偿多少，而是菜地金贵，本来六家的菜地连在一起，却只有两家让，这两家觉得不公平。于是，把涉及的六家人召集到了一起，耐心细致地做工作。经过商量，对菜地进行了综合调整，不仅保证了工程用地，也保证了家家有菜吃。六户人家分别签了字，按了手印，一分钱都没要。这件事也让秦西宁逐渐意识到，有时候群众有意见针对的并不是村干部做工作的出发点，有可能是做群众工

---

* 秦西宁，最高人民检察院国际合作局主任科员。2016 年 1 月至 2018 年 2 月任云南省富宁县格当村第一书记。2018 年 10 月，获中央和国家机关脱贫攻坚优秀个人称号。

作的方式出了问题。了解掌握情况只是做好工作的第一步，更重要的是要和群众打成一片，摸清他们的心思，知道他们到底需要的是什么，打开他们的心结，才能找到解决问题的"钥匙"。

做　法

一、沉身静心，深入实际倾听群众最真实的声音

"我只是组织的眼睛、双腿和耳朵。把自己看见、遇见、听见的群众问题汇报给组织。""在党的领导下，集中力量办大事是我们的政治优势。一旦脱离了群众的真实需求，一切便没有了根基。"秦西宁在驻村日记里这样写到。村委会下辖的 13 个村小组比较分散，最远的贫困户离村委会近 4 公里，尽管路况艰难，他坚持虽远必至。用了近 3 个月的时间终于摸清了 88 户贫困户在读学生、劳动力结构、患病情况、住房状况，建立了精准台账。不到半年，无论汇报工作还是迎接各项调研，他都能做到不看笔记，对全村 13 个村小组、367 户、1547 人的情况烂熟于心。

二、相信群众，依靠群众的智慧解决实际问题

喝格当水、说格当话，四百多个日夜，他坚持吃住在村，与格当群众打成一片。格当村委会下辖 6 个苗族村当中，有 5 个村

个人体会

挂职扶贫，免不了要做群众思想工作。但实则不是我教育了群众，而是群众教育了我，人民群众是我最好的老师。

如何听取群众意见，要坚持以人民为中心，从倾听群众最真实的声音做起。了解掌握情况只是做好工作的第一步，更重要的是要和群众打成一片，摸清他们的心思，知道他们到底需要的是什么，打开他们的心结，才能找到解决问题的钥匙。

透过现象看本质，村民们情感淳朴，但却讲求"理"和"公"。以理服人，以公为上，就得做到公平和公正。

走访贫困户家庭

小组一直靠天吃水。为了解决饮水困难的问题，他不厌其难、不厌其烦地找村里的老人和能人聊天，向他们虚心求教，跟着村里人一起钻山洞、爬险坡，还拽上镇上水务站工作人员一遍又一遍进行技术勘验，最后终于解决了村民的饮水难的问题。秦西宁不止一遍谈到，"世代生活在这片土地上的老百姓对村里的情况再熟悉不过，他们是我最好的老师"。

三、扑下身子肯下"笨"功夫，赢得信任与认可

很多人以为秦西宁会受不了当地的落后和生活的枯燥，以为他只是下来"镀金"的，甚至是来"走读"的。但秦西宁明白一个道理：驻村干部的一言一行，老百姓心里明镜似的，来不得半点虚假。走访贫困户时，他从不摆拍，永远把镜头聚焦在群众身上。这种忘我的姿态让他在人民群众的形象和威望逐渐树立了起来。时间久了，村民们遇到什么困难或者要反映什么情况，都愿意到村委会来找这位北京来的第一书记。

成　效

一是增进了彼此信任，改善了干群关系。群众是淳朴的，帮他们解决实际困难，就能走到他们的心坎里去。慢慢地，他从一开始不熟悉情况到能叫出每个贫困户的名字，从一开始听不懂当地的方言到能准确找出对应的普通话表达。时间久了，村里的群众对这位年轻书记由衷佩服。每次从北京回到村里，村里的干部都会跟他说："秦书记，您不在这几天，每天都有村民们跑来问您什么时候回来啊？"这种被信任感和被依附感紧紧地连接着秦西宁和格当村民的心，也让他倍受感动。

二是用实际行动服务群众，带动提高为民办事能力。提高服务群众意识和为民办事能力，是第一书记重要工作内容。群众工作，不一定多么轰轰烈烈，有些看似微不足道，但老百姓却认这个理儿。采集党员信息需要交照片，为了不让村里的老党员路上来回奔波，秦西宁就用手机以墙壁为背景帮村里的老党员拍照，再去镇上把照片冲洗出来。这一切，格当的老百姓都看在眼里，记在心里，对这位年轻的第一书记也就有了越来越多的赞许，也慢慢有了不舍。得知秦书记将期满回京后，有位老人拉着他的手说："你关心我们，我们去县里，在路上你也会主动和我们打招呼，问我们吃饭没有。"挂职期满离开的时候，很多村民自发到村口送他，这些场景让秦西宁久久不能忘怀。

三是通过听取群众意见，建立村民自治长效机制。"有事好商量，众人的事情由众人商量。"经历过格当村民让地事件后，秦西宁同志对这句话有了更深刻的体会。汲取经验教训，他带领村两委和各村小组建立起了村民会议机制和村集体基础设施等公益事业议事规则，先由村民小组达成一致意见再开展具体项目实施。此后的进村道路硬化、村卫生室重建、村组道路硬化及安全饮水等项目都得以顺利实施，格当村委会还探索进行土地流转发展食用菌产业发展和生产合作社，发展壮大了村集体经济。

点 评

找准"病灶"，才能对症下药。秦西宁同志在修建格当村集体活动场所时，针对涉事老百姓的切身利益，由此及彼，通盘考虑，由做通两家思想工作，到做好六家菜地规划，实打实、心贴心，找准了问题症结，维护了老百姓利益，也赢得了口碑和信任。秦西宁同志相信群众、发动群众、依靠群众，跟着村里人一起钻山洞、爬险坡，最终解决了村民饮水难问题。"有事好商量，众人的事情由众人商量"，找准症结，协商解决——秦西宁同志找到了这把直面问题的"金钥匙"。

解群众急难事　做百姓贴心人

背　景

　　金平苗族瑶族傣族自治县与越南 2 省 5 县接壤，边境线长达 502 公里，是一个少数民族人口比例高达 87.6%、集"边疆、山区、多民族、贫困"等多重标签于一身的深度贫困县。广街村委会面积 12.5 平方公里，共有村民 695 户，2884 人，其中建档立卡贫困户 125 户，524 人，贫困发生率高达 18%。主要民族为哈尼族、瑶族和汉族。村内耕地因城市建设被大量征用，人均仅 0.3 亩。

　　付涛*在走访中发现，因村内无集体产业，村民收入来源不稳定且收入水平整体较低，抵御和应对急事难事的能力较弱；与贫困户在政策待遇等方面的差别导致村内部分非贫困户，特别是边缘贫困群体在遇到急难问题时或陷入比贫困户更窘迫的境地，因而不同程度存在不满和怨气，影响村民团结和村内工作开展；老乡们似因语言不通等因素并不愿与付涛过多交流，特别是听到村干部介绍说"付书记是从北京过来驻村的"，似乎刻意保持着距离。从小事着手，帮群众解决急难问题，应是解决上述问题的有效方式。

---

* 付涛，外交部三秘。2017 年 4 月至 2017 年 12 月任云南省金平县广街村第一书记，2017 年 12 月至今任五家寨村第一书记。

做 法

一是用足用好各种资源。包括派出单位、同事和亲朋好友、派驻地党政部门等提供的资源。首先，充分发挥和利用派出单位资金、项目、政策、平台、智力等资源优势。得知村民小李八个月大的孩子患先心病需十几万元手术治疗费后，付涛第一时间向派出单位求助。在外交部扶贫办协调沟通下，孩子获得中华慈善总会的资助，在京免费接受了手术治疗，目前恢复良好。其次，积极发动同事和亲朋好友助力脱贫攻坚。付涛驻村工作期间，通过主动做工作，鼓励多位同事和亲朋好友帮扶村内数户贫困和非贫困户解决了教育、医疗、生活等方面的多件急事和难事。再次，通过与派驻地各级党委政府间建立的良好工作关系，为一些村民解决了诸如子女就近入学、获得优质医疗资源等方面急难事。

二是获取村民急难事求助信息渠道多元化。面对生活中出现的急难事，有的村民有主动前往村委会求助的意识，有的村民却想不起来或者不愿和不好意思主动前往村委会求助。付涛在驻村期间，不仅在村委会认真接待前来求助的村民，还主动走出去，在走村入户过程中注意向村组干部和村内党员了解哪户村民面临急难事的信息，让村民感受到来自驻村第一书记的关心和温暖。

个人体会

老百姓是最淳朴也是最容易满足的，你对他们的一点滴好他们都能深切感受到。只有心中装着老百姓，从老百姓实际利益出发，从一件件小事急事难事做起，躬下身、接地气、出实招、办实事，设身处地地为老百姓解难题、谋利益，才能在脱贫攻坚中培养起同人民群众的深厚感情，也才能履行好驻村第一书记的职责，不辜负组织和群众的信任。

三是邀请村组干部全程参与，提升为民服务意识，拉近干群距离。面对需要解决急难事的村民，日常的"低头不见抬头见"和个人能力的局限往往使村组干部无法主动去做这些工作，但不管是前期的情况核实，还是具体的实施帮扶，抑或是后续的对帮扶效果的评估跟踪，驻村第一书记都很难独自完成，需要驻在村村组干部的协助和支持。故驻村期间，付涛在为村民解决急难事过程中，注重紧紧依靠和发动村组干部参与其中，潜移默化提升其责任感和奉献精神。

四是工作中注意遵循几个原则。付涛在为村民解决急难事方面时刻注意遵循以下几个原则：一是优先解决群众在教育、医疗等方面的急事难事。这些与群众切身利益最密切相关的领域一旦出现问题，往往花费巨大，需要优先考虑。二是注意解决非建档立卡贫困户特别是边缘贫困群体的急难事。相比于建档立卡户，那些边缘贫困群体在遇到急难事方面的求助及获得帮助的渠道和资源相对较少，故在第一书记可使用的资源和政策允许范围内力所能及的多帮助这些边缘贫困群体。三是尽力而为、量力而行。即能做到的尽全力帮扶好，做不到的绝不贸然承诺，更不大包大揽，同时注意向求助村民做好解释工作。

春节前夕自费走访慰问困难群众

成　效

一是尽快打开了工作局面。随着一件件急事难事的解决，村里人开始知道这个新来的"北京人"确实是把老百姓利益放在心间，愿意去给老百姓解难题、谋利益、出实招、办实事。村民也从开始时的见到他礼貌性地笑笑，到热情地招呼"付书记，来家干饭噶"。也有越来越多的老百姓到村委会办事时会随口问一句"付书记在不在"，找他说说自家生活中遇到的困难，而付涛也都一一记下，去尽力帮助解决。

二是切实助力村民脱贫致富。不管是建档立卡贫困户，还是非贫困户，家中遇到急难事，轻则会加重家庭负担，严重的甚至会影响整个家庭不止一代的未来发展，是贫困户脱贫和非贫困户致富奔小康路上的拦路虎。为群众解决一件件急事难事，有效减轻了村民发展负担，创造了更好发展条件，帮助他们轻装上阵，大大增强了村民脱贫致富奔小康的勇气和信心。

三是提升了非贫困户特别是边缘贫困群体对村委会工作的满意度。脱贫攻坚工作中，资金、项目和政策向建档立卡贫困户倾斜，这是脱贫攻坚的应有之义，也取得了良好成效。同时，由此可能引发的贫困户和非贫困户待遇的"悬崖效应"导致部分非贫困户特别是边缘贫困群体对村委会工作配合度和满意度低，从而留下工作隐患和后遗症也需要引起重视。付涛在驻村工作中注重解决非贫困户特别是边缘贫困群体的急难事，让全体村民共享政策红利，提升了这部分人的满意度，增进了村民团结，有力推动了村内各项工作的开展。

四是增强了村组干部的履职能力和为民服务意识，村内干群关系更加融洽。驻村第一书记工作职责中，建强基层组织、提升村组干部履职尽责意识和能力、提升基层治理水平，从而打造一支"不走的工作队"是极其重要的内容。通过将村组干部纳入为民解决急事难事全流程，鼓励带动其克服精神倦怠和意识疲劳，以实际行动推动其更好增强责任意识、担当精神和为民情怀，更加积极主动开展工作，村民对村组干部认可度提高，干群关系也更为融洽。

点 评

　　从"付书记是从北京过来驻村的",到热情地招呼"付书记,来家干饭噶",付涛同志真心为老百姓排忧解难,真正成为了老百姓自家人、贴心人,同人民群众建立了深厚感情。他有热心热情、讲方式方法、重统筹协调,既关注建档立卡贫困户,也关心边缘贫困群体,增进了村民团结,融洽了干群关系,有力推动了村内各项工作的开展。他重实干、肯钻研,投身到脱贫攻坚一线,深深植根于人民之中,没有辜负组织培养和信任。

通过换位思考化解村民矛盾

背 景

　　群众间矛盾在农村贫困地区较为常见，有些处理不好将会直接成为当地治安隐患，严重影响到贫困村脱贫攻坚的各项工作。如何有效化解群众矛盾是摆在第一书记和村"两委"干部面前的一道难题，通过两年脱贫攻坚工作的大量实践，程显臣*总结出了通过深入的换位思考来帮助解决群众矛盾的工作方法，并在工作中大量使用，效果突出。

　　2018年5月，民裕村整体基础设施建设改造工作基本完工，工作进展均处于全县前列，唯一不足的是通村、通组、串户水泥路覆盖达到了99.9%，剩下的0.1%成为了全村干部的遗憾。民裕村中寨二组有一段不足1公里的串户路，因为令狐两兄弟多年积怨，在修路时两家互不相让导致无法施工，村干部20余次分别到两兄弟家中开展工作，驻村第一书记程显臣多次试图将两兄弟与周边村民聚齐，通过群众会的方法引导村民自行协调解决，均因两兄弟性格倔强、脾气暴躁，周边村民不愿轻易开罪而无疾而终。这直接影响周边8户群众近30人出行方便，拖了全村工作后腿，群众骂声连连、干部叫苦不堪。村干部在多次调解无果后，产生了让村民签订自愿放弃承诺书进而放弃修路的想法，被程显臣制止。

---

* 程显臣，公安部办公厅主任科员。2017年1月至2019年1月任贵州省兴仁市民裕村第一书记。先后获2018年贵州省全省脱贫攻坚优秀第一书记，2018年贵州省脱贫攻坚群英谱英才，公安部直属机关2017–2018年度优秀共产党员，公安系统的个人三等功等荣誉。

做 法

首先要求第一书记主动与矛盾各方及受影响群众换位思考。要将第一书记的思想从具体的工作中解脱出来，确保看问题、想问题不受工作要求的束缚，力争真实地看清问题；要清除头脑中对群众业已形成的好的或坏的印象，一事一议地进入群众的角色，设身处地地分别站在矛盾各方和受影响群众的角度看问题，感受群众在矛盾中所处的位置、遇到的问题和可能的诉求。在调解过程中，程显臣主动摆脱"全村所有道路水泥硬化率100%是全县领先的政绩工程""一小段道路一旦修不通将使全村两年道路项目建设努力打水漂"等功利思想的限制和"工作开展不顺利将受到上级领导责问"等担当意识匮乏的制约，主动清空了过往工作中因两户群众不配合甚至胡搅蛮缠给他留下的不好印象，主动感受了周边受影响群众渴望修路、寄希望于村干部、不想得罪人、对矛盾制造者十分厌恶的复杂情绪，较为客观地完成了对矛盾的调查研究。

其次要求第一书记积极引导矛盾各方之间、矛盾方与受影响群众之间换位思考。要通过引导群众转移矛盾焦点等方法，帮助群众跳出矛盾本身，摆脱对矛盾对立面敌对情绪的干扰，用真实或拟造的类似案例，将矛盾各方、受影响群众分别带入，带动群众感受其他立场，引导群众积极思考。在上述案例引导群众之间进行换位思考的过程中，程显臣先通过增加家访次数、与群众拉家常、帮群众干农活等方式与群众增进认识、建立信任、加深感情，再将其他村组类似矛盾说给当事群

个人体会

以民为本战贫困的根本在于牢固树立全心全意为人民服务的宗旨。把握好实干在前的原则，领悟好换位思考的诀窍，运用好调查研究的武器，以"利民之事，丝发必兴；厉民之事，毫末必去"的姿态决战决胜脱贫攻坚，成功指日可待。

开展入户宣讲

众听，询问他们如果是矛盾对立面会采取什么样的做法，引导群众从矛盾对立面的角度看问题，询问受影响群众如果身处矛盾之中会采取什么样的做法，引导受影响群众体谅理解矛盾方，通过深入的换位思考真正达到相互体谅理解的效果。

最后要求第一书记灵活引导群众与村干部、当地党委政府换位思考。要结合中央和地方关于脱贫攻坚的各项工作部署以及村庄发展、群众获益等实际情况，通过大量鲜活的事例，运用群众听得懂的语言，及时在解决矛盾的各个时间点向群众宣讲好形势、好政策将要带来的好生活，引导群众切实感受党中央的恩情，理解当地党委政府的施政初衷，体谅村干部的辛勤劳苦，推动群众从感恩奋进、支持工作的角度化解矛盾。程显臣始终坚持将惠民政策宣讲、村庄当前现状、未来发展方向贯穿于上述整个矛盾调解过程中，坚持用美好的画面化解群众心中戾气。他先是引导矛盾涉及群众参与到下一步村庄治理发展过程中，为村庄未来建言献策，在群众心中勾画美好未来，再引导他们回到当下，就村庄发展存在的问题向大家征求意见，提升他们的主人翁意识和自豪感，最后引导他们回

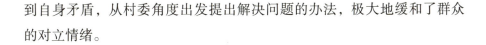

到自身矛盾，从村委角度出发提出解决问题的办法，极大地缓和了群众的对立情绪。

成　效

通过不断地引导各方换位思考，程显臣在这次矛盾调解过程中取得了以下成效。**一是迅速掌握了矛盾根源**。程显臣的"主动清零"帮助他在探索矛盾根源时可以不带有主观感情色彩，使发现的问题更纯粹、形成的认识更客观，确保他在寻找矛盾根源时少走弯路、错路，最终帮助他快速地找到了两户人家的矛盾起源，为下一步开展矛盾调解工作打下了良好基础。**二是及时纠正了错误观念**。因为及时地与群众换位思考，程显臣和村干部在寻找问题根源时更有耐心、更加细致，第一时间纠正了村干部因多次做工作无果产生的消极情绪，制止了村干部放弃修路的念头，确保群众最终享受到国家政策的红利。**三是有效遏制了矛盾升级**。群众间的相互换位思考，加深了彼此间相互理解，帮助群众客观理智地看待问题，降低了矛盾在群众间升级的可能；村干部与群众的换位思考，避免了村委强制干预，减少了因为强制施工可能导致的层次更深、程度更激烈、影响范围更广泛的矛盾产生。**四是彻底化解了矛盾纠纷**。所谓一通百通，通过这一次深入的换位思考帮助群众彻底解开了心里"死结"，双方解开的是纠缠在一起的多个矛盾、多次纠纷。**五是聚拢了群众的心**。通过细致周到的引导群众换位思考，质朴的群众感受到的是程显臣和村干部做群众工作时的一片真心和一份真情，感受到的是党员干部全心全意为人民服务的根本宗旨，感受到的是共产党人为人民谋幸福的初心，在他们的感召下，群众与村干部更近了，与党更亲了。

换位思考不仅丰富了民裕村的群众工作方法，也拉近了群众与村委之间的距离，在民裕村的各项工作中被广泛使用，帮助民裕村在脱贫攻坚工作中啃下了很多硬骨头，被当地干部群众广泛认可并给予较高评价。

点 评

  在农村，邻里之间由于一些小事而导致关系不睦、甚至升级导致治安事件甚至是案件的事例层出不穷。程显臣同志通过换位思考实践，成功解决了两家多年积怨，修通了道路，打通了民心，赢得了信任，自然"群众与村干部更近了，与党更亲了"。毛泽东同志在《党委会的工作方法》中提出了十二个具体的工作方法，党的十九大报告从八个方面明确提出了全面增强执政本领的具体要求。这些都需要我们结合实际全面把握、深入体会。程显臣同志在实践中大胆探索，勇于创新，赢得民心，这种换位思考方式，就是一种有力有效的领导方法和工作方法。

"两推一评"让低保好政策落地落实

背 景

　　农村低保，即农村居民最低生活保障，是国家针对家庭年人均纯收入低于当地最低生活保障标准的农村居民推出的生活保障制度。直白地说，"低保"是解决最低生活保障问题的，是为了让贫困群众过上好一点的日子。

　　社会保障兜底一批是"五个脱贫措施"之一，农村低保是社会保障兜底的主要内容。然而，由于各种原因，农村低保在评定过程中，总是存在这样那样的问题，例如生活真正存在困难的村民没有享受到低保政策、生活条件不困难的村民"吃了低保"等，加上不患寡而患不均是广大村民的普遍思想观念，农村低保评定成为老大难问题，村民往往认为低保评定工作不公平，到村委会甚至乡、县政府上访、闹事。

　　2017 年，民政部选派赵康*驻村开展工作。

---

*　赵康，北京社会管理职业学院（民政部培训中心）副教授。2017 年 3 月至 2019 年 3 月先后任江西省遂川县盆珠村、七岭村第一书记。2018 年 10 月，荣获中央和国家机关"脱贫攻坚优秀个人"。

做 法

一、发现问题，查找原因

赵康初到盆珠村任职第一书记的2—3个月的时间里，村民向他反映的问题，从数量上来说，最多的就是低保问题。其中，想"吃低保"的占大部分，主要有3类：一是自己或者家人有病，"吃低保"可以多报销一些。二是自己或者家里人年龄大了，一辈子没有享受过国家政策，现在低保政策宽松，希望能照顾到自己。三是自己家里条件差，比很多贫困户或"吃低保"的家庭条件还差。

经过调查，发现盆珠村"吃低保"的家庭主要可以分为3类：一是家里确实贫困的，例如还居住在土坯房里，家里缺少劳动力且家庭负担较重的（孩子多），家里有重病的。二是乡村干部达成共识照顾的家庭，主要是家庭成员或亲戚在政府部门上班给村里办过事的。三是村主要干部想照顾的人。村主要干部想照顾的人享受低保救助的方式主要有两种，一是所谓的公益岗位。二是找理由直接给，例如年龄大了，孩子多，外出打工没挣钱等。

盆珠村之前评低保的程序：首先，村主要负责人草拟名单，在村干部会议上讨论或

个人体会

一是公平原则是低保评定的基本要求。乡村干部生活在村民中间，整天和村民打交道，对村民家庭生活现状相对比较了解，同时乡村干部对低保政策的落实起到关键作用，只有坚持公平原则，才能把需要保障的困难群众挑选出来。二是公开原则是低保评定的必要环节。让各个村民小组的所有村民参与小组内的低保评定工作，是评定低保的公开方式之一。公开评定低保是预防农村"微腐败"的重要方式，也是让老百姓明白、满意的重要方式之一。三是公正原则是低保实现"兜底"的重要保障。社会公正原是指"给每个人他（她）所应得"。只有坚持公正原则，才能充分发挥低保兜底作为贫困户脱贫的手段。

微调通过。第二，召开村组长和部分党员会议，大约有 20-30 人评定低保救助名单。第三，张榜公布。第四，上报乡镇民政所。之后，镇民政所审查后报县民政局，民政局审查后公布享受低保救助名单。

二、积极探索，总结反思

2017 年 6 月初，镇政府召开了评定低保的动员会。会后，赵康给村干部建议要公开、公平、公正评定低保。他们提了两条意见：一是要保证公益岗位人员享受低保待遇。二是有些家庭生活条件不好，但是不一定能评得上，这部分人也要确保。赵康提出，一定要按照低保评定政策，做到公开公正评定低保。

低保评定程序的共识达成后，接下来就是操作的事了。最早，低保评定公告贴到村委会门口三天后，很多都说不知道，甚至住在村委会周边的人都不知道。赵康把"公告"打印出来，让村民小组长发到各家各户，并把这个消息发在盆珠村微信群里。大家都认为这次应该

走访贫困户，到独居老人家门口，陪老人聊天

能做到公平公正，写申请的人很多。5 天后，上交低保申请的人有 150 余人。

评低保当天，村干部、村民小组长、党员一共 46 人。另外，到现场的还有扶贫帮扶单位 2 人，镇民政所 2 人，镇驻村干部 2 人。评定程序：第一，镇民政所干部讲明低保评定程序和政策；第二，村支部书记宣读低保申请者提交的申请书；第三，村干部、村民小组长、党员共 46 人投票；第四，选举唱票人和监票人；第五，现场宣布结果。

在结果还没有出来前，就有村民小组长和党员给赵康反映，今年评定低保的方式是之前没有过的，从形式上看是最好的一次。但是，这种低保评定程序和方式也存在问题，主要有两个：一是，现在的村民之间相互不熟悉，除了村支部书记和村主任基本能认识全村的村民，其他村干部都不一定认识所有的村民，村民小组长和党员最多认识自家周边的邻居，对村民家的情况更不了解。二是，村支部书记读申请书时候的情绪很重要，有的轻描淡写，有的加重语气，这很影响大家的投票。

赵康参与主导的这次评定低保取得的成果是表面上实现了公开、公平、公正，但是也有考虑不周全的地方，例如村民之间已经不是多年前的熟人社会了，而是互相不怎么了解的半熟人。在这种情况下，不论是村民代表，还是全体村民参与低保评定，很难真正做到百分之百的公平、公正。

三、"两推一评"，不断完善

2018 年 5 月，赵康到七岭村任第一书记，村民反映的最多的问题还是低保问题。结合 2017 年在盆珠村评定低保的经验和教训，以及对七岭村干部和村民的了解，赵康书记提出了"两推一评"低保评定程序：两推，即村干部推荐和村民小组推荐；一评，即乡村干部、村民代表评选。

首先，驻村干部和村干部把生活最困难的家庭列出来。列出生活困难家庭名单要确保两个条件：一是在村民小组内，甚至在全村是大家公认的生活困难家庭。二是必须把无争议的生活困难的家庭全部列出来，不得遗漏。对这两个条件，谁负责的村民小组谁承担责任。

其次，按照村民总人数和剩余低保数额（往年的相对数减去乡村干部已经列出的生活最困难数）比例按人口分到各村民小组，在村民小组内评选，同时包组村干部一定要到现场，避免错评漏评现象。

最后，村民小组把选出的低保名单提交村委会，再由乡驻村干部、第一书记、村干部、组长、村民代表等36人组成的代表，对村民小组推荐的低保名单进行充分讨论，投票表决。

成　效

七岭村低保评定模式确保了国家低保政策的落实，确保了生活困难村民的基本生活得到保障，确保了国家的低保政策对脱贫攻坚的兜底保障作用，得到村民的普遍赞赏。七岭村低保名单公示两个星期后，当了20多年村干部的刘某说，七岭村的低保评定工作从来没有像今年这样，既没有到村里，更没有到乡里闹事的。曾经多次找赵康要低保指标的村民邹某，拉着他的手说："赵书记，虽然我没评上低保，但我对你100%满意，因为你做事公平、考虑周全。"盆珠村2018年采取七岭村的低保评定方式，同样取得了较好效果。

点 评

　　由于种种原因，在当下农村一些地方低保公开透明度不够，导致产生了一些问题和矛盾。赵康同志在工作中勇于探索，敢于创新，重新优化了盆珠村低保评定程序和流程，有所改进提高，但是美中也有不足。难能可贵的是，赵康同志认真深入地总结经验和教训，在七岭村提出了"两推一评"并取得了成功，使党的好政策真正落地落实。这也启示我们，做好基层工作首先要心系人民，同时也要结合实际不断改进创新，把政策用足，把效益放大，把人心盘活，不断提高基层党组织的凝聚力、战斗力。

找准问题症结　加强沟通协调
用真心实招化解分歧凝聚合力

背 景

2016 年 4 月至 2018 年 4 月，水利部委派邵明磊*同志到重庆市丰都县飞仙洞村任第一书记，驻村开展扶贫工作。

丰都县是全国闻名的"肉牛之都"，该村肉牛年存栏量在 1500 头左右，是村里农户致富的主导产业。水对养殖业至关重要，而该村地处喀斯特地区，大量储水相当困难，牲畜饮水保障问题成为制约产业发展的关键因素。通过水利部门的大力支持，邵明磊同志争取了在村里新修小湾山坪塘、洞湾山坪塘两个合计 2.5 万平方米的项目，但就在挖掘机即将进场施工的时候，出现了诸多难题，一些群众提出的诉求符合情理，但在规定范围内难以实现。该同志团结带领全村干部群众，通过不懈努力成功解决了这些难题，使这两个山坪塘项目得以顺利实施。

做 法

一是把复杂问题简单化，摸清问题根源。在扶贫工作一线，基础设施建设是一项重要的工作，是赢得群众满意的"第一民心工程"，但实施过

---

* 邵明磊，水利部长江委直属机关团委副书记。2016 年 4 月至 2018 年 4 月任重庆市丰都县飞仙洞村第一书记。2017 年 11 月，被选为重庆市"榜样面对面"党的十九大精神暨基层脱贫攻坚先进事迹宣讲团成员。

程中往往交织着各种利益的博弈，思想的碰撞，如何把好事做好、实事做实却并不容易。邵明磊首先做的，就是从一团乱麻找出"线头"，梳理清楚，以便于针对性的解决问题。如在实施小湾山坪塘建设中，最初有一些群众不支持、有意见，经过多次深入走访调查，邵明磊了解到，原因主要有四：一是希望争取青苗补偿；二是希望争取永久占地补偿；三是不允许挖机过路压坏自家田坎；四是当地几个农户想自己承包山坪塘建设项目。摸清问题所在后，邵明磊逐项施策，如针对挖机进场导致压坏青苗的补偿问题，一方面同施工老板进行充分协商沟通，尽量减少压坏青苗数量；另一方面向农户提供补偿，如按照每压坏 1 窝玉米补偿 1 元标准，同时确保补偿金在挖机进场前一次性支付到位，并将压坏的庄稼交给农户喂牛，兼顾了施工方和群众利益，最终化解矛盾问题，赢得各方满意。

二是发挥好乡贤的引领带动作用，以点带面。"众人拾柴火焰高"，工作中不能只靠个人或驻村工作队单打独斗，要组织和带动村组干部、党员议事代表、致富带头人等有号召力、有影响力、有威信的乡贤，借助他们的力量做好群众工作，以达到事半功倍的效果。如在洞湾山坪塘建设过程中，有群众要求必须支付征地补偿款，但当地修塘永久占地并没有安排补偿资金。为此，邵明磊与居住在该队的老支书进行了充分沟通，赢得了他的理解和支持。在设施建设征求意见会上，老支书主动站出来说："修这个塘，我们周围农户确确实实都能受

个人体会

由于知识、阅历、文化差异等诸多方面原因，驻村扶贫工作与机关工作有着显著的差异，矛盾化解有其特殊性和复杂性，除了巧妙运用一些工作方法外，最重要的是要始终保持一颗为群众服务的诚挚的心。将心比心、以心换心，群众会真切感受到，矛盾化解也会更加顺利。

当你全心全意扎根这片热土，真心实意的为老百姓做点事，那么这里就是你的家乡，这里的老百姓就会把你当成他们最亲的亲人。

小湾山坪塘征求意见院坝会

益。我们哪家不养几个牛？天一旦干起来，得运多少水来喂？村里不是有补偿不跟我们争取，是确实没有。我表个态，占我家的地不要钱！"在老支书带动下，最终占地各户都不再要求占地款，使问题得到了圆满解决。

三是做好重点群众的思想工作，靶向攻坚。 在出现矛盾时，往往会有几个牵头的群众提出不合理要求，做好他们的思想工作，赢得他们的支持和理解，才能使问题迎刃而解。如在小湾山坪塘建设过程中，村里有 4 个农户想承包这个项目，他们的理由是外人来了不了解情况，不知道哪里有溶洞、暗河，"很有可能修完不装水"，虽然邵明磊再三向他们解释正因为地质条件复杂，才更应该找专业施工队伍来，但始终无法说服他们。"不让我们承包这个项目，坚决不允许挖机进场！"对此，邵明磊先后 5 次到这几户农户家中反复作思想工作，有几次一直谈到半夜 11 点钟，终于让他们意识到应该让专业的人做专业的事，并邀请他们作为义务监督员，帮助施工队伍规避风险，最终成功保障了项目建设的顺利进行。

四是借助人格的力量，以理服人、以情动人。 "其身正，不令而行；其身不正，虽令不从。"邵明磊驻村期间始终严格遵守财经纪律，做到了三个"从未"：一是从未在村报销过任何个人费用；二是从未在村领取过任何形式的奖金补贴；三是从未在负责的扶贫项目中谋取过任何私利。正是由于他始终严格自律，一身正气，才赢得群众信任，有效推进了工作。如在小湾山坪塘建设前的院坝会上，对于挖机过路压坏田坎问题，有村民家属情绪十分激动，坚决不予许挖机进场，她说，"我家的有严重的类风湿，啥活都干不了，挖机把我们家田坎压坏了，我一个老婆子怎么办？"施工老板承诺复原，但她还是不放心，不同意。邵明磊说，"施工老板走了，我走不了。我是什么样的人，大家伙也都清楚。今天就请大家做个证，如果到时施工老板不管了，我自己出钱给你修！"最终把她说服。对于永久占地补偿问题，邵明磊跟大家说，"为了争取这个塘，我们向领导汇报，请专家、请领导来现场考察先后二十多次，工作队和村支书为做好这件事儿已经1个多月没有回家了，大家也都看得到。我们给大家争取这个项目为啥？是为了自己吗？我们每个人都可以拍着良心说没有从中得到一分钱的好处，最终还是大家受益！"经过这次发言，大家都安静了下来，随后邵明磊从牧业需求、综合效益和长远发展等多个方面，针对每户关心的问题——细心解释，最终大家都不再要求补偿款。

五是面对困难，要有百折不回的勇气。 在水利基础设施建设过程中，一个问题解决了，另一个问题又会出现，一些反对的声音和不合理诉求甚至反复出现，必须拿出"咬定青山不放松，任尔东西南北风"的执着和勇气，排除万难、砥砺前行。如在洞湾山坪塘建设中，原本已经征得了群众同意，即将进场施工，但突然有村民打电话来质问邵明磊："不是说洞湾山坪塘1万多方吗，怎么现在又说9000多方了？你们这是欺骗！"邵明磊耐心解释，技术人员实地勘察，综合考虑项目安全和农户需要，9000多方已经足够，绝对保证使用，请他们放心。做通工作后，洞湾青苗补偿款2600元一次性到位，洞湾山坪塘挖机成功进场施工。又如在小湾山坪塘建设中，有村民对是否同意建设先后4次反悔，并提出必须先支付给他承包的未完成项目款才同意小湾山坪塘施工，邵明磊多次深入交流谈心，并承诺待其承包项目建设完成后，会帮助他们及时联系相关部门抓紧验收，确保资金

尽快落实，他才最终表示同意挖机进场，使协调工作最终大功告成。

成　效

洞湾、小湾山坪塘是水利部定点扶贫"八大工程"中"千塘万亩特色产业工程"的缩影。这两个项目的成功实施，根本上解决了周边700头左右肉牛养殖及灌溉用水短缺难题，为该村产业发展提供了坚强的水利保障。该地2017年遇到了特大伏旱，一个多月几乎滴雨未下，但两个山坪塘均仍存水约三分之一。洞湾、小湾山坪塘的建成，在彻底保障牲畜和灌溉用水的同时，还发挥了示范带动作用，激发了当地群众建设水利基础设施建设的主动性和积极性。原来反对建设的几户计划自筹资金在山坪塘附近修建避暑房、垂钓台、农家乐等等，干劲十足，工作队和村干部每次来走访，群众都笑脸相迎，热情邀请到他们家中吃饭。

点　评

能否妥善处理群众提出的"合情但不合规定"的要求，是基层干部普遍面临的问题，考验的是驻村第一书记的宗旨意识、工作作风和综合协调能力。邵明磊同志没有在"合规""不合规"上来回拉磨扯皮，而是迈开步子、走出院子，深入田间地头，去到群众家中，分析"合情"的道理，探究"不合规定"的背景，对可以解决的问题对症下药，及时解决；对不能解决的，做好宣传解释。实践证明，驻村第一书记付出真心、恒心、耐心、细心和实干、苦干、巧干，一定能够化解群众心中的疙瘩，凝聚起脱贫攻坚合力。

如何通过远程医疗解决群众看病难问题

远程医疗让健康扶贫零距离

背 景

　　王镝*是海关总署派驻河南省鲁山县上竹园寺村的驻村第一书记。驻村以后，针对贫困群众看病难问题，他积极牵线海关总署、鲁山县政府和复旦大学附属中山医院徐汇医院（以下简称徐汇云医院），实施"互联网远程医疗服务站"健康扶贫项目并取得较好效果，在豫西贫困山区培育出了一朵朵医疗健康之花。

　　上竹园寺村位于河南省鲁山县西北山区，总面积 8.7 平方公里，全村村民 1,806 人，人均耕地 0.45 亩，集体经济为零，基础设施欠账较多，贫困发生率 25.8%，是典型的山区深度贫困村。王镝通过考察调研发现，在该村诸多贫困短板中，公共健康卫生问题显得特别突出：一是因病因残致贫是该村第一致贫因素，2017 年全村建档立卡贫困户因病因残致贫率超过了 40%。二是在致贫疾病中，心脑血管病、肿瘤、糖尿病、高血压病等老年病、慢性病占比 90% 以上，致贫残疾以四肢和视力残疾、聋哑、重病后遗症和智障为主。三是全村卫生室条件简陋，村医专业技能低下，群众遇到重病大病，只能到 200 公里外的省医院甚至到北京、上海等地就诊，"看病难"问题严重。四是村民大都缺乏基本医药常识及良好的生活卫生习惯，一定程度上使得发病率、致残率居高不下，治愈率也受到影响。经过分析，王镝认为上竹园寺村公共健康卫生严峻形势的主因在于医疗资源的匮乏，

---

* 王镝，海关总署上海海关处长。2017 年 7 月至今任河南省鲁山县上竹园寺村第一书记。2018 年获河南省平顶山市劳动模范称号，2019 年获河南省先进工作者称号。

只有迅速投入或引入优质医疗资源，才能在短期内拔掉这个穷根、消除这个痛点。

做 法

一是确定基本思路。王镝紧紧围绕着引入医疗资源这一目标，确定"两引入、两依靠"的工作思路：一是引入经济资源加强医疗卫生基础设施建设，整合海关和地方资金，建设新的村卫生室并升级相关设施设备，改善群众就医硬件条件。二是引入上海专业医疗资源实现互联网诊疗，降低村民就医成本，提高诊疗质量（特别是针对老年病和慢性病）。三是依靠上海医疗机构的专业培训提高村级医务人员专业水平，为开展全村公共健康管理提供智力支持。四是依靠上海医疗机构专业优势开展农村医卫科普工作，强化村民健康保健意识和形成良好卫生习惯，逐步降低总体发病率或提升治愈率，提升村民补齐"因病致贫"短板的内生动力和自身能力。

二是制定项目计划。在上海医疗专家的指导下，王镝按照中央"互联网＋医疗健康"的要求，制定《上竹园寺村卫生室暨远程医疗服务站建设项目计划》，同步发挥海关资金优势和上海医疗资源优势，依托互联网信息技术拓展村级医疗服务空间和内容，具体包括：一是开展村卫生室（远程医疗服务站）大楼建设，委托上海著名设计单位上海华建集团进行设计，大楼分上下两层，建筑面积 280 平方米，同时配齐配好村级卫生室标准医疗设备，大楼建设施工概算为 53 万元。二是在徐汇云医院指导下，购置互联网远程医疗系统，包括计算机、打印机、远程心电图、远程听诊器、远程生化分析仪、公共健康数据采集器等设备，系统通过互联网与徐汇云医院互联互通，群众能够在网上选择医生并实时上传检查数据，医生实施网上远程诊疗和健康咨询，系统自动储存并打印医嘱和处方，村民凭处方到镇卫生院配药。远程医疗系统采购费用为 3.6 万元，系统年费 5 万元，前两年由海关负担，2020 年以后由村集体负担。三是委托徐汇云医院对村医实施业务培训，提升其医护水平并熟悉远程医疗系统的操作应用。四是在村卫生室大楼设立村民卫生宣教中心，购置大型液晶电视等宣教设备，每日滚动播放徐汇云医院健康讲座视频，供村民免费观看并接受卫生保健教育。

三是开展项目建设。首先组织签署合作协议，协调海关总署驻鲁山扶贫工作组、鲁山县人民政府和复旦大学附属中山医院徐汇医院签署《健康扶贫三方合作协议》，共同建设"上竹园寺村远程医疗服务站"，通过法律形式固化确定项目框架。其次以《合作协议》为基础，结合自身财务管理专业特长编制项目预算，向总署和县政府申请项目资金：远程医疗服务站大楼建设及相关设备购置费（53万元），远程检查和诊疗设备（3.6万元）、系统服务年费（5万元）。根据预算，海关总署和县政府分别同意出资50万元和12万元，确保了项目资金来源。最后推进项目建设，委托鲁山县卫健委开展施工招标并邀请第三方开展施工监理和工程验收，委托瓦屋镇卫生院开展资金核算，王镝自己负责监督施工进度和现场管理，远程医疗系统开发商负责设备安装调试，徐汇云医院开展人员培训。各

个人体会

该项目一是贯彻了中央"精准施策"精神，"看病难、看病贵"不仅是贫困群众的实际困难，也是长期困扰农村基层医疗体系健康发展的重要因素。项目集中解决了这一痛点和难点，得到包括贫困群众在内所有村民的欢迎。二是达到了"经济高效"目的，按照"互联网＋医疗健康"的要求将上海优质医疗资源引入乡村，全部投入不过50余万元，受益面却是全镇数万群众，花小钱却办了大事。三是坚持了"依法合规"的要求，严格按照相关法律法规开展立项、设计、招标、核算等工作，确保项目建设合法规范。四是取得了"以点带面"、"长短结合"的效果，做到了村卫生室和远程医疗服务站建设、设备购置和人员培训、硬件建设和制度建设、诊疗咨询和公共健康同步规划、同步建设，在短期内解决"看病贵看病难"问题的同时，兼顾了探索完善农村基层医疗制度体系建设的长期目标。

指导村医开展互联网远程医疗

方既相互支持、又相互制约，确保项目建设的合规合法性。四是开展卫生室和服务站的制度建设，在县卫健委的指导下，制定了《村卫生室管理制度》《远程医疗服务站管理制度》等制度规定，建立村卫生室（远程医疗服务站）的长效管理机制，确保项目的长期性和稳定性。

成　效

　　远程医疗服务站于2018年7月1日正式挂牌。建成后的上竹园寺村卫生室暨远程医疗服务站，兼具实体医疗和网络医疗双重功能，是覆盖传统医疗救护、网上视频就诊、村民预防保健、公共健康管理"四位一体"的村级医疗服务站，在河南省村级卫生机构中处于领先地位。一是全村公共医疗卫生基础设施得到明显改善，新卫生室大楼扩大了使用面积，完善了医疗设施设备，许多群众表示，从来没有看到过这么敞亮的村级卫生室。二是村民能够在村里免费接受上海医生的远程诊疗和咨询服务，在徐汇云医院专业后台支持下，上海医生表现的更专业、更细致、更耐心，村民就医费用明显下降，诊断效率显著提高，诊断质量明显提升。据统计，服务站建成 9 个月来已经为 150 余名村民提供远程视频诊疗服务，为 50 余名村民提供了健康咨询意见，帮助村民纠正或调整了一批诊断结果和治疗方案。三是全村公共健康管理有序开展，远程医疗服务站已对 500 余名村民实施健康体检并同步建立了个人健康档案，村医据此对患有老年病、慢性病的群众、残障人士等特殊人群实行上门巡诊，开展病情监控，指导用药护理，将公共健康管理服务推送到特定群众身边，进一步提高健康扶贫的精准度和有效性；全村健康扶贫教育不断深入，每天滚动播放医疗保健视频讲座，增强村民防病抗病意识，配合医疗机构加强对病残群众的存量管理和增量控制。四是引导当地卫生行政部门和相关医疗机构逐步接受"互联网＋医疗健康"理念、模式，探索将分级诊疗、远程医疗、医联体等植入乡村医疗模式，助力农村基层医疗卫生服务体制机制改革与重构，进一步发挥海关健康扶贫的溢出效应。

目前，上竹园寺村远程医疗服务站不仅为该村提供远程诊疗服务，而且服务范围已经扩大到全镇数万群众，豫西贫困山区终于开出了海关互联网远程医疗健康之花！

点 评

王镝把解决上竹园寺村贫困群众看病难问题作为扶贫工作重要抓手，主动引入远程医疗项目，使该村医疗体系薄弱问题成为历史。这是精准帮扶成功实践，也是扶贫创新的典型案例。选对建好扶贫项目是驻村第一书记的重要任务。要把有限的资源用在刀刃上，用在最困难的群众身上，努力实现效益最大化，就要因地制宜地论证筛选扶贫项目、不折不扣地落实实施扶贫项目、严格规范监督管理扶贫项目。完成好项目各环节工作不仅需要一定的专业知识，更需要的是只争朝夕的进取精神、精益求精的工匠精神和愚公移山的务实精神。

用行动践行承诺　用成绩见证决心

背　景

高岸村地处平顺县西北部，三面环山，一面通沟，资源匮乏、位置偏僻，交通不便，集体经济薄弱。全村共有 135 户 395 人，其中建档立卡贫困人口 56 户 172 人，贫困发生率近 44%。

该村主要由两姓家族构成，长期以来村党支部书记和村委会主任都是从两姓家族中分别产生，闹派系、分派别的纷争从未绝断，近年来更是日趋激化，出现了村"两委"互不配合、集体决策无法达成共识、发展项目长期不能实施、集体与村民扯皮不断、管理比较混乱、村务基本停滞、连续 18 年未发展党员、集体 6 年未下账等情况，成为了远近闻名的"难点村""问题村"。

2017 年底，高岸村完成了村"两委"换届，重新选举组建了新"两委"班子。由于根深蒂固的闹派系和分派别，新"两委"班子成立后也陷入了旧问题理不顺、新矛盾解不了的困境。比如：在贫困人口动态调整和评定中，出现了"你增我就增""你不退我也不退""调我也要调他"的局面。

如何解决这块难啃的"硬骨头"成为了王常宇*的"心头大患"。

---

* 王常宇，广电总局公共服务司副处长。2017 年 7 月至 2018 年 5 月任山西省平顺县三里湾村第一书记，2018 年 6 月至今任山西省平顺县高岸村第一书记。

做　法

一是深入了解实情。全面掌握村情户情是解决派系矛盾的前提和基础。从入村第一天起，王常宇就对全村资料进行学习和整理，为入户做好准备。为避免村干部陪同导致村民不愿或不敢真实反映情况，他就坚持独自入户调研。由于村民对他不熟悉，开始戒备心仍很强，不愿多交流。他就采取不定期反复入户的方式来拉近与村民的距离，逐步了解到村民家庭的基本情况和生产生活困难，并将重要信息一一记录下来。通过一次次实地走访，很快就全面掌握全村的基本信息，准确掌握全村贫困人口数量、贫困程度、致贫原因等，对五保户、低保户、优抚户等特殊群体家庭情况做到了如指掌、心中有数。

个人体会

面对村内错综复杂的历史遗留矛盾和看似难以解开的"死结"，与其费劲心思去消灭掉它，不如全力以赴去平衡好它，用稳定和发展换取"解心结"的空间和"连心道"的时间，往往会事半功倍。做好扶贫工作，驻村第一书记只有以身作则、真心实意地干了，其他群众才会诚心诚意跟着做，散了的心也会慢慢聚起来。老百姓对你的认可，并不在于你能否做出惊天动地的事情，而在于你有没有走进他们的心里，融入他们的生活，做一些实实在在的事，帮助解决生产生活中的点滴困难。

二是始终保持中立。公平、公正、公开是解决派系矛盾有效方法。在入户过程中，他坚持以多聊家常、多问需求、多听建议、多讲政策、多做引导为主。对敏感问题和诉求，不急表态、不乱评判、不擅决定，不妄承诺，不失原则。在动态调整过程中，首先准确把握和吃透相关政策要求，和村"两委"、驻村工作队一道反复逐户归类分析情况，确定调整范围，细化调整标准，严格履行"四议两公开"程序，不论男女老幼、亲疏远近全部对标对表执行，并做好沟通解释工作，做到让出列者服气、退出者无怨、

深入贫困户家中慰问调研

旁观者认可。

三是抓好关键少数。处理好村党支部书记和村委会主任二者关系是解决派系矛盾的切入点和着力点。通过修建村级组织活动场所，完善相关管理程序和制度，逐步改变村"两委"软弱涣散状况；通过明确党支部和村委会职责分工，聚焦脱贫目标开展工作，改变村"两委"各自为政状况；通过充分发挥双方各自优势和特长，建立村"两委"协商合作渠道和机制，村党支部书记和村主任带头执行各项扶贫政策，提高村"两委"工作效率和信息不对称状况。

四是培植共同利益。让全村群众共享发展成果是解决派系矛盾的根本举措。将集体收入主要用于夯实全村基础设施，改善生产生活条件，增加村民福利。如结合实际设置防火、保洁、护水、护路等公益岗位，为每户农户缴纳两方自来水费用，并购买种植保险，为五保贫困户统一建造住房等，让全村百姓切身体会到集体发展带来的实惠和好处。

五是坚持文化聚心。把"以文化人"作为解决派系矛盾的长久之策。通过制定村规民约，重新修缮农家书屋和档案室，利用村民普遍使用手机并组建了全村微信群的条件，安排留守贫困户创作"每口一读"，坚持每天向村民介绍和推荐一本图书。重新修建人民舞台和文化活动室，积极组织村民跳广场舞，定期举办文化演出活动，让村民茶余饭后有了好去处，以往村民打麻将、闹矛盾的现象明显减少了，不仅增强了村民的体质，丰富了精神文化生活，还大大提升了幸福感和满意度。

成 效

班子强了，人心齐了。在村"两委"换届之前，村党支部书记和村委会主任都是建档立卡贫困户，并已脱贫退出。当选后根据相关规定仍可继续享受扶贫政策。经过耐心细致的思想工作，两人主动申请出列，发挥了党员和干部的模范带头作用，用实际行动赢得村民的认可和信任，获得广泛的拥护和支持。高岸村党支部时隔20多年再次当选红旗党支部。

收入多了，希望大了。280千瓦村级光伏发电站投入运营，潞安30兆瓦光伏电站顺利完工，全村的荒山变成了金山。同时，利用闲置土地兴建集养鸡场、养羊场等为一体的养殖小区，为集体收入提供稳定收益，2018年实现了从0到10万元的突破。全村"五有"局面初步形成，有主导产业、有带动主体、有合作经济组织、有增收项目、有劳动能力的有技能，村民收益显著提高，2018年实现了整村脱贫。

服务好了，矛盾少了。着力实施系列民生工程，打通服务群众的"最后一公里"。拓宽了入村水泥路，修缮了入村东路坝和西路坝，方便了村民出行。新建了蓄水池，更换了自来水管道，解决了村民不能饮用自来水难题。兴建了村卫生室，安装了摄像监控设备，为全村生产生活提供安全保障。对村容村貌进行了大力整治，优化了村民生产生活环境等。通过上述举措，不但将矛盾纠纷从源头治理于无形之中，又让百姓的美好生活更实在，全村矛盾呈显著递减趋势。

点 评

　　王常宇在化解村内历史遗留矛盾时，没有武断行事，也没有急于求成，而是通过深入调研准确把握问题根源，分类施策、对症下药，进而找准了化解矛盾的切入点和着力点，取得了好的效果。随着农村经济社会的快速发展，矛盾纠纷也相应呈现快速增长、诉求多元等特点，特别是闹派系等根深蒂固的历史遗留矛盾，如果驻村第一书记处理得不好，会导致脱贫动力严重弱化，脱贫举措难以实施。化解矛盾纠纷的对象是人，做表面文章、讲大道理是没有用的，需要带着对群众的感情，用真心去感化，尽力竭力地为群众办好事，把涉及群众切身利益的工作做好、做细、做深、做实，带领大家找到利益共同点、实现利益最大化，自然会春风化雨地消融历史矛盾，得到理解拥护。

多说家常话　多解身边难

背　景

　　贵州省水城县院坝村地处贵州深山之中，全村面积 15.4 平方公里，共 21 个村民组、2012 户、8149 人，其中建档立卡贫困户 329 户、贫困人口 1149 人。村民居住不仅分散，而且往来山路崎岖，交通十分不便，信息相对闭塞。中国科学院韩力[*]于 2016 年 9 月至 2018 年 9 月在院坝村挂职第一书记。他在走访群众的过程中发现，要准确了解贫困户信息、切实提升群众"满意度"和"获得感"，就必须掌握做好走访工作的方式方法，找到与群众说话的"开场白"，获得做好群众工作的"金钥匙"，这样才能做好群众工作，密切党群和干群关系。

做　法

　　一是贴近实际，宣传"正能量"。挂职干部自发到村民群众家中走访，主动走到老百姓中间，与群众打成一片，是做好走访工作的前提。在走访中首要的是宣传党和国家大政方针政策，将上级的精神通过挂职干部的语言，传送到群众耳中。韩力结合当地省市县乡村的具体部署和工作安排进行宣传，结合基层农村百姓生产生活实际进行宣传，结合派驻单位的业务工作进行宣传。

---

*　韩力，中国科学院离退休干部工作局副处长。2016 年 9 月至 2018 年 9 月任贵州省水城县院坝村第一书记。2018 年获贵州省脱贫攻坚优秀村第一书记，2018 年获中央和国家机关脱贫攻坚优秀个人。

　　他同群众交流时，注重说老百姓听得懂的语言，讲老百姓关切的内容，针对住房、医疗、教育、易地搬迁等，运用身边案例结合政策规定向老百姓进行宣传普及。例如：在走访中，韩力从农户现阶段种、养殖项目入手，倾听村民在产业发展上有哪些需求，想种植什么？想养殖什么？再结合实际，向村民详细介绍中国科学院"科技扶贫"项目云茸蘑菇种植等情况。从小小的蘑菇，讲到贵州山区原生态种植，再讲到批量销售，老百姓听得很投入，积极热情响应，项目在村内迅速得到推广普及。

　　二是掌握信息，保证"精准度"。韩力在走访基层群众时，像聊家常一样去了解老百姓的家庭情况，不搞"一问一答"式的生硬机械走访，而是引导群众自发主动谈自身情况。他发现，在核对贫困户的基本信息时，家庭成员、住房、就学就业、收入来源及水平、致贫原因、当前存在的困难等情况是关键内容。为此，韩力重点就这些信息进行收集和分析，找到事物联系和逻辑关系。同时，注重根据系统原始数据进行核对，并对现实

群众工作要善作善成，与老百姓拉家常，宣传党的扶贫政策

情况进行信息更新。特别是家庭成员信息、种养殖情况、生活状态、精神面貌、环境卫生情况等，着力掌握最为精准的信息。例如：走访时，他从群众家里粮食够不够吃聊起，实地观察小菜园、牲畜圈舍和粮仓，再聊到家里几口人"同锅吃饭"，这几口人日常是务农、打工还是上学，多倾听，尽量让村民多讲，同时做好情况记录。

三是精算细账，量化"获得感"。 韩力在走访前认真学习相关惠民政策，包括产业、医疗、教育、住房、易地搬迁、金融扶贫、社会保障等，同时努力掌握已经实施的各种惠民项目情况。在走访中，他使用通俗易懂的语言予以量化，讲清楚这些政策和项目已经为老百姓带来了怎样的实效和实惠，将来能够有怎样的发展趋势。这之中存在直接受益（教育、医疗、社会兜底等）和间接受益（产业、修路、修水池等基础设施建设）两种情况，这些都属于"获得感"所量化的范围。量化"获得感"的过程，就是让走访对象通过每个人的奋斗过程和奋斗成果，真切感受到"获得感"的过程。

四是付出真情，提升"满意度"。 群众的满意度，是衡量工作的重要标准。群众发自内心的满意，才是真正的满意。韩力在基层走访时注重用真情疏解群众的情绪，化解一些长期积压、久拖未解决而又未解释的矛盾，密切党群关系和干群关系。他找准关键问题和关键点，换位思考并正确引导，将对群众感情的远近亲疏化为

个人体会

基层走访的过程中，我找到与群众说话的"开场白"，对于拉近与群众的距离，顺利开展驻村工作有决定性作用。基层走访的方式方法，反映了工作作风的优劣和工作能力的高低。我找到了"开场白"，也就真正找到了做好群众工作的"金钥匙"，在脱贫攻坚关键时期，挂职干部才能快速进入角色，与群众打成一片，从而准确了解贫困户信息、切实提升群众"满意度"和"获得感"。基层走访是一项朴素的工作，但是长期饱含真情的开展下去，就一定会取得潜移默化的良性循环效果。

走访群众的真情言语，通过谈心沟通来疏解情绪。例如：韩力在走访一名情绪激动的村民时，首先是充分了解历史背景情况，找准村民产生激动情绪的原因，先后5次登门，有时还在乡间小路或田间，对他和其家人亲属进行政策上的解释，并对工作人员曾经简单的工作方法和态度进行道歉。渐渐地，这位村民和家人被第一书记的实际行动所感动，表态"以前的事情都过去了"，今后"努力奔小康"。

五是保存资料，确保"完备性"。基础性工作的完备程度，决定着工作的管理水平。韩力在走访中坚持详细记录，尽可能的留存影像资料，分别以电子版和纸质版两种形式归档保存，纸质版的材料方便阅览，电子版的材料利于保存。对于服务性和宣传性的资料内容，如驻村工作队便民联系卡、家庭信息卡、走访照片、政策解读文件等，在节约办公成本的前提下，及时在走访讲解的过程中进行张贴宣传，从而为人民群众起到"一目了然"的作用。例如：韩力就将第一书记和驻村工作队的成员姓名、单位职务、联系电话，制作成红色的联系卡片，在走访时粘贴在村民住房的醒目位置，方便村民根据需要及时联系挂职干部。

成 效

驻村两年，韩力走遍了院坝村21个村民组，对建档立卡的329户贫困户实现了走访全覆盖。在走访之中，他将"扶贫"与"扶志""扶智"相结合，以"第一书记讲党课"的形式"扶志"，激发党员群众的内生动力，每月坚持讲党课，组织召开党员群众宣讲会56场，累计听众5600人次。充分发挥中国科学院"科技扶贫"优势来"扶智"，向村民讲解山地原生态种植技巧，利用"新时代脱贫攻坚讲习所"，动员并培训村民种植云茸蘑菇、黑松露和小黄姜。

在韩力的努力下，院坝村党群干群关系有了极大改善。群众积极响应、努力投身帮扶工作，在村内建立了云茸和小黄姜的"种植示范基地"，打造了生态治理石漠化的"宝露山"。挂职村第一书记以来，院坝村减少贫困户 169 户，减少贫困人口 660 人。

点 评

　　韩力同志在基层走访工作中努力实践、思考、总结、提升，注重宣传正能量，量化"获得感"，提升"满意度"，同时着力确保走访记录等资料的完备性，以便随时调用，这些做法使他找到了同群众拉近距离的"开场白"，也获得了做好群众思想工作的"金钥匙"。基层走访工作是脱贫攻坚的重要基础性工作，关系精准脱贫质量。基层走访的方式方法，体现了驻村第一书记的工作作风和能力。走访关键是"走心"，要带着对群众的真情实感，用群众听得懂、愿意听的话语体系问政于民、问计于民、问需于民，把扶贫政策宣讲好，把贫困群众需求了解透，把脱贫共识凝聚足。

把好政策宣讲好　把好措施落实好

背　景

斯果觉村地处喜德县城东北部，海拔 2600—2800 米，属典型的高寒彝族聚居山区，主要以传统农业、畜牧养殖业为主。该村所处凉山地区是四川省四大连片特困地区之一，也是脱贫攻坚战中需要集中人力物力重点攻克的"关键战区"。由于农业生产基础条件薄弱，自然条件恶劣，村内劳动力文化素质普遍偏低，很难从事技术要求相对高的农业产业项目。受历史背景、自然条件、生活环境、人口结构等各方面影响，群众多用方言交流，且"等、靠、要"思想突出。为避免精准扶贫过程中，政策宣传不实不细，方针落实不懂不信，攻坚效果不精不准，第一书记能够做到好策说好、好人做好、好事办好，至关重要。

2015 年，张启波[*]驻村开展工作。

做　法

一是好策说好，立信于民。 让贫困地区群众充分全面了解政策，并让好政策深入人心，这是打好脱贫攻坚战的前提。宣传好政策，首先要自身烂熟于心。驻村之初，张启波采用"五多"法，即多走、多听、多看、多问、多记。白天，他同村"两委"挨家挨户走访，与群众谈心，与老党员座谈，

---

[*] 张启波，国家档案局中国第二历史档案馆科长。2015 年 11 月至 2016 年 12 月任四川省喜德县斯果觉村第一书记。

熟悉村情，了解民意，分析制约发展的原因，理清工作思路。晚上，他及时学习各项扶贫政策，了解政策出台的背景、面对的群体和执行的预期等各项情况，总结政策要点，制定宣传方法。充分了解掌握之后，他开始思索如何让扶贫政策深入民心。斯果觉村属于百分百彝族村，多数村民受教育程度很低，不懂汉语，主要靠彝语交流。语言不通为政策宣传带来阻力，张启波决定在沟通上找突破口。首先，建立"共同语言"——学习常用彝语，依照彝族习俗起彝族名字——"阿的木乃"与村民"套近乎"。"阿的木乃"是阿的家三兄弟中的老二的意思，"共同语言"让他与村民逐渐"亲热"起来，慢慢全村都知道村里来了位汉族娃——小张书记带领他们脱贫致富，从而建立起信任。其次，重视村里的青年力量。张启波十分喜欢同村里周末回家的学生和务工返乡的年轻人聊天"摆龙门阵"，彝语让他跟大家熟络起来，他通过闲聊转到探讨扶贫政策，让他们认识到政策的积极意义，

个人体会

扶贫工作首先要注重政策的学习宣传。通过"五多"——多走、多听、多看、多问、多记，分析制约贫困地区发展的原因，扶贫政策。以学彝语、起彝族名字等方式作为切入点，拉近和村民的距离。采取集中与分散相结合，时时处处讲政策，从而达到政策深入民心、自觉贯彻执行的目的。扶贫既要解决"面子"问题，更要解决"里子"问题，在帮扶对象内心高度认同的前提下，扶贫扶志，帮助贫困群众转变观念，自力更生，让脱贫更有成效。

自觉地向身边的亲戚朋友宣传。此外，他采取召开村民大会一起学，村"两委"、驻村工作队分组学等形式，组织干部群众反复咀嚼、认真领会各项富农惠农政策，针对部分村民在理解政策上存在的难点疑点，制定适宜的宣传方案做好答疑解惑。正是他这样勤学苦研、孜孜不倦，抓住每一次机会、不放弃每一个可能，宣传显现出了效果，村民对他说："我们记住了政策，心里有了底。"

二是好人做好，将心比心。帮扶干部需要调整好心态，把浮躁的心收起来，扎根基层，

村民大会时，给村民发放"亲民联系卡"

服务基层。在脱贫攻坚中，"走心"才能"入心"，这样贫困群众才会信任帮扶干部，知己知彼，同心同德，共同发力。为了更好地服务群众，张启波根据贫困群众的需求制作"亲民联系卡"发给村民，将村"两委"、第一书记、驻村帮扶干部的联系方式印在上面，让大家感受到帮扶干部就在身边，就是他们的贴心人。对于村民反映的问题，他都一一记录下来，从纷繁中理出头绪，用心做好每一件事，能解决的尽快办理，不能解决的耐心做好解释说明。在走访调研的过程中，他发现村中很多适龄儿童都待在家中，没有上幼儿园，主要是因为现有的幼教点属三村共建，离聚居区太远，路程往返需要四五个小时。针对本村缺少幼教点，适龄儿童无法入园的问题，他主动联系县教科局，将一处位置适宜的院坝进行改造，在村中建起了"自己的"幼儿园，解决了30余名儿童的入学难题。在得知村里两位老人因没有户口无法享受医保、养老政策后，他根据户籍补录政策，多次协调镇派出所，四处奔走帮助两位老人查补材料，最终完成户口补录。当两位老人拿到人生第一本户口簿时，激动地留着眼泪，抓着张启波的手说："卡沙沙（谢谢）……"只有摸清帮扶对象情况，才能找准致贫原因，精准施策，带着感情和热情帮扶，真正"走心"，才能"入心"。通过他的努力，村民越来越信任这个"外来书记"，愿意和他说心里话了。

三是好事办好，深入民心。把好事办好，确保帮扶举措落地见效，是获得群众内心认同、激发群众内生动力的关键。张启波始终坚信，在如此艰苦的环境下，彝族同胞能建立起家园，延续着自己民族的文字、语言，说明他们是智慧的、勤劳的，贫困是暂时的。随着工作不断开展，他深刻领悟到"最接地气最有效的帮扶，就是把好事办好。扶贫要少一些套路，多一些实实在在的举措，因为'群众的眼睛是雪亮的'"。

同时张启波也深刻感到，想把好事办好并不容易，需要从群众角度换位思考，让群众认识到"好事"的好。例如，在国家档案局号召下，中国福利基金会联合四川档案学校在喜德县启动"授渔计划精准扶贫一帮一助学行动"，该行动帮助喜德县贫困学生到四川省档案学校就读，在享受大小凉山彝区"9+3"免费教育的同时，学习期间还可以享受助学金补助、免学费等资助，帮助他们完成职业教育，掌握专业技能，实现高质量就业，从而阻止贫困代际传递的目的。然而在村民大会宣传的时候，大家并不是很在意，甚至有的村民说："这些都是骗人的，哪能有不收钱的学校，要不就是骗取国家补贴，娃啥也学不到。"对于村民的反应，他始料未及。面对这种情况，他开始思索如何才能让这么好的政策落地，让村民接受。为此，他首先通过教育部门了解当地学生以往就读情况，掌握村内学生在读情况，召集村两委共同研讨此项政策的优越性，找出重点宣传对象。其次，他邀请学校招生老师和已经就读的喜德籍学生进行宣讲，他把宣传材料拷贝到手机里随时随地向村民介绍学校情况。此外，他同村"两委"到重点宣传对象家里宣传，了解他们的困难和疑惑，有的放矢地答疑解惑。通过这种"唐僧式"的宣传，村民相信了"天上会掉馅饼"。截至2019年，喜德县已有200余名学生选择就读四川档案学校，享受"授渔计划"政策，其中本村有近10名孩子。

成　效

　　如今村民腰包鼓起来了，日子富起来了，实现了省委提出的"四好"。村里发展了种植业和养殖业为主的"短、中、长"期产业，建立起移风易俗文化院坝和"彝家新寨"聚居区，孩子们有了新的幼儿园。看到村中点点滴滴的变化，老人们感叹："上面派来了帮扶干部，现在日子越过越好，要养好身体多活几年。"对待小张书记的态度，也从驻村之初的不想说、不信任，到后来他走在村里，妇幼老少都愿意和他说说心里话，摆摆"龙门阵"。在各方努力下，2016年底斯果觉村顺利通过国家、省、州各级验收，达到脱贫标准。

点　评

　　驻村第一书记说群众听得懂、听得进的话，才能真正深入群众，和群众打成一片，激发打赢脱贫攻坚战的内生动力。只有了解群众的喜怒哀乐、所思所想，真正成为群众的"知心人"，然后讲话才会有针对性，才会有人听，才会产生力量。为此，张启波同志不仅学会了当地少数民族的语言，更是通过宣讲好扶贫政策、落实好扶贫举措，做到了立信于民、将心比心和深入人心。一位履职尽责、全心为民的驻村第一书记，他的话群众都会愿意听，都会听得进。

将心比心讲道理　满怀诚意解民忧

背　景

　　担任驻村第一书记两年间，喻珩*发现长期的基础设施建设滞后、主导产业缺失、经济发展落后，使得群众对美好生活的向往一次次落空，而伴随这个过程的，是群众的负面消极情绪日积月累。实际工作中，总能遇见情绪激动的村民找村干部反映问题时，存在"通不通三分钟、再不通龙卷风"的消极情绪状态；而村干部对待情绪激动的村民"能躲就躲、能拖就拖，眼不见心不烦"。最终村干部觉得村民不讲道理，村民觉得村干部不作为，干群关系日益紧张，成为阻碍盛郢村发展的拦路虎。为此，喻珩总结出"顺气、明理、知情、解难"四步工作法，有效化解了盛郢村的一些痼疾顽症，缓和了干群关系，增进了彼此信任，为脱贫攻坚打牢信任基石。

做　法

　　一要客观公正给群众"顺顺气"。"人非草木，孰能无情。" 要化解群众的怨气和不满情绪，必须让群众在情感上认同你，站在公平公正的角度思考，帮他们评评理、消消火，群众的气顺了，自然就能打心底信服村干部，推动问题解决。2017年的一天，喻珩被楼下的吵闹声惊动。

---

　　* 喻珩，国家粮食和物资储备局离退休干部办公室副处长，2017年9月至今任安徽省阜南县盛郢村第一书记。

"你们文件上写的是给我 2 万元，为什么就给我 1 万元了？！"村民小邢又"上村讨说法来了"！村干部气愤答："那是镇里写文件的人员写错了，当时我们带着他也去你家说明了情况，怎么还咬着这事不放！"喻珩看着双方已经吵得脸红耳赤，赶紧上前劝架。小邢一看喻书记到场反而闹得更凶，"喻书记，你们干部都是互相说好话，没人给我们老百姓说话！"喻珩笑着说："你先别激动，咱先到小会议说说情况"。原来小邢妻子是重度精神残疾，有一个女儿还在上幼儿园，靠小邢种地、捡破烂维持生计，是村里数得着的贫困户，小邢认为肯定是村干部对他有意见，没有给他家申请低保，把本属于他的钱私吞了。了解清楚后，喻珩耐心地解释："首先文件上表述错误的事工作人员已上门道歉，不存在村干部克扣。其次你家低保的问题，主要是你妻子和小孩户口问题没有解决，我前段时间已联系派出所给你一个答复，等户口问题解决了，村里会按照相关程序，给你申请低保"。看见低保问题有了解决方法，小邢心平气顺的离开了村室。在户口问题解决后，村里为小邢一家三口申请了低保并获批。

个人体会

驻村第一书记要有强烈的责任感，把群众的小事当成大事来抓，把发展村集体经济作为脱贫攻坚的第一要务。作为一名党员，能为这个伟大民族复兴的新时代做出自己的一点贡献，能为村民做一点实事，是践行党的全心全意为人民服务宗旨的具体体现。

为民办事需要把握重点，一是要掌握实情，摸清底数。知道群众要什么，急需什么。二是建强支部，带好支委，建好一支能干会干的干部党员队伍。三要从解决群众最急需的小事着手，聚民心，得到群众的信任。四是因地制宜选好发展方向，利用自身和帮扶单位优势，选择可持续、效益稳的产业发展方向。只有坚持"一心为公，敢于担当"的工作准则。我们为民办事才能坦荡地面对群众，才能理直气壮地为民办事，才能经得起时间和历史的检验。

二要掰开揉碎同群众"讲道理"。群众诉求有合理与不合理，对群众合理的诉求要及时回应，对不合理的诉求要以法律法规为准绳，给群众讲事实、摆道理。即使一时不能理解，可通过其亲人、好友继续做他们的思想工作，只要工作反复做，让村民认为你真心替他考虑，怨气终究会化解。2018年冬天，节湾的两位老人气冲冲的来到村室找喻珩："我今年看病花了快7万，这是我的药费报销单，你凭什么不同意给我报低保？"喻珩心平气和答："村里报低保的条件一是二级以上残疾，二是患癌症、白血病等重症，三是患大病，一年内经医保报销后自付达到三万元。但前提是申请人家里经济条件差，您家孩子在外面生意做的都不错，不满足申请低保条件。"两个老人认为小孩和他们已经分户，小孩的好坏和他们没有关系。喻珩告诉老人，如果小孩不赡养你们，我找他们谈。喻珩一遍一遍地给两位老人宣讲村里的政策，老人一看喻珩不松口只能讪讪然离去。事后，喻珩找到两个老人的小孩，给他把道理说清楚，其当场表示他们家两个老人再也不会到村室去要低保了。

三要耐心细致替群众"算算账"。村民的生活圈、朋友圈相对比较小，考虑事情更关注眼前，但只要我们耐心细致地领着村民认真算一算金钱账、情感账等，总能找到解决问题的办法，也能够找到化解村民心中顾虑的金

和村民一起"算算账"

钥匙。村医老吴吃完晚饭后到村室找喻珩反应情况，先说由于国家政策的变化，他们这代老村医没人管，又说自己的病自己就能配药医治……。通过交谈喻珩终于弄清楚他来的本意是认为自己是老医生，家里的病自己基本都能治，自己买点药就行，自己老两口和小孙子、孙女都不用交医保，交了也浪费。喻珩得知老吴马上要到医院做检查时帮他算了一笔账，当年的医保缴纳金额是180元，完成这次检查要花1000多元，如果不参加医保其要支付全款，参加医保后自己只有支付不到300元。听完喻珩的分析后，老吴笑嘻嘻地说："喻书记，我明天先把自己的医保交了。"第二天，包片村干部告诉喻珩，"怪了，那个老吴我都催他交医保好几年了，今早他主动到我这儿把他们一家今年的医保都交了"。

四要带着诚意为群众"解难事"。群众的怨气来源于没有解决的实际问题，在化解群众怨气时，要多做一些雪中送炭的事，从群众最关心、最急需的矛盾和问题入手，能解决的第一时间解决，不能解决的及时给答复，这样群众才会认为他的事被当成了事，不满情绪自然会冰消雪融。2017年秋天，喻珩到老党员干部老贾家里走访，老贾向喻珩反映节湾片两条路的事。一条是他门前这条出行路，说是马上要修了，群众为此把路基都垫好了，可是到现在还没有修。二是节湾埂外的生产路，现在已经完全不能走了，从地里往回拉粮食实在困难。喻珩给老贾解释道："贾书记，门前这条路以前是说要修，但是由于世界银行贷款取消，所以一直落实不下去。下一步我会积极与镇、县协调，争取早日把这条路修好。埂外生产路的事，我会去实地看看，到时把您、生产队长和包片干部一起叫上，我们共同研究下解决方案，钱的事我尽量与镇里协调。"随后，喻珩积极与镇、县有关部门和领导反应，通过多方积极协调，于2018年4月将1700米的节湾片埂外生产路修整完毕。目前，老贾家门前的出行路也已开始施工。

成 效

"人心齐、泰山移。"群众的气顺了，村里的氛围就和谐了，脱贫攻坚工作开展起来也会事半功倍。在喻珩的积极协调和带动下，在村民和村"两委"的积极配合下，盛郢村的脱贫工作取得喜人成绩。

一是村内基础设施明显改善。首先协调资金 700 多万元，修通 4 公里长的通村主路，并筹措资金 140 余万元为主路配套下水道和路灯，让盛郢村出村难成为了历史。其次投资 1000 余万元的盛郢小学已经建成，还协调国家粮油中心出资 25 万元为盛郢小学修建一个录播室。协调引进 30 余万元资金疏通村内水网，并协调中国粮食经济杂志社出资 27 万元为盛郢村节湾片修建文化广场。

二是村集体收入持续增高。协调国家粮食和物资储备局投入 80 万元为盛郢村再建一座 80 千瓦的光伏村级发电站，协调资金 100 万元正在建设一个存栏 1000 头的养猪场，协调资金 100 万元为盛郢村再建一个 1000 平方米扶贫车间。截至 2018 年年底，盛郢村共计脱贫 359 户 820 人，贫困发生率由原来的 12% 下降到的 0.9%，村集体收入由原来的"空壳村"，变成现在年收入预计超过 30 万元。

三是产业发展模式不断升级。盛郢村目前仍然按照传统种植模式进行农业生产，目前正在引进粮食种植的先进技术，探索在农业生产上"做实文章"。首先是种植 100 亩优质弱筋小麦，预计一季小麦每亩可增收 200 元。其次是与鲁花集团合作，准备种植 100 亩花生实验田。如果种植成功，鲁花同意在盛郢村建立花生种植基地，订单种植花生，有望推动该村传统农业生产模式实现更新换代。

点 评

针对疏解群众情绪这一问题，喻珩同志总结出"顺气、明理、知情、解难"四步工作法。四步工作法坚持群众立场，关切群众利益，重视群众感情，发挥引导作用，值得参考借鉴。群众负面情绪是自身需求得不到满足的表现。对驻村第一书记而言，要将群众的怨声视为解决问题的先声，从群众负面情绪中找到思想工作的切入点和为民办事的着力点。在具体工作中，要走出"摆平"就是"水平"的误区，准确判断群众诉求的合理性，对不合理诉求要以法律法规为底线，耐心细致地讲道理，澄清谬误、争取理解；对合理诉求要及时回应，无论是琐事、杂事还是急事、难事，都要想方设法为其解决，把群众利益落到实处。

"三步法"叩开贫困户"心门"

背 景

　　大坪村地处贵州省石阡县西南部，位于黔东南州镇远县大地乡、施秉县马溪乡与石阡县坪山乡三县交界处，距乡政府所在地 18 公里，距县城 37 公里。该村国土面积 13.5 平方公里，全村辖 13 个村民组，总人口 210 户 865 人，现有建档立卡贫困户 95 户 402 人，未脱贫贫困户 5 户 17 人，目前贫困发生率为 2.06%，属国家新阶段扶贫开发一类贫困村，省级深度贫困村。

　　2017 年 8 月，新华社选派宾绍政*担任大坪村第一书记。他到村后发现，大坪村绝大多数村民都属于民风淳朴、勤劳务实、热情好客的类型，但由于历史因素，每个村民组都有 1 至 2 户配合工作态度消极、冷淡对待入户走访干部的群众。比如，大坪村的左某就是典型案例。

　　现场如何面对群众的冷淡？如何逐步化解入户走访时群众的冷淡？如何化"冷"为"热"？面对尴尬而实际的问题，宾绍政并没有回避，而是用自己的真情实意，在入户走访实践中总结出了叩开群众"心门"的"三步法"。

---

* 宾绍政，新华社机关事务管理局交通处办公室主任。2017 年 8 月至今任贵州省石阡县大坪村第一书记。

做 法

稳住阵脚。2017年12月，宾绍政第一次到村里的建档立卡贫困户左某的家中入户走访，在半个小时的时间里，自始至终，左某对他的关心和慰问都是面无表情、不理不睬，除了发出几声"嗯""哼"之外没有说过一句完整的话。但对此情景，他始终保持微笑，同时以老兄的身份（宾绍政比左某大两岁）跟左某聊（主要是讲给左某听）现在的脱贫攻坚政策。宾绍政一边说话，一边关注左某的神色，他感觉到左某尽管不说话，但是并不拒绝听他讲，于是坚持把该户能够享受的所有脱贫攻坚政策跟左某详细叙述了一遍。

入户走访时现场碰到这种尴尬场面，宾绍政并没有气馁，他对这次的经历进行思考总结后得出结论：面对走访群众的冷言冷语或拒绝交流，第一书记要稳住自己的语气、笑脸、心态，妥善总结本次入户走访的经验教训，为下次再入户打下基础。稳住语气就是要保持平缓的说话语调和口气，不因为群众的冷漠而过度提高声调，也不因为群众发脾气而采用居高临下的口气去责备，而是用不卑不亢的平等、舒缓语气与之交流。老百姓有句话"伸手不打笑脸人"，第一书记初次入户稳住笑脸，也就大大降低了群众与自身的"紧张度"，减少了群众的防备心理。更重要的是要稳住心态，不要因为群众的冷漠而给自己造成心理阴影或不自信，努力树立起处理好群众关系、服务好群众的信心和决心。宾绍政就这样"稳住阵脚"，在驻村的一年多时间里去左某家做工作不少于9次。他发现，虽然开始几次左某的

个人体会

"群众可'冷'，但我们要'热'。"把群众放在心里、暖在胸口，再冷的心也会被我们的热情所融化。驻村工作就是从这一户群众、一个问题的点点滴滴中，构筑起脱贫攻坚的大战场，这是一场脱贫致富的攻坚战，这是一场赢得民心的攻坚战，这也是一场没有硝烟胜过硝烟的攻坚战。

查看白岩山组至天堂组坍塌路段并提出清理方案保障道路畅通

态度依然冷慕，但通过坚持不懈的沟通交流，左某的对自己的态度在逐步"升温"。

仔细观察。入户走访时，群众冷漠或冷淡在语言交流上造成了障碍，但并不妨碍宾绍政仔细观察群众的衣、食、房、用水、用电等，而正是通过对群众家庭这些核心要素的观察，能够找到突破群众"心理防线"的突破口。宾绍政仔细观察到：左某衣着破损、脏分分，冬天穿着秋天的衣服——说明经济状况差、无人照顾；揭开他们家的锅，发现好几天吃过饭的碗堆在里面没有洗——说明卫生习惯很差；房子里没有电灯泡和开关——说明没有用上电；房顶漏光，墙壁有裂缝——说明住房不安全；猪圈里没有养猪，菜园里没有种菜——说明户主并不是非常勤劳；附近的邻居不愿意和他打招呼——说明户主的人际关系可能欠佳……通过仔细观察，宾绍政为左某这个不爱说话的贫困户做了精准画像，为精准帮扶提供了关键线索。

深帮实扶。彻底打破群众的冷漠，实现化冷为热，关键是根据群众需求进行深帮实扶。宾绍政认为，根据掌握的情况，必须要解决左某家的用电、用水、出行、住房问题。当宾绍政把这些帮扶措施和决定告诉左某时，左某仍旧是不信任、不表态、不乐观，但宾绍政坚持和驻村工作组的同志一起持续做工作，先后尝试了通过请左某的亲戚来帮忙做工作，把左某的儿子从外地请回来做工作等一系列举措。在一年多的时间里，宾绍政和驻村工作队先后帮助左某家解决了用电、用水、危房改造三大核心问题，同时募捐了部分衣物给左某，村集体的产业也覆盖了左某的家庭，通村公路直接从左某的家门口经过。看到国家的扶贫政策落了地，左某对扶贫工作的态度发生了根本扭转，开始配合宾绍政的工作。在各方努力下，左某于2018年顺利脱贫。

成　效

如今，左某的精神面貌、居住环境、出行条件、生活质量得到质的改变，不仅热情接待来访干部，还主动参与打扫村道卫生、茶园管护等村里的集体活动和义务劳动。入户走访时，群众从"冷"到"热"的转变过程，实际上也是宾绍政和驻村工作队一起成长的过程，由此做群众工作的能力得到了提升，应对复杂工作的经验得到了增长。通过对这些特殊少数群众的细致工作，带动大坪村的脱贫攻坚目标得以实现，尤其是2019年3月顺利通过贵州省脱贫攻坚第三方评估验收，本村群众认可度超过90%。

点 评

　　精准扶贫需要获得贫困群众的支持配合，但少数贫困群众由于各种原因，一开始会对帮扶工作心存芥蒂，对驻村第一书记并不信任。"精诚所至，金石为开。"人都是讲感情的，群众表达情感的方式简单而朴实，如果我们能真正站在他们的角度考虑问题，为他们排忧解难，他们就会同我们交心做朋友。面对内心闭塞、交流障碍的贫困群众，驻村第一书记们要保持良好心态，注重沟通技巧，用自己的满腔热忱温暖对方。宾绍政同志的稳住阵脚、仔细观察、深帮实扶"三步法"可谓务实管用，其之所以能打开贫困群众"心门"，关键是找准贫困群众的现实困难和解决问题的有效途径，进而用好用足扶贫政策、切实做到精准帮扶，真正解决贫困群众最关切的现实问题。

主动作为融入农村　倾情奉献服务百姓

背　景

　　坝梅村地处世界文化和自然遗产、国家级自然保护区梵净山的西南麓。全村国土面积 36 平方公里，境内山清水秀，气候宜人，森林覆盖率达 84.3%，是避暑之佳地。其间矿产石材资源丰富，紫袍玉带石、国画石、青石板等更是远销东南亚。但由于境内山地林地多平地田地少、农业生产条件恶劣，加之耕作方式粗放，村民们已经习惯于靠天吃饭的生活，收入水平很低，2015 年的全村贫困发生率为 36.7%。

　　驻村第一书记的帮扶工作千头万绪，而融入群众、与群众打成一片是理清头绪的第一步。初到坝梅村，居继涛*心里暗自打鼓，"驻村工作的服务对象就是最基层的群众，要顺利的开展工作必须能懂得农业，熟悉农村，了解农民。而对于从小就在城里长大的我来说，必须要应对这些不小的挑战。语言不通，吃住不习惯这些困难都容易克服，如何能让村里人更快的接纳我这才是最关键的问题。"确实，这点也是当地村干部和村民的顾虑。一开始，看到第一书记是个城里来的年轻人，不少村干部和村民就撇撇嘴："不懂农村的小伙子能给村里做些啥？"如何融入农村，对居继涛来说确实是个很现实的问题。

---

*　居继涛，中国浦东干部学院办公厅副处长。2015 年 10 月至 2016 年 4 月任贵州省湄潭县观音阁村第一书记，2016 年 4 月至 2018 年 10 月任贵州省江口县坝梅村第一书记。2018 年获"贵州省脱贫攻坚优秀第一书记""中央和国家机关脱贫攻坚优秀个人"等称号。

做 法

为了能更快地让自己融入农村，居继涛努力在"行"与"心"上下功夫。"行"主要体现在以下几个方面：首先是"粮草先行"。在开始正式驻村工作之前，居继涛便通读了费孝通的《江村经济》《乡土中国》，以及梁鸿的《中国在梁庄》等描述农村的书，从书本上了解了农村，对乡村有了大体的印象和感受。其次是"身体力行"。到了村里之后，他从不让自己闲着，每天到农民家里、到坡上、到田里，到群众的身边去，和群众交流，向群众学习。很快，他就能听懂当地的方言，突破了语言障碍这一关；同时，也对村情村貌有了直观的认识。最后是"行者常至"。顺利融入农村是无法毕其功于一役的，必须主动去做，不倦前行，才能达到目的。入村后，他走村串户挨家挨户的找群众了解情况，村里的角角落落都留下过他的身影。

居继涛常说："踏实行动是群众工作的第一步，群众工作还必须用心去做，才能获得群众的认可，也才能走入群众的心里。"在驻村工作笔记本的扉页上，他特意引用了这么一首诗，"衙斋卧听萧萧竹，疑是民间疾

帮村民拆除危房

苦声；些小吾曹州县吏，一枝一叶总关情。"他用这首诗来鞭策自己。村民碰到一些家长里短的事情，比如杨家媳妇和公婆闹矛盾，尹家和田家为土地起争执等等，他总是把这些事情放在心上，当成自己家的事情来处理。他到村民家里听取意见，做通各方思想工作，及时化解矛盾。没过多久，群众便把他这个第一书记当成了自己村里人，甚至当成了自己家里人。村里的风气也悄悄发生了转变，村民们也更加互谅互让、和谐大度。

一是行动果敢战天灾。 2016 年 7 月 20 日，坝梅村遭受了百年不遇的特大洪灾袭击，汹涌的山洪肆虐，导致大量良田被冲毁、房屋倒塌、道路损毁、水电中断，老百姓的生命财产安全遭受了巨大损失。他在村里的住所也被损毁，电脑、手表、衣物等个人用品均被冲走。但是灾情就是命令，灾情发生第一时间，居继涛同志无暇顾及个人安危和财产损失，同村"两委"负责人迅速响应，通宵涉险转移受灾群众。整夜未眠之后，他又步行十多公里，翻山绕过被洪水冲毁的道路，进入受灾严重的区域查看灾情，及时安抚受灾群众情绪。灾后，为了更好复建村的基层组织阵地，他又多次与派出单位中国浦东干部学院沟通联系，共争取到党建帮扶经费 50 余万元，用于村级活动阵地的建设。

二是积极作为促产业。 在推进农业产业扶贫过程中，居继涛逐户进行了走访和调研了解，并与驻村工作队和村"两委"班子对致贫原因进行了梳理分类，宜

个人体会

选择了驻村第一书记工作这条道路，就是选择了面对诸多困难，选择了承担更多责任。如何走好这条路，不仅仅需要有"粮草先行"的智慧、"身体力行"的勇气以及"行者常至"的毅力，更需要有为民服务的真心和脱贫致富的信心。一名合格的第一书记，一定要对得起组织的信任，要不负人民群众的期待。

驻村去吧，让那青山绿水滋润我们的心灵，让那田野地气敦厚我们的情怀，让那爬坡过坎锤炼我们的忠贞，让农村给我们的人生增添难忘的乡愁和美好的回忆，也让我们用行动和爱心将农村变的更加的美丽和富裕。

种则种、宜养则养，因户精准施策。考虑到本村的农业基础薄弱，为了让村里的集体经济更安全平稳的发展，确保收入有保障，居继涛主动协调联系了安信农业保险有限公司，帮助村里的农业产业扶贫项目减免保费，并落实保险赔付共计 13 万余元。

三是奉献爱心保教育。为让村里的贫困孩子能更好地就学，阻断贫困的代际传递，居继涛主动联系协调上海聚隆园林建设集团，在坝梅村成立助学基金，用于资助坝梅村的贫困儿童。助学基金的设立，解决了很多贫困家庭的燃眉之急，激发了贫困孩子勤奋好学的进取心，提高了贫困家庭对子女教育的重视程度，也在全村营造了兴学重教的良好风气。此后，他又协助联系中国浦东干部学院的刘哲昕爱心团队到村里开展助学活动，至 2018 年底，全村共有 8 名品学兼优贫困学生与爱心团队的爱心资助人结对成功，每名学生每学年可以获得资助 2000 元。

四是心系群众解民忧。坝梅村大屋组有个贫困户在村里开了个小卖部，勉强维持着生计。但因他自幼患有脑瘫，缺乏正常的劳动能力，导致生活比较贫困。村民反映，该贫困户为人正直，真诚善良，乐于助人。居继涛经常找该贫困户聊天交心，谈脱贫致富，谈对未来生活的规划。发现他虽然劳动力不强，但是能吃苦肯上进，他说："居书记，我是个残疾人，缺少劳动力，文化程度也不高，不过我真的很想通过我的努力改变我的生活。我很不甘心现在这个样子。我想将自己的小卖部做大，到县城去开个爱心连锁超市。你能不能帮我实现这个愿望？"了解到这名贫困户的想法后，居继涛便一直将此暗记于心。直到县城的易地搬迁集中安置区项目建成，他在其中帮助这名贫困户物色了一个店面，并协调落实了精准扶贫小额贷款作为经营超市的启动资金。2018 年 10 月 10 日，这名贫困户的超市正式开始营业了，他对新生活充满了希望。

成　效

真心付出，必将获得群众的真心。两年多来，居继涛处处为村民着想，帮助村民解决了桩桩难题，为他们脱贫致富出谋划策，也真正地融入了这个小山村。随着脱贫攻坚工作的深入开展，坝梅村发生了翻天覆地的变化：2018 年，全村贫困发生率下降至 1.8%，村级综合办公服务大楼拔地而起，村级集体经济产业发展红红火火，一栋栋农民新居建设的错落有致，宽阔整洁的水泥路在村民的脚下铺开……同年，江口县以位居贵州省第一名的优异成绩（零漏评率、零错退率、99.05% 的认可度），整县退出贫困县，坝梅村也真正实现了"脱贫摘帽"。

"山变青了，水变绿了，路变宽了，楼房变高了，村民变富裕了"。坝梅村从一个贫穷落后的村庄，变成如诗如画的美丽新农村。现在的居继涛，张口闭口便是"我们坝梅村要怎样怎样"，在他的心里，脱贫还只是起点，通往乡村振兴的道路上，还有许许多多的工作要做，需要继续踏踏实实地干下去。

点 评

居继涛同志之所以很快融入农村生活，并为群众办了许多好事、解了多个难题，关键是始终把群众放在心上，向群众学习请教，与群众同甘共苦，为群众排忧解难。不少驻村第一书记都来自城市，要想尽快融入农村生活，不仅要适应生活环境，更重要的是同当地群众打成一片。"走近"群众易，"走进"群众难。在实际工作中，驻村第一书记只有和群众吃住在一起，心贴心地交流，感受群众的酸甜苦辣，才能搞好与群众的情感对接，为开展工作打好基础。只有把群众的事当成自己的事，通过一个个暖心的行动、一项项务实的措施、一件件惠民的实事，顺应民愿、取信于民，才能让自己的工作接上"地气"，真正"走进"群众的心中。

如何关心帮助留守儿童

关爱留守儿童　践行精准扶贫

背　景

阳坡村隶属于山西省中阳县，坐落在吕梁山黄土残垣沟壑区，它因"背山向阳"而得名，因"身处深沟"而贫困。

梁帮龙*是北京航空航天大学于 2015 年底选派到阳坡村的第一任驻村第一书记。当看到千沟万壑的黄土断崖、依山而建陈列简陋的窑洞、收集雨水用作饮水的水窖、年近八十仍要下地劳作的百姓，他深刻感受到，此行最大的工作对象就应该是这 231 名困难群众。

阳坡村距离县城约 14 公里，村里人都选择将孩子送到县城上学并随孩子在县城打工。在村里，梁帮龙是全村常住人口中第二年轻的人，唯一比他小的就是村里唯一一名留守儿童、患唇腭裂的一名 5 岁男孩。看着他每天形单影只、无人教育，梁帮龙急在心头。

做　法

一是全面掌握留守儿童情况。驻村第一件事自然是要了解村情民情，梁帮龙每到一户都会给村民拍个照片，详细了解家庭情况和实际困难，晚上立即详细整理每家每户的情况。一个多月，梁帮龙就走遍了阳坡村的每个角落。在他的工作日志里，村子里哪家穷，穷到什么程度，需要什么样

---

* 梁帮龙，北京航空航天大学可靠性与系统工程学院党委副书记，2015 年 12 至 2017 年 2 月任山西省中阳县阳坡村第一书记。

的帮助，全都了然于胸。

村里的 5 岁男孩，是阳坡村唯一一名留守儿童，他的妈妈在他出生后不久就改嫁了，爸爸常年在外打工，只能和年迈的爷爷奶奶相依为命，喝着小米糊糊长大。他天生患有唇腭裂，虽然已经在榆次市免费做了两次手术，但由于创口太大并没有得到有效治疗。孩子虽然已经 5 岁了，但由于没有用心的引导锻炼，更没有任何玩伴儿，他仅能含糊说出"爷爷"和"奶奶"几个称呼，更不要说数数和识字了。如何才能帮到这个小朋友？梁帮龙为此经常彻夜难眠。

二是借助多种渠道获得帮扶资源。梁帮龙和当时挂职副县长的北航同事李建伟在微信朋友圈分享了《小鹰成长计划》的动态，希望大家能够关注和帮助这个可怜的孩子。文字在朋友圈里一经发布，短短 1 小时就有几位朋友表示愿意全额资助孩子的唇腭裂治疗花销，当天就在朋友的帮助下联系了北大口腔医院。之后的几天，梁帮龙每时每刻都在感动着，因为他收到很多朋友和陌生人的关心，大家都有满腔热情要帮帮这个可怜的孩子，都愿意为脱贫攻坚出一份力。虽然治疗款已经有了着落，但是朋友们认为还有很多事情可以做，所以从村里到县城、从县城到北京、从车站到医院，大

个人体会

做好工作要先找到突破口。初到阳坡村，我切实感受到村民对脱贫致富的畏难情绪。但经过北航帮助留守儿童及其家人，让村民们感受到自己的真情实意，村民才会愿意跟着一起干，第一书记的整体工作才能做好。经过一年的努力，村民们脱贫致富的信心足了，终于实现了扶贫先要"扶志"的目标。

扶贫也要"扶智"。留守儿童是全村人关注的焦点，他们是全村人的希望，也是中国乡村振兴战略的实践者。随着城镇化的发展，农村和县城的界限已经模糊，所以无论是留守儿童还是贫困县儿童，他们都应该是扶贫工作的重要对象。由于当地普遍存在教育水平不高，育儿理念落后等现实问题，北航作为高等院校也启动了教师培训、学生交流等活动，这些工作都是非常有必要的。

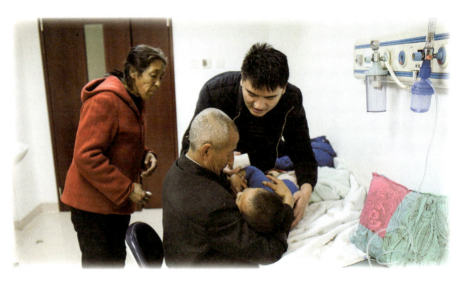

带着阳坡村留守儿童一家人到北京口腔医院手术

家一呼百应，自发组成了爱心接力。梁帮龙再次深切感受到，脱贫攻坚不仅仅是实现全国人民共同奔小康，更是社会正能量的广泛传播。

三是发挥所在单位自身优势。 通过北航志愿者发布的推文，越来越多的人关注到这个孩子，关注到梁帮龙做从事的第一书记工作。大家共同加入到帮助孩子到北京就医的行动中。在北航相关部处、北航学生志愿者、北航校友、北大口腔医院、社会爱心人士等多方通力协作下，孩子在爷爷奶奶的陪伴下顺利进入北京口腔医院进行治疗。遗憾的是，由于他的腭裂创口太大，需要至少超过 7 岁方能通过骨片移植进行唇腭裂修复，之后还有长达两年的牙齿矫正。但是在检查过程中，口腔科医生同时发现由于孩子家庭长期不注重口腔保健，导致其 80% 的牙齿烂根坏亟需通过手术治疗，否则后期会严重影响乳牙更换。北航校友得知情况后，立即协助联系了北大口腔医院，医院考虑到特殊情况优先在一周内安排了手术。经过全身麻醉、近两个小时的手术，医生拔掉了孩子近一半的坏牙，部分安装了金属牙套，仅存 3 颗完整的牙齿。梁帮龙曾在朋友圈写到：前天孩子第一次吃虾，因为牙疼吃不下，他哭了。今天再给他买虾吃，他笑了，我却忍不住哭了。

出乎意料的是，北航校医院在为孩子爷爷奶奶体检过程中发现，他的奶奶胆囊有异物。梁帮龙立即带她回山西定点医院就医并确诊为胆囊癌，但由于病情复杂，医院仅能做插管保守治疗。在持续的推文报道过程中，这个孩子一家的命运牵动了每一位北航人的心，在北航相关部处和校友的大力协调下，梁帮龙带着孩子奶奶四次进京到北大肿瘤医院就医，并通过网络筹款平台向北航师生校友发起爱心筹款，在三天内筹得106831元手术款，最终，北京肿瘤医院经多方会诊，采取植入粒子条抑制肿瘤增长的保守治疗方案。目前，孩子奶奶的身体得到了极好的控制。

四是为留守儿童"扶志"。北京治疗之余，梁帮龙和北航学生志愿者陪伴孩子和他爷爷奶奶游览了北京天安门、故宫、航空博物馆、北京动物园和北航的校园，带领孩子了解大山外面的世界，激发学习知识的好奇心。孩子一家人回村之后，中阳县社会爱心组织立即协助联系了县城特殊小学并全程资助办理入学，北航师生校友也寄来了大量的学习用品和书籍。现在，孩子终于有了自己的同龄玩伴，语言能力也得到了极大地提升。梁帮龙在看望孩子的时候，他用并不清晰的语言告诉大哥哥：我会好好学习的，我希望自己长大了也能到北京上大学，自己以后也要像遇到的大哥哥大姐姐一样多帮助小朋友。

成 效

通过北航帮助孩子及家人在北京就医之后，社会各界给予这个家庭更多的关心和关注，在不愁吃穿的情况下，也实现了"三保障"。中阳县爱心组织为孩子联系了当地的特殊学校并全程资助学习，并在县城为一家人租了一间小平房，解决了孩子学习成才的大问题。中阳县卫计委也主动为孩子的奶奶办理医药费的报销事宜，尤其是当社保局知道孩子爷爷奶奶的社保费是梁帮龙自讨腰包强制给他们缴纳之后，主动向县主管领导请示汇报。县政府高度重视，立即启用扶贫资金为全县60岁以上贫困户购买了医疗保险，解决了贫困户的后顾之忧。

令人欣慰的是，孩子的父亲主动和梁帮龙联系，表示自己会多关心和关注孩子的成长健康，尽到一位父亲的责任，并每个月开始向家里寄一些生活费。一场爱心接力，不仅拯救了一个贫困家庭，更让阳坡村全体村民，包括常年不回村的外出打工者都来关注阳坡村的发展，大家也更加支持第一书记的工作。曾经有关通路、通水、安装路灯等路线方案因涉及村民个人利益而不能成行的工程，这一次都得到了村民们的理解和支持。村民们对脱贫致富奔小康的信心和动力也都提高了，大家说："我们相信党和国家脱贫攻坚的决心和斗志了，我们也愿意跟着北京来的第一书记好好干，跟着他，准错不了"！

点 评

梁帮龙同志把帮助村里唯一一名留守儿童作为精准扶贫的重要抓手，为该儿童提供就医条件，给予悉心照顾并帮助其家庭改善生活条件，让全村感受到驻村第一书记的全力付出和过硬作风，进而树立了良好形象，打开了工作局面。关爱和保护留守儿童是驻村第一书记的良心工程，需要用足用好政策，将各方面的爱心有效整合，在社会、家庭、学校间形成良性互动，努力从人生的第一级台阶开始，为孩子的成长铺平道路。扶贫工作成效体现在具体人、具体事上，只有把力所能及的每项帮扶任务完成好，才能向群众交上一份合格的答卷。

细读群众无字书　精耕扶贫责任田

背　景

　　六枝特区位于贵州省西部，是国家级扶贫开发重点县和滇桂黔石漠化连片特困地区片区县。新窑镇联合村位于六枝特区东部与普定县接壤处。2014年，全村共有15个村民组4730人，其中建档立卡贫困户245户1168人，土地1476余亩，耕地破碎，人均耕地不足0.3亩。2017年6月，中国科学技术大学派杨志伟*任六枝特区联合村第一书记。

　　联合村多年来经济发展未见起色，主要原因有三：一是村里缺乏劳动力，青壮年村民外出务工居多，留守村民以老年人和青少年为主；二是缺乏技术和销售渠道，村民对发展产业兴趣不高、信心不足；三是历任村委工作方法较为简单粗犷，使得村民与村委之间产生隔阂，在集体事务和产业发展方面未形成合力。

做　法

　　一是向群众"取真经"。毛主席说，群众的智慧是无穷的。入村的第一个月，杨志伟便主动向联合村驻村干部、村干部、村贤、村老等请教如何开展驻村工作，联合村退休干部、原店子乡党委书记陈富财告诉杨志伟："做农村工作，要学会嘴里有话，眼中有人。以前店子乡有一个副乡长骑

＊　杨志伟，中国科学技术大学学生工作部（处）辅导员，机关分团委副书记。2017年6月至今任贵州省六盘水市六枝特区联合村第一书记。2018年获贵州省"脱贫攻坚优秀村第一书记"。

自行车上班，每当老百姓跟他打招呼时，他都会下车回礼，他在群众心中的呼声就很高，另外你和老百姓开会说话，要学会几句当地土话，俏皮话，这样开会才会生动"。村支书告诉他："小伙子，我们都知道你很想干事，但是做农村工作不能着急，要一年看，两年干"。大坡上村民给他支招："杨书记，农村工作和上面机关工作不一样。很多事情，既要讲政策，也要讲感情，有些难做的工作在农村是不能强制执行的。遇到难搞的人，你约着我们几个和他玩得好的朋友，在他家坐坐，和他吹吹（聊聊天），很多问题就自然解决了。"这些来自联合村村干部和村民的经验智慧给杨志伟后续的工作起到了很好的指导作用。跃跃欲试的他认识到，只有尽快融入，赢得群众的信任，才能在这场脱贫攻坚战中切实发挥带头作用。

二是做合格"本地人"。为消除和老百姓之间的隔阂，增加彼此的了解和信任，杨志伟主动跟随村干部走访贫困户，了解其生产生活状况；陪同村干部做好森林防火管控、山体滑坡巡逻、垃圾环境治理、辍学儿童劝学等工作。杨志伟还利用开院坝会以及农闲时间宣传农村农业结构调整和扶贫政策，并主动听取大家的想法和意见。在与村民交往中，杨志伟学会了一些土话和当地习俗，学会了本地的划拳，更学会了和老百姓打交道的

带头参与劳动，示范云茸种植

方式。在与平时缺乏关怀的老年人交流时，杨志伟每次都跟他们坐在一起，拉着他们的手，耐心倾听他们的心里话，有时间就多坐半个小时；和返乡青壮年一起时就和他们谈谈外面的世界以及对未来的想法；遇到小朋友他会给他们几颗糖果问问学校好玩的事；和大叔大婶喝几杯酒后就问问他们年轻时风光往事，听听他们喝醉之后表露的心声。随着一点一点深入的了解，杨志伟赢得了村民的认同和信任。"杨书记啊，我不是一本书，如果我是一本书，就把自己打开把你望（给你看），有好多苦，我说不出来啊"，随着陈富美这一句倾诉，杨志伟开心地意识到，自己真正成为了联合村的一员。

三是细节处"给面子"。一个人在得到生理、安全和社交需求之后，最渴望的是尊重需求。尊重，对农村工作来说，就是要学会"给面子"。具体表现在耐心的听他们一次次重复一些短期无法解决的诉求；对于百姓需要上门调查情况的事，不在电话里敷衍了事。杨志伟说他印象最深刻的是，有一次下午四点半村民朱某非要杨志伟去他们家说事情，到了之后杨志伟发现他们菜桌已经摆满了刚做好的热菜，有过年的腊肉腊肠、刚采摘的野蕨菜，以他家条件这应该是最热情的招待了，他以这种"先斩后奏"的方式非要杨志伟留下来吃饭，几番推辞之后杨志伟只好答应下班之后来朱某家吃饭。晚上吃饭时，杨志伟说："朱大哥，

个人体会

由于民俗习惯和受教育程度低等原因，有些偏远闭塞地区老百姓可能会和城市居民在对事物发展的理解上存在一些差异。有时候只有真正了解他们，才能真正帮到他们，而尊重，是打开这扇了解之门最好的钥匙。对我个人而言，担任第一书记期间，让我更深入地了解了农村、了解了中国。更重要的是，我深切地体会到"民心是最大的政治"这句话的内涵，只要坚持"从群众中来，到群众中去"，"带着群众一起干"，"全心全意为人民服务"，我们一定能和广大人民群众紧紧团结在一起，戮力同心共同打赢脱贫攻坚、实现全面小康目标。

其实我今天已经有一个邀请，跟一位致富带头人谈事情，但是为了你我推辞了，一是看得出您确实太热情、太有诚意，另一个是我担心您会误会说因为您家庭简陋一点，而不来你家"。朱某直接回答："杨书记，你说对了，如果你不来，我就会觉得你是嫌弃我们家穷，以后你和我打招呼我也不搭理你了"。

四是用行动"作表率"。杨志伟观察到，大部分村民经常向村里河道和道路上乱丢垃圾。为改善村居环境，建设文明乡村，杨志伟从中国科技大学申请经费为联合村购置了 116 个环卫桶。希望大家可以把垃圾放在环卫桶里，等桶里垃圾满了，再倾倒到村里几个大的垃圾箱中，大垃圾箱会由当地环保公司定期清理。由于卫生习惯还处在养成阶段，大家对于垃圾倾倒都不积极，环卫桶垃圾满了之后，便会在周边形成一个新的垃圾堆放点，村干部去做宣传工作效果也不理想。看到这个情况后，杨志伟带着表明身份的红袖章，不再另外动员村民，自己拖着沉重的环卫桶往垃圾箱走去。刚开始，还有村民围观。当看到杨志伟一个人抬不动环卫桶，而是把环卫桶里的垃圾倾倒在垃圾箱旁边，一铲一铲往垃圾箱铲垃圾时，大家陆陆续续开始走过来主动帮忙，将剩余的环卫桶全部拖到了垃圾箱旁。看着村民自觉围在一起参与到这场宣传了很久仍没解决的垃圾清理战中，杨志伟真切地领会到党员同志要起带头作用这句话的力量。

成　效

在不到两年的时间，杨志伟真正融入到了村民中，他与村民同吃同住同劳动，帮助村民解决实际困难，为联合村引进产业，成为联合村民最信任的"博士书记"。如今，越来越多的村民与杨志伟成为了好朋友，经常就扶贫政策、农村低保、邻里纠纷、务工选择推介甚至婚姻问题来向他寻求建议和帮助，杨志伟走在路上也经常有人叫住他吃饭喝茶。甚至还有村民说："杨书记，因为你，让我愿意重新走进了村委这张大门。"这一点点的变化，在杨志伟看来就是老百姓的信任，而这些信任是他担任第一书

记来最好的荣誉和收获。

经过努力，联合村已于 2017 年顺利完成出列目标，贫困发生率由 25.8% 下降至 0.86%，驻村工作队群众满意度也大幅度提升。两年来，云茸示范种植项目取得成功，联合村已经有十多户村民愿意接受调整农业结构，放弃种植玉米开始推广食用菌云茸种植。在杨志伟和村"两委"协调下，在村民支持下，之前容易被阻工的组组通公路硬化在联合村已经实现自然村寨之间全覆盖；实现联合村贫困户农村合作医疗参合率 100%，适龄儿童零辍学等。

点 评

杨志伟同志在帮扶群众过程中，特别注重群众的细微情感和具体诉求，尽心尽力为群众办好每件小事，努力把握住为民办好"小事"的每一次机会，最终办成了带领群众脱贫攻坚这件"大事"。群众的一桩桩"小事"，是构成国家、集体大事的"细胞"。只有俯下身去、静下心来，精耕细作每件帮扶"小事"，使每个小"细胞"健康起来，才能使全国脱贫攻坚的整个"肌体"充满生机与活力。为群众办好"小事"，驻村第一书记需要在"实"上下功夫，坚持用真情、讲实话、办实事，通过一件一件实事，为群众带来越来越多的安全感、获得感和幸福感。

提升治理水平

要夯实乡村治理这个根基。采取切实有效措施,强化农村基层党组织领导作用,选好配强农村党组织书记,整顿软弱涣散村党组织,深化村民自治实践,加强村级权力有效监督。完善城乡居民基本养老保险制度和基本医疗保险、大病保险制度,完善最低生活保障制度,完善农村留守儿童、妇女、老年人关爱服务体系。推进移风易俗,培育文明乡风、良好家风、淳朴民风,健全矛盾纠纷多元化解机制,深入开展扫黑除恶专项斗争。

——习近平总书记在参加十三届全国人大二次会议河南代表团审议时的重要讲话(2019 年 3 月 8 日)

新"榔规"约出"美好富强"

背 景

贵州省台江县富强村位于黔东南雷公山"苗疆腹地",山大沟深、土地破碎、云遮雾绕,由掌里、排扎、坪寨、展喜四个小村7个自然寨合并而成,呈"大散居、小聚居"分布。方晓安* 刚担任第一书记时,富强村是全县出了名的"落后村"。村里垃圾遍地、污水横流,村集体经济一穷二白。比"脏乱差穷"更糟心的是"软弱涣散"。"小村并大村"后一直"并村难并心",各寨子隔阂重、矛盾多、纠纷乱,村里集体事务无人肯管、无人敢管,村干部纷纷外出打工,"两委"成员只剩一个年迈的老支书。2017年底农村基层党建评比全县"倒数第一"。

做 法

一、访村情,从传统乡风民俗探寻治理之道

这样的"硬骨头"怎么啃?方晓安到任后直接住进了农户家,用三个多月时间挨家挨户走访了全村贫困家庭,与各寨的父老乡亲广泛交流,查阅县志,询问村史,深入了解当地苗族历史文化、风俗习惯和各寨的家长里短,在走寨入户中加深对苗族村寨传统治理方式的认知和领悟。

"榔规"是贵州台江等地苗族沿袭千年的乡社习俗,即大家共同制定

---

* 方晓安,中央组织部人才工作局调研员、副处长。2017年9月至今任贵州省台江县富强村第一书记。

的"寨规"，由本寨推举一到三名德高望重、处理事务能力强的人担任"榔头"，然后选定吉日带领全寨人进行"议榔"。内容包括对山林、田土、房屋的保护，沟渠、河流、婚姻纠纷的处理，抵御外侮、兴修水利、防火防盗等集体事务的共同参与。这些事项全寨讨论后以"喝血酒"形式确定下来。通过"榔规"这一古老的村规民约，苗族同胞在偏远恶劣的大山深处守望相助、抱团取暖。历史上，"榔规"对当地生产发展、文化传承、民族团结、社会和谐等起到了积极作用。直到现在，"榔规"这种最古老的村规民约还在约束着苗人的言行，例如乡村路旁的木头只要有人作了标记，第二个人绝不会拿走。方晓安心想，这不就是最古老的"村规民约"么？能不能把"榔规"加以改造创新，团结村民一起脱贫攻坚呢？

二、聚民意，结合新时代新要求提炼新"榔规"

一个细雨蒙蒙的夜里，方晓安将村里的党员、各寨子德高望重的"寨老"、公平理讼的"理老"、在外创业的"乡贤"以及妇女代表召集在一起开会。主题只有一个，就是怎么把富强村建设好发展好。大家七嘴八舌，"神仙会"开得热闹，各种意见想法都摆了出来。方晓安一边和大家讨论，一边合理引导，结合产业兴旺、生态宜居、乡风文明、治理有效、生活富裕的"乡村振兴"二十字方针，提出"美好富强"目标，号召建设"环境美、民风好、百姓富、支部强"的真正富强村，大家听得一个劲儿点头。抓住时机，他马上掏出事先拟好稿子集体"议榔"，与大家共同探讨制定新"榔规"。经过几番讨论后，

个人体会

脱贫攻坚最要紧是发动群众。而在组织动员群众过程中，一定要让群众发自内心去认同和接受，要"让群众做自己喜欢的事"、"让群众以自己喜欢的方式做事"。"榔规"是我学习当地苗族历史文化后获得的有益启示，通过对其改造创新，赋予脱贫攻坚时代内容，使这一古老的村规民约在凝聚人心、团结奋斗中发挥了积极作用。

最终商定新"榔规"一共10条，内容包括爱党爱国、孝老敬亲、崇学重教、勤劳致富、诚信立身、友睦相助、修身积德、保护生态、清洁卫生、防火防盗等。既有传统良俗美德，又增添了时代内容，好学易记，实践起来也摸得到、够得着。通过"围炉夜话"，富强村建立以"美好富强"为共同愿景、"十要十戒"为行为标准，"五罚二奖"为奖惩措施的富强村新"榔规"。随后，富强村新"榔规"在全村大会上集体表决通过，村里又建起广播站、文化墙、公开栏，反复宣传"十要十戒"。很快，"美好富强"新榔规便家喻户晓、尽人皆知了。

三、带头干，村规民约塑造精神面貌新气象

订立榔规的过程也是发现干部、物色人选的过程。通过集体"议榔"，威信高、能力强、办事公道的人"脱颖而出"。把"议榔"习俗与法律法规结合起来，富强村依法选举组建了村"两委"和村务监督委员会。有了带头人，全村男女老少就有了主心骨。"新班子"上任第一件事，就是带着全村男女老少搞卫生。按照新"榔规"第九条"要清洁卫生，戒肮脏邋遢"，各寨各组分片自发开展义务劳动，清理垃圾、栽花种草、美化环境。参加

与村民一起在荒坡开辟棕叶基地

劳动者由各寨小"榔头"（村民小组长）登记造册，每月张榜公布。乡村卫生环境迅速改善，人的精气神也起来了。过去，村里"开会叫不齐""做事喊不动""党费收不起"，连合作医疗、养老保险缴费都十分困难。现在用新"榔规"一号召，全村自发跟上。例如，村里发展粽叶产业时，各寨自发开始了劳动竞赛，战严寒、斗凝冻，没要政府一分钱扶贫款，一个冬天就在闲土荒坡中开辟了520亩粽叶基地，远超预期。

四、办实事，共同奋斗促进村寨建设新变化

规矩有了，办事推动也快。过去想安装太阳能路灯，但安在谁家门口，哪个寨子多哪个寨子少，各种扯皮导致久拖不决。过去想修通组路，但占了谁家田地山林，路线从哪里走，总有个别村民出来阻挠生事。有了新"榔规"，村"两委"做民事工作时把"十要十戒"拿出来，寨上老人妇女一说，工作很快就做通了。到年底，全村4条新修通组乡村路顺利竣工；350盏太阳能路灯实现全村人居点全覆盖，垃圾转运、污水处理、消防安全、灌溉水渠、生产便道等一批农村基础设施相继建成或开工，一些村民长期盼望而久拖未决的问题得到有效解决。村民投工投劳，把原来废弃的村小学改造成村民活动室，花小钱也能办成大事。在"美好富强"新"榔规"引领下，全村心往一处想、劲往一处使，齐心干事成为新风尚。富强村成为全乡第一个实现"组组通硬化路"、第一个实现"路灯照明全覆盖"、第一个实现"寨寨有文化设施"、第一个实现"广播响起来"的行政村，水、电、路、网、讯五项指标均已达到县级标准。

成　效

实践来看，富强村新"榔规"贴合苗族传统，又符合现代乡村治理规律。"美好富强"新榔规已成为富强村凝聚人心、集体向善、团结奋斗、抱团发展的重要法宝。全村男女老少奋斗有目标、干事有劲头。村集体经济从零起步，成立村办企业贵州九方实业发展有限公司，创办了九方民族

服装厂、五彩姊妹食品厂、富强粽叶加工厂，2018年底营业收入67.9万元，村集体经济从一穷二白实现历史性跨越。环境美了，参加寨子"清洁风暴"集体义务劳动成了村民自觉习惯，不仅摘掉了环境卫生"黄牌"，还一跃成为全县第二。民风好了，全村无一起信访、无一起赌博、无一起盗窃、无一起私砍滥伐，无一人因贫辍学，无一位遗弃老人，社会综合治理全县先进。百姓富了，服装厂马达声声，食品厂热气蒸腾，粽叶厂人来车往，许多人实现"家门口就业"，甚至年迈的老太太也乐呵呵要"上坡打粽叶"，村集体经济跃居全县前列。支部强了，全年召开党员大会11次，组织主题党日活动7次，党员角色意识和带头作用显著提升，富强村被明确作为全县基层党建规范化建设两个"标杆村"之一，甩掉了党组织软弱涣散的帽子。

点 评

脱贫攻坚进入关键期，建立切实可行的村规民约，激发贫困群众自力更生、艰苦奋斗的意识，发扬扶贫济困、守望相助的传统美德，对于打赢脱贫攻坚战乃至实现乡村振兴都具有极为重要的现实意义。

案例中的万晓安同志，深入学习贯彻习近平总书记重要讲话精神，充分挖掘当地少数民族乡村治理的特点，在旧习俗中融入了时代使命，将其改造成为服务脱贫攻坚和乡村振兴的有效手段。新"榔规"引导群众转变观念，在脱贫致富的路上齐努力、共使劲，促进了农村发展自我良性循环更新，实现了人居环境的改善和经济的腾飞，不仅在富强村脱贫攻坚工作描上了浓墨重彩的一笔，同时也对其他地区尤其是少数民族地区有效开展乡村治理、助力脱贫攻坚起到了示范作用。

科学引导有效推进民族乡村脱贫攻坚

背 景

　　红星村位于甘肃省广河县庄窠集镇中南部，属于国家"三区三州"深度贫困地区，自然条件差、经济基础弱、贫困发生率高。全村耕地面积约2047亩，人均1.37亩；农业结构单一，以玉米、小麦为主，可供开发的自然资源不多，群众收入主要以农耕、畜牧养殖与外出务工为主。全村百姓民族成份为回族、东乡族，普遍信仰伊斯兰教，共有331户1497人，2014年确立的建档立卡贫困户有201户，贫困户占总户数的60%。

　　该村脱贫难点主要有以下几个方面：一是地处西北山区，区位优势不佳，自然资源相对匮乏，经济基础薄弱，缺乏产业带动，经济没有"造血"功能；二是贫困人口基数大，少数民族高度聚居，特殊的宗教民俗在一定程度上限制了群众脱贫致富的积极性，村民极少外出务工和发展生产，且红白喜事等方面的风俗也加重了经济负担；三是党员干部文化水平较低，工作思路不够开阔，在移风易俗、发展生产方面缺乏得力措施，未能有效推进乡村治理。

做 法

　　常超*到村任职后，结合当地宗教氛围、民族风情浓郁等现状，分析

---

*　常超，中央台办宣传局四级调研员。2017年9月至今任甘肃省广河县红星村第一书记。

导致农村治理步履维艰的原因，将解决问题的办法归纳为两个维度：其一，配强"两委"班子，提高干部解决问题能力，改变以往党员干部思路不开阔、执行力不强的弊病，以新思路、新措施推进乡村治理；其二，弘扬文明新风，树立模范典型，科学引导宗教助力乡村治理，在宗教习俗中注入新时代理念，弱化宗教元素中不合理部分对当地乡村治理的影响力与约束力，以新气象、新风尚推进乡村治理。具体而言，从以下三方面着手展开工作。

一是配强"两委"班子，打牢乡村治理干部基础。想要改变部分宗教习俗对少数民族生产生活的束缚，必须要有思想先进的带头人做工作。然而老村"两委"班子成员普遍年龄偏大、文化水平低，在一定程度上造成了办事思路老化、僵化的现状。村支书识字不多，在党建工作、整体统筹方面作为有限；副书记年龄六十有余，体弱多病；其他干部或多或少人浮于事，存在做一天和尚撞一天钟的心态。因此，推动乡村治理的第一要务是"重装"班子、配强干部，打牢乡村治理干部基础。常超同志多次向镇党委反映村"两委"班子情况，并向县委组织部领导咨询改造班子的良方。

常超在红星村党支部第一党小组会上发言

在把握了调整班子的大方向后，他一方面与现任干部谈心，表明态度，征求意见，探讨思路；另一方面向老百姓了解情况，多方挖掘有文化、有上进心且有意向参与乡村治理的优秀人才，推荐到村锻炼，素质高、进步快的推荐给镇党委。经过锻炼积累，这些年轻干部能力大大提升，在群众中树立了良好口碑，为村"两委"班子的优化奠定了基础。村"两委"调整后，村支书由一位理论功底、办事能力俱佳，拥有本科双学位的年轻干部担任，老支书调整为副书记，继续发挥其协调、号召优势。此外，还培养了一位干事创业能力强的年轻人作为村主任人选，镇党委还专门委派了一名高学历乡镇干部作为包村领导，全面指导村"两委"统筹协调工作。经过调整后，村"两委"补充了新鲜血液，干事创业能力大大提升，乡村治理干部基础更加牢固。

个人体会

在民族地区驻村，首要工作是处理好与当地干部、群众的关系，通过做一件件利民惠民的实事，显示自己的责任心与能力，赢得当地干部群众尊重和认可。民族地区的宗教氛围较为浓郁，在一定程度上影响党建工作、精准扶贫工作的良性开展，通过建强班子，提升村"两委"人员素质，提升乡村治理水平，塑造典型、弘扬正能量，有分寸地引导村民摆脱民族宗教约束中不合理部分，提振民族地区贫困人口精神气儿，以发展生产为首要目标，激发整村活力，引导村民走向富裕之路。

二是移风易俗树典范，引导村民走向富裕之路。常超同志所驻村为回族、东乡族聚居区，穆斯林群众占比高。带有民族特点的风俗习惯、严格的宗教仪轨在一定程度上约束了群众外出务工，影响了地区产业发展规划。针对这一问题，常超同志推动村委会每月召开村民知情大会，介绍本单位帮助协调的劳务输出岗位及相关奖补政策，协调乡镇印发宣传单，鼓励务工增收的受益者现身说法，逐步打消村民囿于民俗、仪轨，对外出务工摇摆不定的疑虑。鼓励村内在种养殖方面有经验的青年申请产业扶植资金，壮大种植、养殖规模，打造致富模范，鼓励无法外出的穆斯林妇女在村里参与本单位协调的委托加工项目（小灯泡制作、羊皮坎肩缝纫等），打造"炕头经济"。以发展农村生产的新目标，以青年典范的正能量引导村民摆脱民族宗教约束中不合理部分，引导村民走向富裕之路。

三是规范红白事操办，弘扬新风尚，促进和谐稳定。一直以来，村里百姓囿于传统宗教习俗和观念，在婚丧嫁娶方面苛求繁文缛节，并且造成盲目攀比的现象，加重了村民的负担，有碍于新时代新风尚的形成，不利于乡村治理与和谐稳定。针对此现象，常超同志多方调研，向县政府有关部门反映情况、咨询意见，推动本村制订相关乡约民规，规范红白事操办，对抛出高价彩礼要求的群众开展谈心谈话，提倡发扬艰苦奋斗、勤劳致富的优良作风，抵制不劳而获、争强斗富的错误思想；及时处理因红白事产生的矛盾与纠纷，利用村民知情大会通报情况，让群众们明道理、辨是非，逐步改变村"两委"对此等"家事"不加治理的情况，改善乡村治理思路，弘扬红白事简办新风尚，促进乡邻和谐稳定。

成　效

常超同志以推进移风易俗为工作主线，引导村民摆脱民族宗教约束中不合理部分，解放思想，发展生产，使得红星村整体工作变得顺畅起来。在他的不懈努力下，全村脱贫攻坚事业取得长足进展。

一是村干部、百姓精气神儿得到提振。以村"两委"班子过硬素质为支撑，以典型人物先进事迹为号召，让大家竞相对美好生活产生憧憬，卯足"撸起袖子加油干"的冲劲儿，逐步摆脱多年来束缚群众的传统思维、旧式风俗，村里的发展越来越有活力、有希望。

二是脱贫攻坚取得显著成效。常超同志上任至今，全村贫困发生率下降了近30%，受到当地老百姓和党员干部的广泛赞誉。按照中央"两不愁、三保障"的标准，红星村业已提前完成脱贫任务；目前正着力按照甘肃省制定的现行脱贫标准强化脱贫攻坚部署，预计 2019 年年底实现整村脱贫。

点　评

　　民族地区是打赢脱贫攻坚战最难啃的"硬骨头"，但这块骨头必须啃！习近平总书记强调"全面实现小康，少数民族一个都不能少，一个都不能掉队"，因此，必须要以脱贫攻坚统揽民族宗教工作，积极引导宗教与社会主义社会相适应，为打赢脱贫攻坚战役作出新的贡献。

　　民族地区攻坚难度大，案例中，常超同志深刻认识到这一点，坚持宗教与脱贫攻坚相结合，着力移风易俗，转化宗教观念，促进宗教信仰与新时代相适应，提升少数民族群众脱贫的内生动力，在宗教习俗中注入新时代元素。注重培养一批当地的年轻干部，把国家的政策用好用活，使民族地区发展的基础更牢固。"输血"和"造血"并重，让民族地区强筋壮骨，在小康路上行稳致远。

依托"微信群"助力"微自治"

背 景

南程村位于河北省临城县，张力*2015年到该村任第一书记。驻村两个月后，张力在与村民聊天过程中发现，村里的很多年轻人之间互相并不熟悉，有的相见面熟却叫不出彼此的姓名，有的只知道对方乳名，却不了解近况。农村本来就是一个"熟人"社会，作为年轻人本应相互之间沟通联系很多，却有"老死不相往来"的迹象。

随着时代的发展，新媒体在人们工作生活中的运用越发普遍，但由于各种原因，农村对于新媒体的运用，尤其是发挥新媒体在农村治理中的作用尚显薄弱。发挥新媒体作用管理好党员，拓宽农民参与农村治理的渠道，培育农民的理性参与意识和行为，引导农民参与到共建共享的农村社会治理，张力在实践中依托"微信群"探索农村"微自治"。

做 法

一、建立"微信群"，搭建"虚拟村社"

针对村内有的年轻人互相不认识的现象，张力第一个想到的是建立一个"微信群"，把大家都拉进来聊天，利用年轻人喜欢"新媒体"的偏好，

---

* 张力，中央和国家机关工委办公厅副处长。2015年至2017年任河北省临城县南程村第一书记。2016年，被河北省评为精准脱贫"优秀驻村第一书记"。

通过搭建"虚拟村社"让大家逐渐熟悉起来。他认为，只有彼此熟悉起来，共同创业才有了感情基础。

首先，他与新加的几位年轻村民建了个微信群，取名"锦绣南程"。微信群建好后，张力走到哪里，见到村民就拿出手机请求"扫一扫"，请村民进入微信群。这样，很快微信群里的村民越来越多。同时，对于不会用微信的年长者，他就手把手地教他们使用微信，学会在微信群里聊天。时任村支部书记已经65岁了，就是张力亲手教会他使用微信的。后来，老支书用微信的"事迹"被县委书记知道了，在大会小会上表扬，鼓励村党支部书记学会用微信加强党员管理和农村治理。

受到"锦绣南程"微信群的启发，张力又建了3个微信群，一个是"南程中军帐"，这是"两委"班子成员的微信群；另一个是"南程党员先锋社区"，这是南程村全体党员的微信群；此外，他还专门为南程村在外大学生建了个微信群。

个人体会

新媒体在农村地区的覆盖与普及，正深刻影响着农村的内外部治理环境，改变着农村的治理生态。新媒体促进了农民主体意识的觉醒，搭建了农村与外界沟通的平台，提供了农民维护自身权利的新工具。因此，在农村治理过程中，应坚持系统治理，优化社会治理模式；坚持依法治理，改进社会治理方式；坚持综合治理，强化社会治理功能；坚持源头治理，确立社会治理重心。发挥"系统治理、依法治理、综合治理、源头治理"的协同作用，全面提升农村治理的能力和水平。

二、利用"微信群"，推进村务公开

对于上级要求公开的村务，要在"村部"公示栏公开，同时在微信群里进行公示，让群众及时了解和掌握"两委"工作开展情况。对于上级没有要求公开的村务，经过"两委"班子研究决定，认为应该让群众了解的内容，也常常在微信

与村民一起参加劳动

群里发布，让更多的群众知晓。对于一些日常性事务，经常在微信群里通知，通过"@所有人"的方式提醒群众及时了解信息。比如，停电停水信息，提前发布请大家做好准备；雨雪天气，发布温馨提示，提醒群众注意行路安全等。

三、利用"微信群"，畅通民意通道

有很多村民向张力建议微信群应该实名化，但他一直没有吸纳这个建议，坚持微信群里可以用实名，也可以用网名。他认为，微信群本就是虚拟空间，在这个虚拟空间里，任何村民都是公平的，言语都是自由的。实践证明，自由，为村干部打通了体察民情的真实通道，自由，也为村民自治奠定基础。工作生活中，张力常常在微信群里看村民们聊天唠嗑，东家长西家短，正是这些拉家常让他了解到很多从村干部那里，从与群众的见面交谈中了解不到的村情民情。谁家有人生病了，他就去看望一下；谁家有东西在村内丢失了，他就在微信群里"@所有人"，请大家帮忙找找看。也有群众在微信里反映问题的他就约着线下仔细听一下情况等。微信群作为干群关系的粘合剂，把村干部与群众的关系拉

得更近了。

四、利用"微信群"，引领文明乡风

微信群是自由的虚拟空间，群众往往更加直接地表达对一些问题的看法，对村里工作的建议，对邻里之间一些误会的不满，甚至还会带有口头禅或脏话。对于群众在群里表达的与党中央大政方针有悖的言论，张力总在第一时间旗帜鲜明地予以制止，并做适当的解释或疏导，不方便在线上谈的，就约定线下做好思想工作。对于群众在群里向村里提出明确建议的，一经看见，张力就要及时回复，能够采纳的采纳，不能采纳的做好解释，并鼓励继续关注支持村"两委"的工作。对于在群里发牢骚讲怪话不利于团结的，张力往往不先在群里回复，而是先弄清事情真相原因，一方面在群里做好安抚，另一方面线下进行调解。对于在群里说脏话的，张力及时制止并用村规民约、行为美德进行教育，把一切不利于团结，不利于乡风文明的言行引领到积极向上的正能量上来。

五、利用"微信群"，培育致富力量

微信群是发现人才、培育致富带头人和后备力量的好平台。日常交流中，张力注意发现群众中谁的文笔好一些、谁在某个方面有特长、谁的思想先进一些、哪家媳妇孝敬老人、哪家孩子学习成绩一直很好等，这些都成为他开展工作的重要人力资源。比如，通过微信群的聊天中，发现村民张女士的馒头做得好，村里的乡亲们都爱吃，他就鼓励张女士创办馒头坊，不仅让全村的乡亲都吃上好吃的馒头，还让县城里的人也能吃上好吃的馒头。如今，张女士的"小霞面坊"越开越红火，成了当地的一张名片，家庭收入也大大提高。聊天中，得知村里很多中年妇女都会织粗布，他就鼓励大家创办"粗布坊"，成为村里中年妇女一个重要的致富路径。对于文笔好一些村民，他还会介绍一些简单的文秘工作给他们。对于喜欢写作文的孩子，他就亲自给他们改作文，推荐在文学刊物上发表，鼓励孩子努力学习。

成　效

　　张力在驻村工作中，注重打基础、带队伍、抓治理、促脱贫，探索出很多行之有效的方法。其中，运用"微信群"这一新媒体，有利地促进了农村"微治理"。

　　一是密切了干群关系，提升了农村基层组织威信。微信群为村干部与群众密切沟通拓宽了时间维度和空间维度，即不受时间和空间的限制，干群之间随时随地都可以真实真情地沟通。干群关系的密切增强了群众对村"两委"的信任度，从而提升了农村基层组织的威信。

　　二是拓宽了自治渠道，促进了农民主体意识觉醒。微信群为村民参与村务村政打开了自由的通道，潜在地促进村民意识到，村里尊重我，我是这个村子的主人。村民主体意识的激发，客观上促使村干部更加廉洁奉公，从而推动了村民自治向健康方向发展。

　　三是温暖了乡风文明，汇聚了共享共建发展力量。一方面村民在微信群这一虚拟空间的自由表达，无形中让人与人之间的关系变得更加简单和透明，邻里之间的误会和矛盾相对减少，村风更加文明。另一方面通过微信群的自由表达，使一些农村人才得以显露，发挥好他们的特长之处，以"能人治村"推动农村共享共建共同发展。

点 评

　　治理有效是实现乡村振兴的基础，加快推进乡村治理体系和治理能力现代化是实现乡村振兴的必然路径。如何促进村民参与意识的提高，是推进基层民主、规范村民自治、完善农村基层治理模式亟需解决的问题。新媒体作为新兴的传播形态，对于推进乡村有效治理具有重要意义。

　　案例中，张力同志充分把握住"微信群"传播范围广、互动性和参与性强的优势，发挥"微信群"的宣传作用和交流沟通功能，探索出一套"乡村治理＋新媒体"的自治模式。通过建立整村"微信群"，促进政务公开，畅通民意通道，保障村民的知情权、参与权、表达权和监督权，使村民的政治意识由被动变为主动，由消极变为积极，提高了乡村治理水平，为乡村振兴奠定了重要根基。

加强环境治理　刷新乡村"颜值"

背　景

　　甘顶村地处云南省大关县木杆镇最南端，位置偏远、交通不便，山高坡陡、产业单一，农民生产生活基础设施落后，是乌蒙山区典型的深度贫困村。其中，农村的环境卫生问题尤其突出。村里给人最大的印象就是脏乱差：房前、屋后、河滩、沟背，各种垃圾随处可见；果皮、烂菜叶子、塑料袋、废纸、烟盒、饮料瓶、炉渣，甚至是人畜粪便等，各种垃圾应有尽有；特别是一到雨季河沟涨水，各种垃圾就会和着淤泥被大水直接冲进各家堂屋、学校操场，散发出种种恶臭。

　　糟糕的环境卫生状况，折射出村民们的生活习惯、环境意识等缺乏有力的引导，也反映了当地卫生基础设施建设的不足。如果对当地的环境状况置之不理，长此以往，会导致村民们形成对于改变贫困现状的无力感，甚至会使得贫困户对贫困状态习以为常，最终将影响脱贫内生动力。基于此，当地的驻村干部深感环境治理问题的重要性和急迫性，并结合当地实际，积极开展甘顶村的环境治理建设。

　　2016年，张北发[*]驻村开展工作。

---

[*]　张北发，中央党校（国家行政学院）信息技术部职工。2016年10月至2018年11月任云南省大关县甘顶村第一书记。

做 法

一、规范村规民约，提高村民环境保护意识

村规民约是全体村民为维护该村的社会秩序、社会公共道德、村风民俗、精神文明建设等方面制定的约束规范村民行为的一种规章制度。但张北发在走访中发现甘顶村乃至一些邻村的村规民约，表面上是村民商量后的共同约定，实际上很多是乡政府的统一规定，群众知晓度和认可度不高，实际操作性不强。在广泛听取村民意见后，他带领村委会适应环境治理工作的实际情况，将环境保护列入新的村规民约。通过借鉴城市环境卫生管理的经验，引入环境治理责任制，与村民挨家挨户签订"房前屋后三包"责任书，并建立村组微信群和村广播站大喇叭，向大家宣传爱护环境卫生理念，联系学校组织小学生捡垃圾，以小手拉大手，教育带动广大农户不要乱丢垃圾。

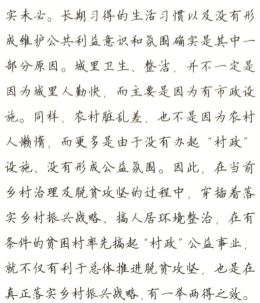

个人体会

农村为什么会脏乱差？是因为农村人懒吗？其实未必。长期习得的生活习惯以及没有形成维护公共利益意识和氛围确实是其中一部分原因。城里卫生、整洁，并不一定是因为城里人勤快，而主要是因为有市政设施。同样，农村脏乱差，也不是因为农村人懒惰，而更多是由于没有办起"村政"设施、没有形成公益氛围。因此，在当前乡村治理及脱贫攻坚的过程中，穿插着落实乡村振兴战略、搞人居环境整治，在有条件的贫困村率先搞起"村政"公益事业，就不仅有利于总体推进脱贫攻坚，也是在真正落实乡村振兴战略，有一举两得之效。

二、建设卫生处理硬件设施，奠定环境治理基础

卫生硬件设施是开展环境整治的必要条件，是确保环境治理工作顺利进行的物质基础，但由于该村能用于环境治理的经费有限，卫生处理的公共设施和公共场地一直未能提上日程。为此，张北发同志多方联系县上和镇政府，争取到了资

张北发来到甘顶村村委会，带领村"两委"打扫村委会卫生

金项目支持。在他的建议和指导下，甘顶村花费 7.8 万元购置了一辆中型翻斗车作为垃圾收储车，并在远离水源的偏僻之处修建了一处垃圾填埋场，率先搞起垃圾收储、填埋。自此以后，每逢农历三、六、九赶集日晚上 6 点，垃圾收储车就会准时播放起"世上只有妈妈好"音乐，沿路收集各家垃圾运到垃圾填埋场处理。刚开始时，由于没有司机，张北发就亲自开着垃圾收储车收集垃圾，沿路的村民们一听到提示音乐就会将自家几天来积攒起来的垃圾倒入垃圾收储车。

三、拓宽垃圾收储车的用途，支持当地的乡村建设

在不需要收储垃圾的日子里，那台中型翻斗车还会被用来帮助村里在修路、铺桥等公共事业时运送沙子、水泥等建筑材料，或者在村民有需要时去帮工。2017 年雨季，甘顶村中坝公路被洪水冲出了一个大坑。张北发开着村上的垃圾收储车带领驻村扶贫工作队及时赶到现场处理，当地群众积极参与劳动，不一会儿大坑就被填平，车辆得以恢复通行，在场地群众欢呼雀跃。

四、开发扶贫公益性岗位，助力贫困人口脱贫致富

如何在改善环境治理的同时增加贫困人口的收入？张北发结合垃圾收储车的管理工作，尝试设立公益岗位。目前，已经设立了一个公益性岗位，提供给有意愿、会开翻斗车的建档立卡贫困户，增加了该户贫困户的收入，帮助他整个家庭摆脱了贫困。未来，甘顶村会根据实际需要增设公益岗位，并根据贫困人口的收入情况科学调整岗位人选，帮助更多贫困人口走出贫困。

成 效

一、村民的卫生意识明显增强，乱扔垃圾现象明显减少

每家每户都会在临街的房前放上一个临时存放垃圾的筐或桶，大家看到路上的果皮纸屑也开始捡拾起来扔进垃圾桶。后来，每家每月还会主动上交10元垃圾清运费，所得资金用于发放司机劳务补贴以及补充油料消耗、进行车辆维护。向农户宣传爱护环境卫生，保持农户室内外环境卫生干净整洁，并要求他们形成常态，自觉打扫，不乱堆乱放，让农户从思想上认识并转变生活卫生习惯，带动更多老百姓改善环境、促进人文素质乡村卫生的提升。

二、村容村貌显著改善，村民生活条件显著提升

经过乡村环境治理，甘顶村的环境状况明显改善。对比两年前村里的卫生处理情况，现在甘顶村的垃圾处理更集中，也更规范。全民参与的大卫生格局，居民文明素养日渐提升，使甘顶村逐渐成为生态和谐的美丽乡村。现在打开窗户就是绿水青山，一幅"宜居宜游宜业"的美丽画卷正在精心绘就。

三、干群关系明显改善，进一步促进了脱贫攻坚的落实

在甘顶村，只要一提到第一书记，村民就啧啧称赞："北京来的张书

记是真正来扶贫的，扎实得很"；"张书记每天晚上到小组的农户家走动，跟我们聊天，一点架子也没有"；"大家有什么想法，都愿意找他去说"；"他晴天经常穿着一双胶鞋，雨天穿着一双水鞋，与我们当地的群众没有什么差别"。这些都是张北发给当地干部群众的印象。慢慢地群众工作比以前好做多了，甘顶村脱贫攻坚中许多原来比较棘手的工作也都逐渐打开了局面，收到了意想不到的效果。

点 评

> 乡村环境问题不仅关乎乡村居民的健康生活，更关乎着乡村的发展。推进乡村环境治理是实施脱贫攻坚和乡村振兴战略，推进乡村绿色发展，打造人与自然和谐共生发展新格局的紧迫任务。
>
> 张北发同志在借鉴城市环境治理经验的基础上带领甘顶村进行的乡村环境治理改变的不仅仅是村容村貌，更重要的是改变了村民的思想意识和精神面貌。不乱扔垃圾看似是一个单纯的行为转变，其实是甘顶村人的思维方式和精神意识的转变。同时，环境治理与公益岗位的结合实现了农村垃圾集中处理工作的可持续发展以及乡村公益和贫困户私益的良性循环。甘顶村环境治理的经验为其他地区推进脱贫攻坚和实现乡村振兴提供了有益的借鉴。

群众文化起　乡村四季兴

背　景

　　山西省壶关县属于革命老区、矸石山区，生产生活条件落后，水池村位于县城东南，有耕地面积 464.5 亩，村民 158 户 438 人，2014 年建档立卡贫困户 81 户 190 人，全村人均收入 2100 元，村集体收入为零。村里长期搞派系闹矛盾，村风民风一直较差，村民无奈地说：水池村是全县最乱的贫困村。"水池村，脏乱差，外村姑娘不愿嫁"，真实地反映了水池村的状况。

　　2017 年 7 月，全国总工会夏成方[*]到水池村担任党支部第一书记。在各方关心支持配合下，他和党员群众撸起袖子加油干，精准扶贫精准脱贫，特别是唱响"文化建设四季歌"，振奋了群众的精气神，使贫困的小山村充满了活力，各项工作迈上新台阶，"水池村，变化大，再多困难也不怕"成为老百姓今天的真切感受。

做　法

一、推崇劳动文化，激发内生动力

　　以前，水池村懒汉比较多，没有形成劳动致富的良好氛围。村民李有才 50 多岁，整天游逛，什么活都不愿干，他常说：费那劲干吗？咱是贫

---

[*]　夏成方，全国总工会权益保障部原调研员。2017 年 7 月至今任山西省壶关县水池村第一书记，2018 年 10 月被评为"中央和国家机关脱贫攻坚优秀个人"。

困户，再困难也有国家政策兜着呢。抱有这种心态的人在村里并不少见。习近平总书记强调，脱贫致富终究要靠贫困群众用自己的辛勤劳动来实现。让每一户都动起来，让劳动成为村民幸福的源泉，是夏成方迫切要引导村民做到的。

一是组织劳动竞赛，鼓励年轻人外出务工，老年人在村内打零工；二是实施政策激励，村民务工收入每超过5000元奖励100元，村民每种一亩蔬菜奖励500元；三是依靠示范带动，评选"水池劳模"、"水池致富能手"、"水池优秀在外务工人员"、"脱贫光荣户"，让热爱劳动的村民上光荣榜；四是开展宣传教育，培训劳动技术、介绍致富经验，设立"劳动最美丽、劳动最光荣、劳动最伟大、劳动最崇高"文化墙，形成了勤劳致富的氛围。2018年，水池村建起了特色农业产业园区、航天品种示范基地，40多户贫困户主动参与产业结构调整，人均增收3000元。还有50多人到北京打工，李有才也成了"北漂"，半年挣了两万多。他说："不干咋行？靠双手才能过上好日子，才会有劳动的快乐。"

二、弘扬孝道美德，增添家风热度

水池村有90多位老人，原

个人体会

其一，打赢脱贫攻坚战离不开乡风文明的引领。脱贫攻坚必须激发内生动力，通过有效的文化宣传教育，并辅以必要的政策、机制，培养良好氛围和风气，才能真正使群众产生"我要脱贫、我要上进"的积极性，各项工作才能快速推进。

其二，群众文明素质要与生活水平同步提高。脱贫攻坚不能只抓硬指标，必须同时抓好群众的思想教育和文化生活，以文化滋养群众，提高村民综合素质。而文明素质又将有力推动中心工作的开展。

其三，乡风文明建设要结合村民实际。各项宣传教育活动和形式，既要让群众易于接受，更要让群众乐于参与，让群众成为乡风文明建设的主角，让乡村文化活动成为群众生活中必不可少的一部分，使教育成果更为有效、更为持久。

先问起孩子如何孝敬时，老人们常说"孩子们自己还顾不过来呢，我们就凑合着活吧"。"孝道"在农村已经存在一定的缺失。原其家老两口都80多岁了，住的是全村最破的房子，每次下雨，夏成方都要去看一看，以免发生意外。而他的4个子女则住着宽房大屋。

习近平总书记要求："要强化家庭成员赡养、扶养老年人的责任意识。"夏成方和村两委干部策划组织了"水池村孝亲敬老节"。重阳节这天，全村老年人在村委聚会，村里媳妇给老人包孝心饺子，亲自端给老人。老人们穿新衣、吃蛋糕、照合影、上电视，从来没有这么开心过。随后，村里又组织开展了"水池好媳妇好儿女好公婆"评选、"夸夸我家人"活动，打造了"孝文化"主题广场，组织学生讲孝老故事，宣传水池家风家训典型事例，免费照全家福，使村里年轻人受到触动，孝敬老人、婆媳融洽、家庭和睦渐成风气。原其家老两口也被儿媳妇接到家里，老人每次见到村干部都说："放心吧，我们现在过得可好了。"2018年10月，村里又举办了"第二届孝亲敬老节"，许多在外打工的年轻人专程赶回来表达

夏成方为评选出的"水池好媳妇"颁奖

孝心，这一天成了全村最隆重的节日，传统文化在每个人的行动中得到传承。

三、丰富文化活动，吹送生活清风

水池村民打麻将曾经比较盛行，差不多每家都有麻将桌，小赌不断，大赌常见，带坏了村里的风气。夏成方认为要发展，就必须刹住这股歪风，且要找准重点下手。村民杨大姐家就是一个有影响的麻将窝，必须将其拿下。夏成方经常劝她：现在城里人时兴跳广场舞，还搞广场舞大赛呢，大家一起锻炼身体多好。在夏成方的鼓励下，杨大姐成立了广场舞协会。夏成方给他们播放教学视频，争取了活动经费，统一买了服装，队员由四五个人逐渐增加到五六十人，还分成了老年队、青年队。晚上，村文化广场大灯一亮，音乐一响，就开始了"小苹果"、"蹦嚓嚓"。不久，杨大姐就把家里的麻将桌处理掉了。随后，水池之声合唱团成立了，老百姓走在大街上也哼着小曲；乒乓球协会成立了，村委大院经常搞个比赛；读书会成立了，利用全国总工会配备的图书室，开展"全家阅读·书香水池"活动，把青年人从麻将桌上拉到了书桌上。水池电影周，水池大舞台，少儿美术培训，征集水池名言……老百姓在文化活动中相互融合，分享快乐，原来的派性隔阂消除了，全村变得风清气朗。杨大姐也成了村文化管理员，她感慨说："我们原来是熬日子混日子，现在整天乐呵呵的，感觉一天天过得可真快啊。"

四、强化正面宣讲，纯净村民思想

农村事务涉及每家每户，很多村民只关注自己利益，经常遇到评不上贫困户就抱怨党和政府、吃不上低保就大吵大闹等现象，影响了村里的工作。必须用正能量占领群众的思想阵地。

夏成方组织村民学唱国歌，举行升旗仪式，引导村民爱国要从爱家爱村做起；开设了水池大讲堂，采取场院宣讲会、家庭宣讲会等方式，定期向村民宣讲党的十九大精神、脱贫攻坚政策、乡村振兴战略，宣传扫黑除恶要求、法律道德规范、健康生活方式，并请村民现身说法、组织大家讨论。村民代表老温之前老是对没有享受低保而有意见，现在逢人便说："你看现在党的政策多好！我搬迁住新房，不花钱吧，今年 4 次住院才花了 600 多元，看病没问题吧，党员干部也真干事，真讲原则，咱服气！"老百姓"饮水思源、不忘党恩"意识不断增强，村党支部也在为民服务中树立了威信。2018 年，又有 4 名村民向党支部递交了入党申请书。

成　效

　　水池村以习近平新时代中国特色社会主义思想宣传为主线，加强文化建设，全面激活了群众向上向善的内心世界，提升了文明素质，培育了文明村风、良好家风、淳朴民风，村民精神面貌、村庄人文环境焕然一新，水池村成为人人点赞的村庄。村民老程放弃了去城里买房的打算，花了 30 多万翻盖了新房，他说："水池村原来那个样子，谁愿意呆？现在变得多好啊。"老百姓心气顺了，感觉生活有奔头，干活有劲头，全村上下拧成一股绳，在社会各界支持下，先后建设了 200 多亩蔬菜产业基地，300 千瓦光伏电站，新建 550 平方米老年人日间照料中心，18 户 50 人实施整村搬迁，户户通自来水、通下水道、通水泥路……村子实现了亮化、硬化、美化、绿化、净化、教化，群众获得感、幸福感、安全感不断增强。在 2017 年年底整村脱贫的基础上，2018 年全村人均纯收入 8030 元，村集体经济收入 20 万元，全村呈现出党建强、产业兴、民风新的良好势头。

点 评

　　"人无精神则不立，国无精神则不强"。文化扶贫的出发点与落脚点在于精神与思想层面，它是扶贫的灵魂和根本，有助于贫困群众接受文化的浸润，为自身构筑起强大的精神支撑和内部驱动力。对比其他扶贫模式，文化扶贫给予人的影响力是更深厚且更持久的。

　　案例中水池村第一书记深刻地认识到了只有首先从精神层面上，即思想根源处激发出贫困户自身摆脱贫困的内生动力，才能为其自主发展提供强大的精神动力与智力支持。通过弘扬美德，宣传新思想新文化，帮助村民开阔了视野，增强了致富本领和文化自信，激发了农村的内在活力。水池村的案例充分证明了文化扶贫的基础性和引领性作用，为贫困地区的发展注入强劲绵远的文化之力。

让妇女在乡村治理中撑起"半边天"

背　景

　　甘肃省漳县位于干旱缺雨的六盘山区，立桥村距离县城 10 公里，属二阴山区，海拔 2300 米，年平均气温 4.8℃，土地 5745 亩，全部为旱地，人均 3.4 亩。全村辖 11 个村民小组，自然村落极其分散。全村共 354 户 1664 人，其中男性 841 人，女性 823 人；劳动力 875 人，其中男性劳动力 453 人，女性劳动力 422 人，且受教育程度普遍偏低；留守老人 86 人，留守妇女 134 人，留守儿童 172 人（2015 年数据）。当地以面食为主，蔬果稀缺，长期缺水且水质较差，人口中患结石病率较高。产业基础薄弱，几无致富门路。这些自然基础和现实的生存条件造成了村民思想比较落后，男性在生活生产中占主导地位。

　　2015 年，高宏亮[*]驻村开展工作。

做　法

　　一是党建带妇建，妇建促村建。高宏亮刚到立桥村时，村党支部委员中没有一个女性，全村唯一的女性村干部就是妇代会主任，在村务参与和决策中几乎看不到农村妇女的身影。这既有根深蒂固的保守思想在作祟，又有群众组织作用发挥不充分的原因。此时，正是全国妇联推动村妇代会

---

[*] 高宏亮，全国妇联组织部主任科员。2015 年 7 月至 2016 年 10 月任甘肃省漳县立桥村第一书记。2016 年 5 月，获甘肃省"优秀驻村帮扶工作队队长"称号，2018 年获全国"向上向善好青年"提名。

改村妇联的探索时期，借着这股东风，高宏亮同志和村"两委"从妇联组织建设这个关键点入手，吸引和培养一批女性先进分子参与到立桥村的建设中来，为后面的"会改联"工作打下生力军基础，筑牢妇女参与村建的根基。

一方面，在入党积极分子的发现和发展中注意向女性积极分子倾斜。2015 年的立桥村只有 2 名女性党员，均已年过 60 岁，且跟随子女在外地生活，造成了全村常住党员中无女性的事实。通过与村里卸任村干部和老党员的走访谈话，以及在工作中的了解，发现了一批素质相对较好、积极性较高的农村妇女。后期培养使用起来的村妇联主席小隆同志就是这批女性中的优秀代表。另一方面，在工作开展中注意倾听农村妇女的意见建议，对合理化建议大胆采纳，激发参与热情。在新建立桥村办公楼和文化广场的选址工作中老村部周边的居家妇女提了很多合理化建议，正是吸收了这些建议才有了后来的村办公楼。对这些建议的吸纳，既推动了村里的工作，又调动了农村妇女的积极性。

二是发挥半边天作用，巧妙化解难题。长期以来，农村妇女在农村矛盾解决中的作用没

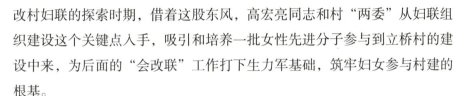

个人体会

山路难行，民穷志短。

作为一名党的干部，在组织最需要的时候，在百姓最艰难的时刻，没有什么比冲上去干实事更能体现一名党员的党性。老百姓对脱贫致富的热切期盼是第一书记工作的最大动力，作为一名妇联干部，充分调动农村妇女参与脱贫攻坚的积极性，发挥农村妇女在乡村治理中的独特作用，是必须牢牢把握的着力点。回首过往，我深深地感觉到自己对农村认识的浅薄，这种浅薄只有当你亲自用双脚丈量过后才能体会到。

如果把贫困妇女的脱贫问题解决了，那么就可以说脱贫攻坚任务完成了一半；如果把贫困妇女的扶智问题解决了，那么就可以说贫困代际传递、返贫的概率大大降低。农村妇女在乡村治理中潜力的挖掘、作用的发挥，必将极大拓宽脱贫攻坚的光明大道。

召开村民小组低保评议会

有被充分重视，导致许多问题的解决绕开了更好的办法而选择了更难的路径。2015 年，第一村民小组因为修路占地集体上访，石沟里小组和野拉坝小组因为修路选址不能达成一致意见，两个小组村民集聚险些酿成大规模械斗。对这些问题处理的通常做法是现场平息、事后调查、提出意见、两边撮合等，许多时候效果都不是很好，往往不能从根本上解决问题，稍有风吹草动又会激化矛盾。在对这两起矛盾的处理中，村干部既沿袭使用一贯做法正面缓和矛盾，又侧面迂回做足做透家庭妇女工作，通过她们劝解丈夫、儿子，最大程度减少过激情绪，让问题的解决、矛盾的化解事半功倍。

贫困群众脱贫内生动力不足是困扰各级党政干部开展扶贫工作的一项顽疾，很难解决，加上贫困村极其薄弱的产业基础，"造血"扶贫几乎无从下手。产业扶贫起不来与内生动力不足成了一个相互掣肘而无解的"死循环"。面对这样的难题，典型示范带动是普遍做法。在发展立桥村产业，树立养蜂典型工作中，高宏亮选择的养蜂户王某有心理负担，妻子抵触情绪较大，一时很难做通工作，蜂场建设遇到了硬骨头。面对这样的难题，王某本人的思想工作不容易做通，即便做通也不能从根本上解决问题，经过分析，做通其妻子的工作才是关键。最终高宏亮带领村"两委"两条腿走路，一方面正面做老王和他妻子的工作，另一方面通过与他家关系要好的农村妇女做老王妻子的工作，进而让王某放下思想包袱。就这样，在极短的时间内，从选种到换箱，从学习技术到传授实践，从产品包装到线上线下销售，王老二蜂场热火朝天的搞了起来。中蜂养殖投入小、见效快，轻体力、劳作时间灵活，契合了农村妇女既要照顾老人孩子，又能增加家庭收入的实际需要，把农村妇女的零散时间充分利用了起来。

三是培育妇女民主意识，提升参与治理积极性。为鼓励村里妇女积极参与决策，行使权力。高宏亮带领村两委严格履行民主程序，不断培育农村妇女民主意识，提高参与能力。在农村低保评定、贫困户认定等重大事项中，严格按照程序召开评议会。一开始大家参会积极性不高，没有动力，对会议结果不满意又不断地反映问题。究其原因：一方面是家里男人说了算，对会议情况夫妻间不交流，妇女不了解；另一方面，农村妇女闲谈是非多，容易以讹传讹。为了解决这一问题，在平道里、黄家山村民小组评议会召开前，村干部探索积极动员各户妇女参会，讲清楚、说明白，会议效果大大改善。通过大力宣传和村民们之间相互影响，越来越多妇女增强了自己的主人翁意识，积极参与到立桥村的建设中来。

成　效

一是给"会改联"工作打下坚实基础。据了解，由于立桥村前期注重培养发现妇女中的积极分子和优秀对象，2017 年的村妇代会改村妇联工作推进的非常顺利。改革到位后，村妇联的工作力量也一下子壮大起来，不再是以前一个妇女主任单打独斗，不仅有了主席，还增加了副主席和执委。村"两委"工作的开展多了抓手和臂膀。

二是在鼓励参与中激发了脱贫内生动力。立桥土蜂养殖农民专业合作社从 6 箱种蜂起家，到高宏亮挂职期满回京时，已发展至 70 余箱，累计创造产值 14 万余元，带动 9 名留守妇女和 7 户中蜂养殖户。合作社有了自己的商标、包装和技术，培训了一批现代养蜂人，具备了培育中蜂王种，扩大蜂群，形成规模的能力。一部分蜂农具备了初级产品意识。贫困妇女在合作社的引领和带动下，积极性得到了极大提高。

三是农村治理联动效应初显。在参与村内重大事项决策、矛盾化解和难题处理的过程中，广大妇女参与村情村务的积极性更高了，在乡村治理中也逐渐撑起了"半边天"。小隆同志在村里的历史上破天荒地进了村"两委"，还担任了村妇联主席，把更多要求积极向上的农村妇女团结到村妇联周围，她们在村容村貌治理、美丽庭院建设等方面发挥了重要作用。

点 评

　　贫困妇女脱贫，关系到整个脱贫攻坚工作的进程。随着农村男性劳动力大量外出务工，妇女在农村经济建设、社会建设和文化建设中地位越来越重要，是保证脱贫攻坚取得胜利重要力量。因此，要积极推进农村妇女以"巾帼不让须眉"之姿参与到乡村治理工作中来，千方百计发挥农村妇女的积极性、主动性和创造性。

　　立桥村第一书记充分认识到农村妇女在乡村治理中的重要地位和作用，积极引导妇女参与乡村各项事务。巧妙利用农村妇女的优势，积极化解村矛盾和难题；引导农村妇女参与乡村治理，增强了她们的主人翁意识和责任感；鼓励和帮助农村妇女发展养蜂产业，充分发挥了她们创造财富的能力。立桥村"妇女能顶半边天"的做法有助于示范引领更多乡村充分引导妇女参与乡村治理，助力乡村振兴。

健全村级管理　巩固脱贫基础

背　景

　　山西省岚县楼坊坪村是典型的"老少边穷"村。"老"是指楼坊坪村地处吕梁山革命老区，红军 120 师的师部就在村附近；村里主要以留守老年人为主，村内常住人员的年龄都在 50 岁以上。"少"是指本村地处高海拔山区盆地，村庄海拔高度在 1800 米—2230 米之间，无霜期只有 95 天左右，可供种植的作物少，粮食作物主要以生长周期短的马铃薯为主，经济作物为莜麦和胡麻；村里年轻人主要外出务工，孩子随父母在县城或外地读书，村内没有小学，缺少朝气。"边"是指楼坊坪村处于行政区划边界，四周高山围绕，出村仅有一条县道，距离乡镇30 余公里，距离县城 40 余公里。"穷"是指楼坊坪村是"建档立卡"的贫困村。

　　2015 年，房瑞标*驻村开展工作。

做　法

一、抓好村支部党建工作，形成村级治理核心

　　群众富不富，关键在支部，农村基层阵地的强弱决定村民脱贫致富的步伐。楼坊坪村党支部当时共有党员 32 名，在全村脱贫攻坚战中，

＊　房瑞标，中国科协信息中心副处长。2015 年 7 月至 2017 年 7 月任山西省岚县楼坊坪村第一书记，其间获中央直属机关优秀共产党员称号。

村里党员始终发挥模范带头作用，带引全村贫困户脱贫致富。为了更有效地发挥党员在脱贫攻坚中的作用，房瑞标同志对村里的党员年龄分布和性别比例进行了详细调查摸底，针对村支部党员年龄偏大、新技术新知识不足的现状，在开展正常支部生活的同时，面向在村党员开展科普培训，通过各种渠道，积极为支部成员争取移动终端上网设备30余部，帮助党员掌握并熟练应用上网技术，通过手机客户端、微信等新媒体开展党课学习活动。一方面，培养了党员网上学习的习惯，开阔眼界，增长知识，增强了带头致富的技能。另一方面，增强了党员的思想觉悟，提高了党员的党性修养。

在抓好村党支部建设的同时，房瑞标还注重在村合作社和养殖协会中成立党小组。村内的马铃薯种植协会吸收了大量的党员种植户加入，具备成立协会党小组的条件。在征求协会负责人和协会党员意愿的基础上，积极向上级党组织申请，协助他们在协会内部成立党小组，把党的组织延伸到了最基层。

村民家中走访，听取村民对"两委"的建议

二、完善自治制度，做好村级治理工作

为推进楼坊坪村基层民主政治建设，房瑞标同志与村"两委"及村里的党员共同商议，汇编了《楼坊坪村村"两委"管理制度汇编》文本。推动完善村党支部领导的村民自治机制，落实"四议两公开"，促进村级事务公开、公平、公正。严格按照法律和有关文件政策要求部署开展，严格各项标准程序要求，完成了2016年县乡人大代表的选举工作。严格执行基层组织选举工作的要求，完成了村主任的补选工作。

三、细化"建档立卡"管理，打好整村脱贫基础

建档立卡信息的采集和管理是精准扶贫的前提和基础，只有做好贫困人口的准确识别和管理才能使扶贫工作不跑偏。"建档立卡"的管理工作也是村级管理工作的重要内容，房瑞标以此为契机，引导村"两委"科学开展管理工作。在村内贫困户识别和建档立卡工作开展过程中，房瑞标积极协调好与扶贫工作队和村干部的工作关系，指导村干部科学识别贫困户，确保无一户错评、漏评。基本信息采集结束后，他配合扶贫工作队和包村干部，在充分调研的基础上，深入分析致贫原因，因户施策，制定贫困户个性化的帮扶方案。最终，如期完成全村32户贫困户的识别和建档立卡信息采集

个人体会

驻村"第一书记"的首要职责是加强基层管理工作，健全的农村管理制度是全村工作开展的基础，也是第一书记开展工作的依靠。一是要加强基层组织建设，要健全村"两委"班子、处理好村"第一书记"和村党支部书记的关系、注重物色培养村后备干部、结合村情实际，创新基层组织生活方式。二是要提升村级治理水平，提高为民办事的能力。帮助村干部提高依法办事的科学性和效率，指导完善村规民约，弘扬文明新风，促进农村和谐稳定。三是驻村"第一书记"开展精准扶贫工作要依托派出单位资源、整合地方资源和协调社会资源，为贫困村的发展注入更多力量。

363

工作。村干部在这一过程中学到了有效的扶贫管理方法，为今后的村内事务的管理积累了经验。

四、设计整村脱贫规划，实现科学有效管理

乡村发展必须要有合理的规划做指导，这样才有目标和方向，村内的管理工作才能有条不紊。结合实际村情，按照精准扶贫的要求，房瑞标和村"两委"工作人员制定了楼坊坪村整村脱贫发展规划：创建一个种植基地——马铃薯种薯基地，打造两个乡村品牌——畜牧养殖和乡村农家乐，培育三个特色农产品——莜面、胡麻油和香菇，实现四个目标——基层阵地强化、脱贫精准、宽带覆盖和电商入村。在这个脱贫规划的指导下，楼坊坪村正逐步通过产业扶贫、智力扶贫、旅游扶贫和生态扶贫的方式实现全村脱贫致富。

成 效

一、产业扶贫见成效，输血式扶贫变造血式扶贫

在发挥本村传统种植优势的基础上，房瑞标争取到派出单位中国科协在岚县的科技帮扶项目，为村内争取项目资金 90 余万元，在楼坊坪村建立马铃薯种薯种植基地。2016 年基地一期工程 660 余亩，把村内全体贫困农户纳入到该项目中去，加快了贫困户的脱贫步伐。

为实现马铃薯错峰上市、均衡上市，在中国科协科技帮扶项目的支持下，村"两委"动员楼坊坪村马铃薯种植专业合作社与山西康农薯业有限公司合作在村内建设马铃薯薯窖 28 座。年储存量可达 2000 吨，可储存 1200 亩耕地所产的优质种薯。薯窖建成以后，可使全村的马铃薯种植收入翻番。

二、通讯网络发展快，建成网络信息化村庄

为早日解决村内移动信号弱、上网难的问题，楼坊坪村积极争取中国

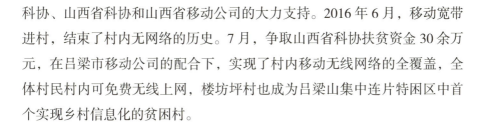

科协、山西省科协和山西省移动公司的大力支持。2016年6月，移动宽带进村，结束了村内无网络的历史。7月，争取山西省科协扶贫资金30余万元，在吕梁市移动公司的配合下，实现了村内移动无线网络的全覆盖，全体村民村内可免费无线上网，楼坊坪村也成为吕梁山集中连片特困区中首个实现乡村信息化的贫困村。

三、村级文化内涵日益提升，乡村旅游发展迅速

楼坊坪村位于岚县饮马池景区范围内，为把进村游客吸引进来，吃得好、住得下，村里积极吸引外部资金，大力发展乡村旅游农家乐，挖掘乡村特色文化习俗。2016年，楼坊坪村被国家旅游局等12部门列为"乡村旅游扶贫重点村"。近年来，周边城市进村的游客人数日益增多，许多贫困户借助乡村旅游实现了脱贫致富。

四、村民生态意识提高，绿色减贫成效显著

在村干部的大力宣传下，村民们的生态环保意识显著增强。28户农户（其中贫困户23户）成立了"俊熙扶贫攻坚造林专业合作社"参与实施县里的购买式造林生态扶贫工程，既帮助贫困户增加收入，又绿化环境改善生态，探索出一条生态与扶贫共促共赢贫困村脱贫的新路子。2016年，全村共落实购买式造林面积3500亩，参与造林的23户69名建档立卡贫困村民劳务总收入可达30余万元。

点 评

　　脱贫攻坚和乡村振兴的主战场在农村，基层是农村方针政策的具体实施主体，其管理制度是否健全事关重大。如果农村管理水平不到位，工作效率自然就事倍功半；如果基层干部工作消极被动，成绩就会大打折扣。

　　案例中的第一书记聚焦提升农村管理水平，坚持问题导向，创新方式方法，以科学的村级管理引领脱贫攻坚工作高质量推进。通过加强基层党建和完善自治制度，有效提升农村基层治理能力和管理水平；通过抓好建档立卡管理，谋好脱贫规划，提高村干部的实战能力，增强村"两委"脱贫攻坚的整体效能。楼坊坪村的经验充分说明，科学的村级管理，能够让扶贫干部始终保持良好的工作作风和昂扬的工作热情，提高扶贫工作的科学性和有效性，是脱贫攻坚取得胜利的重要基础。

法治德治并举　提升村级治理能力

背　景

　　梁庄村隶属于河南省睢县，坐落于茅草河畔，辖梁庄、埠口、双庙、北王庄4个自然村，人口587户2416人，建档立卡贫困户233户775人。梁庄为千年古村落，据史料记载，早在宋元之前就有京杭大运河支流经过，埠口因此而得名。梁庄有史以来经济发展以农耕为主，解放后积极发展农业生产，曾是全省闻名的"农业学大寨"先进典型。历经近半个世纪的沧桑，由于在思想观念上没有与时俱进、经济上过度依赖于传统种植业等原因，昔日的先进典型一度沦为软弱涣散村、重点贫困村。同时，群众法治意识淡薄，矛盾纠纷复杂，群体上访闹访事件时有发生，村民脱贫致富面临很大压力。

　　2017年8月，响应中央选派干部到贫困村担任第一书记的号召，郑汝军[*]主动报名接受组织选派，赴任梁庄村第一书记。不到两年时间里，郑汝军团结带领村"两委"坚持问题导向和目标导向，坚持以法治村和以德治村相结合，精心谋划，开拓创新。悠悠古村旧貌换新颜，贫困人口由17%减至1.2%，提前两年实现脱贫摘帽，乡村治理能力显著提升，以真情赢得了广大群众信任。

---

[*]　郑汝军，最高人民法院机关服务中心财务部副主任，2017年8月至今任河南省睢县梁庄村第一书记。被评为河南省扶贫工作先进个人。

做　法

法安天下，德润人心。在脱贫攻坚和村级治理中，郑汝军及村"两委"坚持法治和德治两手抓，从规范村民行为、维护农村治理秩序到涵养文明乡风，法治德治效果逐步呈现。

一、治贫先治愚，找准突破口

"富民路"，这条昔日梁庄鼎盛时期命名的集市街，映入眼帘的却只有破旧的房屋、高低不平的路面和褪色不清的标语。全村都是泥土路，飞扬的尘土、各色的垃圾、腐臭的气味，村路两旁高过膝盖的荒草……萧条的村容村貌无声告白了梁庄的贫穷落后，更折射出村民思想上的颓废和懒散。郑汝军踏入豫东平原这个偏僻的乡村，意识到自己肩上那沉甸甸的担子。扶贫先扶志，治贫先治愚，要想彻底摆脱贫困，必须做到德治和法治相结合。

郑汝军用发现问题解决问题的思路，尝试找到工作突破口。几天后的梁庄街道两旁出现十几名手拿镰刀和铁锹的劳动者，他们就是郑汝军几经动员的村"两委"成员和部分党员，他们冒着炎热酷暑走上街道拔草、清除垃圾，耐心地劝说各住户门前"三包"，动员群众一起搞好环境整治。一开始很多村民不以为然，有好奇围观的，也有说风凉话的。"从大城市跑到咱这刨土坷垃，受这洋罪不值当的！""你们拔草有啥用嘛！拔了还长……"但大家并没有气馁，一天、两天、一个星期，身上的衣服无数次

个人体会

扶贫不是简单的给钱给物，只有转变思想观念，才能激发村民的内生动力，增强自身造血功能。坚持法治与德治并举，相互补充相互促进，对于提升村级治理能力和治理水平至关重要。即便不能做到一蹴而就，但功成不必在我，文明乡风终将植入百姓心田，生根发芽！

驻村干部和群众一起劳动

被汗水湿透，皮肤被骄阳晒得漆黑。群众被感动了，主动参与义务劳动者越来越多，大家在劳动中凝聚了人气，振奋了精神，也重新燃起了生活的信心与希望。

唤醒村民的主人翁意识只是第一步。梁庄村自 2017 年以来还成立了各项事务机构，健全了村规民约，做到事事有人管，件件抓落实，为进一步实现德治和法治打下了坚实基础。

二、德治扬正气，推进乡风文明

在乡风文明建设方面，郑汝军及村"两委"一班人始终坚持以法治村与以德治村相结合，抓牢精神文明建设基础，不断提高乡村治理能力。

一是健全组织。由村"两委"牵头，成立孝善敬老理事会、红白事理事会、红娘协会、乡贤协会等，做到事事有人管，件件抓落实；**二是鼓励创先争优**。以争创文明村、争当文明户为牵引，弘扬新风正气。认真开展年度"好公婆好儿媳""星级文明户"等评选活动。**三是开展经常性教育**。定期开展精神文明讲堂，受教育干部群众达 2000 多人次；利用大喇叭、宣传墙、农家书屋等提高宣传效果。**四是加强文化扶贫**。组建了梁庄腰鼓队、广场舞队，聘请了文化宣传员，定期协调送戏下乡活动，村民文化生活和精气神明显提升。

浓厚的乡风文明氛围激励感召着党员和群众比学赶超，涌现出一批道德模范和先进群体。特别是 2018 年腊月，本村 64 岁的村民张本杰冒着生命危险从 4 米多深的水库里勇救 3 名溺水者，其感人事迹经多家媒体报道，在当地引起了强烈反响，也激励着梁庄村民在脱贫致富和精神文明建设道路上砥砺前行。

三、法治强保障，探索司法扶贫途径

一是发挥乡村普法示范街作用。将婚姻法、老年人权益保障法、未成年人保护法、农村真实案例、村规民约等变成一个个图文并茂的故事，刻在老百姓自己的外墙上。作为重要法治教育基地，吸引着大批基层干部、学生、法律工作者及普通农民前来参观学习，有力促进了乡村普法教育与乡风文明建设。**二是驻村工作队成立梁庄法律服务工作室**。由最高人民法院派驻梁庄村扶贫干部义务解答村民法律问题，尤其是针对脱贫攻坚进程中的老人赡养、婚姻家庭、土地流转、经济合同等矛盾纠纷立足源头化解，既保障村民合法权益，又促进了诉讼案件的繁简分流。**三是开设法治课堂和送法下乡**。由法官、法律工作者担任普法志愿者，将法治宣传、法律服务延伸到村组、学校和田间地头，为农村脱贫攻坚和改革发展注入法治文明。梁庄村被评为七五普法先进村，群众上访率、诉讼率大幅降低。**四是实施"平安法治梁庄"工程**。在全村主要路段安装了电子监控系统及扩音装置，配备网格长和网格管理员，明确目标责任制，推行村级网格化管理。

成　效

一是扶贫脱贫成效显著。充分调动了村民的主人翁意识，健全了村规民约，村容村貌和户容户貌显著提升，仅一年时间，梁庄村由后进村成为

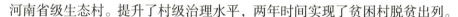

河南省级生态村。提升了村级治理水平，两年时间实现了贫困村脱贫出列。

二是驻村扶贫工作得到群众认可。梁庄驻村工作队在第一书记郑汝军带领下，注重将自身优势融入扶贫地区实际，因地制宜，转变观念，开拓进取，群众满意度、获得感大幅提升。扶贫村获得 2018 年商丘市文明村，并被确定为省级乡村振兴试点村。

三是道德和法律观念深入人心。借助法院职能，充分发挥了行业扶贫优势，创新了司法扶贫方式方法，推进了普法向贫困乡村和田间地头延伸，提升了村民法治素养与道德观念，为实施乡村振兴战略打下良好基础。

点 评

　　"法治兴则国家安，法治强则事业成"，打赢脱贫攻坚战离不开法治护航。德治和法治二者缺一不可，在注重的德治的同时，切不可忽视法治在扶贫中的作用。

　　案例中第一书记借助自己的行业优势，充分发挥法治引领、促进和保障作用，找准法治建设与扶贫工作的结合点，在德治的基础上，不断提升村干部法治素养，增强群众法治意识。无论是为村民宣传法律知识，还是为困难群众提供法律咨询、民间纠纷调解，都是真正打通法治扶贫"最后一公里"的具体举措，为贫困群众构筑起法治"守护墙"。未来，要更加重视法治扶贫的作用，在广大农村植入法治"基因"，注入法治"元素"，在村民心中植下法律的种子、培养法治信仰。

构建村民"三人小组"
强化乡村治理结构

背　景

　　丽江村和泊头村都是典型的山区村，村子经济落后，基础设施薄弱，村容村貌脏乱差。主要症结在于，村"两委"干部人数少，村民小组不受重视没有发挥作用，无法有效地组织农民，导致农民参与治理的积极性不高、参与渠道缺失，陷入了"干部干，群众看"的怪圈。农村治理包含三个层面，即村"两委"、村民小组、村民。若将农村比作"火车"，村"两委"就是"火车头"，村民小组就是"车厢"，村民就是"乘客"。要"火车"驶上快车道，实现村庄大治，必须做到"火车头、车厢、乘客"三者有效衔接。

　　丽江村和泊头村各 21 个和 18 个村民小组，普遍采用村民小组组长负责制，存在一些弊端，主要有：一是村民小组设小组长一名，缺乏监督，容易形成"一言堂"；二是小组长的产生和调整不够透明，公信力不强；三是组上工作千头万绪，小组长精力有限，一些纠纷未能在村民小组一级得到及时调解，往往会使矛盾激化，影响农村安定；四是一些村民小组长文化素质低、思想觉悟差，村"两委"对其缺乏必要的约束，不支持村级工作，甚至带头抵制决策安排，对村内生产发展造成一定影响。"一个 2000 人的大村，单靠几个村干部管不好的，而许多小组长无抓手无公信，帮不上太多忙"。泊头村党支部书记的话道出了村民小组尴尬处境。为此，刘斌樑 *

---

* 　刘斌樑，财政部行政政法司副处长。2017 年 7 月至 2018 年 5 月任湖南省平江县丽江村第一书记，2018 年 5 月至今任湖南省平江县泊头村第一书记。获 2018 年度"湖南省脱贫攻坚先进个人"称号。

将着力点放在调整村民小组治理结构，即由原一位小组组长调整为"三人小组"（包含一名小组组长、一名党员、一名村民代表）。

做　法

一是先统一思想再选派力量。统一思想是统一行动的前提。刘斌樑首先逐一和村"两委"班子成员通气，争取了村"两委"的支持；召开党员大会，动员并提高党员参与的积极性。随后采取"两委"成员包片，下户去做群众工作，宣传"三人小组"的作用，逐步统一了多数群众的思想，赢得多数群众支持。然后召开各村民小组会议，由村民对"小组组长、村民代表"成员进行投票选举，再由村"两委"选派党员，对各小组进行搭配。丽江村党支部廖书记说："让普通党员参与到组级事务之中，是党建一个很好的抓手。"在工作开展的过程中，日常事务由三人共同谋划、共同组织、共同带头，凡涉及本组发展方面的重大决策，必须召开村民小组会议决定，解决了重大决策"一言堂"问题。

二是先部分试点再整村推进。丽江、泊头两村共 39 个村民小组，组与组之间群众基础不同、贫富差距不同、为更好地推行"三人小组"机制，首先从丽江村 3 个群众基础较好、有产业基础的村民小组进行试点，主要措施之一是村委会将 3 人村民小组的道路硬化工程放权给各组，"三人小组"牵头带领组内村民共同参与，村委会负责项目监督和验收。刘斌樑在组级会议上动员说："路是组上的路，你们是直接收益人，都要参与劳动并监督，做到保质保量。"各组村民在"三人小组"带领下，积极筹工筹劳，在施工过程中村民进行

个人体会

治理有效是乡村振兴的基础。村级、组级、村民是农村治理中的三个基本层面，实施村民小组"三人小组"机制，意在加强村级统筹领导、组级协同共进、村民齐心参与，实现三个基本层面高效衔接，探索乡村治理新格局。

监督，所涉土地矛盾在组内自行消化解决，保证道路硬化高质量完成。在实践中研究总结出成熟方法，试点取得良好效果以及受到广大农村党员群众的普遍认可后，开始在丽江村和另一个帮扶村泊头村所辖18个小组全面进行推广。

三是先规范程序再细化措施。"三人小组"是新鲜事物，刚刚起步时，群众不熟悉，干部也不太适应。刘斌樑决定首先规范几个大的原则性的程序，然后"摸着石头过河"，逐步细化具体措施。小组成员投票民主选拔，各项事务决策依照既定实施方法公开、严格服从于村"两委"，确保党和政府的方针政策能更直接、更有效地贯彻落实到农村最基层。村"两委"制定印发了《建立村民小组"三人小组"机制及运行实施办法》，分发各组通知各户，实现村民小组"三人小组"机制的依法治理，规范了组级事务办理程序。同时通过《实施办法》细化相关措施。（1）细化工作职责：村民"三人小组"定位于服务职责，主要职责包含管理本组各项事务和集体财产、法制宣传和道德教育、化解矛盾纠纷、淳化组风等事项。使村民小组治理正规化、团队化，使村民自治组织化水平获得提升。组长、党员、村民充分调动自身资源，三者相辅相成、群策群力，增强村民小组执行力、

泊头村召开村民小组"三人小组"工作部署会

凝聚力和公信力。同时作为村民优秀代表，是骨干力量，可以优先接受技能培训，带动组内学习，形成标兵榜样，促进组内争当小组成员。（2）细化事权分工：村民小组主要管理本组公共事务和集体财产、发展本组经济，由"三人小组"向村"两委"反映本组村民的利益诉求，协助村委会办理本村公共事务，向本组村民传达相关法律法规和政策规定等；村"两委"对来自各村民小组的利益诉求进行综合协调，对各小组之间的纠纷进行调节，并负责向村民小组传达相关法律法规和政策规定。同时，明确各村民小组集体财产的经济使用权为各组所有，由"三人小组"共同管理。（3）细化财务审批：村民小组各项财务支出凭证，需"三人小组"成员共同签字后报销入账，规避财务风险。凡涉及本组发展方面重大决策，必须召开村民小组会议决议，保障了村民对村级事务的知情权、参与权和监督权，在程序操作上杜绝村民小组"拍脑袋"决策和"一言堂"等工作方式。

成　效

　　"三人小组"机制在丽江村和泊头村推行以来，村级治理改进，村级产业加强，村民收入增多，村庄环境变美。**一是化解了矛盾，提升了群众获得感**。面对群众期望，村"两委"带领各"三人小组"妥善解决了包括实行垃圾集中处理、河道清淤、土地纠纷等一系列历史遗留问题。泊头村实现了由有名的"上访村"向和谐村转变。**二是锻炼了新人，激发了能人治村的活力**。"三人小组"机制的建立充分将小组中成员财力、智力、精力、人力有效发挥到农村建设中来，营造做事氛围，村干部的威信得到了空前提高，村里的能人积极要求到村上任职，村干部由过去"苦差事"变成了"香饽饽"。**三是发展了产业，增加了造血功能**。各村民小组积极利用现有资源，积极发展产业。一年多以来，与企业开展合作，打造中药材基地180亩、花卉苗木基地106亩；种植果树400亩、油茶996亩、杉树经济林2000亩；建成了木材加工厂、食品加工厂、豪猪特种养殖厂。引导村民及贫困户就近就业，累计获得劳务工资80余万元，泊头村已由集体经济"空壳村"向"产业村"转变。

目前，加义镇党委已向全镇进行推广，周边其他县镇多个村登门取经复制。同时，财政部、湖南省、岳阳市等各级领导到村调研时，对该机制给予了高度评价，2019年3月份《经济日报》以"三人小组机制促重心下沉"为题进行大篇幅报道。

点　评

　　加强村民小组队伍建设，推进基层民主政治建设进程，实现扶贫力量的本土化和长效化，是脱贫攻坚胜利的重要保证，也是未来乡村振兴的前提和基础。

　　案例中第一书记积极探索"微自治"的路径，充分发挥村民小组作用，激活农村基层组织的"神经末梢"，为实施脱贫攻坚奠定了坚实的基层治理基础。村民自治下沉到组，能够拓展村民参与家园建设和发展的议事、管事空间，村民的主体意识不断增强，激发村民参与农村发展、脱贫致富的内生动力，按下了脱贫攻坚的"快进键"。

弘扬和谐文化　建设美丽乡村

背　景

　　热拉村位于黑水县芦花镇西北部的高半山，平均海拔 2580 米，是典型的嘉绒藏族聚居村寨。全村共 108 户，303 人，耕地 1214 亩。一直以来，提升村级治理水平是村"两委"面临的一道难题，村内家庭内部、邻里之间、村组之间往往因为鸡毛蒜皮的事闹矛盾、起纷争，不仅消耗了驻村同志和村组干部大量的工作精力，而且影响了脱贫攻坚的工作进度。

　　吕怡达*驻村后，与村"两委"研究决定以传统道德文化精华为"食粮"，以"农民夜校""党员活动日"为抓手，发挥文化建设在脱贫攻坚和产业发展中的引领带动作用，并总结凝炼形成富有热拉村特色的和谐文化，激发群众干事创业的内生动力。引导村民形成讲卫生、讲礼貌、讲勤劳、讲贡献的和谐村风，先后被评为黑水县民族团结示范进步村、四川省文化扶贫示范村。

做　法

一、倡导"家庭和"，打造四星家庭

　　一是找准家庭矛盾症结所在，采取针对性措施化解。例如，某村民家

---

*　吕怡达，交通运输部中国海上搜救中心主任科员，2017 年 9 月至今任四川省黑水县热拉村第一书记。任职期间，热拉村被四川省委宣传部评为省级文化扶贫示范村，个人获交通运输部五四标兵。

过去夫妻矛盾较大，时常吵架甚至有时还打架。村"两委"走访后发现吵架根源主要是因为没有就业收入，家庭经济困难。为此，村里帮助协调安排了公益性岗位，帮助其解决经济收入问题。二是组织开展"树良好家风"活动。邀请县妇联专家上门开展全村妇女集体谈心谈话活动，着力改变村内妇女落后思想。三是开展星级家庭评比活动，提升贫困户精气神。村内每季度组织开展"环卫之星、孝道之星、致富之星、公益之星"家庭申报活动，号召全村学习宜室宜家、安居乐业的模范标杆。

二、协调"邻里和"，形成和谐村风

村内村民居住相对集中，俄尔坝组、阿古组过去经常因为牲畜破坏农田、柴火堆放占地等小事产生邻里矛盾，时有吵架骂街的现象。2018年，村内修订村规民约并狠抓执行。制定牲畜破坏农田赔偿标准，根治乱养乱放现象，牵回牲畜50余头（次）；严禁生活垃圾随意排放，处罚排放人参与村内公共卫生清理40余次；规范10余户冬季用柴科学摆放，协调解决生产占道10余次。同时，充分发挥老书记、老村长、老组长等威信较高村民的教育引导作用，倡导和谐相处民风，普及"远亲不如近邻"价值观，引导形成和谐邻里关系。

个人体会

驻村工作中最主要的困难是如何扭转村民的思想观念。夫妻矛盾、家庭矛盾、村组矛盾虽然是芝麻绿豆的小事，看似无关紧要，但实际十分影响农村生产生活秩序，阻碍了农村经济发展和村民脱贫致富。唯有加强乡村文化建设，弘扬和谐的家风和村风，让和谐成为热拉村的主题，才能提升村民的精神面貌，让干部群众把精力都用在干事创业上，补齐乡村发展的"精神短板"，共同走上幸福之路。

三、鼓励"村组和"，开展良性竞争

过去，热拉村4个村组之间因海拔、环境等因素，在实施扶贫项目中存在先后差异，因而产生矛盾。吕怡达带领村

与全村百姓一起组织开展文艺活动欢庆新年

"两委"将"较劲"思想引导为"竞争"观念。通过会议宣讲和政策宣传，化解矛盾和误会；通过竞赛和联建，加深理解和感情。2018年，村内召开组长联席会议20余次，努力协调解决组与组之间的矛盾；强化专项政策宣传和项目解答40余次，有效解开项目落实中的误会；组织村组公共卫生评比10余次，营造争先创优氛围；开展联合共建2次，选出不同组内的村民结对共建，加深感情、共同致富。

四、做到"干群和"，强化鱼水之情

对照中央和各级部门要求，把工作做在群众家里。制定了驻村工作制度，轮流在村委会坐班及时回应群众需求；每月5日定为"党员服务日"，自行组织拍摄全家福、免费理发等公益活动；将"农民夜校"办在田间地头，现场讲授藏香猪、牦牛、獭兔养殖知识，2018年参加学习人数累计达200余人次；对贫困户、亚贫困户保持动态关注，通过主动慰问、发动捐款、自费帮扶等形式，从精神上和物质上双重关怀贫困户。

成 效

通过深入推进和谐文化建设，以文化建设为引领，有力推动了热拉村的产业发展、村民脱贫、乡村振兴。

一是形成了劳动致富、争先创优风气。村内群众纷纷意识到和谐的氛围是有利于干事创业的，积极主动将对美好生活的向往落实到生产中。阿古组自主筹资建立"生鸡勃勃"生态养鸡场，在高山地区发展林下养殖业，实现生态和效益的互助发展。达热组利用海拔、环境优势，建立"金猪抱福"生态养猪场，在半山地区探索藏香猪集中放牧、养殖一体化生产，在保证肉质的同时提升产能。

二是建立了联动发展、互助互动模式。返乡大学生俄木初自发建立公司，负责处理包装、运输等事务，成为县内有名的农产品销售平台。公司拉动了村内5个农民种养殖合作社的生产积极性，共采购销售村内藏香猪肉2吨、牦牛肉10吨、土豆1吨。公司解决了80余个"就地就业"的短期务工岗位，累计支出短期务工费2万元。2018年，公司实现销售收入140余万元。2019年初，公司出资举办新年庆典活动和"坝坝宴"，全村老小相聚一堂、欢歌畅舞。

三是树立了同舟共济、资源优化思维。藏香猪养殖户尼玛创新思维方式，利用房前屋后的空地发展庭院经济，与5户农户签订代理养殖协议，以13元/斤（低于市价）卖给农户仔猪，出栏后以18元/斤（高于市价）从农户手中购回，解决了农户养殖的后顾之忧。村内蔬菜种植户采用"以地入股"形式集中种植100亩娃娃菜，与4户贫困户一起共同耕作、共同经营，实现利润共享、风险共担。

几年的文化建设下来，村民们纷纷意识到自身事业与本村发展密不可分，本村发展又与文化提升紧密关联，推进了相辅相成的良性循环，进一步滋养了热拉村和谐文化的土壤，更好地助力脱贫奔小康，共创美好家园。

"天下之本在国，国之本在家"，"孝悌之子，可以为国瑞"，千千万万家庭的家风决定着这个国家、这个民族、这个社会的走向。父慈子孝、夫妻和睦、邻里友爱、干群同心的家风村风将为脱贫攻坚注入磅礴力量。

案例中驻村第一书记充分认识到乡风文明对于脱贫攻坚的重要性，并采取了行之有效的举措帮助热拉村树立和谐新风尚。以村规民约结合宣传教育、树立典型、竞选评比等多种方式传递正能量，传播良好家风村风，构建家庭和、邻里和、村组和、干群和的和谐文化，营造爱人、爱家、爱国的氛围。和谐的文化和氛围起到了振奋群众精神、激发群众的内生动力的作用，把干部群众紧紧团结在一起，拧成一股绳，有力地推动脱贫攻坚胜利的进程。

发挥村务监督作用　助力乡村振兴

背　景

　　湖南省永顺县是农业农村部的定点帮扶县之一，也是国家级贫困县。该县共有 303 个行政村，马鞍村是该县基层党建软弱涣散村之一。

　　马鞍村"两委"刚刚换届，关于新任村支书"挪用国家项目资金给自己办养猪场，另外还私占了村里的两个门面"的传闻就在村里迅速传播开来。调查很快有了结果：养猪场是村支书个人出资办的；村里的两个门面，租金全部归村集体所有。尽管组织上给证实了清白，可村支书心里的那根刺却迟迟未能彻底拔出。与此同时，农业农村部驻马鞍村第一书记李景平*的工作也遇到了不小麻烦。他向部里申请经费，在马鞍村建设生态循环农业基地，新建猕猴桃合作社仓库和办公场地已经获批。正当准备大干一番时，工作碰了壁，建设循环农业基地村民既不愿出工参与建设，新建仓库需要征用土地，没有一家人愿意出地，村民更不同意使用村集体土地。

　　在与村党支部成员、老党员和熟悉村里情况的老村民多次交流和反复沟通后，他找到了问题的症结。虽然近几年村干部为村里做了很多实事，村里基础设施和产业发展也上了一个新台阶，但是村民始终觉得村务不透明，村里的大事小事他们都不了解具体情况。低保户评选条件、村集体收益去向、合作社账务等一系列问题，虽然村里也进行了公示，但公开模式

＊　李景平，农业农村部科技教育司副调研员。2016 年 9 月至 2018 年 9 月任湖南省永顺县马鞍村第一书记。

相对简单，只是在村部公示栏公开，没有与村民面对面交流，造成部分村民对村务工作不理解、不支持、不配合，干群之间总是有一道坎。思前想后，他下决心通过发挥村务监督委员会的作用，发扬民主监督，做好村务公开来打开局面。

做 法

一、争取支持，破除村务监督障碍

首先，他通过走访方式，做通村"两委"班子思想工作。一对一的与每一位"两委"成员谈心，给他们摆事实，讲道理，重点给他们讲村务监督委员会的重要性，村务公开对开展工作的促进作用，也站在政治高度，要求村"两委"干部做好权力的公开透明工作，做到重要决策执行前都要报告村务监督委员会。其次，在村党支部学习期间，邀请村务监督委员会成员列席参加，通过学习《村民委员会组织法》，使每个党员明确：村务监督委员会的成立和行使职责是法律赋予的权利和义务，使村务监督工作的依法开展深入人心，也使村务监督委员会成员进行村务监督的腰板硬起来。第三，通过邀请县党校、县财政局、县农业局等单位的业务骨干给村务监督委员会成员讲课，使他们熟悉村务监督委员会职责、财务管理规定和农业相关项目管理规定等，从而

个人体会

习近平总书记在党的十九大报告中指出，要巩固基层政权，完善基层民主制度，保障人民知情权、参与权、表达权、监督权。马鞍村以村务监督委员会为主的村级事务监督模式，可操作性强，极大地调动了基层党员、干部和群众参政议政的积极性，在打通全面从严治党最后一公里，通过组织振兴引领、助力脱贫攻坚上，走出了一条新途径。而且，村级事务"报告日"制度可操作性强，令基层党建得以恢复生机，具备全面推广的现实基础。

具有履行村务监督工作的能力。

二、创新形式，举办村级事务报告日

开展村务监督，需要有一个合理合情的形式。为此，李景平积极向永顺县委组织部汇报，将马鞍村列为村级事务"报告日"的试点，要求村"两委"向村务监督委员会和村民代表等定期报告村务工作，并接受群众的监督质询。2018年3月9日，马鞍村开展了第一次村级事务报告日活动。村"两委"向村民监督委员会汇报了近期工作，接受监督质询。作报告、答问题、查凭据、提建议，会议整整开了三个半小时。村务监督委员会就低保户如何确定，村账务问题和当年村内重点基建项目如何确定等进行了问询。此次会议，既打消了马鞍村村民们心中的疑虑，也令村"两委"成员吐露了心声，又使民主监督、民主决策得到了落实，缓解了干群紧张关系。此后村干部再做工作觉得轻松了，村民也积极踊跃的参加了村里产业建设，对仓库和合作社办公场地建设征地也越来越支持。

与村干部一起商议村级事务报告日活动方案

三、巩固成效，订立村务监督委员会工作制度

根据前期工作的成效，如今马鞍村村民监督委员会工作的阻碍已基本消除，马鞍村村级报告日活动也已经常态化，搭建起了村民与村干部之间沟通的桥梁。马鞍村已订立村务监督委员会工作制度，要求无论是修路、通水、建设基础设施这些村中"大事"，还是奖励补助发放、贫困户认定、评选优秀等这些关系群众切身利益的"小事"，村"两委"都需要向村民监督委员会定期汇报。同时村务监督委员会对有疑问的村务事项，可以要求村"两委"及时进行说明，并对不合适的事项安排进行纠正，村里的大小开支也必须经村务监督委员会主任签字才能报销。得益于村级事务报告日的良好效果，2018 年 6 月，永顺县出台文件，在全县正式推行村级事务"报告日"制度。使它不仅成为村民实现民主监督、民主决策的窗口和阵地，也成为农村基层组织开展党建宣教、提倡文明风尚的窗口和阵地。

成　效

"老百姓都欢喜这个会，但我们担心的是，这个提意见，那个提意见，还敢不敢开下去"？有村民代表曾经提出这样的疑问。2018 年 6 月以后，这个问题已不用担心。马鞍村的成功试点，证明村级事务"报告日"制度可行，以村务监督委员会为主的村级事务监督模式，在农村事务管理公开，让群众参与评议、增强村民自治方面具有较好实践作用，在打通全面从严治党最后一公里，通过组织振兴引领和保障乡村振兴、助力脱贫攻坚上，走出了一条新途径。

点 评

　　建立村务监督委员会，是完善村民自治制度、推进基层民主政治建设的有益探索，是规范村干部用钱用权行为、推进农村党风廉政建设的有力抓手，是加强和创新社会管理、促进农村社会和谐稳定的有效载体。

　　近年来，农村存在的各种矛盾呈现出新的特点，这些矛盾的引发，在很大程度上是由于不公开导致不公正，不公正导致不公平，不公平引发不稳定，不稳定就无从谈发展。如何充分发挥村务监督委员会的作用，实现村级民主监督规范化、制度化、科学化，是当前亟需解决的问题。

　　湖南省永顺县马鞍村在农业农村部委派的驻村第一书记帮扶下，以村务监督委员会为主的村级事务监督模式，在调动当地基层党员、干部和群众参政议政的积极性，推动乡村治理现代化，实现乡村振兴治理有效目标方面提供了一个值得参考的经验。

竖起一面旗帜　培育文明乡风

背　景

　　山西省大宁县地处吕梁山集中连片特困区，属国家扶贫开发重点县，山西省十个深度贫困县之一。道教村位于大宁县城以西 12 公里，共 372 户 927 人，贫困发生率 28.4%。

　　近年来，道教村在各方帮扶支持下落地了一大批产业和民生项目，乡村慢慢变美了，腰包渐渐变鼓了，但长期以来党员干部队伍凝聚力不强缺乏荣誉使命感，集体收入微薄缺乏底气和号召力，村民互帮互助的集体观念日趋淡薄，厚葬薄养等不文明风气也愈演愈烈，这种乡风民风与脱贫攻坚显得格格不入。

　　2017 年 8 月，李孟涛*到村担任第一书记，以"抓住一个核心、竖起一面旗帜、办成一批实事、点亮文明乡风"为工作理念，以"树榜样、强底气、搭载体"为工作路径，提升治理水平，培育文明乡风，让千年古村重新焕发生机。

做　法

一、抓党建、竖旗帜，让培育文明乡风"有榜样"

　　火车跑的快，全靠车头带。在村里想干成任何事，都要有一支强有力

---

*　李孟涛，国家卫生健康委药政司副处长。2017 年 8 月至今任山西省大宁县道教村第一书记。获山西省干部驻村帮扶工作模范第一书记称号。

的队伍去支撑去执行。培育文明乡风，引领村里树立新风尚，更需要身边有榜样去带头引路。李孟涛一到村，就把基层党组织建设作为首要工作抓，让党员干部们成为一面面旗帜、一个个榜样。

增强仪式感、使命感，让支部增强凝聚力向心力。他规范每月固定"组织生活日"，每次都要唱国歌、同宣誓、做记录，严肃程序要求增强仪式感。村里党员大多文化程度不高，他精准施策为每人定制组织生活记录本，写名字、做标记、会前统一发、会后集中收，并把组织生活内容纲要做成 PPT 每次在会议过半时播出让大家参照。一年多来，组织生活成为了村党支部的"硬规矩"，很多老党员说："咱村党支部这样过组织生活才像回事。"党员们有了参与感、使命感，形成了"党员愿来、来了能听、听了会记，还能充分参与讨论"的良好氛围，党支部的凝聚力向心力明显增强。

激发荣誉感、认同感，让党员亮出身份办好事。他创新形式为全体党员定制了党员红马甲，统一着装为村里人办好事实事。起初有些党员觉得不好意思，他就一户户上门积极做思想工作。几个月下来，义务清理垃圾、"七一"便民理发、主动帮

个人体会

一个村子是否取得了发展，物质文明和经济发展水平是一个体现，精神文明特别是文明乡风也是长远健康有序发展的重要保证。"车有两轮，鸟有双翼"，只有物质文明和精神文明一起抓，培育文明乡风、良好家风、淳朴民风，才能真正让困难群众物质精神共脱贫。"求治之道，莫先于正风俗"，我们这些驻村干部，就是要充分借力脱贫攻坚政策有利时机，激发调动党支部发挥旗帜作用，去零距离教育引导群众移风易俗，让尊良俗、去低俗、废恶俗成为广大村民和党员干部的思想自觉和行动自觉，让文明乡风、良好家风、淳朴民风在乡村蔚然成风，才能让乡村不断焕发新的活力，让脱贫攻坚既有"面子"，也有"里子"。

与党员创业青年团队和村民研究扶贫车间下一步发展

贫帮困、参与集体活动，群众看见的都是党员亮出身份冲在前，让大家多了一份坚定的荣誉感，有了一种身份的认同感。"有事要来支部办，没事想来支部转"，不知不觉中，老百姓把党支部当成了最信赖的依靠，把党员看成身边的榜样。2017年以来，先后有8名在村青年递交入党申请，5人被吸纳入党。

二、共发展、得实惠，让培育文明乡风"有底气"

俗话说"手里没把米、叫鸡都不灵"。村集体没有收入，想干什么都没底气，时间久了更没了号召力。李孟涛觉得，第一书记在基层就是要想方设法把火车头加满油、充满电，用组织力推动生产力，壮大集体经济，带动村民脱贫致富，让村里人有依靠、信得过，让集体说话办事"有底气"。

找好路子促脱贫，让集体带着群众一块干。李孟涛与村党支部一道吸纳广大村民抱团取暖成立村集体合作社，依托国家卫生健康委扶贫资金20余万元建设农产品加工扶贫车间，吸纳返乡年轻人组建党员创业青年团队负责运营管理，发掘大宁当地特色农产品注册打造"卫道缘品"品牌和电商平台，借力消费扶贫加大推广力度，并严把质量、规范运营，确保实现可持续发展。2018年10月正式运营以来累计实现销售额160余万元，收回投资成本的同时为村集体一期分红2万元，有效带动20个贫困户人均务工增收2500元，形成了一支年轻的"创业带富"队伍，激发了一批"肯干能干"的内生动力，在全村形成了"都想脱贫、都有事忙、都有活干"的有利氛围。

想好点子促增收，让集体"光景"更好过。李孟涛在村里发现，村集体每年清理垃圾费用支出有一多半用在了租用设备上，而且周边村和企业都有租用清运设备的市场需求。为此，他联系资金为村集体配备装载机、吸粪三轮，公开招募村民组建工作队，一方面无偿承担起村集体垃圾清运和车辆设备养护工作，另一方面为本村村民提供低于市场价的便民服务，同时由集体帮助联系在周边村和企业开展有偿服务，所得收益按比例向集体分红。仅此一项，村里每年节省开支1万元，增收至少1万元。一年多来，这样类似的点子一个接一个，让集体手里"这把米"越来越多，接下来在培育文明乡风上就有了"底气"。

三、创模式、建机制，让培育文明乡风"有载体"

"车有两轮，鸟有双翼"。集体和村民腰包鼓了，但没有文明的乡风，脱贫攻坚成效会打折扣，只有物质文明精神文明一起抓，才能让贫困群众物质精神同脱贫。2018年，李孟涛争取资金支持建成了道教村便民爱心公益超市（浴室），并创新模式打造了"爱心公益＋电商＋便民购物"三合一综合体。一方面，综合体作为激发群众内生动力、倡导文明乡风的有效载体，村集体将部分收入和社会帮扶资金注入其中作为积分运营资金，通过发动全体村民参加环境卫生、孝老敬老、勤劳致富、互助邻里、参与集体活动等各项文明考核，发放爱心文明积分并允许在综合体内消费使用的方式，有效调动起村民的参与积极性。另一方面，综合体整合电商服务和超市功能，向村民提供收发快递、网购网销等电商服务，并按照市场化运作满足村民购物和洗浴需求，实现"常年不关门"可持续运营。运行几个月，有些村民通过文明考核已累计获得近200分，都觉得"这远比发一袋面一桶油更觉得珍惜"，通过综合体作为培育文明乡风的载体，在全村树立了良好家风和淳朴民风，引领了乡村正能量。

成　效

一年多来，在大家的共同努力下，道教村激发了凝聚力和向心力，带出了一支真抓实干带走不的工作队，竖起了旗帜，做出了榜样，打通了服务群众、带动群众的"最后一公里"。党员干部有了以身作则、率先示范的干劲和平台，村集体有了带富帮困、排忧解难的底气和实力，群众有了向上向善、你追我赶的精气神，千年古村构建起崇德向善、向上向好的新风尚，焕发出了勃勃生机。道教村光荣地被中央文明委评选为"全国文明村镇"，村党支部也被表彰为"优秀基层党组织"。

点 评

　　乡村振兴，乡风文明是保障。乡风文明是美丽乡村建设不可或缺的重要组成部分，是全面建成小康社会的一项重要任务。乡风文明就是要坚持以社会主义核心价值观为引领，促进农村文化、教育等事业发展，推进移风易俗、文明进步、弘扬农耕文明和优良传统，使农民综合素质进一步提升、农村文明程度进一步提高。

　　山西省大宁县道教村在国家卫生健康委委派的驻村第一书记帮扶下，以乡风文明建设为抓手，以"抓住一个核心、竖起一面旗帜、办成一批实事、点亮文明乡风"为工作理念，积极倡导科学文明健康的生活方式和行为习惯，以"树榜样、强底气、搭载体"为工作路径，通过创模式、建机制，让培育文明乡风有"载体"，全面深化乡风文明建设，提升治理水平，培育文明乡风，走出一条有意义的探索之路。

输入新理念　探索新机制

背　景

　　陕西省宜君县是中国人民银行总行定点帮扶县，武家塬村是当地一个比较典型的深度贫困村。全村共 115 户 530 人，人均土地面积 4.3 亩。

　　2015 年 9 月，人民银行总行选派栾春许*到武家塬村担任第一书记。栾春许驻村后进行深入调研，发现这个村的主要问题是：村"两委"班子缺乏组织力、凝聚力、战斗力，党员干部和群众对村庄公共事务不热心、不关注，村庄基础设施不完善，村民吃水难，行路难，村民致富无门，脱贫压力大。他了解到，村党支部"三会一课"，参加的党员不到三分之一，到会的也是表现懒散。村"两委"曾合议组织群众共同修路，结果响应的群众寥寥无几。到村第一天，年已 80 岁的老村支书握着栾春许的手说："要解决吃水难，更要把人心拧成一股绳啊！"

　　面对绕不过去的困难和问题，栾春许带领村里党员干部反复进行讨论，研究制定具体的帮扶思路和发展规划。突出抓党建，以党建为抓手把人心聚起来，同时发挥人行机关和自身在金融政策和业务方面的优势，通过输入金融理念创新乡村治理机制，让全体党员、干部和全村群众都"动"起来，努力打造新优势、走出致富路。

---

*　栾春许，中国人民银行机关团委主任科员。2015 年 9 月至 2016 年 10 月任陕西省宜君县武家塬村第一书记。2017 年获中国人民银行先进青年典型称号。

做 法

　　围绕建强村党支部战斗堡垒，栾春许首先多方争取筹集资金新建起党支部活动室和村委会办公室，使党支部活动有了像样的场所和阵地。大家看他是真为村里干事，慢慢心也热起来。在修建活动场所的同时，他尝试将金融的理念、机制、做法与乡村治理进行融合，在党建引领基础上探索构建"金融+"村治新机制。

　　一是"金融+村风建设"。 金融的核心理念是信用，而信用建设正是良好村风建设的一项重要内容。一个村的群众信用观念强，村庄各项工作就好开展。栾春许琢磨通过加强村庄信用体系建设，来把群众的心进一步聚起来，同时引导树立良好村风。他请相关专家对村民进行信用教育和宣传，增强讲诚信光荣、不讲诚信可耻的思想意识；争取陕西省信用合作社支持，发起成立武家塬村村庄信用评定和管理小组，对全体村民逐家逐户进行信用评级并建立个人信用档案；建立诚信违约公示制度，将个人征信表现与村庄公共事务参与结合起来。这一制度的建立和

个人体会

　　当前我国乡村治理水平依然不高，农村公共事务的管理很多时候要依靠乡规民约和宗族约束。在农村开展工作，不论是发展生产脱贫攻坚，还是凝聚人心干事创业，都摆脱不开乡村治理的问题。第一书记在开展帮扶的同时，要结合当地实际，积极思考优化乡村治理水平的办法，这样才能给农村发展提供可持续动力。"金融+"乡村治理理念是一个尝试，旨在以金融理念推动村风改善，完善公共管理机制。在我看来，也可以有别的"+"，只要对乡村治理有整体规划，有实施推动的抓手，就能出实效。群众观念转变需要一个过程，大量的解释推动工作是必不可少的，我也做到了"勤跑腿"和"勤张嘴"，群众看行动、认实效，只有跑得多、说得多、干得多，才能切实做到知民情、懂民忧、解民困，群众才会认可，事情才能做好。

实施，使讲诚信的村民能够得到实实在在的好处实惠，使不讲诚信的村民有了看得见、摸得着的约束，勤劳、务实、守信的种子慢慢扎进群众心中。

二是"金融＋生活服务"。 西部贫困地区金融基础设施建设不完善，金融服务供给不足，直接影响群众生产生活发展，影响脱贫致富。宜君县由于县域金融法人机构偏少，乡镇一级金融服务网点严重不足，村庄里的金融服务更是少之又少。群众正常办理金融服务往往还需要跑很远的路，更别说争取金融贷款搞生产。提高村庄内的金融服务供给能力，既是便民实事暖人心，更是脱贫生产好帮手。看准这一点后，栾春许争取当地金融机构支持，探索在武家塬村建立农村金融综合服务站，为村民提供便捷支付、取款、转账、反假币和金融宣传教育。金融服务站同时作为电子商务活动室，为群众提供农产品网络销售服务，开展网购下单、产品销售和邮件代收等服务。对这个服务站，开始时群众还有些陌生，慢慢体会到它给生活带来的便利后，逐渐成为村里群众活动交流的中心，又起到凝聚村民、

栾春许走村入户为村民排解纠纷

教育村民的功能。

三是"金融＋产业发展"。农村金融资源匮乏，贷款审核条件高，群众尤其是贫困户普遍缺乏金融抵押和担保条件，发展产业很难获得金融资金支持。如何既尊重市场规律、又结合扶贫需求，提升金融支持的供给水平？栾春许推动商业银行集中对贫困户进行评级和授信，开展信用重建；结合产业项目，灵活转变抵押和担保条件，为贫困户发放小额贴息贷款，帮助农民拓宽增收渠道。先后共为 13 户贫困户开展信用重建，联系金融机构发放 5 万元的小额贴息扶贫贷款，帮助其发展产业项目。村民王中权在农业生产中因伤致残致贫，一家人缺乏收入来源。看到他的儿子有经营凉皮加工的想法，栾春许帮他联系了扶贫贷款，买来加工设备开始创业。一年后，通过经营凉皮生意王中权家生活大为改善，实现脱贫摘帽。

四是"金融＋基层党建"。为解决组织生活不规范、不正常的问题，栾春许狠抓"三会一课"制度落实，将会议和学习相结合，发起"周三夜校"，每周三自己给党员上课，讲解党建知识、金融理念、政策方针等，内容与农村事务紧密结合，让农村的党员愿意听、听得懂。为发挥党员干部的先锋模范作用，栾春许组织全村党员成立"两学一做"党员志愿服务队，发动全体党员积极参与村内公益事业。党员干部带头开展金融服务、参与推进信用村建设、为群众办实事。建立党员干部值班制度，村干部每天轮流值班，为村民办理包括金融服务在内的各类日常事务。支部牵头成立村民信用评定小组，协助商业银行评定和维护村民信用信息。在帮全村 24 户贫困户进行信用评级的过程中，党员干部也走家入户，更深切的了解了民情民意，与群众建立起感情联系。村民武海平患有重度精神疾病，党员对其进行轮流看护，定期上门探视照料，防止发生生活意外。这些贴民情、暖民心的举措村民们看在心里，党员干部联系群众、先锋模范的形象深入人心。

成 效

　　"金融+"的乡村治理新机制使武家塬村面貌发生巨大变化,党员干部和全村群众都被动员起来,广泛投入到脱贫攻坚战中。村内基础设施明显加强,党员群众团结奋进,栾春许筹措资金,党员群众集体动员,共同参与施工劳动,建成通组水泥路 3.5 公里,实现全村路面全部硬化,解决了村里道路泥泞不堪、出行不便的难题;栾春许带领全村群众,历时三个月,在黄土塬上建成一口 375 米的饮用深水井,又配套建成全村自来水管网,实现饮用水直接到户,困扰群众几十年的饮水问题彻底解决,生产生活条件得到极大改善。金融助推产业发展,苹果和玉米种植产业规模不断扩大,当年新增苹果和玉米种植面积 100 多亩。中药材种植和玉米秸秆粉碎加工产业项目投产,带动贫困人口 40 多人,群众平均收入水平稳步提高。6 户贫困群众在金融支持下实施创业,通过扩大种植规模、养殖牲畜、制造特色食品等途径脱贫致富。生活环境好了起来,群众收入多了起来,金融的信用理念在村子里树立起来,讲诚信、重信用的村风逐渐形成。全村整年零信用违约事件、零矛盾纠纷、零上访,群众齐心谋发展。

　　武家塬村成为宜君县基层党组织建设示范村,党支部成为脱贫攻坚战斗中的一面旗帜。村民有困难不再是单打独斗,而是第一时间找党支部寻求帮助。看到党员在服务村民中的先锋模范作用,很多群众也纷纷申请入党,纷纷向党组织靠拢。群众也都动员起来,积极投入村庄公共事务,在村庄卫生整治、美丽乡村建设等方面都有群众参与的身影,武家塬村村容整洁、环境优美、氛围和谐,成为当地有名的"先进村"。

点 评

　　普惠金融服务的是最广大的老百姓，特别是要覆盖到"三农"、小微企业和偏远地区这些容易被遗忘的角落。深化提升普惠金融，就是要深入开展社区网格化服务，让服务触及社区的每家每户，更重要的是积极参与和推动城乡社区治理体系和治理能力现代化建设，全面融入社区治理体系重构的进程中去，真正成为社区治理体系的一份子。

　　陕西省宜君县武家塬村在中国人民银行总行委派的驻村第一书记帮扶下，在扶贫攻坚、乡村振兴路上输入新理念，探索新机制，尝试将金融的理念、机制、做法与乡村治理进行融合，通过输入金融理念创新乡村治理机制，在党建引领基础上探索构建"金融＋"村治新机制，让全体党员、干部和全村群众都"动"起来，打造新优势、走出致富路，探索了一条有价值的路子。

发展路上留乡愁，基层治理寻"乡贤"

背 景

内蒙古自治区兴和县是全国社会保障基金理事会的定点帮扶县，属国家"燕山—太行山"集中连片特困地区。兴胜庄村位于县城东南部，距城区 25 公里。总户数 466 户，1080 人，常住人口 185 户，408 人。历史上兴胜庄村是远近闻名的"文化村"，红色底蕴深厚，新中国成立后更是不断涌现出各类人才。乡村不断向城市输送人才，却给兴胜庄村带了"负效应"——成为周边区域劳动力流失最为严重地方，基本无青壮年劳力，更不要说致富带头人。

2017 年 5 月，全国社会保障基金理事会选派刁怀杰*到兴胜庄村担任第一书记。彼时的兴胜庄村集体经济空白，基础设施落后，留守村民多以老弱居多，种植结构单一，未发展过特色产业。"贫居闹市无人问"，虽有失偏颇却也描绘出了几分乡村现状——乡村治理"脏、乱、差、穷"，走出去的人即使有心回报桑梓却也无力破题。曾有村里老干部当面向刁怀杰提到，"咱们村是著名的落后村，各处都有领导是兴胜庄长大的。可是留下来的人不争气，不走动，不落后才怪"。

---

* 刁怀杰，全国社会保障基金理事会法规及监管部主任科员。2017 年 5 月至 2019 年 6 月任内蒙古自治区兴和县兴胜庄村第一书记。2019 年 5 月获内蒙古自治区青年标兵称号。

做 法

一、遍访乡贤，寻找破题之道

刁怀杰来到兴胜庄村时正值村党支部换届，老支书退休，30多岁的新支书从城里回到乡村履职。两人将生活在村里的退休老教师、村干部、老党员全部走访一遍，寻找干部群众反映最为强烈的历史旧案。通过地毯式调查，逐户访谈，刁怀杰全面掌握了村庄的自然禀赋、致贫原因，把握住农村复杂的人情关系，找到了四两拨千斤的诀窍，即选最难啃的骨头，让群众看到村"两委"的能力。

针对群众反映强烈的外省某苗木栽培公司拖欠土地流转费一事，刁怀杰一方面通过司法途径维护村民合法权益，积极固定证据，带领村"两委"通过诉讼争取有利于村民的法院判决。另一方面未雨绸缪着眼于判决执行难、群众权益得不到保障的实际困难。考虑到兴胜庄退休老干部在县域内有较强社会活动能力，刁怀杰带领村"两委"多次拜访汇报解决思路，最终在各方协助下成功引入致富带头人，承接下涉案标的所有债权债务关系，挽回群众经济损失30余万元。相关苗木已得到妥善处理，占用耕地已重新出租给致富带头人，盘活现有资源，实现群众增收。

二、留住乡愁才能引来乡贤

通过调研发现，很多时候乡村的衰落首先是从共同记忆

个人体会

习近平总书记曾深情地提到，"乡愁是什么意思呢？就是你离开了这个地方会想念这个地方"。"每个地方都有让大家留念的东西，不要小看这种幸福感，因为这种幸福感能留得住人"。自驻村以来，为解决乡村人才流失严重、发展乏力问题，我们遍访乡贤全面掌握村情村貌，留住乡愁营造干事创业浓厚氛围，借力乡贤，善抓落实，以项目带队伍，走出了"支部统领—协同参与—人才培养"的基层治理模式。

看望慰问老党员、老干部

的消失开始。走出乡村的优秀代表内心总怀有回报桑梓的朴素感情，而只有浓浓的乡愁与故土民风才是激发这一心理的一味良药。

在刁怀杰倡议下，村"两委"支持退休老教师进行乡村口述史研究，共同编辑出版《兴胜庄村史》，将后辈们传承自祖先的文化记忆进行分享，记录下老人们口耳相传的故事。为此刁怀杰多利用晚间休息时间伏案改稿，历时一年时间一本8万余字的村史付梓出版。

为保护好历史遗迹，采取措施挖掘乡村红色资源，打造以红色教育为主题的村史馆。村"两委"将村委大院里的百年老庙（作为仓库已废弃多年）进行内部修整，修旧如旧同时赋予时代意义，集中展示了改革开放以来乡村发生的巨大变化。

已届耄耋之年的老干部董茂同志是从兴胜庄走出的第一位党的干部，先后担任三个县的县委书记职务。刁怀杰向老领导忆及，1985年8月人民日报的报道，报道说县委书记董茂同志能够大兴调查研究，少说空话，多干实事。现如今，2018 年光明日报理论版又刊登了兴胜庄的扶贫好经验。短短几句话的交流牵出了浓浓乡愁，让老人热泪盈眶。

"人心换人心"，老党员老领导们看到了刁怀杰一班人的真情付出，村里走出去的很多干部开始主动引资源回村。

三、借助乡贤引智，紧抓产业脱贫

乡村发展滞后、贫困帽子摘不掉，表面看是缺钱，根子上是缺人。因此，如何打造"不走的工作队"，实现自己人帮自己人，成了刁怀杰实施项目的着力点。

借助乡贤力量，刁怀杰邀请兴和县种植大户、返乡大学生与村委会共同成立电子商务公司。调整种植结构，在全县率先提出规模化种植藜麦的构想，打造"农户＋电商"发展模式。短短一年时间，全县藜麦销售收入已突破百万元。受益群众范围扩大到多个乡镇近 200 户家庭。

村里有位全国劳动模范，19 岁参加工作，在兴胜庄村担任村会计，后响应组织号召奔赴兴和县南部山区，埋头苦干 42 年植树 3000 多万棵，使寸草不生的荒山变身为华北地区最大的人工林场，先后荣获自治区优秀共产党员、全国劳动模范等称号。在听闻家乡发生的巨大变化后积极帮助联系兴和县青年企业家支持家乡发展村办企业，刁怀杰又主动申请国信证券捐赠 120 万元作为村委会出资与其共同建设优质肉驴繁育基地。

四、以乡贤为催化剂，探索"支部统领—协同参与—人才培养"的基层治理模式

"东南西北中，党是领导一切的"，这一点要时刻保持清醒认识。乡贤参与乡村治理更多体现在催化剂作用上，主心骨始终是基层党的组织。在重大项目上充分听取乡贤意见，调动其反哺家乡的动能。开门听讲引来外脑，各类新型社会组织积极协同参与乡村治理。在这个过程中既培养了村里自己的干部，又实现了"一个好汉三个帮"，集

聚了打赢脱贫攻坚战的最大公约数。例如，原本村里曾一度盛行大家争当贫困户的风气。为祛除邪气，营造向上向善、比学赶超的良好乡村文化，刁怀杰引入乡贤和村"两委"干部组成评议委员会，借助单位支持的专项党建经费 23 万元成立孝善基金，推动脱贫攻坚文明家庭评选。村里人慢慢认可，勤劳致富、孝老敬老、子女学业有成才是所有家庭应该努力发展的方向。

成　效

截至 2018 年年底，在多位乡贤共同努力下，刁怀杰先后为兴胜庄村引进兴和县青年企业家 4 名，培养挖掘多名本村干部成为致富带头人，共引入 525 万元用于乡村产业发展、教育扶贫及基础设施建设。兴胜庄本村每年集体经济纯收入突破 17 万元。同时兴胜庄又主动负担起了周围四个贫困村的发展任务，实现了四个村集体经济清零递增。

事情件件做到了群众心坎上，凝聚了民心也探索出了乡村治理有序的好模式。"会议不多、干事不少"转变了村"两委"干部作风，干事创业小气候日益浓厚。老一辈乡贤渐渐老去，思乡助乡之情日益浓厚。新一辈乡贤在不同领域里承担领导重任，越来越多的人愿意假期回村里走走逛逛，跟村"两委"聊聊脱贫攻坚、乡村振兴。兴胜庄村摆脱了"著名的落后村"称号，乡风文明、治理有序的成色越来越足，先后荣获民主法治示范村、优秀基层党支部等多项荣誉称号。

点 评

　　乡贤是指在乡村里有一定才学且为四里八乡所推崇和敬重的人，他们大多德高望重、为人正派、做事公道，有威信、能服人。中国传统乡村社会一直有着浓厚的重贤、尚贤的良好风尚，并由此构成了独具中国特色的乡贤文化。推动乡村振兴，创新乡村治理体系，就要深入挖掘传统乡贤文化，培育内生力量，充分利用新时代乡贤作用，发挥乡贤的威望、威信及其家风家训来教育人、引导人、鞭策人，把外部援助内化为乡村发展动力，以此推动乡村移风易俗、倡导树立文明乡风、遵守村规民约、激发当代乡村治理主体的勃勃生机，推动乡村发展等乡村治理的各项工作。

　　内蒙古自治区兴和县兴胜庄村在全国社保基金会委派的驻村第一书记帮扶下，以乡贤为催化剂，探索"支部统领—协同参与—人才培养"的基层治理模式，广泛引导更多根在农村、情系家乡的在外成功人士，包括从乡村走出去的干部、教师、医生、企业家等新一代乡贤，以资源返乡、影响力返乡、技术返乡、智力返乡、资金返乡等方式，积极投身乡村建设，推动故乡再造，发挥他们的引领作用，并通过他们凝聚起乡村振兴的强大新动力。

规范管理账目清　民主理财人心齐

背　景

　　潜山市地处大别山南麓，安徽省西南部，是国家级贫困县。坛畈村处于远离潜山城区的深山区，距离县城 68 公里，面积 11 平方公里，21 个村民组，533 户 2086 人。2014 年登记的建档立卡贫困户 173 户 457 人，贫困发生率 32.5%。拥有耕地面积 1342.05 亩，有效灌溉面积 986 亩，林地面积 9500 亩，退耕还林面积 391 亩，林果面积 105 亩。

　　由于该村党支部书记长期缺位，村干部人心浮动，无心带领村民们干事创业，该村集体几乎没有收入来源，自身发展造血功能严重不足，要想实现整村脱贫压力很大。特别是村级财务管理很不规范，群众对村干部不信任，严重影响了脱贫攻坚的推进。

　　在驻村过程中，杨凤彬*感到村财务涉及广大农民群众的切身利益，是广大农民群众极为关心的焦点问题，也是第一书记工作的重点、难点，只有把村级财务管理规范、到位，让群众明白放心，才能增强村干部威信，聚齐人心，更好推进脱贫攻坚工作。经过反复思考，他开始着手规范村级财务管理。

---

*　杨凤彬，全国供销合作总社经济发展与改革部主任科员。2016 年 8 月至 2018 年 8 月任安徽省潜山市坛畈村第一书记。

做 法

一、提升村级财务管理水平

首先是配齐了村"两委"班子，健全财务管理主体。杨凤彬充分发挥第一书记的党建工作职能，经过反复与乡镇党委的协调请求，在广泛征求全体党员的意见情况下，按照组织程序，补选原村主任代支部书记，同时吸收了村里的1名具有专业财务知识的党员同志加入到村"两委"，担任专职会计职务，解决了财务人员兼任的问题。其次是督促村"两委"严格落实财务公开制度。一方面指导村"两委"创新财务公开方式，在村部周边设置固定的财务公开栏，同时充分利用QQ、微信群等社交软件，及时公开村财务各项内容。另一方面协商确定财务公开时间，经与村"两委"充分讨论，决定每月5号为固定

与村民细算"明白账"

财务公开日。同时引导村"两委"建立健全民主管理制度，推进民主理财，杨凤彬带领村"两委"认真学习《安徽省村集体财务管理办法》《潜山县关于进一步规范和加强村级财务管理的意见》等财务管理制度，在严格落实制度的基础上，根据坛畈村的工作实际创新工作方式方法。2018年新一届村干部上任以后，在全面推行"五权三公开""三议一表决"等民主管理制度的基础上，探索制定了"四议三榜"公示制度，即凡是事关低保评定、"两房"建设、财务收支方面的事项，首先由村党支部提议，村"两委"会议商议，然后党员大会审议，最后由村民代表决议，并将商议、审议、决议结果及时向党员群众进行公示，经过三次张榜公示后方可执行。同时，村级财务管理严格落实"四人会签"，每产生一笔开支，均由党支部书记、村委会主任、会计和村务监督委员会主任签字后方可入账，并将财务情况及时向党员群众公开。

二、协调落实好帮扶专项资金使用

习近平总书记强调：精准扶贫要做到项目安排和资金使用精准。如何精准使用帮扶单位的扶贫专项资金，是第一书记协调规范村级财务的又一大难题。为此杨凤彬根据坛畈村的工作特点，向派出单位积极建议，配合总社制定了《中华全国供销合作总社定点帮扶专项资金管理办法》（以下简称《办法》），《办法》明确了帮扶资金的使用范围、期限、主体责任，特别指出了第一书记在帮扶资金的监督主体作用，同时为了防止帮

个人体会

村级财务管理的好与坏，直接影响到村两委班子的团结，关系到党群、干群关系的融洽，关系到脱贫攻坚和乡村振兴的顺利开展。只有加强村级财务的监督管理，持续推进"民主理财"，把管理村级财务的选择权交给村民，才能让村民既放心又安心，切实维护群众利益。

扶专项资金被挤占、截留、转移，《办法》规定了严格的资金列支程序。专项资金列支应当先由村委会填写列支申请表；然后村委会负责人、当地乡镇负责人及第一书记、总社县级扶贫挂职干部分别审核并在专项资金列支申请表签字、盖章；村或乡镇财务部门根据专项资金列支申请表签章情况，列支拨款并签章。专项资金必须在当年用结。村"两委"应每年将年度专项资金使用情况报告、列支明细及带动贫困户名单，对全体村民进行公开，同时上报总社备案。通过《办法》的出台，坛畈村确保了专项资金安全合规、专款专用、精准到户，使贫困群众真正受益。

三、监督做好集体经济组织财务管理

为了更好带动当地脱贫致富，推动坛畈村茶叶产业规模化种植，提升茶业附加值，进一步发挥茶叶产业在带动当地群众脱贫致富中的作用，2016年12月，杨凤彬牵头成立了坛畈茶叶专业合作社，合作社以村"两委"为主体，吸纳入社农户57户，流转土地500亩。为了监督做好茶叶专业合作社的财务管理，杨凤彬主要做了三方面工作。首先是聘用专业人员担任合作社的会计职务，提高了茶叶专业合作社的财务管理能力。其次是健全内部控制，强化监督机制，由村里有威信的老党员担任合作社监事，确保合作社每笔开支都处于有效监督之下。第三是健全收益分配制度，按照每亩300元的租金向贫困户支付土地流转费用，明确了当年12月30日为流转土地租金结算日，入社农民可以成为合作社员工获得务工收入，同时每年以出资额比例获得分红。

成　效

一是加强了民主监督的作用，促进了村"两委"班子的廉洁自律。以前村级财务管理混乱，个别村干部还因账目问题受到纪律处分。规范财务管理后，村里的一切经济活动都公开化，增加了村级管理的透明度，既为民主监督提供了基础，也为干部廉洁自律提供了制

度保障。

二是聚齐人心，确保村"两委"大事有共识，小事能落实，使村"两委"的战斗力得到了很大提升。村民搞清了村"两委"及村集体经济组织资金的来源及去向，村民对村干部由误解变为理解，由怀疑变成信任，既增加了村级领导班子的凝聚力和感召力，维护了村党支部在村民中的廉洁正面形象，又密切了干群关系增强了村民的参与意识，对于村民较为关注的"一事一议""异地搬迁""危房改造""村干部工资""土地流转"等问题及时公布和解答，真正做到还干部一个清白，给群众一个明白。

三是精准使用扶贫专项资金，建成三大扶贫项目，大大促进了脱贫攻坚的步伐。利用供销合作总社投入的 200 多万扶贫专项资金，茶叶专业合作社完成四个村民组 500 亩荒坡田及荒地、荒山土地流转，新建起了标准化茶园，促进 32 户贫困户、贫困人口 78 人增收脱贫，提升脱贫户 7 户 30人生活质量；建成 165 千万千瓦的光伏电站，受益贫困户 35 户，年增加村集体经济收入 6 万元，同时使贫困户年增收 3000 元；新修周榜至水口组环形路 1.3 公里，便利群众出行，更主要的是改善交通运行，提高农产品交易量，受益人口 521 人。

"村里的大小事情我们都参与了，他们花掉的每笔钱我们都心中有数，我们对村干部很放心"。现在到坛畈村说起村"两委"，坛畈村民都竖起了大拇指。人心齐了，脱贫之路便走的更顺畅了，2018 年年底，坛畈村实现了整村脱贫的目标，摘掉了贫困村的帽子。

点　评

在我国，村级财务管理问题始终是农民关心的热点问题，但由于种种原因，村级财务管理问题突出，直接影响到村级班子的团结，影响到党群、干群关系的融洽和农村工作的顺利开展。因此，规范村级财务管理，是加强农村党风廉政建设的重要内容，是改进农村基层干部作风、维护农民切身利益的重要举措。

现实中，规范村级财务管理是一个循序渐进的过程。乡镇综合改革后，作为直接担负起村级财务管理的职能部门——乡镇财政所，在人力不足的情况下，没有足够的精力去处理村级财务管理中的一些遗留问题，这些客观因素的存在，不同程度地影响了村级财务规范化管理的进程。

安徽省坛畈村在全国供销合作总社委派的驻村第一书记帮扶下，通过创新财务公开方式，将具有专业财务知识的党员同志纳入到村"两委"，担任专职会计职务，建立健全民主管理制度，推进民主理财，在全面推行"五权三公开""三议一表决"等民主管理制度的基础上，探索制定了"三议三榜"公示制度，聚齐了人心，确保了村"两委"大事有共识，小事能落实，使得村"两委"的战斗力得到了很大提升。在规范管理村级账务，实施民主理财方面找到了一套有效的办法。

新时代乡村治理坚持村民自治
解民忧化民怨为民办实事

背 景

白玉村地处秦巴山区深处，市级贫困村，辖 6 个村民小组，878 户，2725 人，幅员面积 15.4 平方公里。建档立卡贫困户 121 户，356 人。该村四面环山，交通闭塞，村民世代靠天吃饭，"天无三日晴，地无三尺平"是白玉村的真实写照，村里穷人多、光棍多、精神病患者多。由于历史原因，全镇信访问题突出，白玉村更是上访大户。

做 法

韩圣迎*经过深入走访，摸清了贫困村的主要矛盾和症结，他深知群众工作无小事，事事连民心，如果处理不好农户上访问题，历史遗留矛盾得不到及时化解，很可能会爆发一些意想不到的突发事件。

他坚持以人民为中心，制定了脱贫攻坚化解群众矛盾纠纷预案，从为民办事入手，以化解历史遗留问题为突破口，力争民事村办，为群众办好事，让群众好办事，脱贫攻坚化解矛盾纠纷下足了"绣花功夫"。

"正人先正己、打铁还要自身硬。"在村群众代表大会上，韩圣迎承

---

* 韩圣迎，中国法学会人事部副处长。2016 年 1 月任重庆市开州区插腊村第一书记，2017 年转任白玉村第一书记。2018 年被中央和国家机关工委授予"中央和国家机关脱贫攻坚优秀个人"称号。

诺"四不"：不报销任何个人费用，不拿任何报酬，不参与任何利益分配，不推卸应该承担的责任。正确处理好与村"两委"班子成员关系，日常工作多沟通多商量，遇事多挑重担，发挥好引导、帮扶、协调、监督作用。与村"两委"成员签订了"六讲四有一守一重"责任书。

一、转变村干部工作作风

韩圣迎时刻谨记组织交给的重任，当好党的政策宣传员、脱贫攻坚战斗员、农村党建指导员。组织"两委"一班人，认真学习政策法规，制定脱贫攻坚规划，分解任务具体到人，每月一考核，实行星级评定，引导大家把对扶贫工作的认识提高到讲政治的高度，作为第一民生要务来抓。

召开村"两委"、社长、群众代表、党员大会，进一步统一思想认识。组织村"两委"召开组织生活会和交心通气会，对照检查自身问题。发挥干部、党员模范带头作用，严格自身要求，率先垂范。要求群众做到的，党员干部首先做到。

二、成立脱贫攻坚民情调解小组

针对群众集中上访热点难点焦点问题，村"两委"成立了脱贫攻坚民情调解小组，成

个人体会

提升乡村治理水平要坚持走群众路线，依靠群众、相信群众，拜群众为师，加强和群众沟通交流，多入户，多倾听群众心声，时刻和群众保持血肉联系。通过为民办事，解决群众上访告状难题，拉近了干部和人民群众的距离，增加了人民群众对党和国家的信赖感，密切了干群关系，解决了绝大多数贫困群众的疾苦。丢失了多年的很多优良传统，让生活在最底层的人民群众又感受到了，服务型政府的职能转变在脱贫攻坚中得到淋漓尽致的体现。脱贫攻坚目的是为了人民群众过上好日子，为人民谋幸福。经过持续深入打攻坚战，人民群众的利益放在了基层工作的首位，基层绝大多数的信访、社会矛盾得到了较好化解，人民生活将会更加幸福，党的事业将会永葆青春。

深入村民小组召开院坝会——化解群众矛盾纠纷，解决群众疾苦

员由驻村工作队、村干部、德高望重乡贤、党员代表、群众代表等组成，进行民情家访，对群众反映问题先行调解，化解脱贫攻坚矛盾和历史遗留问题。村"两委"成员全心全意为群众分忧解难，民事村办，群众办事尽量不出村。

对村里长期上访户，任务分工到干部人头，进行思想疏导，像对待亲人一样一遍一遍登门拜访，调查核实反映情况，力争解决矛盾纠纷，给群众一个满意答复。

三、广泛召开院坝会

过去村里召开群众大会、党员大会较少，偶尔召开一次群众大会就像打仗一样，村民情绪激动，反映问题堆积如山。

精准施策，对症下药。韩圣迎同志带领村"两委"成员，主动走进老百姓居住的院坝，逐社逐队召开院坝会，避开群众白天下地劳动时间，晚上多开群众夜会，面对面给群众宣讲扶贫政策，讲解涉及群众切身利益的敏感问题。现场办公，研究解决群众吃水、住房、看病、上学等难题。对去年政府下拨村里的 200 万元扶贫资金，村会计给群众公布账目，一笔一笔算明细账。解答群众疑问，回应老百姓关切，有问必答，有惑必释，让群众心里有一本明白账。

四、"扭住牛鼻子"解决关键环节具体矛盾

个别上访群众反映，有车有房的农户还是贫困户、低保户，甚至有个别吃低保的村民，不好意思领低保，回村时要找件破衣服穿起，金银首饰也要摘下。

针对群众反映的历史遗留难题，韩圣迎带领村"两委"对全村贫困户、低保户持续进行精准识别，严格清理"四类人员"（有车、有房、有营业执照、有财政供养人员）。走群众路线，坚持"实事求是、群众公认"原则。经过困难家庭个人申请，驻村工作队员、村社干部入户算收入账，初选出符合条件的困难家庭，召开群众代表大会，经广大群众无记名投票，票数超过五分之四的农户，全村公示一周，公示无异议后，名单上报扶贫办、民政办进行审核。通过精准识别，全村清理出 37 户 106 名"贫困户"、3 户"低保户"。

出行难一直是困扰白玉村多年的一个老大难，修路是老百姓日思夜盼的头等大事，也是脱贫攻坚中群众集中反映最强烈的问题。

首先统一村"两委"成员思想，把修路当做解决村民关注的头等大事。韩圣迎同志带领村两委先后向镇党委、政府专题汇报，写请示，主动联系邀请相关部门领导、专家到村里实地考察。

在村民动员大会上，韩圣迎同志带头捐款 1000 元，看到这一情景，老百姓纷纷捐款，当场很多家境贫困的村民也前来捐款，邻村有个老人听说要硬化公路，中午顶着炎炎烈日跑来，一定要代表两个在外地打工的儿子每家捐款 500 元。韩圣迎同志带领驻村工作队员和社长，发动在外创业成功人士分别捐款 5 万元、2 万元，香港朋友捐款 2000 元。

经过艰苦的努力工作，筹措资金 830 余万元，18.5 公里乡村公路通畅工程已竣工，解决 1500 余人出行难题，给群众交上一份满意的答卷，助

力乡亲们脱贫致富，实现了大山深处几代人的修路梦想。

成 效

新时代乡村治理要全程坚持村民自治，通过解民忧化民怨为民办实事，难啃的"硬骨头"逐渐破冰融化，去政府上访的群众少了，找村干部解决问题的多了，村委会开始忙碌起来，平日不爱搭理村干部的老上访户，也开始主动找村干部"摆龙门阵"（拉家常），共商解决问题对策。

经过持续召开院坝会，发扬"钉钉子"精神，积极为群众上门服务，坚持打攻坚战，全年化解各类上访问题 600 余件，其中历史遗留问题占 80% 以上，解决群众矛盾纠纷 1200 多件。在韩圣迎同志的带领下，经过村"两委"和驻村工作队员共同努力，解开了群众心头的一把把"心锁"，密切了干群关系，消除了沉积多年的历史积怨，村"两委"干部和村民脱贫攻坚的积极性得到极大提高。一年来，全村栽植 2000 亩高山晚熟李子，大力发展乡村旅游，着力发展新型农村生态经济，培植高产核桃 600 亩，优质甜柿 500 亩。组建一个养殖协会，培育贫困户养羊大户 20 户，养殖山羊 1200 多只，黄牛 200 余头，生猪 1000 余头，破天荒地在高山贫困村建起了扶贫支柱产业，并被评为全国乡村旅游扶贫村。白玉村在脱贫验收考评中成绩名列前茅，全村 121 户贫困户彻底摆脱贫困，贫困发生率从 12.3% 下降到 1%，提前实现整村脱贫摘帽。

点　评

　　在农村社会快速发展的时期，因群众利益分配不公、社会遗留问题、群众生产生活遇到新困难、突发事件等矛盾隐患也不断增加，农村的不稳定，极大阻碍了农村经济快速发展，引发了越来越多的社会新问题。解决好信访问题，维护好乡村稳定，既是基层政府的责任，又是促进农村发展的基础，基层政府面对挑战和要求，必须建设好农村基层组织这一阵地，强化基层干部的民主执行力，才能确保农村社会大局和谐稳定，确保农村经济长足发展。

　　重庆市开州区白玉村在中国法学会委派的驻村第一书记帮扶下，坚持走群众路线，依靠群众、相信群众，通过解民忧化民怨为民办实事，通过持续性院坝会，发扬"钉钉子"精神，积极为群众上门服务，解开了群众心头的一把把"心锁"，密切了干群关系，消除了历史积怨，村"两委"干部和村民脱贫攻坚的积极性得到极大提高。

从沙壕村安全饮水工程建设谈 "四议两公开"工作法

背 景

　　山西省兴县是全国对外友协的定点帮扶县。该县共有 376 个行政村，沙壕村是"贫困县中的绝对贫困村"，全村共 245 户 755 人，2016 年建档立卡贫困户 62 户 215 人，贫困发生率高达 28.5%，贫困户人均可支配收入仅 4469 元。

　　以往，沙壕村在重要决策、经费收支、民生福利等事项上未落实"四议两公开"，导致村民对村"两委"和村干部缺乏信任。主要表现在：村"两委"自行决定村里事务，信息不公开，导致村民不知情；村干部搞个人"小圈子"，办事不公平，导致村民有怨气；村庄管理者很难跳出家族、宗族等利益关系网，做人不公正，导致村民不拥护。近年来，村"两委"坚持落实"四议两公开"工作法，使沙壕村从一个矛盾突出的"上访村"变成了内部和谐的"文明村"，村"两委"班子从"无人管事、不想管事"转变为"事事有人管、件件抓落实"，村"两委"向心力和凝聚力显著增强，村民与村干部关系更加融洽。这一良好局面的形成与落实"四议两公开"政策有密不可分的关系。沙壕村安全饮水工程建设项目的顺利实施，就是通过"四议两公开"推进贫困村脱贫致富的成功案例。

　　2015 年 12 月，全国对外友协选派操小卫*同志到沙壕村担任第一书记。

---

* 操小卫，全国对外友协机关服务中心六级职员。2015 年 12 月至 2017 年 8 月任山西省吕梁市兴县沙壕村第一书记。

驻村调研中操小卫了解到，沙壕村村民饮用的是井水或渗出泉水，卫生没有保障，且水源地距离远，留守老人取水十分困难。由于未实现自来水入户，一些村民想在家发展副业受到极大影响。

早在十几年以前，沙壕村前任村书记把村民饮水问题简单化处理，未经"四议两公开"，自行承包实施了饮水入户工程，向村民征收工程款却不公开工程策划实施过程，结果因工程偷工减料，铺设管道过浅，当年冬天饮水管道就被冻裂，无法再使用，成为劳民伤财的烂尾工程，村民对此怨气很大，引起矛盾激化，导致村民上访。该书记却是一肚子苦水，认为村民不懂感恩，自己好心为村里办实事却得不到村民理解支持。

解决沙壕村安全饮水问题成为操小卫的首要扶贫目标。当他提出沙壕村安全饮水工程建设要落实"四议两公开"时就遇到了阻力，主要面临三个问题：一是村"两委"不想落实"四议两公开"。普遍认为村"两委"就是代表村民行使权力，之前没有实行"四议两公开"，现在也没有必要推陈出新，沿用以前做法就好。二是村干部不敢落实"四议两公开"。个别村干部想在工程建设方面谋求个人利益，害怕被村民知道。三是没有必要落实"四议两公开"。留守村民多是老弱病残人员，村"两委"对他们是否有能力参与持怀疑态度。为了破解僵局，操小卫抓住沙壕村落实"四议两公开"的难点、堵点和痛点，逐一击破，最终让沙壕村干部群众尝到"四议两公开"的甜头。

做 法

"四议"即：村党组织提议、村"两委"会议商议、党员大会审议、村民会议或者村民代表会议决议；"两公开"即：决议公开、实施结果公开。

沙壕村安全饮水工程建设关系每个村民的切身利益，必须严谨对待，落实"四议两公开"。操小卫首先将"四议两公开"工作法制度上墙，组织村"两委"、党员、村民学习，让大家了解"四议两公开"相关内容；

其次与村"两委"成员沟通交流，深入剖析前任村书记事件教训，警醒现任村干部；最后主持召开村"两委"会议，让村干部谈想法，提出意见和建议，大家集体讨论，统一思想，抓好落实。

沙壕村安全饮水工程建设在广泛听取民意、认真研究论证的基础上，村党支部提出项目初步意见，协调县水利局编制施工方案、图纸和工程预算，详细阐述水源地和蓄水池选址、工程质量监督管理和建设项目人员组成情况。村"两委"会议对施工方案、图纸和工程预算进行讨论，进一步完善方案，形成一致意见，召开全体党员会议审议通过。由村主任通知村民召开村民会议，主动听取村民的意见和建议，明确饮水管道的铺设深度、入户路线，使用水泥、钢筋等材料的标号，村民推选施工现场监督员。建设经费由乡财政集中管理，县审计局对建设经费审核把关，定期向村民公布建设进度、经费支出情况，确保了沙壕村安全饮水工程建设有序进行，经过近一年紧张施工，实现了自来水进村入户。

为保证"四议两公开"工作法经常化、规范化、实效化，沙壕村建立了"三健全"工作制度：

一是健全联系村民制度。坚持以村庄发展为核心，以村民利益为根本，利用手机、微信等加强与在外务工村民联系，及时了解村民意愿、需求，帮助村民解决实际生活中遇到的困难和问题，多做"雪中送炭"的暖心事。

二是健全民主监督制度。凡涉及村级重大事项财务收支情况，均有村"两委"审核把关，向全体村民张榜公布。建立信息反馈机制，畅通民主渠道，及时收集和受理村民在决策中反映的意见建议和合理诉求，不断完

个人体会

农村工作如何开展，村民的信任最关键，村里工作干得好不好，村民说了算，第一书记的工作就是搭建村民与村两委信任的桥梁。落实好"四议两公开"工作法，使村民能够参与重大事项决策，提高了他们的主人翁意识，同时也提高了村干部的责任心，激发了村民的干事心。

419

操小卫刚到村时，每天同村民一道去山沟里挑水

善决策，促进科学运行。

三是健全责任追究制度。只要通过"四议两公开"形成的决议，村"两委"不得随意更改，如因特殊情况需要更改，要在村党支部领导下，通过村民代表会议或村民会议讨论决定。凡不按规定执行，村民有权提出异议，造成后果的，必须追究相关人员责任。

成　效

在"四议两公开"保驾护航下，沙壕村安全饮水工程建设项目顺利完成，彻底解决了人畜饮水问题，自来水入户提升了村民生活的获得感和幸福感，同时也增进了村民对村干部的信任，干群关系得到融洽，逐渐消除了群众对党员负面看法，进一步增强党组织在农村阵地战斗堡垒作用。村干部为村民办事服务的态度得到彻底改变，村民也更加主动配合村"两委"工作，积极参与村庄建设，有效化解了各类矛盾，之前的上访户都成为村里好政策的宣讲人，再也没有上访问题发生，保持了农村社会和谐稳定。自来水入户为沙壕村产业发展提供了保障，操小卫向单位申请200余万元新建了

大型养殖场，申请建设村级光伏发电项目，沙壕村正在通过发展产业带动村民脱贫致富。

点 评

  "四议两公开"工作法（简称"4+2"工作法），是农村基层实践中探索创造的一种村务管理、村务决策的方法，主要是指所有村级重大事项都在村党组织领导下，按照村党组织提议、村"两委"会议商议、党员大会审议、村民会议或村民代表会议决议，决议公开、实施结果公开的步骤进行决策的一种工作方法。

  自"四议两公开"工作法推广以来，已经成为加强基层党组织建设和村级民主政治建设的有效手段。

  山西省兴县沙壕村村"两委"在全国对外友协委派的驻村第一书记帮扶下，推进落实"四议两公开"工作法，使沙壕村从一个矛盾突出的"上访村"变成了内部和谐的"文明村"，村"两委"班子从"无人管事、不想管事"转变为"事事有人管、件件抓落实"，村"两委"向心力和凝聚力显著增强，村民与村干部关系更加融洽。

重拾公序良俗
提高基层治理水平

背 景

　　重庆市黔江区地处 14 个国家级贫困连片地区之一的武陵山区腹地，是中信集团定点帮扶区（县）之一。根据工作要求，中国中信集团有限公司选派肖鸣*同志于 2016 年 3 月来到该区沙坝乡木良村担任第一书记。木良村，位于黔江区西部，毗邻彭水苗族土家族自治县，7.32 平方公里沟壑纵横、坡地面积超过 70%。2015 年，全村 550 户 1779 人，其中建卡贫困户 90 户 381 人，贫困发生率 21.42%，是全区基础条件差、村级组织软弱涣散、群众满意度低的贫困村之一。虽然随着各类惠农、惠民政策相继落地，各类帮扶力度的持续增强，人民群众、尤其是困难群众得到的实惠与帮扶越来越多，但群众满意度却不升反降，"群众获而不感（感恩）"的现象突出。

　　肖鸣和他的队友入户走访之初，告状的、诉苦的、调侃的、骂人的，常常让他们脱不开身。群众提起村干部就骂娘、村干部提起群众也心拔凉，几次民调显示：群众满意度不足 50%。贫困识别不够精准、干群关系紧张，明明自身有能力、却把养老责任往外推，家家都想争个"贫困户"来当等超乎想象的现实一个接一个的摆在了肖鸣和他们队友面前。

---

*　肖鸣，中国中信集团有限公司中信银行股份有限公司重庆涪陵支行高级业务经理、综合部经理。2016 年 3 月至今任重庆市黔江区木良村第一书记。

做 法

一、精准施策解民忧 创新帮扶拾良俗

听说新来的第一书记带了 60 万元"嫁妆"，村里顿时又沸腾了起来。满怀期待的人们来到便民服务中心，得到的却是一纸《沙坝乡木良村村规民约（征求意见稿）》和《沙坝乡木良村安全饮水管理办法》《沙坝乡木良村产业发展种子基金管理办法》《沙坝乡木良村医疗帮扶基金管理办法》《沙坝乡木良村教育帮扶基金管理办法》。原来，经过半年走访、调研与论证的驻村工作队，将中信集团配置的 60 万元"第一书记专项帮扶资金"分别设立为"安全饮水入户项目 20 万元"专项用于全村安全饮水入户工程；"产业发展种子基金 20 万元"无偿支持有意愿、有能力发展特色种植、养殖和农产品加工等农村产业的建档立卡贫困户通过劳动、创业摆脱困境，到期后只归还帮扶资金的 90%，另 10% 作为奖励，杜绝等、靠、要，变"输血"为"造血"，鼓励与支持困难家庭因地制宜谋发展，提高群众脱贫致富内生动力。"医疗帮扶基金 10 万元"对自付金额超过 3300 元／人／年的重病困难群众，给予 30%、限额 1 万元的医疗帮扶，减少因病致贫或因病返贫风险；"教育帮

个人体会

脱贫攻坚深入推进的过程中，一些简单、直接的帮扶方法，一定程度上滋生了少数困难群众"等、靠、要"的落后思想与非建卡贫困群众的不满情绪，少数人利用政策空子侵占困难群众利益的现象更加深了不平衡发展与社会矛盾。这不仅需要我们基层干部耐心、细致的思想工作与普法教育，志、智同扶。还需要我们深入实际、了解实情、把准脉搏、对症下药、统筹兼顾，做到政策保障、发展规划、资金使用与人民群众情投意合、同步前行。法治与公序良俗相结合，精准施策、提升治理水平，避免产生新的不平衡发展与社会矛盾。

到田间地头了解群众医疗负担，并动员其通过产业发展解决当前困难，提高稳定脱贫质量

扶基金 10 万元"给予村里大学新生 1000 元至 3000 元不等、研究生新生 5000 元的奖励，引导群众重视教育、鼓励年轻一代学成归来支持家乡建设。志、智同扶提升落后群众通过劳动解决暂时困难的内生动力，因户施策，逐步培养其自强、自立可持续发展能力，确保扶得上、稳得住、走得远。

二、公平公开树正气 巧算细账聚人心

2017 年 4 月，来自重庆旅游职业学院帮扶干部李宗明向学院党委申请为全村每个建档立卡贫困家庭发放 2 袋化肥，以此提高困难群众生产积极性。"2015 年 12 月，我们出于同样的好意，准备给全村每个建档立卡贫困家庭发放 10 只五黑鸡苗，结果引起非建档立卡贫困户哄抢，不得已全村 500 多个家庭都发放 10 只才勉强平息下来"。李宗明向肖鸣提起一年前的事，仍还心有余悸。学院党委为了避免 2015 年冬天发放鸡苗的"教训"，决定全村每户发放 2 袋。驻村工作队和村

委在统计户数时却出现了争议：到底是按户口簿还是按实际家庭来发放？村干部说"历来都是按派出所发的户口簿来，有好多户口簿就算好多户"。驻村工作队说"有的家庭很明显的是一户，为什么要按户口簿统计为两户、甚至三户"。"你要入乡随俗、尊重传统，没必要那么较真""能够把户口分成几个的，往往都是能人，你今后的工作还需要他们支持才行"，个别"热心"的乡干部也不失时机的关心起来。

"为什么我们做了那么多，还是有那么多群众不满意？就是这些少数的所谓能人得了便宜还显摆，让绝大多数的群众感情受到伤害；这些能人就包括我们个别村干部。我们去年的安全饮水入户项目，按户籍数量预算是550个厨房水龙头，剔除30来个人户分离家庭，实际安装479个，这说明我们在村里的实际只有479个家庭，我们让这40多户满意还是让430来户满意？我们在这次'小利'面前把规矩理顺了、正气树起来了，今后的建档立卡贫困户、低保户动态调整等事关'大利'的工作将会省下许多麻烦事"。村干部和几位先前觉得有失面子的所谓"能人"在肖鸣的坚持与耐心、细致的交心、谈心后，驻村工作队的方案在党员和群众代表会议上得到了绝大多数的支持、拥护，支农化肥得以顺利发放，群众满意率一下提高了接近40个百分点。

三、德为先导承良俗、法为根本强治理

肖鸣和驻村工作队特意建立了"家在木良"微信群，解决村民大量外出、沟通联系渠道不畅的矛盾。经常性召开"跨越时间与空间的新型院坝会"，适时开展政策传达、村情通报、村务公开、信息发布、道德宣传、普法教育、民意征集等工作。对部分村民"老无所依""幼无所靠"等不良现象，引入典型案例在微信群、村组会上进行广泛讨论，甚至通报批评。同时，邀请司法人员进村开展普法宣传，对个别被子女推诿赡养责任的老人提供法律援助，并与乡贤评比、子女入职入伍政审等直接挂钩。积极营造公开透明、风清气正、和谐友善的良好氛围，将法治与公序良俗相结合。第二年，低保、建档立卡贫困复核、动态调

整时，所谓的"困难群众申请"较往年少了 1/3 还多；村里的纠纷调解数量也下降了一半。

成　效

三年来"沙坝乡木良村医疗帮扶基金"缓解近 100 名患病困难群众医疗负担 27 万元，有效减少 30 多户因病致贫或因病返贫风险，化解了部分临线（贫困线）群众被帮扶政策边缘化的社会矛盾；"沙坝乡木良村产业发展种子基金"扶持、培育了一批万寿菊、蚕桑、青蒿、土鸡等特色产业，村民增产增收效果明显。少数靠着墙根晒太阳、伸着双手要小康的落后思想与诉苦叫穷、调侃讥讽的声音逐步消失得无影无踪。黔江区法院、司法局、等部门在广泛调研的基础上，联合下发《关于敦促赡养义务人积极履行赡养义务的通告》，拒不履行赡养责任，恶意申请低保、建档立卡贫困户的数量出现大幅下降。

2017 年 3 月，木良村以 98.7% 的满意率和全区领先的考评得分顺利达成了"村脱贫、户逾线"的攻坚目标，同年 11 月以优异的成绩顺利通过了国务院扶贫办史上最严格的评估、验收，与全区 94 个贫困村一道实现了历史性的"脱贫摘帽"。2016 年、2017 年连续两年综合目标考核位居全乡第二名，一举扭转了多年垫底的落后局面，小山村焕发出蓬勃生机，接近 99% 的群众满意度，久违的笑容又回到了人们的脸庞。

点 评

2015年的中央一号文件《关于加大改革创新力度加快农业现代化建设的若干意见》中，首次提出了加强农村法治建设："农村是法治建设相对薄弱的领域，必须加快完善农业农村法律体系，同步推进城乡法治建设，善于运用法治思维和法治方式做好'三农'工作，同时要从农村实际出发，善于发挥乡规民约的积极作用，把法治建设和道德建设紧密结合起来。"

目前，各地涌现的乡村治理典型，虽然路径各有不同，但共同特点都是在改革中发展、完善集体经济制度和村民自治制度，推进民主选举、民主决策、民主管理、民主监督；全面制订修订村规民约，严格遵守法律法规，充分吸纳村民意见；依法规范村内"小微权力"运行，强化村务监督，让"小微权力"在阳光下运行；广泛推行村务公开、民主理财，推动村民自我管理、自我教育、自我服务、自我监督机制不断优化。

重庆市黔江区沙坝乡木良村在中国中信集团有限公司委派的驻村第一书记帮扶下，秉承德为先导承良俗、法为根本强治理的治理理念，重拾公序良俗，彰显法治威严，坚持法治为要，确保维护乡村秩序的公平正义；坚持用德治引领群众，积极培育新时代乡村文明，探索了新路，提高了基层治理水平。

开好村民议事会　实现民事民议民决策

背　景

　　湖南省新化县双星村是全县 130 多个贫困村之一，该村由原来两个相邻的村合并而成。总户数 758 户、2712 人，其中建档立卡贫困户 210 户、665 人。

　　2015 年 7 月汤道财[*]同志由中国光大集团股份公司选派到双星村任第一书记。当他来到完全陌生的乡村，在较短的时间里克服了语言交流和生活习惯等方面的许多不适应。在村、镇有关人员的协助下实地走访，找党员和村民聊天、座谈、开会，宣讲国家扶贫政策，了解村民们真实的贫困状况，分析致贫原因，收集他们的脱贫意愿和想法。

　　随着汤道财同志扶贫工作的进行和深入，他把个人日常生活和扶贫工作已完全融入当地老百姓当中。经过走访和调研，他发现不管是在会议上还是在平常的交流过程中，许多村民心里对村干部存在疑问和不满，对个别村干部的一言堂、家长式的作风很抵触，对村务不公开意见大。集中体现在办事欠公开、会议欠民主、结果少公示上。从他到村后召开的几次会议上，也明显感觉到村民们不是很愿意参会，到会的也很少提意见，村民民主议事的氛围差，影响了会议的目的和落实效果。想到自己的职责和肩上的压力，还有村民们的期盼和心声。汤道财同志深感责任重大，心想在任期内一定要尽快改变现状，给村民们一个满意的答案，才不枉

---

[*]　汤道财，中国光大集团股份公司光大银行长沙分行运营管理部副总经理。2015 年 7 月至今任湖南省新化县双星村任第一书记，2018 年获中国光大银行优秀党员称号。

第一书记的称呼。

做 法

一、开好民主会，提高村民议事的参与感和成就感

以并村会议为契机，汤道财同志先期召开两个村村干部和部分村民代表的准备会议。要求到会人员不得缺席和早退，强调并村是当地党和政府的改革措施，必须做到下级服从上级、个人服从组织。发扬民主作风，一改以前的会纪会风，请大家发表各自的看法和不同的意见，经村里记录、归纳整理后进行上报和反馈，让大家感受到了会议改进的决心和希望。同时要求到会人员负责通知本组村民按时参加并村大会，提前做好各组发言准备和建议收集。

到正式并村大会召开时，几乎全部在家的村民都提前到达，大家以主人翁的姿态积极参与，气氛热闹、隆重，会场秩序井然。会上镇政府各部

慰问村里的贫困学生代表

门负责人认真听取了村民们的意见，并当场予以解释和答复，及时消除了大家的顾虑和担心，多方形成了并村共识，圆满完成了并村的规定流程和动作。

随后按党委组织部门的要求，进行了村"两委"民主选举和干部公示，所有具备选举资格的村民都投出了自己神圣的一票，投票结果既有落选的也有增选的，既符合组织要求，也体现了大多数村民的意愿，是广大村民行使民主权利、决策集体事务、监督村务公开的新起点和新气象，形成了村民民主议事新的制度和规定，对提高和改变村干部的管理水平和工作方法有较强的推动和警醒作用。

新的村"两委"班子确定后和汤道财同志一起根据村民们的建议和提议，决定对村民小组长进行更换，由原来二个村共20名减少为一个村11名。在村民议事会上通过个人自荐、小组推荐、民主评议、意见征求、最终确定等环节。选出了各自满意的小组长，明确了他们的工作范围和分工，改变了以前不作为、少作为的印象。有效解决了以前村务不公开、少公开的矛盾，得到了全体村民的好评和一致认同。

个人体会

第一书记在扶贫工作中要善于发现重要问题，结合农村实际情况分析问题，做到有效解决问题。新一代的农民对村务的管理有较强参与意识，对表达自己的想法和观点很强烈，民主意识和观念在逐步提高。双星村的许多地方在近几年发生了根本性的变化和改善，得益于对原有观念的打破以及新风气的逐步形成。村民参与民主议事的进步，自由表达意见是权利平衡的必然，也是建设和谐乡村、美好家园的基石。

二、兴议事之风，为村民办实事

汤道财同志在村里因地制宜、因人而异进行了一系列的精准扶贫工作，在取得了良好效果的基础上，为巩固村干部的民主作风，提升村民们共商议事兴趣和能力，多次召开村民议事会，广泛征求民意，采纳合理化建议，争取集团的重点支持和扶持。争取了 140 万元扶贫资金，用于新建被洪水冲毁的桥梁、修复河堤以及修通连组砂石路等基础设施。他以高度负责的态度，在会上公开选定了 5 位村民监督员，按"四议两公开"的要求和规定，把涉及到的所有细节全在民主会上进行公开讨论，以符合大多数村民的意见为主。从项目资金、中标流程、施工进度、质量、验收、结算等及时进行公开、公示。自觉接受村民的问询和监督，鼓励他们参与其中，让他们感觉到存在和被认同的价值。因此一旦通知他们开会议事，哪怕在外面做事的也会赶回来，在家干活的也会提前安排好时间参加，生怕因为缺席失去了发言的机会。

有了派出单位的大力支持和村民们的积极配合，村里的"连心桥""便民路"和放心河堤都已如期完工，质量优良。以此形成了民主管理、公开议事、全面公示的村级治理习惯。在改善村级面貌和整体形象的同时，化解了以前的紧张关系，让村干部重新获得了村民们的信赖，受到了全体村民的赞扬和好评。

成 效

面对贫困村较为复杂环境和脱贫压力，村干部和党员由于多种原因（年龄、文化程度、地域环境等）缺乏担当和敢于承认错误、勇于改革的勇气。汤道财同志作为第一书记深感责任重大，充分发挥带头和引领作用，一方面通过学习、会议、培训、谈心等方式，建制度、立规定，改变会纪会风来提振村干部和党员的信心，把村里的大小事务进行公开、公示，自觉接受群众的监督和民主评价，融洽了党群关系，平稳了大家的心态。另一方面通过多种形式和途径，使村干部获得了村民们的积极配合和支持，有效解决了工作中的许多矛盾和纠纷，在村民治理、村民权益、村务自治方面有了较大的改观和提升。为 2018 年底贫困户脱贫和整村摘帽发挥了积极作用，取得了良好成效。

点 评

在实施村民自治的过程中，民主选举是关键，但乡村的民主不仅仅是民主选举，还有民主决策、民主管理和民主监督，这四个环节缺一不可。要取得群众的支持和理解，关键在于基层民主的发扬。制定乡村典章，规定议事程序、规则，是保证群众参与村内事务的有效手段。

基层群众自治制度是由村民选举的成员组成村民委员会，实行自我管理、自我教育、自我服务、自我监督的制度。群众积极参与本村的各种民主议事活动，不仅可以改变以前一些村干部"拍脑袋、拍大腿、拍胸脯"式的简单决策，而且可以使得干群之间在平等交流、共同决策的过程中，化解许多矛盾和问题。

为发扬村民议事民主制度，推进村民自治，强化民主决策、自我服务、自我管理能力。湖南省新化县双星村在中国光大集团选派第一书记帮扶下，兴议事之风，为村民办实事。通过创新工作方式方法，将民主引入农村社会治理，创新农村治理模式，更多地听取意见和建议，通过民主协商增进共识，不断推进村组群众协商民主向广泛性、多层性、制度化发展。

新生力量助力乡村治理迈上新台阶

背 景

　　山西省五寨县中所村位于县城北部郊区，距离中心城区不足 2 公里，全村共有 363 户 816 人，脱贫前按照国家标准精准识别贫困人口 148 户 371 人，贫困率达到 40% 以上。在乡村治理方面，中所村存在三个短板：一是村"两委"队伍弱。村"两委"成员 7 名，平均年龄 51 岁，最大年龄 71 岁，学历普遍较低。村委成员每年工作补贴不过几千元，很难将全部精力放在村务治理上。二是经济基础差。2017 年之前，村集体经济收入为零，没有资金支撑全村发展，特别是提升公共服务。三是治理水平低。党务、村务工作规范化、信息化程度不高，基础数据不精准，很多党务、村务规定动作执行不到位，村民参与自治的积极性较低。面对严峻的脱贫攻坚形势，依靠原有的村级治理力量很难实现 2018 年全村脱贫出列的目标。

做 法

　　2016 年 12 月，国家中医药局委派办公室干部肖国栋*担任中所村第一书记，与包村镇干部和驻村工作队等形成 3 股新生力量，和中所村"两委"一道，成立脱贫攻坚领导小组。脱贫攻坚领导小组有 17 名成员，其

---

*　肖国栋，国家中医药局办公室副处长。2016 年 12 月至 2018 年 11 月任山西省五寨县中所村第一书记。2018 年 10 月被中央和国家机关工委评为"中央和国家机关脱贫攻坚优秀个人"。

中新生力量 10 人，占比超过 50%。在脱贫攻坚这场不能输的战役中，新生力量发挥了不可替代的作用，也为提升农村治理水平提供了实践场所。

一、引入帮扶资源打造新动能

肖国栋充分发挥中央国家机关的政治优势、组织优势和行业优势，推动中所村脱贫攻坚工作。国家中医药局党组多次召开会议研究部署扶贫工作，进一步完善扶贫工作机制，制定投入倾斜政策。局主要负责同志深入实地调研，作出重要批示推动问题解决。局扶贫办加大协调力度，组织行业力量助力第一书记补齐脱贫短板、发展致富产业。局直属机关通过党日活动、支部联建和消费扶贫等多种方式汇聚帮扶资源助力扶贫。仅在产业发展方面，肖国栋争取资金 115 万余元，成立五寨县润昌昇农业服务有限公司，引进赤峰丹龙药业有限公司，达成全面产销合作协议。企业采取"农户 + 合作社 + 企业"的合作模式，与 38 户 95 名村民合作培育黄芪种苗 50 亩，种植移栽黄芪 150 亩，帮助村民增收 20 万余元，增加务工收入 6 万余元。

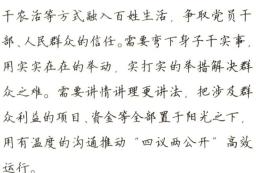

个人体会

乡村治理需要用真心换真情，通过学方言、拉家常、干农活等方式融入百姓生活，争取党员干部、人民群众的信任。需要弯下身子干实事，用实实在在的举动，实打实的举措解决群众之难。需要讲情讲理更讲法，把涉及群众利益的项目、资金等全部置于阳光之下，用有温度的沟通推动"四议两公开"高效运行。

二、优化任务分工打造新机制

肖国栋充分发挥新生力量的独特优势，优化任务分工，建立第一书记把总、包村镇干部管村、村"两委"管事，驻村工作队管人的工作机制。

肖国栋在履职尽责过程中重点抓好 3 方面工作，以点带面推动乡村治理。首先抓党建凝心聚力。亲自编写党课课件，用百姓听得懂的语言深入解读

与村干部查看黄芪长势

习近平新时代中国特色社会主义思想，狠抓"三会一课"制度落地，坚持每月召开一次脱贫攻坚学习会和党支部会，每月15日召开主题党日活动，不断筑牢脱贫攻坚的思想基础。其次抓思路明确主攻方向。针对帮扶队伍、产业、公共服务三个短板，对标整村脱贫标准，运用中医辨证论治思维，提出抓党建打造一支能力突出、作风优良的干部队伍，整合中医药行业资源发展中药材特色种植产业，提升基层中医药服务能力完善村民健康保障网络的"三个一"整村系统脱贫战略。最后抓督促确保有序推进。建立村级治理台账，明确任务清单、责任清单和时间清单，坚持一周一对账，一月一总结。开展亮身份、亮职责、亮去向、亮电话的"四亮活动"，让村民精准定位脱贫攻坚领导小组成员，做到事有人管、办事有章、人尽其责。

在第一书记协调下，包村镇干部利用与县直机关部门良好的工作关系，在部署重点任务，争取帮扶资金、协调项目落实上发挥重大作用。驻村工作队作为本地人，与贫困户一对一结队帮扶，完成政策落地的"最后一公里"。村"两委"全面把握村情，落实村民自治机制，排解矛盾纠纷，为具体事项顺利实施保驾护航。

三、创新协调方式打造新干群关系

之前中所村村民彼此相互熟悉，血缘关系较近，涉及利益纠纷较少，村民自治意识不强。随着帮扶资金增多，特别是贫困户与非贫困户的政策红利越拉越大，导致了村民间矛盾的激化和扩大，村"两委"作为熟人很难一碗水端平。为此班子新成员全程参与"四议两公开"工作。评议前期通过"拉家常"的方式让村民了解政策背景，准确解读政策条款。在评议期间帮助制定实施方案，把关招投标程序，涉及贫困户准入、资金发放的，以"局外人"的眼光帮助把关评判标准。在过程、结果公开中加强引导，不再是村"两委"班子作决定、下命令，而是大家自己议、自己定，无论做什么决定，事情办得亮亮堂堂。中所村整个脱贫攻坚阶段没有因资金项目分配不公导致的缠访闹访等群体性事件发生。通过新生力量参与"四议两公开"全过程，中所村把党的领导机制、党内基层民主机制、第三方协调机制和基层群众自治机制有机融合到了一起。

成　效

一是扶贫政策精准落地。中所村为贫困户精准发放产业扶贫资金142.8万元，义务教育阶段贫困学生全部享受"两免一补"，60岁以上贫困人口全部享受养老保险，所有贫困人口均参加了城乡居民医疗保险。贫困户享受了一站式医保报销服务，报销比例达到90%以上。贫困人口全部实现"两不愁三保障"，人均可支配收入超过3300元，贫困发生率降为零。村级100KW光伏扶贫电站并网运行，年收入达到10万元以上，村集体经济实现零的突破，政策兜底户享受收入分红。

二是基础设施更加完善。投入资金16万元，改建村"两委"办公场所、党建活动场所，新建冬季取暖设施，办公条件得到极大改善。新铺进村主干道1.8公里，布置垃圾收集箱30余个，种植云杉、油松200余棵，更新集中供水设施，在村公共服务区域免费提供无线WIFI，营造和谐宜居的生活环境。

三是公共服务更加优质。100平方米标准化卫生室投入使用，配有村医1名、签约医生2名、血糖仪、心电图仪等医疗设备20余件，常备基本药物80多种，实现实时医保报销。全村建立村民健康档案764份，建档率95%，贫困人口全部建档并签约家庭医生。建成山西省中医院远程医疗协作服务点，通过互联网远程医疗设备，山西省中医院5名专家可以直接为中所村患者诊治疾病。建成中所村日间照料中心，能够为老年人提供休闲娱乐、康复养生等服务。

点　评

乡村是我国经济社会发展的重要基础，承担着确保实现全面建成小康社会的最艰巨和繁重的任务，随着乡村振兴和新型城镇化的加快推进以及农村改革的不断深入，我国广大乡村正经历着前所未有的变化，农村在发展，农民在富裕，与此同时乡村治理也出现了一些新问题。农村基层党组织弱化，带头人能力不强，党员先锋模范作用不明显，农村基层党建主体责任落实不足等问题凸显。

针对这些问题，山西省五寨县中所村在国家中医药管理局委派的驻村第一书记帮扶下，充分调动村庄现有各方面力量的独特优势，优化任务分工，建立第一书记把总、包村镇干部管村、村"两委"管事，驻村工作队管人的工作机制，为创新乡村治理找到了一个值得推广的新办法。

自我成长锻炼

选派扶贫工作队是加强基层扶贫工作的有效组织措施，要做到每个贫困村都有驻村工作队、每个贫困户都有帮扶责任人。脚下沾有多少泥土，心中就沉淀多少真情。工作队和驻村干部要一心扑在扶贫开发工作上，强化责任要求，有效发挥作用。对在基层一线干出了成绩、群众拥护的驻村干部，要注意培养使用，让他们在扶贫开发工作中发挥更大作用。

——习近平总书记在部分省区市扶贫攻坚与"十三五"时期经济社会发展座谈会上的讲话（2015 年 6 月 18 日）

抓资源整合　促提质增效

背　景

　　贵州省赫章县是中央统战部的定点扶贫县之一。该县地处乌蒙山腹地，深山区、石山区、喀斯特岩溶地貌分布广泛，人口较多，土地破碎，是毕节"开发扶贫、生态建设"试验区的发源地，也是全省 14 个深度贫困县之一。可乐乡丰收村，距赫章县城 64 公里，国土面积 5.4 平方公里，辖 7 个村民小组，居住着汉、彝、苗三个民族，平均海拔 1800 米，农产品以玉米、土豆、核桃为主。2016 年，全村共 749 户 3150 人，其中建档立卡贫困户 111 户，贫困人口 470 人。

　　李光*于 2016 年到任后，翻山越岭到村入户走访，与村"两委"班子、贫困群众促膝谈心，虚心向基层工作经验丰富的老干部、老党员请教，综合县乡整体情况，摸清了丰收村的社情民意，发现了村民思想观念老旧、主动脱贫意愿不高、内生动力不足、无产业带动等制约脱贫攻坚工作的实际问题。针对帮扶项目选择难、落地难、推进难的问题，如何转变思想观念、统筹协调各方力量、整合配置各类资源，成为破题开局的关键。

做　法

　　一是盘活人力资源，带好党员队伍。丰收村党支部共有党员 44 人，

*　李光，中央统战部光彩事业指导中心基金部负责人。2016 年 11 月至 2018 年 11 月任贵州省赫章县丰收村第一书记，被评为 2018 年中央和国家机关脱贫攻坚优秀个人。

平均年龄 55 岁，高中以上学历 8 人，初中学历 15 人，小学及以下学历 21 人。村党支部书记是一位刚上任的致富带头人，年轻有冲劲，想法多，但欠缺经验、团队能力不足；班子其他成员年龄较大，村工作经验丰富，但创新意识、工作激情不足。这种情况下，我把抓班子带队伍作为首要任务，利用好现有的存量人力资源，提升整体战斗力。一方面，在坚持民主集中制原则的基础上，凡事先充分征求村支书意见，让他牵头抓、大胆抓，帮助他树立威信，增强向心力；另一方面，我和班子成员、老党员谈心交心，虚心请教村史社情、邻里关系，了解他们的真实想法，并做到知民情、集民意。同时，用老百姓熟悉的语言把国情、政策讲深讲透，解释我在村里工作的职责、思路和打算，争取他们的理解和支持，很快我们就成为了"一家人"。一开始，村支书想利用村里的一片菜地搞采摘园、农家乐，还想种航天蔬菜，但所需要的投资很大。我肯定了他的思路、想法，并会同班子对项目可行性进行讨论研判，在充分考虑前期条件不成熟、可预期的客源和消费人群不足等致命短板后，大家一致同意对方案进行调整。工作中，

在丰收社区查看农村危房改造情况

我先在支部、党员中充分讨论动员，组织他们先行签约、先行入股，做出示范，并通过党员责任区、责任户划分等方式，带动村民参与，起到了很好的作用。

二是整合社会资源，夯实发展基础。村里各项工作需要循序渐进，因势利导，顺势而为。我积极争取财政资金、协调引入社会帮扶资金，利用已撤并的村小学基建资源，推动建成活动场地 860 平方米，广场、球场、绿化带、停车场等 8300 平方米；按照市县统一部署，积极推动成立"新时代农民讲习所"，带领驻村干部、致富带头人、技术专家开展讲习进教堂、进村寨、进田间地头，宣讲党的好声音、好政策，培训村"两委"、村组干部、返乡农民工、普通村民上千人次；联系贵州省重庆商会捐赠 100 件羽绒服，帮助村里的孩子度过寒冬，得到了全村群众的广泛好评。2016 年结合贫困户意愿和当地传统，我通过部里联系河仁慈善基金会帮扶资金 80 万元，建成能繁母牛养殖项目。通过建立一户一档资料，制定协议书和管理规定，采取村民自行购买、验收之后给予每头牛补助 8000 元的方式，购买母牛 100 头，覆盖贫困户 57 户 293 人。半年多后全部产犊，收益 65 万元左右，人均增收约 2240 元，有 47 户贫困户实现了稳定脱贫。贫困户刘朝杰家，两个已成年的儿子都患有先天听力不足，父母照顾家庭无法外出打工导致贫困。他

个人体会

任职一时，关乎一世一地，如何正确履职和精准把握，对自己乃至当地都有较大影响。凡事谋定而后动，加强统筹协调，根据当地实际情况和真实需求来谋划工作，才能起到事半功倍的效果，否则欲速则不达。基层干部工作繁忙而难以有序，贫困百姓生活艰辛而诉求多元，需要找到多方关注的交集，才是开展工作的落脚点。

脱贫攻坚的决战之年，还有很多工作要做，很多工作才刚刚开始，很多任务没有完成。只有进一步全身心地投入工作，不需扬鞭自奋蹄，最大限度地提高群众的获得感和幸福感，方不负自己的汗水，不负组织的信任，不负这个伟大的时代。

443

们参与该项目积极性很高，很快就达到 4 头牛的养殖规模。我们在项目实施过程中坚持公平公正，严禁优亲厚友，不搞平均主义和强行摊派，获得老百姓和资金捐赠方的好评。2017 年 3 月，应中央统战部和基金会的邀请，村支书专程到北京汇报了项目情况，受到捐赠方的充分肯定。

三是尊重群众意愿，壮大集体经济。有了一定的发展基础后，如何让村子靓起来？让老百姓的腰包鼓起来？我积极帮助村里协调农村危房改造、环境整治、组组通公路等渠道资金 2000 余万元，大力推进基础设施改造升级；组织大家集思广益，谋求后续产业持续发展，尤其壮大村集体经济的路子。利用统一战线"联系广泛、智力密集"的优势，整合各类资源，确定了产业扶贫路线图。鉴于养牛对劳动力要求较高，不太适合缺乏劳动力的贫困户，2017 年，我争取帮扶资金 80 万元，根据剩余贫困户的情况，利用村支书本身就是养猪带头人的优势，实施了可乐猪养殖项目。项目覆盖贫困户 32 户，每户购买能繁母猪 2 头、育肥猪 4 头、补助饲料款 7500 元、新砌猪圈 30 平方米。项目实施后，助推全村在 2017 年实现整村脱贫出列，成立了丰收社区。2018 年，再次争取到帮扶资金 80 万元，利用本地夜郎泉这个自然资源，与通过招商引资落地到丰收社区的贵山水公司合作，签订了"政府 + 公司 + 贫困户"三方协议，将该笔资金入股到桶装水全自动化生产线上，帮助因病、因残致贫，丧失劳动能力的 40 户贫困户通过分红的方式实现脱贫，并建立起了村集体资金池。

成　效

经过两年多的不懈努力，丰收坝子一排排民居整齐漂亮，组组通公路修到了苗大坡、大树、铜厂等边远村寨，社区面貌发生了巨大变化，社区群众参与村务民主管理和村集体事业发展的热情空前高涨，社会风气明显好转，群众活力得到显著增强。每晚在丰收社区的活动广场上，几百名群众载歌载舞，小商贩摆起了各色摊点，孩子们穿梭其间，仿佛几千年前的古夜郎重新绽放了活力。

尽管以前从事的也是联系协调全国非公经济代表人士，到"老少边穷"地区开展扶贫工作，但通过两年多的基层一线工作，我对贫困地区的贫困原因有了更加深刻的了解，对贫困群众如何脱贫有了更加全面的思考，和当地干部群众建立了深深的感情，彻底融入到了这片热土。我始终把自己放在一名建设者、参与者的位置来思考和开展工作，在工作能力尤其是协调能力上得到了很大提升。丰收社区党支部 2018 年被评为贵州省脱贫攻坚优秀党支部，我也被评为贵州省脱贫攻坚优秀驻村第一书记，受到省委书记、省长的亲切接见和表彰。

点　评

　　李光同志发扬统一战线"联系广泛、智力密集"优势，善聚人、善聚力，抓关键、重实效，将扶贫资金、社会资源与群众需求、当地实际相结合，精准施策，提高产业扶贫的科学性和针对性，在脱贫攻坚的过程中提升了基层党组织的战斗力，深化了对扶贫工作的认识，完成了从协助者到参与者、建设者的转变。

走好北庄的"赶考路"

背 景

　　西柏坡是中国革命圣地，是我们党从胜利走向胜利的地方。北庄村是西柏坡镇 5 个贫困村之一，是一个具有优秀革命传统的红色村庄。北庄村是西柏坡时期中央部委所在地，紧邻中共中央旧址，红色文化底蕴深厚，蕴藏着巨大的精神财富。

　　范麾京*虽然对农村并不陌生，但从未经历过长期置身于群众之中，吃住在村、学习在村、工作在村的沉浸式锻炼。作为机关里的一颗"螺丝钉"，没有群众工作经验，他刚到村时的确面临全方位的挑战。他感到，在北庄任职就是在接受一次实实在在的红色教育，必须把自己摆进去，虚心向老百姓学习，向实践学习，在服务中不断磨练意志、锤炼党性，进而树立更加坚定的政治信念。

做 法

一、主动融入

　　从中央机关到农村，要做足"硬着陆"的准备，争取"软着陆"的结果，学习、工作、生活需要不断"闯关"。不懂平山方言，和老百姓交流困难重重；干冷的气候特征、三餐不离馒头的饮食习惯、算着农历日期赶

---

*　范麾京，中央和国家机关工委基层组织建设指导部副主任科员。2018 年 6 月至今任河北省平山县北庄村第一书记。

446

集买菜做饭的生活方式，这些都要一一适应。刚来村里，工作做哪些、怎么做、怎样寻找突破口、如何做群众工作、如何满足老百姓要求，这些都困扰着我。

我认识到，如果不充分调动自己，主动适应环境改变，就会束缚自己，陷入"死胡同"，只有主动"融化"自己，"铸造"成一名真正的北庄人，才能闯过重重"关卡"。赶集买菜就要苦中作乐，把它当成一种独特的人生经历；听不懂平山话每次见到村民就主动说上一句"吃了没有"，哪怕一开始相互之间不知所云也能慢慢传递友好和热情；夏季不能洗澡就用湿毛巾擦擦，冬季水龙头上冻了就用桶装水凑合。哪怕想些笨办法、打点穷主意，也要让饮食关、方言关、生活关、思想关每关必过。在具体工作中，村民的名字和面相不能对号入座，我就把全村花名册贴在办公桌上；村民反映问题多，我就把每项诉求、意见记在本子上一一处理，让每天的大事小事怪事难事成为自己感悟反思总结提升的源泉。

只有艰苦的环境才能磨练坚强的意志。在北庄的不断"闯关"，让我更加深刻理解了西柏坡精神的内涵，谦虚谨慎、不骄不躁、艰苦奋斗，是作为第一书记应有的作风。越是艰苦的地方越要奋发图强，扎扎实实干出一番作为，越是困难的工作越要咬紧牙关，想方设法战胜一切艰难险阻。

二、多方调研

刚到任时，村里一切情况都是陌生的。对于第一书记而言，对村情的掌握程度，决定了干工作是否接地气，是否有针对性和实效性。要想尽快吃透村情，就必须广泛开展调研，深入了解村

个人体会

为什么我们常说向群众学习？群众是我们的服务对象，我们是群众的公仆。为了更好地了解、适应、服务群众，就应该以他们为师。只有真正融入老百姓，才能读懂最真实的中国和最完整的中国。群众是永不落伍的老师，纵使有再高的学历、再丰富的知识、再纯熟的技艺、再强的能力，向群众学习也必须是我们永恒的课题。

与村干部交流发展理念

里的历史和现实。前几个月，我几乎每天都绕村一圈，到水库边、菜地里、田间道走走看看，察看村里的地理位置、资源状况、基础设施、产业项目。一有时间就到老支书老村主任家里坐坐，向他们咨询北庄的历史故事、历史人物、红色传统。有时我会去村里致富能人家里，请教村里的集体经济发展情况和致富增收的路径。我会利用一切机会走家串户，到村民家中办完事儿就坐下来陪老人聊聊天，在交谈中了解北庄的发展史。

经过一段时间的调研、走访，我认识到，北庄人骨子里是有一种精神气儿的，一种勇于牺牲、无怨无悔的奉献精神。抗战时期，日军在北庄制造了木虎峪惨案，残忍屠杀村民；北庄村涌现出了舍家抗日的开明士绅齐学韶等人物，成为了著名的"抗日模范村"。西柏坡时期，北庄村民从人、财、物各方面全力保障了中央机关干部的生活和工作开展。1958年因修建岗南水库而举村搬迁，村民失去大片农田，一度靠国家救济粮生活。2011年又因行政学院建设需要，部分土地被征用，收入渠道减少。如今成为一个集革命老区、移民区、贫困区"三区合一"的特殊村。北庄人曾抛头颅洒热血上前线，如今我更应舍小家顾大家，牺牲小我保全大我，让敢于牺牲的精神贯穿工作始终。

三、竭诚服务

第一书记说到底还是为百姓服务的勤务员。只要倾己之力、竭诚服务，急百姓之所急，忧百姓之所忧，不论是雪中送炭还是锦上添花，都能得到他们的认可和拥护，反之就只能算嘴皮子功夫，为人民服务就只是一句口号。只有不断为老百姓解决一个个问题、化解一个个矛盾、满足具体需求，才能成为老百姓心中的"自己人"。

任职没多久，我通过"娘家人"——中央和国家机关工委帮助争取到了35万元资金硬化了村道，利用工作经费4万元为每户送去了一台电子血压计，教大家使用，为大伙儿测量。了解到村里慢性病老人较多，我请来了北京大学医学部的内外科医生为村里老人免费义诊，还为村卫生室增添一批设备，俨然变身"村医"。有的老人不会使用电话，我就手把手教他们操作方法，方便他们和儿女联系。有的村民病重，我就赶紧帮着在省城医院挂号。岁末年终，我给老人和孩子送去慰问款和面粉、食用油、小家电。2019年除夕，我一口气走完了全村所有农户，挨家挨户向大家拜年，大年初一我给村里举办了一场新春团拜会，那天，台上笙歌不歇，台下欢笑不停，村民微信群里点赞不断，有的老人甚至拄着拐杖坐着轮椅也要来到现场和大家共度佳节。后来，我又为全体村民共同拍摄了一张全家福，看到大伙儿的笑容，那一刻我切身感受到了作为北庄人的温暖和自豪。

在为老百姓办事服务的过程中，我更加深刻地体会到农村群众生活之不易，更加真切地感受到了党的政策对困难群众的倾斜和照顾，更加直观地了解到近年来农村面貌发生的翻天覆地的变化，也更加清楚地认识到我们党所面临的"赶考"远未结束。只要我们坚持下去，把惠民政策落实好，把贫困群众帮扶好，把各项决策部署贯彻好，就一定能取得新的进步，中华民族伟大复兴的中国梦就一定能在我们的接续奋斗中成为现实。

成　效

一是认清了实情。和老百姓零距离相处，我懂得了什么是实际，什么是农村现状。了解到农村百姓的物质、精神生活状态，学习到脱贫攻坚如何实施、农业发展如何巩固、乡村振兴如何着力。认清了这些才可能认识到一个完整而真实的中国。

二是磨练了意志。在艰苦条件下学习工作生活，让我得到了充分的磨练，使我的心智更加成熟。在村里，大大小小的事情都经历了，各式各样的困难都挺过来了，今后无论遇到任何困难，都会增加一份勇气和信心。

三是坚定了信念。为老百姓办事服务，我更加牢固地树立了宗旨意识。一件件实事，让我感受到了老百姓对党的政策的拥护和感激之情。看到他们的生活一天比一天好，看到我们党用行动赢得了党心民心，我就更加坚定了理想信念，坚信党的事业必将充满光明。

点　评

扎根丰腴的红色沃土，绽放绚烂的信仰之花。范麾京同志全身心沉到革命老区、满怀真情融入红色土地、满腔真爱服务贫困群众，他用自己的生动实践回答了在革命圣地西柏坡驻村是一种什么样的体验。过去，革命老区用鲜血染红战旗，激励革命先辈从胜利走向胜利；今天，这片红色土地依然用丰腴的营养哺育新时代的党员干部茁壮成长。第一书记只有不忘初心、牢记使命，才会对革命老区充满感恩之情、对革命先辈充满敬仰之情，对贫困群众充满反哺之情。

坚持群众路线是做好群众工作的根本法宝

背　景

史家佐村共有 909 户 2604 人，是当地人口大村。村子大了村情民情就比较复杂，各种矛盾交织，很多工作不好统一意见。尤其是建档立卡回头看以后该村贫困人口基数依然较大，导致每次产业扶贫、金融扶贫等项目的资金很难做到一次全覆盖，而贫困人口大多是老弱病残，各户经济情况差距不大，部分群众有严重的攀比心理，给扶贫工作增加了不少难度。

习近平总书记曾指出，群众在我们心里的分量有多重，我们在群众心里的分量就有多重。群众对领导干部越信任，一些矛盾和问题就越容易解决。领导干部要得到群众的信任，决不是靠权力，而是要靠工作能力、工作业绩和人格魅力，靠做群众工作的方法和本领。所以，我在驻村期间注意坚持走群众路线，努力多为村民办实事办好事，通过做好群众工作来推动其他工作。

2016 年，李旭＊驻村开展工作。

做　法

一是从融入群众打开群众工作之门。农村工作主要是面对群众，如果不能融入群众，那么很多工作都无法开展。初到农村，我发现在入户走访

＊　李旭，中央党史和文献研究院第六研究部主任科员。2016 年 8 月至 2018 年 8 月任河北省唐县史家佐村第一书记。

的时候，很多百姓都是既防着你又盯着你，说话隔着肚皮。不少人心中抱有"下乡干部不过是走走过场镀镀金"的看法。习近平总书记要求："必须始终保持同人民群众的血肉联系，坚持一切为了群众、一切依靠群众、从群众中来、到群众中去的根本工作路线。"于是，我这个"三门"干部注意改正身上的书生气，真正在农村待下来，学说农家话，学干农家活，克服生活中的种种不便，跟村民吃住在一起。基本熟悉了情况以后，我就开始每天自己去村里转转，在田间地头遇到老乡攀谈几句，倾听多方面的声音。见面多了，好多老乡渐渐放下了防备，话也多了起来。他们朴实而真诚的笑容让我切身体会到：只有沉下身子放下架子接地气，真正走到群众身边，他们才会接纳你，和你说真话、道真情。

二是用耐心和毅力等来群众的理解支持。宋某义是村里五保户，他的房子符合危房改造条件，却始终不愿意进行改造，而像他这样的情况村里还有十几户。起初我以为他们不了解政策，便去做解释说明，可他们总是表示非常感谢党和国家的好政策，但又总是婉言拒绝。毛主席曾经说过："在一切工作中，命令主义是错误的，因为它超过群众的觉悟程度，违反了群

到村民家中走访

众的自愿原则，害了急性病。"因此我没有急于完成考核任务，而是反复到家里给他们做思想工作，三次不行就四次，特别是赶上极端雨天，更是要到他们家里查看情况，帮助他们转移，顺便再做说服工作。被我的坚持打动，他们先后都表示再不同意都过意不去。去得多了，我发现他们共同的特点都是孤身一人，体弱多病，没有能力请人帮忙盖房。这也是他们共同的顾虑。于是我便提出让村委会出面统一招标，统一建设，既节约成本又解决他们没有人力和财力短缺的后顾之忧，这项工作也就顺利完成了。

三是以坚持原则赢得工作主动。史家佐村部分村民的"等靠要"思想起初十分严重，每每进行一次帮扶都要一番"口舌之争"。比如有的明明享受着政策兜底保障，却还总要好处占尽，把享受照顾当做理所当然；有的明明年轻力壮可以自力更生，却好吃懒做，坐等政府送钱送物；还有人为了个人的经济利益，阻挠全村项目实施。毛主席说过："凡属人民群众的正确的意见，党必须依据情况，领导群众，加以实现；而对于人民群众中发生的不正确的意见，则必须教育群众，加以改正。"面对无理要求，我没有乱开绿灯，而是坚持原则，不但严正批评他们的错误思想，还将每次帮扶措施做成电子台账，让诬蔑不公者一目了然、哑口无言。由于公平公开全覆盖的原则立住了，"登门兴师问罪"的情况也就渐渐少了，在宣传扶贫政策的时候也能得

个人体会

面对基层群众开展工作，需要我们调整好心态，做好角色转换，不断学习，提高本领。做好群众工作，基础在过好融入关，关键在多为民服务办事，最为核心的是要坚持群众路线这一法宝，联系群众、依靠群众、为了群众，用真心换真情。虽然扶贫工作是琐碎的、艰辛的，可能没有轰轰烈烈的成绩，甚至要面临来自群众的批评和怀疑，但我始终相信，"功成不必在我，而功力必不唐捐"，"只要我们尽自己所能，哪怕只为村子带来丁点儿变化，老百姓都会记在心中"。

到更多群众的信任。

四是拿真心换来群众好口碑。习近平总书记说过，"要获得群众的信任，主要靠平时认认真真、仔仔细细地做好群众工作"，"要将心比心，换取真心"。低保户一家三口人都有精神疾病，几乎没有劳动能力。我除了按照政策标准帮他们办理残疾补贴、护理补贴、基本兜底保障之外，还主动将他家作为自己的帮扶对象，时常去家里看望。还联合唐县人保财险的同志一起到他们家里帮助打扫庭院，为他们捐赠衣物被褥等。卸任回到北京后，我还时常能接到这户村民的来电，电话中虽只是简单重复着感谢和祝福的话语，却让我无比感动。

五是通过为民办实事化解群众负面情绪。一位老人被查出癌症，医保系统却因之前错误操作不能报销，加之对自己家没享受到政府"照顾"心存不满，其儿媳妇就跑到乡政府去要"说法"，情绪一度十分激动。习近平总书记说过："在为群众排忧解难的过程中解开群众的思想疙瘩，这是我们党做好群众工作的一条基本经验，也是一种最实际、最普遍、最有效的群众工作方法。"于是，我首先多次到医院帮老人协调住院和报销事宜，还根据政策为老人申请了大病救助。针对儿媳妇的不满情绪，我反复跟她谈心做思想工作，后又利用十星文明户创建为契机进行正面引导，让她树立全村孝老爱亲的典型，并牺牲休息时间帮她写事迹材料等，最终使她思想发生了很大转变，不但化解了负面情绪，还帮她摆脱了依赖心理，能够主动出去打工维持家用。现在她对工作队和县乡政府都是十分感激。

成　效

正是由于坚持走群众路线，真正坚持原则，切实为民办事服务，我们的工作范围逐渐扩大并巩固了群众基础。于工作而言，群众的理解和支持是开展一切工作的基石。比如占地补偿、修路、安路灯、开展慰问，等等，村民之间斤斤计较、相互攀比的现象少了，工作队和村干部花费在调解利益矛盾的时间和精力少了，其他工作开展就变得顺畅起来。在我们的努力下，该村村容村貌得到极大改善，"五个一批"工作得以有序推进，脱贫出列的步伐大大加快。于个人而言，群众的满意是最高的荣誉。两年来我和同事们用朴实的作风、不懈的坚守、坦诚的真心、踏实的工作，获得了当地党委政府的表扬，更赢得了村干部和群众的认可。"精准扶贫办实事，心系百姓暖人心"，2018 年党的生日这一天，我收到了村里贫困户送来的这面锦旗。这是对我们工作最大的褒奖，也是对我们坚持群众路线、积极为民办事服务这一工作方法最鲜活的肯定。

点 评

李旭同志称自己是"三门干部"，如果曾经是的话，那么也是善于做群众工作的"三门干部"。选派第一书记就是要让更多的机关干部了解农村、研究农村、投身农村，这是脱贫攻坚的需要，也是干部成长成才的需要，更是党的宗旨的体现。在 2000 多人的史家佐村，李旭从最细小的工作做起，脱贫攻坚见事见人，群众工作入心入眼，所以才有村民的念念不忘。

访贫问苦送政策
架起连接党和群众的桥梁

背　景

　　岔沟村隶属石楼县，是国家扶贫开发工作重点县，位于 14 个集中连片特困地区之一的吕梁山区。岔沟村由岔沟、指南、南头三个自然村组成，全村 540 户 1750 人，其中党员 22 人，建档立卡贫困户 83 户 214 人，年人均纯收入 3100 余元，收入来源以种植、养殖、打工为主，村集体长期没有收入。岔沟村既面临着帮助贫困户脱贫的任务，还承担了为山西省道"双石公路"岔沟村段道路改造拆迁、易地扶贫搬迁和棚户区改造而征地拆迁的工作，机遇与挑战并存。

　　郭连乐*驻村后确定了发展思路。先找出岔沟村贫困"病根"，经过深入细致地走访调研，对贫困户的基本情况、家庭状况、收支情况、致贫原因及脱贫措施等都心中有数。根据掌握情况，结合村"两委"和群众意见，反复讨论修改制定了《岔沟村脱贫致富规划》，提出了"打造一个核心"（建设坚强有力的村党支部）、"抓住一个重点"（做好征地拆迁工作）、"发展两大产业"（依靠当地有利的自然条件，发展养蜂和养牛产业）的发展思路。

---

*　郭连乐，共青团中央少年部副处长。2016 年 5 月至 2018 年 6 月任山西省石楼县岔沟村第一书记。

做 法

一、"身入"群众，实地走访察实情

2016 年 5 月，我告别新婚不到一年的妻子，挂职石楼县灵泉镇岔沟村党支部第一书记。我深知，精准扶贫不能急，要找准靶心、精准发力。入村第一天，我就在村党支部书记的带领下走村串户，就岔沟村的脱贫致富广泛征求意见。田间地头、房前屋后，到处都留下我的身影。本着事无巨细的态度，我制作了走访调查表，一边走访，一边记录信息。为了方便行动和贴心帮扶村民，我经常骑着自行车行进在三个自然村之间，被老百姓亲切地称为"骑自行车的第一书记"。期间，我还和村"两委"干部学习了各级各部门脱贫攻坚政策和强农惠农富农政策，对贫困户进行产业脱贫意愿摸底，了解村里基础设施等方面的欠账等，使脱贫攻坚有的放矢。

二、"心入"群众，精准施策解难题

农村工作没有工作日与周末节假日之分。入村后，我很快适应了这种工作节奏，基本每天都是在岗状态，不是在村里就是在石楼县相关委办局协调工作，用心帮助群众解决发展难题。我因户制宜，因人施策，为不同贫困户制订不同的脱贫规划，多方协调，积极奔走，发展养蜂、养牛产业，争取金融贷款，选聘护林员，成立石楼县德隆扶贫攻坚造林专业合作社。

我始终把党建作为第一要

个人体会

只有情况清、底子明，精准扶贫工作才能有的放矢。平时工作中，我非常注意深入农户家中、深入田间地头，真心实意与贫困户、村民、村民代表、村里能人、村干部等交流，掌握第一手资料，摸清群众需求，广泛征求意见。同时，真抓实干，推动村"两委"按规矩办事，做好党的政策与群众需求的精准对接，确保扶贫工作务实有效。

走访时与村民一起劳动

务来抓，加强村级队伍建设、制度建设、思想建设，激发党员群众干事创业的热情。山西省道"双石公路"改线进村，石楼县委县政府整合"双石公路"岔沟村段道路改造拆迁、易地扶贫搬迁和棚户区改造项目，建设集中供水、供电、供暖的龙山水岸移民搬迁点。实施以上项目，必须做好征地拆迁工作，但一些村民思想上有顾虑甚至抵触情绪，不愿搬迁，工作一度停滞不前。村"两委"多次召开党员大会、村民代表大会，组织党员干部带头签约、入户动员，反复宣传拆迁政策，把老百姓心中的疙瘩解开，征地拆迁工作有序推进，项目得到顺利实施。

三、"情入"群众，为民解忧促和谐

扶贫工作最重要的就是要以心换心、以心交心，把群众当亲人，群众才能把你当家人。平时一有空，我就到村干部、群众特别是贫困户家里聊会儿天。谁家有个啥事，我都会去看看。这样一来二往，与群众的感情深了，工作也好做多了。在一个下雪天，一位村民给我打电话，

说有事要当面反映。我二话不说，立刻赶到了他家里。他因为名下有车，贫困户被出列心里一直想不通。我耐心讲解政策，细心疏导宽慰，直到他情绪变好。他说："郭书记，本来我心里有气，可是看到你冒雪到了我家里，我也挺不好意思的。这件事以后我不提了。"村里有一户贫困户老人，儿子儿媳在外打工，老两口留守在家，身体都不太好。得知情况后，我经常到老人家里看望，帮助解决生活困难，还帮他们上高中的孙子申请希望工程资助 2700 元。老人感动地说："小郭就像儿子一样亲。"

我坚持吃住在村，办公室既是群众的接待室，又是村集体的会议室；个人既是村民的勤务员，还是村集体的文秘员。我深知这责任重于千钧，驻村两年多，父母需要照顾，妻子需要陪伴，我都很少有时间回去。2017年 8 月，工作生活在郑州的妻子生病需要手术治疗，连续两个月没回家的我不得不请假回去照顾。手术前一天，我却接到了参加村集体养牛场项目评审会的通知。那一刻，我的内心是痛苦的，我多么想留下陪伴妻子，可群众的信任和期待更让我难以割舍。我含泪告别妻子，匆匆赶回石楼，最终争取专项资金 70 万元。

成 效

一、增强"会说话"的本领，推动惠民项目实施

用群众语言与村民打交道，将党的政策转变成老百姓能听懂的语言，讲到别人的心坎上，这样他们才听着亲切，听着服气。在征地拆迁"推不动"的时候，我和其他村"两委"干部一起到拆迁户家里，站在他们的角度算账，拆迁他们得到了什么、失去了什么，现在的收益、将来的收获，个人的收获、村里的发展，最终签下了一份份合同。"双石公路"岔沟村段道路改造拆迁涉及 128 户村民，全部签约拆迁。岔沟村龙山水岸移民搬迁点征地 102 亩顺利完成，并于 2017 年 2 月开工建设。棚户

区改造项目顺利实施。

二、增强"会干事"的本领，推动产业项目落地

农村工作千头万绪，要按规矩办事，执行党在农村的各项路线方针政策，落实村"两委""四议两公开"制度，既要在执行政策的内容上不出偏差，又要在执行政策的程序上不出问题，确保不留"后遗症"。比如选聘护林员时，贫困户十分关注。但到底怎么选？这时我建议召开"两委"班子会、党员大会、群众代表大会讨论，贫困户自愿报名、村"两委"把关、上级党委审核，实现程序公平、结果公平。按照这种办法，村"两委"帮助 41 户贫困户办理了贴息贷款，投资 70 万元建成村集体养牛场，争取到 5 万元扶持村里 1 名创业青年养蜂。

三、增强"会协调"的本领，帮助村民谋福利

只有通过深入走访掌握村情民情，并学好各级各部门的脱贫政策，才能有的放矢地将政策落实到最需要的村民身上。这比自己到处找资源效果要好得多。村"两委"争取有关项目的支持，投资 154 余万元，硬化入村 800 米的路面，整修 12 公里的田间路，建成老年活动中心，打坝两座，新修过水桥两座。争取共青团中央和社会各界的支持，资助村里贫困小学生 12 名、初中生 8 名、高中生 9 名、大学生 2 名，帮助村里 1 名蔬菜种植户争取资金 1 万元，帮助 8 名贫困群众申请大病医疗救助，向 8 名长期卧病在床的贫困群众发放山西省红十字会救助金 4000 元，向 3 户贫困群众发放液晶电视机，向村民捐赠 1300 个 LED 照明灯泡，向村里全体贫困户发放羽绒服、大米、食用油等慰问品。

点 评

开展调研、熟悉村情是第一书记的基本功和必修课，郭连乐同志脚踏自行车、手持笔记本，把老百姓的语言和愿望变成了村里的脱贫致富规划。为了把规划变成现实，他匆匆离开了要进手术室的新婚妻子，用心用情完成了道路改造、危房拆迁、贫困户退出和护林员选聘等涉及村民切身利益的工作，先难后易、较真碰硬，啃下了脱贫攻坚的硬骨头。

先做村里人　再当带头人

背　景

2015 年 7 月 27 日，陈涛*作为中国作家协会选派的第一个驻村第一书记赴甘肃省甘南藏族自治州临潭县冶力关镇池沟村进行为期两年的挂职工作。

临潭县是国家级贫困县，也是中国作协定点帮扶县。它地处青藏高原末端，县城海拔近 3000 米，冶力关镇海拔在 2300-2600 米之间，人口共有一万余人，全镇高山林立，自然条件较差，全年平均气温 1.7℃。陈涛任职的池沟村共有六个社，其中三个在山上，后来受惠于异地搬迁项目，目前只有一个社还在山上居住。池沟村地处高海拔地区，自然条件较差，现有一千多人口，其中大部分人依靠国家低保生活，收入以种植、养殖、劳务输出为主。

从早已习惯的都市进入高海拔的少数民族地区工作，必然会面临工作环境与生活条件等方面诸多的不适应，其中一些可以短期内克服，也有一些需要长时间的适应，但为了圆满完成第一书记的两年驻村工作，又必须要尽快完成这种转变与适应。

---

* 陈涛，中国作协创联部处长。2015 年 7 月至 2017 年 7 月任甘肃省甘南藏族自治州临潭县池沟村第一书记。

做　法

一是调整心态，加强学习。到基层任职第一书记，我意识到首先需要调节心态，不可用机关工作的心态来对待农村工作，所以我从起初便摆正位置，通过潜心学习，不断转换工作思维，从而尽快地进入工作，适应角色。为了顺利实现这个转变，我一方面自觉认真学习党的各项方针政策、尤其是党中央在基层党建、精准扶贫等方面的政策文件，不断提高自身的思想政治理论水平，另一方面潜心钻研本职工作，不断汲取新的知识。与此同时，我还加强对乡镇法规、政策的学习了解，并且在认真学习的过程中，做到融会贯通、学以致用。此外，由于存在语言不通的问题，我也努力学习当地语言，为下一步的工作奠定了良好基础。

二是走访调研，尽快融入。为了尽快融入当地的生活与工作环境，同时也是为了充分了解村情民意，我除了向冶力关镇驻村干部、村社干部请教、了解之外，还多次进行实地调研。在任职之初的三个月内，我先后到全村六个社、上百户居民家中走访调研，了解他们的真实想法与内心诉求，经过调研，我和村干部们最终想出了一条适合池沟村村情实际的脱贫之路，

与村小学的孩子们在一起

即调整产业结构，利用现有土地资源"川区发展育苗、山区发展药材"，同时加大宣传让搬迁下来有条件的群众发展农家乐。

针对村小学办学条件落后、师资力量薄弱的情况，我先后到全镇6所村小学与3所村幼儿园进行走访调研，了解到这些学校、幼儿园有305个孩子，近80%是留守儿童，学校、幼儿园缺乏适合孩子阅读的图书、玩具，等等。这也为我下一步更好地开展助学工作提供了参考。通过走访调研，一方面熟悉了当地的情况，另一方面也促进了我在当地的融入。

三是克服被动，注重引领。在环境面前，我不仅要迅速适应，快速转变，同时也要发挥自身能动性，引领全村顺利开展脱贫攻坚工作。火车跑得快，全凭车头带。池沟村精准脱贫工作的顺利开展，离不开全村党员的模范带头作用。池沟村现有党员40人，党建工作相对薄弱。我重点突出党建工作，首先，联系镇党委、政府完善村委会办公设施，为凝聚党员、服务群众提供有力保障。其次，认真落实党支部"三会一课"制度，切实组织开展"两学一做"学习教育，并按组织要求做好积极分子培养工作。第三，以"两学一做"学习教育为契机，以党建工作为抓手，以"四位一体"干部管理制度严格要求自己，认真当好全村"两学一做"带头人，组织和带领村支部党员干部开展"两学一做"学习教育，做标杆、树榜样，扎实推进"两学一做"学习教育。第四，坚持"政府引导、群众自愿、社会参与"的原则，突出群众的主体地位和作用，让群众全程参与到扶

个人体会

从一个熟悉的环境进入到一个偏远陌生的环境必然会遭遇到各种各样的不适，甚至是挫折，这其中既有物质生活方面，也有精神方面，如果处理不好都会给自身的挂职工作带来困扰。面对这样的情况，需要调节好心态，积极走访调研，努力融入当地，不仅做到身入，还要做到心入，实现自身从被动到主动的转变之后，就会迎来一个顺利的局面。

贫工作中，充分发挥自身的积极性和能动性，加快脱贫致富的步伐。最后，积极听取村内老党员的意见建议，重大节日对他们进行走访慰问，充分发挥老党员的模范带头作用。

在全镇的助学活动中，我通过组建团队的方式进行工作引领，我在与镇、村干部的交流中注意选拔优秀人才进入到助学团队当中，形成了以镇、村、校领导、干部为主体的十五人助学团队，从而有力地推动了助学活动开展。在精准扶贫、精准脱贫工作中，充分利用自身的资源与优势，大力推行文化扶贫，通过撰写相关文章、举办文化讲座、创建农家书屋、设计文化墙等方式营造文化氛围，提升全村文化品位，令池沟村在甘南藏族自治州乡村建设中凸显出独特风采，对当地文化建设起到了很大的影响与示范作用。

成 效

在任职第一书记期间，经过全村党员的集体努力，池沟村党建工作取得了显著进展，党员统一了思想，形成了向心力。2016 年，池沟村被评为甘肃省基层党建模范示范点。在脱贫攻坚中，我们坚持适合村情实际的道路，大家齐心协力、互相配合，使育苗和药材种植发展成为村里的主导产业，农家乐也随着冶力关旅游业的发展扩大产生了辐射效应，贫困群众的收入与前几年相比明显提高。

池沟村因在文化建设方面的示范带头作用，各级领导给予充分肯定，甘肃省主要领导多次实地视察指导，并且甘南藏族自治州其余县市也多次组织相关人员前来参观学习。

我发起的助学活动获得了助学团队的有力支持，先后为冶力关镇的 7 所小学及幼儿园，石门乡的 2 所小学，羊沙乡的 2 所小学，八角乡的 2 所小学送去了图书、玩具、文具、衣物等物品；为 10 所小学、幼儿园创建并完善了图书室；为 3 所小学布置了百余幅书法作品；为 2 所小学添置了滑梯；为 1 所小学创建了书法室；为 6 个村创建完善了农家书屋，并对多所小学的乡村教师进行了节日慰问等，先后得到了中国作家网、《民生周刊》、吉林省教育电台、甘南州电视台、临潭县电视台等媒体的报道。

点　评

　　从首都到藏区，从城市到乡村，工作环境和生活条件的显著变化，没有成为对陈涛同志的阻碍。为了深入群众，他入百户、学方言，为了谋求发展，他调结构、抓产业，用最短的时间由文学工作者变成村里人。他结合部门优势开展文化建设，凝聚党员干部进行思想引领，针对民族贫困地区的教育短板推动智力扶贫，最终使这位村里人变成了脱贫攻坚的领路人。

在建强基层党组织中锻炼成长

背 景

　　河北省张家口市怀安县是国务院办公厅定点扶贫县。西沙城乡北庄堡村是怀安县一个典型的贫困村，全村共有 366 户 863 人，其中建档立卡贫困人口就有 202 户 445 人。

　　2016 年 8 月起，吴憾*按照组织安排到北庄堡村担任第一书记。在走访调研中他发现，制约村庄发展的最大因素在于人。全村常住人口中 65 岁以上占比接近 20%，在村的 25—35 岁青壮年男性仅 1 人。村级党组织力量也比较薄弱，4 名"两委"干部平均年龄 53 岁，思想认识相对保守，党组织生活不规范；村集体缺乏收入，能够提供的公共服务很少，群众对村集体的认同感不强，村庄公共事务的参与度也较低。

　　为了改变这种情况，吴憾下定决心从自己做起，从担任第一书记的村党组织做起，以自身行动带动党员群众，帮助村党支部为民多办实事、增强服务能力、提升治理水平，提升村党支部凝聚力与战斗力，从而激发起群众脱贫致富的内生动力。

做 法

　　一是主动深入群众，为民多办实事。作为一名 90 后的年轻党员，我

---

　　* 吴憾，国务院办公厅电子政务办公室副主任科员，2016 年 9 月至 2018 年 9 月任河北省怀安县北庄堡村第一书记。

刚从"城市大学"毕业就转到"农村大学",一开始确实有些不适应。刚到村时,每天来村委会办事的村民络绎不绝,但经过我的办公室时探进头看一眼,看到是一个陌生的年轻后生,便又扭头走了。为了尽快与大家建立信任,我想出了一些办法。在入户走访中我发现,很多老人家里都放着儿女的照片,却很久没有自己的一张照片了。我便带上相机,每到一户就拍一张全家福,洗出来送给他们,通过这种方式,村里的老人们慢慢认识了我。我还印制了留有自己电话号码的"连心卡",上面写着"有困难请找我",有群众来访时就给他发一张。通过这张"连心卡",我和驻村工作队帮助村民们办成了申请医疗救助、代办五保手续、争取扶贫贷款等许多"小事"。此外,我给村里的孩子们讲课,联系北京大学的同学到中心小学支教,组织北京爱心家庭的孩子们到村里举办儿童节活动、为村里的孩子们捐赠书籍文具等。在这个过程中,村民们也增进了对村党组织和驻村工作队的信任,在村里碰到时都叫我"小吴书记",在遇到难事时也愿意来村支部找我们帮忙。

二是发展集体经济,增强服务能力。北庄堡村建村历史悠久,距今已有 600 多年历史,村庄文化底蕴深厚,村内还保留着古城墙、戏台等传统建筑,过去逢年过节都会摆社火、唱大戏,吸引周边很多村民前来观看。但随着人口流失和村集体收入下降,这些集体活动也开展得少了。为了增加集体收入,提升村庄公共服务能力,我们在发展产业过程中,注意建立起利益联结机制,既带动贫困户增收,也增加村集体收入,调动村干部积极性。在引进肉牛养殖场时,优先使用村集体闲置的废弃砖窑土地,连续 10 年村集体年增收入 6 万元;每年光伏发电收益 30 余万元中的 40% 留存村集体,用于

个人体会

推进脱贫攻坚伟大事业,关键在党,关键在人。第一书记通过以身作则,带动和激发起村内党员群众干事创业的积极性,帮助村里打造一支不走的"工作队",才能在脱贫攻坚中起到事半功倍的效果。

组织党员代表到西柏坡开展党日活动

设置公益岗位和扶贫事业。我们还动员村干部牵头，在村内成立了设施蔬菜和特色马铃薯种植合作社，我和驻村工作队员帮助引进企业、拓展销路，村干部和合作社骨干组织统一购苗、统一指导、统一销售，实现了村集体和贫困户多方受益。村集体有了收入，每年暑假和春节都邀请剧团到村唱大戏，我们还拿出驻村工作经费和机关结余党费 10 余万元，为村民修建了活动室，购置了文体设施，举办了村民运动会、大棚哈密瓜采摘旅游节等活动，增加了村庄人气，也提升了村民们的满意度和获得感。

三是建强基层组织，提升治理水平。通过驻村帮扶，村庄的公共服务水平提升了，但是要实现村庄长期良性发展，还需要依靠村党组织和村民们自身的努力。为此，我们着力在建强基层党组织、激发贫困群众内生动力上下功夫。为了激发村内党员参与村庄治理的责任感，我们每年"七一"和春节都入户慰问老党员，还组织党员和致富带头人去西柏坡开展党日活动、参观当地扶贫先进产业，并召开座谈会听取他们对于村庄发展的意见建议。一名老党员表示，"入党40多年了还是第一次参加这样的活动"。在入户宣传扶贫政策、开展集体活动时，我们也组织党员代表带头参与。为了提升村党组织凝聚力和公信力，我们利用村集体收入，为有劳动能力的贫困户设立了村庄保洁员等公益岗位，组织保洁员划分责任区域、每周定期清扫，并对村内环境卫生情况进行监督。我们还组织开展"美丽庭院"评选活动，组织乡村干部、党员和村民代表对贫困户环境卫生情况进行评比打分，并对环境卫生情况良好的贫困户家庭举行颁奖仪式，颁发奖牌和奖品，很多获奖家庭都把奖牌摆在家中显眼的位置，激发了他们主动参与村庄环境卫生治理的动力。通过这些活动，在改变贫困群众"等靠要"思想的同时，也帮助村党组织建立起改善村庄治理的长效机制。

成　效

在国务院办公厅的大力支持和各级领导的关心帮助下，我和村党组织、驻村工作队员共同努力，带领北庄堡村在全县率先实现了脱贫出列。村内发展形成了肉牛养殖、设施蔬菜、特色种植、扶贫车间、光伏发电、特色旅游等主导产业，村集体有了稳定的收入，并建立起村庄环境卫生整治、美丽庭院评选、定期文艺演出等稳定长效的公共服务机制。村庄建强基层组织、提升公共服务的很多做法还在全县总结推广，起到了以点带面的示范效果，北庄堡村还先后获得2016年度河北省"先进基层党组织"、2017年度"全国文明村"等荣誉称号。而我个人也通过驻村帮扶工作，与贫困群众建立了深厚的感情，践行了扶贫济困的人生理想，也赢得了群众的信任和肯定。在农村的广阔天地中，我奉献了青春，深入了基层，了解了群众，完成了从"三门"干部向"小吴书记"的蜕变，也实现了个人的锻炼和成长。

点 评

　　吴憾同志将制约贫困村发展的因素分解到人，在基层组织建设中抓住了"人"这个核心。"老照片"和"连心卡"绑定了村民与第一书记的情谊，产业发展和资产收益夯实了集体发展的基础，而文体活动和党日教育提升了党组织的凝聚力和村民的满意度。在一连串工作成绩的背后，映衬着这个90后年轻人"为民多办实事"的初心和使命，这个来自北大的第一书记从北庄堡这个"农村大学"顺利毕业。

驻村工作"四步法"

背 景

　　夏潭村是江西省的建档立卡贫困村,共有10个村民小组319户1261人,贫困发生率12.45%。2016年7月, 自然资源部选派李兆宜[*]到夏潭村担任第一书记。刚到村里时, 他发现村民的生活用水都是从老井或溪流中直接取水, 水质无保障、用水极不方便, 村民对"喝上干净、放心自来水"的愿望非常强烈, 而"安全饮水率达到100%"也是整村脱贫的硬指标。

　　在自然资源部的大力帮扶和技术支持下, 村里打出了深井水, 并计划按照"一户一水表"的原则, 为每户村民免费安装一个水表, 既解决村民的喝水难题, 也为后续有序管理自来水奠定基础。根据工作安排, 村里计划先统一将水管接通到户、安装水表后, 再通水到户。按照现行农村户籍管理要求, 户口簿登记信息是确定村民户口的标准, 因此村里将其作为免费安装水表的依据。但由于历史等原因, 村里还存在"人户分离""有房无户""一房多户"等多种情况, 导致户口簿信息与村民安装水表的实际需求不匹配。为了早日喝上干净放心的自来水, 部分村民纷纷表达诉求, 要求全部免费安装水表。由于涉及人口登记、户籍管理、村民房屋归属、户籍变动等诸多问题, 如何站在客观公正的立场, 分析清楚问题, 找到解决办法, 打通通水到户过程中的"最后一公里", 成为第一书记面临的"头等大事"。

---

[*] 李兆宜, 自然资源部权益司副调研员。2016年7月至2018年8月任江西省赣县区夏潭村第一书记。驻村期间, 获"中央和国家机关脱贫攻坚优秀个人"称号。

做 法

一是摆正位置为群众。刚开始时，反映水表问题的村民并不多，只有两三户村民到村委会办事时，顺便说了自己只有一个户口，但是想装 2 个水表。当时村干部就反馈说"反正都有规定，咱按规定办就行"，我觉得户口簿是户籍管理的基础，按这个"本本"装水表应该错不了，所以没再去做调研，也没多想村民提出请求的原因。后来我们在村里张贴了安装水表的告示，村民们也都清楚了"一户一表"的原则，但反映情况的人却更多了，打电话的、发短信的、当面说的、到村委会说的，多的时候一天有四五拨人都是说水表的事情。有些村干部还是坚持原来"按规定办"的意见，这时我意识到，让全体村民都喝上干净放心的自来水，是解决夏潭村"两不愁三保障"的关键一步，可能就是因为之前我们没有意识到装水表这件"小事"的重要性、复杂性，调研不够、分析不透，才导致工作上的被动。现在要认认真真地对待村民诉求，站在客观公正的立场，找准问题、分析原因，弄清楚问题"有多少""什么类型""什么原因"之后，再来商量解决的办法。

二是细致调研找问题。在村里，最常用也最管用的调研方

个人体会

做好驻村工作，需要不断提升分析问题、解决问题的能力，有四点粗浅体会：一是摆正位置是前提。没有群众观点、群众立场，就不会有正确的行动和正确的结论，想问题、做事情，首要的就是摆正位置、树牢群众观点。二是调查研究要先行。没有调查就没有发言权，调查要全面、细致，"兼听则明，偏听则暗"。三是分析问题抓关键。村里的矛盾和问题一般比较复杂，涉及历史、宗亲、经济、政策等多方面的因素，分析问题时要善于抓住"主要矛盾"，使之"纲举目张"，问题分析透彻。四是群策群力谋良策。分析后的结果要及时运用，制定解决方案时要群策群力、民主集中，注意吸收各方的观点，形成共识和解决问题的"合力"。

式，就是入户走访，与村民面对面地交流。不管怎么分析问题，都得先把情况调查清楚。为了提高调研和分析的针对性和效率，我采取了三种方法：首先是"面"上了解。请教经验丰富的老村干部、老党员，听取他们的意见；召开支部党员大会、村"两委"会议等，充分听取村干部的意见；以村民小组为单位，召开每家每户派一名代表参加的"户主会"，广泛听取村民的诉求。这些步骤完成以后，我得出了一个基本结论：全村大部分村民都符合"一户一表"的原则，也都赞成一户村民只免费安装一个水表，只有 10% 左右的村民存在特殊情况。其次是"点"上调研。我和村干部利用一周时间，对 32 户"特殊情况"和前期反映诉求的村民开展深入细致的入户走访，实地察看其户口簿、房屋和实际居住、家庭户籍人口等情况，在与村民深入交流的过程中，了解他们的真实想法。最后是对比分析。为了公平公正地解决问题，我与村干部一起到镇派出所逐一核对村民的户籍信息和迁入迁出记录，并与前期调研中收集到的信息进行对比分析，分类汇总出四类结果：第一类是"人户分离"，比如有些村民有 2 个儿子，成

李兆宜在甜叶菊智能育苗大棚为贫困户讲解甜叶菊育苗技术

年后分别独立建房居住,虽然户口还是一个家庭户,但是需要安装2个水表;第二类是"有房无户",比如因历史原因,个别村民户口改为了城市户口,但实际一直居住在村内;第三类是涉及公共利益,比如代表全村人公共利益的村民服务中心等,需要单独安装水表;第四类是村内的2个祠堂、由个人经营的3个小卖部等;第五类是其他情况。

三是换位思考找原因。情况摸清楚后,关键在于分析问题,这既不能有先入为主的主观判断,也不能不加区分地"眉毛胡子一把抓",更不能凭个人好恶来分析。我觉得最管用的办法就是"换位思考"和"分类分析",也就是结合前期调研和交流掌握的情况,站在村民而不是自己的角度,将问题分成几类而不是混在一起,开展客观地分析。根据上述思路,我和村干部最后总结了四个类型的原因:第一类是"实际需求"型,比如实际在村里居住但户口不在村内的村民、实际已分家但户口未分开的村民,他们是地道的"村里人",其他村民也都认可他们的身份,对这部分村民而言,安装水表、通水到户是生活的基本需要;第二类是"未雨绸缪"型,比如有些村民有两个以上的孩子,虽然现在没有分开居住,户口簿上也是登记在同一个"户头",但以后将分开独立生活,所以他们会提前考虑通水的问题;第三类是"公共利益"型,主要包括村民服务中心、卫生室、幼教点,虽然没有在户口簿上登记,但这些设施都涉及全村人的共同利益,村民们都希望能够免费安装水表;第四类是"个别群体"型,比如由个人经营的小卖部、代表村内部分姓氏的祠堂,虽然没有人居住,但也为村内提供了一部分公共服务,也都需要使用自来水。

四是群策群力找办法。在摸清情况、分析原因后,最终需要群策群力,找到解决问题的办法。经过反复研究讨论,村里最后决定按照公平公正、公共利益优先的原则,解决水表安装的问题。对涉及全村公共利益的村民服务中心、卫生室、幼教点等,免费安装水表;不符合"一户一表"原则或有多个水表安装需求的村民,仅按照成本费用为其安装水表,先解决"有没有"的问题,再解决"好不好"的问题,保障村民的基本用水需求。同时,根据夏潭村的发展情况,今后如有产业发展需要或其他通水需求的,在收取成本费用的基础上，按照实际情况商议解决。

成 效

通过扎实的调研和细致的分析，夏潭村仅用了一个多月的时间，就解决了水表安装的问题，打通了通水到户的"最后一公里"，让每家每户都喝上了干净放心的自来水，完成了"两不愁三保障"的一个核心指标，为整村脱贫奠定了基础。村民们都说，村里办事考虑周全、公平公正，让大家"心服口服"。看着村民脸上纯真的笑容，听着他们发自内心的感谢，想到村里以后再也不用为水的问题而发愁了，我觉得特别有成就感。更重要的是，在处理问题的过程中，我进一步加深了对群众的感情，更加懂得要走进群众心中定立场、立在实处做事情；进一步提高了自身分析问题、解决问题的能力，更加懂得了要全面调查研究、深入细致地分析问题，才能最终解决问题。

点 评

群众利益无小事。李兆宜同志在解决村民安全饮水问题上，没有简单地按"规定"一刀切，而是认真倾听群众的诉求，从实际出发，针对不同情况分类施策，让每家每户都喝上了干净放心的自来水，解决了夏潭村"两不愁三保障"存在的突出问题。农村工作错综复杂，特别是涉及群众切身利益的事，处理不好就会引发矛盾。工作成效如何，关键看有没有解决实际问题、群众的评价怎么样。既解决实际问题，又让群众满意，考验着每一位驻村帮扶干部。从群众的立场考虑问题，加强调研摸清情况，分析原因抓住关键，群策群力破解难题，是每一位驻村帮扶干部都要掌握的工作方法。

加强党建带队伍　因地制宜谋发展

背　景

　　西口村隶属阿尔山市，地处内蒙古东部、大兴安岭南麓，全村 2119 人，由汉、蒙、朝鲜、回、锡伯等民族聚居而成。这里冬季漫长寒冷，夏季凉爽短暂，全年无霜期不足 100 天，森林覆盖率达 80%，具有"高原、高寒、高纬度"的特点。受生产条件所限，农作物品种较少，产量较低，农业生产基本靠天吃饭。西口是自治区级贫困村，共有建档立卡贫困户 197 户549 人，劳动力就业以种地和打零工为主，缺少持续稳定收入。初到西口村，明显感到这里基层党建不大规范，组织较为松散，党员和村干部声音较弱，开会时党员因为各种原因很难到齐，在会上也很少发表意见，大部分工作都是通过驻村工作队在开展。在各级政府加大投入和社会力量多种形式帮扶下，2018 年底西口村实现了"脱贫摘帽"。目前，如何继续建强基层党组织，实现村集体经济稳定发展、村民收入持续增长，巩固脱贫攻坚成果，是摆在西口村人民面前的首要问题。

　　2017 年，李绘新[*]驻村开展工作。

---

[*] 李绘新，女，文化和旅游部非物质文化遗产司处长。2017 年 8 月至 2019 年 8 月任内蒙古自治区阿尔山市西口村第一书记。

做 法

一、确定工作思路，谋划长远发展

驻村以后，按照国家提出的"深入推进农业绿色化、优质化、品牌化，推动农业由增产导向转向提质导向"的乡村振兴战略要求，根据西口村自然生态优良的优势，结合阿尔山市整体发展规划，从谋求长远发展出发，我提出了打造西口村"慢种慢养慢生活"的发展目标。

"慢种慢养"指的是：西口村气候寒凉，动植物生长缓慢，生产资料（土地）不足，不具备发展大规模高效农业的条件，应考虑慢种慢养，遵循自然农业生产规律，发展适合阿尔山的地区差异化产业，将生长慢的缺点，转化成长得好的优点，用时间换品质，生产生态有机高端农产品，满足高端人士追求品质健康生活的需求。"慢生活"指的是：长期看，西口村应当结合阿尔山全域发展旅游的总目标，找准定位，利用好国家的扶贫政策，以产业带旅游，逐步转型发展乡村休闲旅游。

个人体会

作为驻村第一书记，既要扑下身子真抓实干，又要牢记使命把握方向，所以做好顶层设计很重要。在战略层面，必须确立全村未来发展方向，做好规划，保证可持续发展；在战术层面，要找到合适的项目作为抓手，保证自己的思路和想法能落地生根。开展工作过程中，要注意方式方法。在工作思路上要注意和乡镇党委、市委市政府各级领导及时汇报交流，获得他们的理解和支持。在落实项目时，要和村级党员干部做好沟通，保证工作顺利推进。和群众打交道的时候，则要用老百姓听得懂的语言，还要耐心加细心，帮助解决他们的实际困难。最后，要时刻牢记第一书记的职责，充分发挥单位资源优势，当好单位和帮扶点之间的桥梁，调动一切资源做好扶贫工作。

入户走访

二、建强村党支部，抓好基层党建

针对西口村基层党建薄弱的状况，我决定从软、硬件两个方面着手，加强村级党建工作。硬件方面：一是利用我部机关党委为西口村捐赠的党费和京蒙扶贫协作经费对村部进行了改造升级。二是拟定了建设西口党群服务中心的方案，经村"两委"支部开会集体讨论通过，镇党委班子同意，重新改造村部大楼。软件方面：从 2018 年 1 月份，在部里的支持下，在厦门培训中心为阿尔山市集中培训了 200 名党员干部。同时，从 2017 年 8 月至今，在我部组织的全国性专项培训中，为阿尔山培养旅游精准扶贫、乡村旅游扶贫、乡村致富带头人和乡村创业人才约 40 人次。

以党建带群建，号召党员发动群众组建了 17 个群众兴趣小组，每个小组至少配备一名党员，在党员的带领下，将分散的群众个体逐步向团队发展，今后还将通过建立健全各项规章制度，逐步从西口村青年人中培养、吸收新党员，充实基层党组织，同时引导西口村党支部的组织生活有章可循，逐步走向制度化、组织化、规范化。

三、积极推进产业，推动精准扶贫

种植业方面，试种高寒矿泉水稻、林下赤松茸种植等。引进冷棚种植技术试种猴头菇和黑木耳。发展庭院经济，鼓励利用村民自家庭院、田间空地、林下空地种植赤芍、刺五加、柴胡等中草药；在边防部队支援下建设村里的冷库。养殖业方面，发展特色养殖业。在部委和京蒙帮扶资源支持下，西口村"慢种慢养"生态农牧业产业园区完成了林地审批手续，开始投入建设，目标是带动贫困户进行种羊改造、育肥牛、养殖梅花鹿等。同时，发挥部委资源优势，积极对外联络协调，整合各方资源，努力引进各项种植养殖产业项目落地。

成　效

西口村"慢种慢养慢生活"产业发展思路得到了镇党委和市委市政府的认可。

一、到 2018 年底，西口村"慢种慢养"产业园建设取得了重要进展

种植业方面，高寒矿泉水稻和林下赤松茸种植已经试种成功，2018 年水稻扩种到 100 亩、赤松茸扩种到了 400 亩，还增加了冷棚种植猴头菇和黑木耳种植项目共十五万余棒，目前长势良好。村里完成了 3 个冷库建设。养殖业方面，截至 2018 年年底，投入近 1000 万元建设西口村京蒙帮扶"慢种慢养"生态产业园区，完成了 3 座羊舍、1 座牛舍和部分基础设施建设，产业园区初具规模。预计 2019 年 9 月完成产业园全部基础设施建设。

二、启动乡村旅游民宿示范项目建设，打造西口村"慢生活"宜居乡村生活

引导村民逐步向乡村旅游转型，以旅游带产业，实现西口村民收入持续稳定增长，不断完善和优化西口村"慢生活"，让西口村逐步"富"起来、"美"起来。目前该项目已完成了全部设计方案、施工方案和可行性

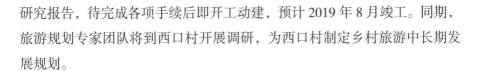

研究报告，待完成各项手续后即开工动建，预计 2019 年 8 月竣工。同期，旅游规划专家团队将到西口村开展调研，为西口村制定乡村旅游中长期发展规划。

三、完成了西口村党群活动中心建设，面貌焕然一新

一是重点打造了一个可以组织举办会议、培训、演出、放映电影等的多功能活动室。这也是村里面积最大、功能最全的单体室内活动室。迄今为止在这里已经组织和开展了多场全市性的较大型会议、群众性活动，发挥了它应有的作用。二是通过改造，增加了为群众服务一站式开放办公区域，扩大了村卫生室面积，增加了群众读书、文娱、运动和集体活动的空间，添置更新了一批办公用品和设施，等等，为群众提供了更加便利的条件。现在村里的老百姓有事没事都喜欢到村部来。

在党员干部带动下，我村组织村民成立了"乌兰牧骑"西口小分队，老百姓平时分小组活动，自娱自乐。每逢重要节日或活动，就组合成一台像模像样的文艺演出，大大增强了党组织的凝聚力。有了这些群众性活动，老百姓农闲时赌钱打牌、邻里争执、无所事事的情况大为改观。2018 年、2019 年春节，我们在西口村成功组织了两届"春节联欢晚会"，得到老百姓交口称赞。从 2019 年开始，我们村每月逢第一日组织"走西口，赶大集"群众商贸活动，带动了西口村在周边地区的人气越来越旺。无论部委还是自治区和盟市组织的各种专业技能培训活动，群众参与的积极性都很高，精神面貌都很振奋。到 2019 年 4 月份为止，全村的入党积极分子和申请入党的群众达到 16 人。2018 年底，我村通过了自治区脱贫攻坚验收，建档立卡贫困户下降到 8 户 16 人，贫困发生率为 0.76%。目前正在等待国家扶贫抽检。

点 评

在缺少发展条件的贫困地区，如何灵活面对问题，因地制宜、精准施策，李绘新同志用做群众工作的细腻和发展过程中的决断给了我们答案。她发挥部门优势，开展旅游扶贫；遵循自然规律，促进农业提质。把"高原高寒高纬度"的先天劣势变成了"慢种慢养慢生活"的特色优势，实现了西口村的差异化发展，用创新和实践体现了精准扶贫的精神内涵。

心系民生疾苦事
一枝一叶总关情

背 景

　　西南蒲村是国家级贫困县顺平县建档立卡贫困村，2014年全村建档立卡贫困户148户349人，贫困发生率为60%。2015年起该村成为审计署定点帮扶村。2016年9月，国家审计署选派郭春伟[*]到该村担任第一书记。从金融审计部门来到田间地头，从河南到河北，刚到村里他有过迷茫和困惑，有过无助和退缩，但是有派出单位的高度重视和关心关怀，有各级党委政府的精心指导和持续帮扶，有全村党员干部的热切期盼和理解鼓励，这些都激励着郭春伟尽快适应工作角色，了解村情民意，在干中学、在学中干，从贫困群众最关心的事着手、从力所能及的事情做起，和全村党员群众一起投身脱贫攻坚战。在工作中郭春伟熟悉了基层实际，锻炼了意志品质，学习了处理急重繁琐农村事务的方式和方法。

---

[*] 郭春伟，审计署郑州办金融处主任科员。2016年9月至2018年9月任河北省保定市顺平县西南蒲村第一书记。被评为2018年全国审计机关驻村第一书记优秀代表。

做 法

一、依靠组织，发挥整体合力

刚开始驻村工作，就有村民问我："单位派你来，给我们村里带来的有啥项目，有多少资金啊……"群众对改变落后生产生活现状的期盼是热切的，我顿时感觉到了沉甸甸的的压力，同时也让我认识到，单打独斗肯定不行，必须尽快融入村子，在乡镇党委政府的指导下，紧紧依靠派出单位，争取帮扶支持，团结村党组织和群众开展工作。不久，就有一件事让我很受感动，也坚定了我做好驻村工作的信心和决心。2017 年 4 月底，贫困户翁红英家中意外发生火灾，房屋严重受损，生活用品也在火灾中化为灰烬，了解情况后，我就和村干部商量捐点钱和生活用品。有村干部提议，应该号召全村的党员一起捐款，当时也有人反对，说现在各人顾各人，恐怕到时候不会有多少人参与。不同的意见反而提醒了我，我现在不仅是一名党员，还是一名第一书记，个人的力量是有限的，要依靠党组织的力量，组织、发动大家一起献爱心。没有想到的是，号召捐款捐物的倡议在村里大喇叭

和贫困户在修缮后的房屋前

上一喊，不仅在村的党员踊跃参与，一些群众听说以后，也主动加入进来，大家捐来的善款和米面油衣物等生活用品解了翁红英家的燃眉之急。面对困难和不幸，我们的党员群众都是善良、淳朴的，这让我十分感动，依靠、发动党员群众，团结起来我们的力量就是无限的。

为了实现和村"两委"的密切配合，形成工作合力，我明确了自己的工作定位，发挥好参谋助手、桥梁纽带和帮带引领作用，平时坚持多和村干部交心谈心，有事先和村干部坐到一起商量、沟通，统一思想，对于个别敏感问题，向大家提前做好政策宣传、讲清利害关系，共同守住原则底线。为了帮助村里加强党建工作，审计署还专门给我们赠送了党建书籍和5万元专项党建经费，用这笔经费我们修缮了党员活动室，安装空调，添置桌椅，设置宣传栏，购置了电脑和投影仪等教育培训设施，使"党员之家"焕然一新。

二、融入群众，带着真心做事

纸上得来终觉浅，绝知此事要躬行。到村里，我逐渐认识到群众认实不认虚，不光看我们说了什么、更看我们做了什么。要想得到群众的支持和认可，就要实实在在、踏踏实实，带着感情、带着责任和大家打交道。刚驻村的时候，手头既没有项目也没有资金，感觉很着急很有压力。后来我想不管怎样，还是先了解了村里的基本情况，了解了群众最关心什么、最需要什么，知道哪些群众最困难、最需要帮

个人体会

驻村工作直接和群众尤其是困难群众打交道，要根据村情民意，紧紧依靠派出单位和当地党委政府，接地气、转思路、办实事、集民智、解难题。两年的驻村工作，让我对贫困地区有了更深的感受，对在基层贯彻落实好党和国家的脱贫攻坚政策有了更深的理解，对肩上的使命和责任也有了更深的认识。两年珍贵的驻村经历，让我得到了锻炼和成长，更让我感受到了群众的淳朴和善良，我想没有什么比群众的理解和认可更让我感动的了。

助以后，再尽量做些自己力所能及的事情吧。五保户刘三科符合危房改造条件，可因为他自己还要贴上一部分资金，他并不太愿意，我就多次去他家里，和他讨论房子怎么修、日子怎么过；村民张新未老人，儿子和儿媳患病，平时还要带着个小孙女，生活非常困难，平时我就和村干部多去他家里走动走动，看看有啥能帮上忙的地方。平时多方听取群众的意见和建议，实施好审计署联系援建的饮用水井和村内巷道项目。我还自己承包了8亩村集体土地，引导4户贫困户栽种经济作物油葵，把种子、地膜"打包"送给他们，让他们自己"造血"脱贫，增加点收入。

三、发展产业，必须因地制宜

到村以后，我就认识到产业扶贫是精准扶贫、精准脱贫的着力点和突破口，但是如何因地制宜，契合群众尤其是贫困户的需求和能力，找到有长期发展潜力的项目，还是让人大费脑筋。审计署为顺平县争取来高效农田灌溉项目，因为村里土地比较分散，多次走访、征求意见，仍然不具备实施条件。如何找好能够落地、能够收到实效的项目，还是要多方取经、综合考虑。通过认真调研、实地查看，在署派挂职副县长的支持下，我们协调争取了近40万元资金，帮助村里建设了两座产权归村集体的高标准花卉种植大棚，全部租给花卉种植企业，积极探索增加村集体收入和引导贫困户增收的路子。借助顺平县推出的"政银企户保"政策东风，协调帮助村布鞋厂获得了200万元贴息扶贫贷款，新购了设备、新设了加工点，扩大了生产规模，如今的布鞋厂不仅为全村及周边村的118户贫困户每户每年带来840元的利益联结分红，而且还使29名贫困户在厂里和加工点实现就业，每月可收入2000多元。

成　效

在派出单位和各级党委政府的关心支持下，在单位领导的指导和鼓励下，在全村群众的理解和认可下，我逐渐找准了工作定位，理清了工作思路。通过发挥好村党支部在脱贫攻坚中的引领作用，我也在联系服务群众心连心，解决好群众关心关切的民生问题中逐步融入了群众、融入了村子。个人也在工作中增强了群众意识、锤炼了工作作风、提升了工作本领。

点 评

从专业性极强的金融审计工作到综合性较高的农村扶贫开发工作，郭春伟同志依靠组织、团结群众，在两年的时间里工作方法日趋成熟，工作思路愈发清晰。他东奔西走，为贫困户日常生活排忧解难；他积极协调，为西南蒲村集体经济发展打下厚实基础。他不仅完成了从专业干部到第一书记的角色转换，更锻炼了意志品质，锤炼了工作作风，赢得了村民的认可。

筑牢群众观念　拉近干群关系

背　景

　　樊一什*是一个土生土长的"90后"北京孩子，也是一个典型的从家门到校门，再到单位大门的"三门"干部。2016年9月，他光荣地接受组织选派，赴山西省繁峙县上西庄村任第一书记，为期2年。临行前，单位领导叮嘱他，农村工作的核心是做好"群众工作"，要坚持以人民为中心，"筑牢群众观念"。然而，对于从小生活在大城市的樊一什，"群众"更像是最熟悉的陌生人。作为一名党员，尽管常常提及"群众"二字，但如何筑牢群众观念、做好群众工作，他却从来没认真思考过。

　　2017年元旦前夕，樊一什遇到了有生以来第一次上访事件，解决问题的过程让他第一次真正走近了群众，经历了从敢于面对群众，到真心理解群众，再到紧紧依靠群众的过程；也正是坚持了以人民为中心的原则导向，樊一什顺利化解了矛盾，更领悟并筑牢了"群众观念"，拉近了与群众之间的距离。

---

*　樊一什，体育总局机关服务中心楼宇处行政管理员。2016年9月至2018年9月任山西省繁峙县上西庄村第一书记。任职结束后，山西省脱贫攻坚领导小组办公室授予其脱贫攻坚积极贡献荣誉证书。

做 法

一、面对上访，勇于担当

2017年元旦前夕，我正在整理近期的走访记录，这时电话响了："樊书记，请到县里信访中心协助处理你们村上访事件！"打电话的是乡镇的党委书记。这是我到村后第一次和上访事件"打交道"，说实话心里打过退堂鼓。上访是很多干部避而不及的事，让我直接面对村里的上访群众，我当时内心的第一感觉是——害怕，怕的是问题难以解决、怕的是村民纠缠上自己、更怕单位和自己的荣誉会因为上访事件而受损……更何况，作为中央选派的第一书记，不是来主抓党建和精准扶贫的？掺和这事干啥？

我脑海中出现过若干次逃避的念头，但回想起决定来山西时的初心，不正是想要在广阔的农村摔打历练一番？这还没遇到挫折就想着打退堂鼓，还不如不来！冷静下来，第一书记的职责在脑海中渐渐清晰，除了"着力建强基层组织"和"着力推动精准扶贫"外，"着力维护村里和谐稳定"也是重要一项，身上肩负的职责使命告诉我不容退缩。

个人体会

一是全面认识第一书记工作的艰巨性、复杂性，增强担当意识，想要做好工作，在扶贫经历中收获成长，就绝不会在一团和气和走马观花中度过两年时光；二是提高抗压能力，不怕挫折，甚至越挫越勇，不被困难吓倒，学会以苦为乐，苦中作乐；三是培养处理和解决复杂问题的能力，善于借鉴成功经验，总结失败教训；四是紧紧依靠各级组织，组织是我们的坚强后盾。首先要依靠当地党委、政府，服从领导、顾全大局。其次要依靠派出单位，第一书记展示的不是个人才华，而是集体的力量。最后要依靠中央和国家机关工委等有关部门，主动提炼和总结工作中的经验教训，为更多第一书记提供借鉴；五是不断用理论武装自己的头脑，不断重拾信心，坚定信念。

群众之事无小事——悉心听取村民意见建议

二、将心比心，换位思考

在信访大厅，我一眼认出了村里的村民，一共 8 个人。信访大厅的工作人员看我年轻，便问我有什么事需要帮助，还没等我回答，倒是村里的乡亲们先开了口，"这是我们村里的樊书记，北京来的后生。"乡亲们显然对我的到来感到吃惊，第一书记还会管这事？领头的村民壮着胆子，招呼大家来到我身边说："樊书记，工资拖欠了这么久，您得给我们讨公道。眼看就过年了，我们真等不起了，今天事情解决不了我们谁也不走！"见到村民，我害怕的心情缓解了一大半，到村 3 个多月的时间，我早已和村民们打成一片，这 8 个人我基本都认识。

我连忙招呼大家坐下，了解起事情的原委。原来年关将近，村里参与工程的几位村民的工资因工程质量问题一直被拖欠，苦求无果后他们选择上访。我知道当下的要事是先把村民领回去，但不给个说法，显然村民的怒火无法平息。在快速思考过后，我对村民说："给我 15 天，我回去就帮你们想办法，行不行？""不行，别说 15 天，就是 5 天也不行，元旦前就得给我们解决！"起初害怕的心情变成了委屈，我是来解决问题的，怎么还逼上我了？当下，我知道一旦给出承诺，就意味着把这件事"揽"在了自己的身上。但在走投无路的乡亲们面前，我思量再三，最终还是选择在元旦前给大家给一个说法。

回想起为什么有勇气去承诺村民解决此次上访事件，我想其中既有初生牛犊的拼劲儿，更是源于大家口中那句"樊书记"。上访的村民大多与我的父母年龄相仿，尽管沟通过程中言语比较激烈，但眼神中透出的却是期盼的目光。大家能够称呼一个年轻小伙为"书记"，本身就是莫大信任。将心比心、换位思考，如果是我的亲人或是自己遇到这样的问题，我的心情也一定和村民一样着急。

三、言出必行，依靠组织

解决矛盾不能靠空口白牙。回去后，我第一时间对村民反映情况进行走访调研，村民工资被拖欠的根源出在业主单位认为工程质量存在问题，而到底工程质量有没有问题，就成为解决这个事情的关键。于是，我向镇党委汇报了情况，并在镇主要领导的帮助下，协调县有关部门对工程质量问题给出结论，打消各方疑虑。乡亲们看着我一步步兑现着承诺，也不再无理催促。最终，在各方的积极配合下，春节前夕终将拖欠半年之久的工资如数发还到村民手中，让大家过了个踏实年。

第一书记不是一个人在战斗，背后还有着强大的组织。上访事件对于中央选派的第一书记，特别是年轻干部，处理起来有点陌生棘手。要充分依靠上级组织，充分听取意见建议，并扎实做好调研工作，为最终决策提供依据。

四、就事论事，一视同仁

上访事件解决后，一位参与上访的大姐每次见到我都绕道而行，这让我充满疑问。借着村里组织妇女参加手工巧娘培训的机会，我找到她问出了缘由。原来上访的那天，她是受家人鼓动过去壮声势，看到给我添了"麻烦"，不好意思再面对我。我告诉她，村民反映实际困难是合理合法的，重要的是注意程序、实事求是。我向大姐保证，绝不会因为这件事对她和其他参与者另眼相看。

对待上访人员要就事论事，绝不能从此戴上有色眼镜处处提防，更不能在别的问题上"穿小鞋"。反而应当加强疏导，帮助其树立正确的处事方式。

成　效

一、坚定了理想信念，提高了处理复杂问题的能力

习近平总书记曾勉励我们："干部多'墩墩苗'没有什么坏处，把基础搞扎实了，后面的路才能走得更稳更远。""基础"在坚定理想信念，正是体验了最初遇到上访问题时的困惑与彷徨，才更加明确和坚定了自己扎根基层的初心；"基础"在提高工作能力，正是经历了处理上访问题时的复杂局面，才得到了平时难以收获的工作能力。

二、树立了第一书记在群众中的威信

在刚到村的 3 个多月时间里，由于自己虚心求教、真诚待人，收获了一定的群众基础，是大家口中的"好后生"。但直到此次上访事件得到妥善解决，才真正树立了第一书记在群众中的威信。在脱贫攻坚和乡村振兴的一线战场，需要的不是一团和气，而是勇于担当、敢于碰硬的"好干部"。

三、筑牢群众观念

以前总听"群众之事无小事"，但在机关工作，对这句话的理解很抽象、很片面。但到了条件艰苦的农村，尤其是贫困地区，即使是我们平时看来不算大的问题，在群众眼中却是"天大"的事。"大树扎根于沃土，高楼立足于基石"，人民群众是我们党员干部的坚强后盾，只有我们牢固

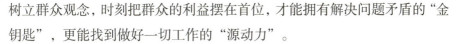

树立群众观念，时刻把群众的利益摆在首位，才能拥有解决问题矛盾的"金钥匙"，更能找到做好一切工作的"源动力"。

"纸上得来终觉浅，绝知此事要躬行"，好干部要从基层和群众中来，好干部要到基层和群众中去，让基层成为越来越多年轻干部的战场与考场。

点　评

在驻村第一书记这个群体中，土生土长的北京人不多。驻村第一书记的工作经历缩短了这个北京孩子与贫困地区、贫困群众的空间距离，但真正拉近内心距离的，是以人民为中心的工作理念，把群众观念筑牢心中，"最熟悉的陌生人"就变成了亲人、家人。樊一什同志用朴实的语言、生动的事例真实展现了青年同志在面对挑战、处理突发事件中的勇气和担当，获得了群众肯定，也促进了自我成长。

如何提高统筹规划能力

立足"小山村" 做好"大设计"

背 景

　　河北省阜平县是习近平同志担任总书记后走访慰问的第一个贫困县，具有深度贫困地区、太行深山区、革命老区"三区合一"的特征。黑崖沟村位于阜平县西部山区，距县城 40 公里，平均海拔 1000 米，全村共 412 户 1052 人，人均耕地面积仅 0.87 亩。2014 年建档立卡贫困户 263 户 767 人，贫困发生率高达 73%。

　　2015 年 6 月，国管局选派刘伟*担任黑崖沟村第一书记。到村两个月的时间，刘伟走访了全村所有贫困户，与现任和历任村"两委"干部进行了深入交流，客观分析了黑崖沟村的资源条件，明晰了其驻村后的第一项工作是做好"小山村"的"大设计"，直面五大课题。一是"做什么"。即如何将"大势"和"小情"结合起来，分解目标，分类确定精准帮扶方案。二是"怎么走"。即如何立足全村实际情况和资源条件，规划造血扶贫的路径。三是"凭什么"。即如何搭建资源整合平台，统筹村内与村外，政府与社会等各方资源，解决造血扶贫中的资源要素问题。四是"为了谁"。即如何构建利益联结机制，在调动各方积极性的基础上，确保贫困人口受益。五是"怎么做"。即如何统筹分析工作实施中的难题，提前制定应对方案，化解于前端，防患于未然，避免"中梗阻"。

---

* 刘伟，国管局人事司副处长。2015 年 7 月至 2017 年 7 月任河北省阜平县黑崖沟村第一书记。

做　法

一是设计好"精准帮扶目标"。黑崖沟村贫困人口中，60岁以上老人和60岁以下完全丧失劳动能力的残疾人、重病患者占57%；有劳动能力的贫困人口占30%，其中，在外务工人员占63%，在村留守人员占37%；在读学生占13%。立足黑崖沟贫困人口的实际情况，我们制定了"让老年人有保障，让年轻人有收入，让孩子们有未来"的精准帮扶目标。如何实现"让老年人有保障"和"让孩子们有未来"？一方面依托政策，积极落实低保、养老金、贫困学生救助、学校改造等扶贫政策；另一方面立足帮扶，既有社会爱心人士的一次性关怀，又有造血扶贫收入中用于老人和学生的持续性帮扶。如何实现"年轻人有收入"？一靠产业，二靠就业。

二是设计好"造血扶贫路径"。一方面，黑崖沟村地处太行深山区，人均耕地面积少，总体气温低，生长周期短，平均产量低，发展规模化农业的劣势非常明显。另一方面，黑崖沟空气优良，土地、水受污染少，太阳能资源充足，留守妇女较多，拥有保定市第一高峰歪头山、千年古寺白衣寺、华北第一高桥黑崖沟大桥等自然人文景观，发展高品质特色农业、

了解特困户生活

光伏发电、乡村旅游等产业的优势资源充足。基于对黑崖沟村资源禀赋的分析，我们将造血扶贫路径规划为"4+1"的路径，即"特色种植、家庭手工业、光伏发电、就业安置＋乡村旅游"，其中，前4个产业方向是短期着力点，乡村旅游是长期重点，长短结合。

三是设计好"资源整合渠道"。巧妇难为无米之炊，任何产业的发展都不可能凭空产生，需要各方资源要素的支撑。我们立足村里资源状况和驻村工作组优势，明确了"内部与外部联动，政府、市场、社会三方融合"的资源整合思路。内部资源整合方面：我们通过发挥青年党员和返乡创业人员的致富带头作用，着力凝聚"人的资源"；通过加快土地流转，流转土地100多亩，汇聚"土地资源"。外部资源整合方面：通过成立正式注册的黑崖沟公益基金会，发挥新媒体的宣传动员募捐作用，筹集社会资金近400多万元，多方争取财政和金融资金数百万元，积聚"经济资源"；通过开展职业教育培训，发展家庭手工业，联系企业定向就业扶贫，共安排就业80余人，连结"就业资源"；通过对接电商平台，建立产品与客户直销渠道，帮助销售樱桃、蔬菜等农产品，畅通"市场资源"。

四是设计好"利益联结机制"。造血扶贫中，需要处理好"带动力量"和"受益主体"的关系。带动力量一般为村里的致富带头人和技术能人，大部分不属于贫困户，并非精准扶贫的对象，却是产业发展的引擎；受益主体为建档立卡贫困户，一般为产业发展的跟随者而非带头者。基于上述考虑，设计了利益联结机制的三大支

个人体会

脱贫攻坚时间紧，任务重，既要有"只争朝夕""时不我待"的紧迫感，夙夜在公，快速行动；又要有"谋定而后动""磨刀不误砍柴工"的定力，坚持统筹规划先行，避免走弯路、乱折腾。作为驻村第一书记，不应仅仅将自己定位为冲锋陷阵的攻坚战士，更应将自己定位为战场一线的前敌指挥，切实提高统筹规划能力，做好"小山村"的"大设计"。

柱。第一支柱是集中资源。无论是建立集中式光伏电站，还是发展蔬菜种植大棚、樱桃种植园、家庭手工业，始终坚持帮扶资金统筹集中，形成规模优势，保证产业发展方向。第二支柱是充分激励。对合作社负责人等致富带头人，在待遇确定、收益分配上给与充分的考虑，保障其积极性和主动性。第三支柱是多方联结。通过明确帮扶资金和财政补贴与贫困户务工比例等直接挂钩，利润分配向贫困户倾斜，确保贫困户对利益分配的知情权和监督权等方式，保障贫困户在产业发展中多种方式充分受益。

五是设计好"难题破解之策"。统筹分析产业发展中可能遇到的难题，提前谋划，提前沟通，提前制定应对方案，提前采取必要措施。关于土地问题。充分了解土地的权益归属和历史纠纷及可能存在的附加问题，在充分沟通的基础上，明确"合理补偿＋法律渠道"的应对预案，对合理的土地补偿要求给予充分满足，对于不合理的诉求，在政策解释的基础上，通过协调司法部门予以解决。作为扶贫干部，既要有真情关怀的温度，又要有敢于动真的硬度。关于分配问题，驻村工作中，分配并不是一件很容易的事情，处理不好会引发多方矛盾，把好事办成坏事。一方面，让群众做分配的主体，在光伏养老电站收益分配中，成立管理委员会，吸收村里德高望重的长辈到管理委员会来，分配结果事先征求全体受益人意见。另一方面，规范分配流程，健全公开机制，明确所有收益分配情况通过线上线下多种方式公开，让全体受益人共同监督分配情况，确保公平公正。

成　效

驻村扶贫的两年，在统筹规划的设计指引下，实现了五方面的成效：一是明确了"党建＋养老、产业、教育"的思路；二是清晰了"短期内发展家庭手工业、光伏发电、特色蔬菜种植、就业扶贫；长期内推动乡村旅游"的路径；三是整合了政府、社会、市场、金融机构等各方资源，累计筹集各类资金物资1300万元；四是合理平衡了各方利益，通过就业、土地流转、利润分配、救助资金等确保贫困户精准受益；五是提前谋划和沉着应对难题，确保各个扶贫项目稳妥实施。

两年间，黑崖沟村发展蔬菜种植大棚 50 亩，樱桃种植园 150 亩，中药材种植 200 亩，光伏发电 600KW，家庭手工业就业 60 多人，就业扶贫 20 多人，发展农家乐 2 户，美丽乡村改造全覆盖，基础设施和教育帮扶投入 300 多万元。依托"造血"带来的持续收入增加，黑崖沟村贫困人口从 767 人减少到 145 人，贫困发生率从 73% 降低到 14%。2016 年 10 月，黑崖沟驻村帮扶工作成为入选中央组织部《全国党建促脱贫攻坚案例选·第一书记》的全国 35 个案例之一。

点　评

山村虽小，但致贫原因往往很大，设计好整村脱贫的统筹规划，脱贫措施就有了路径，脱贫工作就有了方向，脱贫目标就有了预期。造血扶贫中的大规划能够带来扶贫的大成效。黑崖沟村直面脱贫工作"五大课题"，坚持统筹规划先行，在小山村中书写精准扶贫大论文，取得显著成效。

在失败中坚持　在困难中成长

背　景

　　2015 年 8 月国务院扶贫办选派刘为[*]到贵州雷山县南猛村任第一书记。南猛村是雷山县的缩影，人口少、山地多，194 户 755 人，2015 年全村人均年纯收入不到 5000 元，贫困发生率超过 30%。第一天县里送刘为到南猛村，车在半山腰停下，说路边一处小屋就是村部，2 层小楼 3 间屋，两分平地都不到，这就是他未来和村"两委"商量事儿的地方，更是南猛村的脱贫攻坚指挥部。在这处木板小屋里，围绕南猛村的主要矛盾和发展思路，刘为和村"两委"班子瞄准"人""地""钱"三个制约因素，以合作社为平台，带领苗族群众不断更新思想，教会群众增收本领，培养干事创业热情，激发内生动力，跨越发展道路上的"三道坎"，使南猛村飞跃雷公山。

做　法

　　跨过的第一道坎：改变。 刚来的第一个月，村里把给贫困户的稻田鱼苗平分了；全村几百亩的茶叶没人管护，种了快 10 年的杨梅有四五米高，没做过矮化；大片的玉米地和半荒地没产出效益。几乎样样都不符合精准扶贫的要求。出现这样的情况，根本上是人的问题。缺少一个合适的带头

---

[*]　刘为，国务院扶贫办中国扶贫发展中心主任科员。2015 年 8 月至 2017 年 8 月任贵州省雷山县南猛村第一书记。任职期间获全国扶贫系统先进工作者、贵州省优秀共产党员、贵州省优秀驻村第一书记、贵州省脱贫攻坚奖等称号。

人和一个合作发展的平台，组织化程度低，凝聚力不强。2015 年 10 月我们成立了共济乡村旅游专业合作社，由村主任担任理事长，村集体和全体贫困户为初始社员。合作社做了几件事，一是资金变股金，保障贫困户权益。将 60 万产业扶贫资金作为建档立卡贫困户的股金注入到合作社，明确了贫困户的权责，也使合作社有了开办费，不是空架子。二是资源资产化，优化农业结构。全村流转土地，合作社把山顶上的半荒地租过来，改种茶叶和果树等经济作物，并统一管护，将 400 亩半荒地变成了价值 50 万元的集体资产。三是混业发展，提高村民参与度。南猛村一社带三产，合作社内部组建了以小学生为主的芦笙表演组、妇女为主的民族手工艺组、老人为主的农业经营组、高中毕业生为主的电商扶贫组和返乡创业人员为主的餐饮经营组。

第二道坎：技术。合作社成立了，有了平台和资金，初步解决了"人""地""钱"的问题，我们想大干一场，但迎接我们的却是两次失败。第一次是刺绣。2016 年 1 月，两家爱心企业愿意为合作社提供 2000 件、价值 6 万元的刺绣订单。我们喜从天降，马上组织手工艺组的绣娘，开始按订单制作，但后来的进展并不顺利。手工艺组的成员多数是在家的妇女，老人占了一大半，平时还要做饭做农活，晚上空出时间才能做点针线活，每个人的技术差别很大，劳动效率比较低。同时按照惯例，合作社搞培训还要按日给贫困户误工补贴，"不

个人体会

扶贫是最艰苦的创业，又是最需要成功、最容易失败的创业。在这个过程中，贫困户骨子里迸发的正能量远比想象中强大，第一书记要激发他们的潜力和动力，也要向他们学习，学习他们的乐观坚强和勤劳智慧。最重要的经验就是不折腾、保持连贯，不放弃不怀疑，不轻易改变过去的工作基础，使每个人自觉融入脱贫攻坚进程，提高贫困农户的组织化程度、群众脱贫的积极性和结果的真实性，在这个过程中锤炼自己坚强的品格。

2016 年 7 月合作社给村民发工资

但要付钱给老师，还要付钱给学生，这个制度不好，自己学习还要讲条件，但不给钱又不来。"三个多月后，我看着绣娘们五花八门的培训成果，对照企业要求的标准，只能接受订单退回的要求。这次失败的经历使我们明白，手工艺不是一朝一夕的事，我们过去的培训效果不好，方法也有问题。

第三道坎：市场。 这次失败的项目是杨梅。南猛村有 1000 多株杨梅树到了丰产期，每年村民都带着杨梅到县城卖，但每斤只有三五块钱，每棵树能产 50 斤，绝大多数掉在地上。我打算为这 5 万斤杨梅找销路。2016 年 4 月我专程到浙江余姚调研杨梅的种植管护和包装销售，这次余姚行很有收获。回来的当晚便与村民们分享了成果："我们在杨梅的管护方面落后太多，同时杨梅销售要有低温仓储和分拣的场地"。接下来的两个多月，合作社开始为杨梅疏果施肥、加强管护，又陆续从上海、浙江、凯里三地的四个厂家引进了杨梅的空运包装，总有人问我，什么最难，真干了才知道，每个环节都会出问题，一套空运杨梅的包装需要有泡沫箱、冰袋、竹篮、薄膜袋和塑料盒，要从四个厂家采购材料，三个都不在贵州。同时，南猛村开工建设了全县第一个乡村仓储中心，在建设期间，办有关司局为南猛村引来了万科和中海油服两家企业，有感于南猛村勠力同心的工作场面和脱贫致富的决心信念，中海油服当即决定捐赠 2 辆冷链物流车，万科公司也同意开展农产品进万科社区的活动，这意味着村里的农产品不只能空运，还可以通过货运直达凯里和贵阳。南猛有了货运车和冷库这个消息不胫而走，知名景区西江千户苗寨和凯里的佳慧超市也都愿意与南猛村合作。于是在 6 月 20 日，南猛杨梅正式进入西江景区和凯里超市，合作社开办的网店"为杨梅送行"也正式开张，我们当时以为，这么多的销售渠道，今年的杨梅收入应该不低于 10 万元。但现实又给我们上了一课，黔东南是杨梅种植大市，但销售方式却很粗放。5 月以后杨梅集中上市，大部分由农户凌晨四五点采摘交给批发商，批发商再回到凯里卖给零售商贩，由于量大、批发商收购压价很低，最后杨梅在凯里市场的零售价格不过 5 元一斤，晚上要打折到 3 块。但南猛村的杨梅在经过分拣、包装、预冷、贴牌这样的操作下来，如果卖 5 块钱，那合作社连人工成本都合不上。黔东南竞争激烈的杨梅市场让我们的精品杨梅在价格战中惨败，不到一周超市退货，西江景区成了我们最倚仗的渠道，但第二周的连续暴雨又把仅存的希望浇灭了。忙了三个多月，算下来线上线下杨梅销售总收入不到 2 万元。

前两次没赚钱，我本想安慰村民，没想到是村民安慰我，他们让我不要放弃。杨梅的事过去以后，农业经营组带给我一个好消息，由于过去一年合作社的茶园管护得当，雷山大酒店想与南猛合作，从合作社转租 150 亩，每亩的价格是 1000 元。"这一年就是 15 万啊，而且还用我们的人管护，贫困户的工资有人发，合作社还有收入"。村里很快与其签了合同，雷山大酒店也履行了承诺。这次合作等于是市场肯定了合作社前期的做法，让大家看到了希望。

成　效

接下来的时间里，南猛村多了本《精准扶贫工作手册》，每个月合作社为贫困户带来的增收情况或生活改变都要在账本里登记，现在合作社稳定年收入超过 20 万元，实现贫困户每年户均现金增收超 3000 元。南猛村贫困发生率由 32% 下降到 10%，村集体经济实现由零到 100 万元的突破。中央电视台《新闻联播》两次报道了南猛村，一次是 2015 年 9 月的南猛，让人记住的是茶园里的草长莺飞、草比茶高；第二次是 2016 年年底的南猛，山上无荒地、村内无闲人、资金不闲置。2015 年底，我们的目标是"要做不靠政府补贴也能生存发展的合作社"，在数不清的困难和曲折的陪伴下，这个目标渐行渐近了。2017 年 12 月底，南猛村出列摘帽，2019 年 4 月，雷山县正式脱贫。

点 评

"小康不小康，关键看老乡。"贫困地区致贫的主要原因是资源贫乏，贫困地区脱贫的最大资源是人力的资源。找准突破口，激发贫困群众脱贫内生动力，就能看到脱贫致富的希望。刘为同志带领全村群众，不等不靠，找准致贫原因，瞄准"人""地""钱"三个制约因素，根据村情搭建合作社平台，通过一社带三产，带领南猛群众跨越了扶贫道路上的"三道坎"。两年的一线奋战，南猛村甩掉了贫困的帽子，实现了飞跃雷公山的梦想，刘为同志锻炼了自身的品格，实现了精神的飞跃。

用心扶残　在助残脱贫实践中锻炼成长

背　景

　　2015 年 7 月至 2017 年 7 月，中国残联选派陈森斌*驻村担任河北省南皮县王三家村第一书记。驻村两年，陈森斌始终坚持扎根村里，与群众同吃、同住、同劳动，和当地驻村干部和村"两委"班子共谋事、图发展，在脱贫攻坚一线的实践中增强了岗位认识，做到了既不辱使命，又在其中锻炼成长。

　　王三家村有 225 户 815 人，土地 1300 亩，属于典型的平原农业村，人多地少，自然条件差、基础设施薄弱、集体收入低。群众主要以种小麦、玉米和外出务工为生，收入低微。村里有 48 位残疾人，是村里贫困人口中贫困程度最深、脱贫难度最大、返贫率最高的人群，他们是全村脱贫攻坚的重点和难点。

做　法

一、发展基础设施，解决出行难

　　王三家村地处两县交界，发展相对滞后，公共设施匮乏。许多残疾人、老年人因为没有路，出行极为不便，有的老人甚至一辈子没有到过县城。为弥补基础设施落后的短板，在村集体没有一分钱的情况下，我与村"两

---

*　陈森斌，中国残联康复部副调研员。2015 年 7 月至 2017 年 7 月任河北省沧州市南皮县王三家村第一书记。获 2018 年中央和国家机关脱贫攻坚优秀个人称号。

委"齐心协力，争取各项资金 200 余万元，发展基础设施，新建村两室（党员活动室、老年人活动室）、农家书屋和文体广场，新建入村道路四公里，开辟了出村第二通道，引自来水进村入户，安装太阳能路灯 35 盏实现全村亮化，打机井三眼，新装变压器两台，基本实现了全村的硬化、亮化，全村村容村貌焕然一新，夯实了长远发展的基础。村里的老年人、残疾人也实现了无障碍出行的愿望。

二、推动土地流转，解决种地难

王三家村全村土地大部分属于基本农田，难以发展工业，村民地块分散，种植收入少，许多年纪较大、因病致贫、因残致贫的贫困户因缺乏劳力将耕地租给邻居耕种，租金微薄，脱贫困难。针对这一村情特点，我争取资金 40 多万元将连片田的田间道路全面硬化，方便机械耕种，提高了土地使用价值。同时，主动与南皮保民粮棉公司达成土地流转协议，流转土地 1000 余亩，发展高效农业、实现多种经营。通过土地流转，租金亩均增加了 700 元，地租成为许多贫困户脱贫的一项主要措施。土地流转以后，村民从土地中解放出来，外出务工，提高收入水平。

三、开展产业扶贫，解决打工难

王三家村产业基础薄弱，为增加贫困户收入，发展适合残疾人的产业势在必行。在省、市、县等各级扶贫办的大力支持下，我们建立了兴源养殖专业合作社。扶贫办投入 72 万元资金作为全体贫困

与村残疾人专职委员踏着融雪走访

户入股合作社股金，入股的贫困户不仅每年可以获得600元以上的分红，还可以在合作社学习养殖技术，并在鸡苗购入、防疫管理和销售环节得到便利。养殖合作社同时为多位残疾人、贫困户提供了就业岗位，增加了家庭收入。

为帮助弱势群体就业，在县残联的支持下，王三家村与南皮宏霞手工公司合作发展来料加工，由公司派师傅上门手把手教授编织技术，并负责上门送货、收货，家庭妇女、残疾人、贫困户足不出户就解决了就业难题，人均每月可增收600元。

四、争取扶残政策，解决康复难

残疾人是村里贫困人口中贫困程度最深的人群。截至2015年年底，王三家村的贫困户中近7成是残疾人。针对残疾人，各级政府和残联都有相应的帮扶政策。部分残疾人由于不了解扶残政策，没有办理残疾证，无法享受政策的帮扶。我积极与县残联联系，邀请县残联及县医院的的工作人员和医生到村宣讲政策、帮助全村48位符合条件的村民办理了残疾证。随后，在县民政局、残联的帮扶下，全村18人得到两项补贴，一年可获得补贴1.38万元。此外，我积极争取省级资金15万元，为全村25户肢体残疾人家庭全部实施了家庭无障碍改造；为老年残疾人发放坐便椅，解决了残疾人如厕难的问题；争取资金8万元，在村里建立了残疾人社区康复点，方便残疾

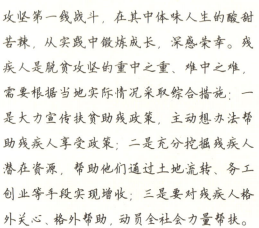

个人体会

作为年轻干部，我有幸随着时代的脚步，在脱贫攻坚第一线战斗，在其中体味人生的酸甜苦辣，从实践中锻炼成长，深感荣幸。残疾人是脱贫攻坚的重中之重、难中之难，需要根据当地实际情况采取综合措施：一是大力宣传扶贫助残政策，主动想办法帮助残疾人享受政策；二是充分挖掘残疾人潜在资源，帮助他们通过土地流转、务工创业等手段实现增收；三是要对残疾人格外关心、格外帮助，动员全社会力量帮扶。

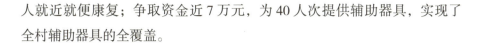

人就近就便康复；争取资金近 7 万元，为 40 人次提供辅助器具，实现了全村辅助器具的全覆盖。

五、联络组团帮扶，解决全覆盖难

作为中国残联派出的对口扶贫干部，在做好本村工作的同时，我努力做好联络员，为南皮县的精准扶贫工作尽一份力。中国残联建立了各直属单位分别包干一个乡镇扶贫的方式，集全单位力量帮扶。在中国残联领导的支持下，我们帮助南皮县争取到残疾人托养中心、残疾人流动服务车、全国残疾人特殊文化艺术推介项目、长江新里程项目基层辅具站建设等重大项目，直接争取资金 261 万元，其它项目及扶贫物资折合 1000 多万元；帮助争取生态环境部南水北调农村环境综合治理项目资金 1000 万元； 帮助牵线启迪控股集团与南皮县签订协议，投资额过亿元的光伏产业项目落户南皮；联系促成中国残疾人艺术团慰问演出 2 场；协调资源，帮助南皮县实现了人工耳蜗、儿童康复、辅助器具、技术人员培训全覆盖，推动并帮助制定沧州市残疾人两项补贴政策和南皮县残疾人辅助器具购置补贴政策，领先全国；协调中国残联系统向南皮县捐赠价值三百多万元的电动轮椅、衣物等物资。

成　效

经过两年的扶贫攻坚，南皮县于 2017 年 7 月顺利通过了国家级脱贫验收，成为河北省三个首批脱贫出列的国家级贫困县之一。王三家村贫困发生率降到 1.5% 以下，村里的基础设施得以改善；贫困户、残疾人通过落实有关扶贫助残政策、开展土地流转和发展扶贫产业，增加了收入，多数摆脱了贫困。同时，因为几项帮扶工作都是"造血"的永久性措施，也避免"帮扶停、活力止"的现象，实现了可持续发展。

对于我个人而言，驻村经历则是锻炼成长的两年。我深入地了解了农村、了解了农民、了解了残疾人、了解了贫困，在克服一件件困难中磨练了意志，在做好一件件实事中提高了胆识、锻炼了才干，完成了一个"三门干部"的蜕变。

点　评

　　扶贫措施精准、扶贫特色突出。摸清致贫"症结点"，找准脱贫"着力点"，依托派出单位、立足岗位特点，把"人道、廉洁、服务、奉献"职业精神融入到精准扶贫工作中，在服务贫困户、特别是残疾人贫困户的同时增强了岗位认知，实现了自身蜕变和精神升华。

用"1+N"帮扶模式托起
贫困群众的脱贫希望

背　景

　　青海省循化撒拉族自治县位于在黄河上游谷地，平均海拔 2300 米，年均气温 8.6 摄氏度。大庄村处于水电站建设移民库区，分为两个自然村，相距 20 公里。全村 549 户，2300 余人，残疾人 80 余人，全村为撒拉族（总人口约为 13 万人，属全国较少民族），全民信仰伊斯兰教，人均 4 分土地，大庄村是循化县贫困程度最深、贫困人口最多的、最落后、最封闭、受教育程度最低的村。2019 年是王磊* 到青海循化扶贫挂职的第三个年头，支撑其一直砥砺前行的力量源泉就是组织的信任、关怀和驻循化工作期间感受到的深深的爱！

做　法

　　第一就是要解决在民族地区语言沟通的问题，这样才能够和民族地区群众更好地交流，了解他们的所思所想。初到民族地区工作，了解到帮扶的这个循化县清水乡大庄村，全村都是撒拉族，都讲本民族语言撒拉语。男人还能听得懂汉语，大部分女人听不懂汉语，语言就成为了第一个需要

---

* 王磊，中国投资有限责任公司大地财产保险公司青海海西中心支公司总经理。2016 年 10 月至 2018 年 10 月任青海省循化撒拉族自治县大庄村第一书记。获 2017 年中投公司系统"五一"劳动奖章、2019 年全国"五一"劳动奖章。

解决的问题。常到村里和男人们聊聊天，常和驻村工作队员沟通，常到田间地头帮帮农活，常到村民家中聊聊家常，语言加手势一般问题就可以解决。

第二就是要解决贫困群众最需要解决的问题，找到症结，分门别类，因户施策。 在撒拉族村落中他们所关注的也是住房和医疗的问题。我首先走村串户，掌握第一手资料，许多贫困户就是需要修修大门、或者修修围墙等，我协调帮扶单位中投公司中再集团落实帮扶资金，深入每一户家中，逐户登记，分档次、分项目落实维修扶助资金，多则几万，少则几千，为村80余户维修、增建了大门、围墙、灶台、土炕、地坪等，受到全村大多数人的拥护和赞扬。清水乡大庄村贫困的原因主要是劳动力缺乏、疾病、残疾等。我们为这些贫困群众设计了意外保险、门诊费用保险、大病医疗补充保险、妇女安康保险、农房保险等，用保险托底，解决这些贫困群体的后顾之忧，使这些因素不致成为影响发展的"拦路虎"。通过为他们免费购买这些保险，解决了贫困群众门诊药费报销、慢性病长期服药、务工意外、妇科病等问题，使他们的家人能够安心外出务工，改善家庭经济条件。

第三就是要解决精神层面的问题，贫困户长期处于社会的最底层，受关注少，在村里面没有地位，感情没有寄托。 我协调中投公司中再集团43个党支部与43户贫困户进行结对帮扶，并就近在中再集团子公司青海大地保险选定43个扶贫联络人落实帮扶责任。扶贫联络人每月入户看望、慰问、帮助打扫庭院、浆洗被褥，一次次心与心的交流，一声声温暖的问候，帮助贫困群众打开心扉，重新树立生活的信心。

第四就是探索产业发展模式，为贫困群众长期稳定脱贫

个人体会

任何一项工作，包括扶贫工作，只要是我们带着一颗赤诚之心，把我们需要帮助的群众当成我们的家人、我们的亲人，不含一丝私心杂念，认认真真去想，扎扎实实去干，创新我们工作的思路和方法，贴近群众、贴近实际，没有干不成的。

王磊在清真寺宣讲党的脱贫攻坚政策

打下坚实的基础。青海循化撒拉族人从二十世纪八十年代就开始在全国各地开拉面馆。走遍全国的"兰州拉面"就是循化和青海的化隆人开的。截至 2018 年年末，循化在全国各地开拉面馆的人有近 5 万人，拉面店有近 8000 家，在循化县国民生产总值中占有较大的比重。因此循化县"拉面经济"的繁荣与否就成为了循化县经济发展的晴雨表。2019 年，我协调循化县委县政府与中再集团对接后，中再集团为循化县拉面经济发展提供 1000 万元产业发展资金，循化县政府筹集 1000 万元资金，通过银行放贷，政府贴息的模式，推动拉面产业的发展。在此基础上，我协助县政府制定出台了《循化县拉面经济提档升级实施方案》，从拉面店品牌化推动（政府注册有"撒拉人家"商标）、规范化培训、科学化管理、连锁式经营、片区化引导，使循化县的餐饮企业既能够"顶天立地"，在重点城市树立起"撒拉人家"品牌的餐饮旗舰店；也能够"铺天盖地"，在二三线城市依法合规经营。

大庄村处于孟达天池保护区的缓冲区，禁止大规模养殖牛、羊；又处于库区淹没区，没有土地进行整片开发；种种限制，制约了大庄村的产业发展。为把大庄村的潜力发挥出来，引导村民走出山沟，实现自我发展，我协调中再集团为大庄村提供了 150 万元的产业发展资金投入到拉面旗舰店中，进行投资分红，并要求拉面旗舰店优先雇佣本村有意愿务工的村民，优先采购本村的农副产品，优先扶持有意愿前往拉面旗舰店所在地开店的村民。同时，引导村民利用政府扶持资金进行经济林种植，促进村集体经济的发展。

第五就是创新帮扶模式，多种类型的帮扶模式齐头并进。从 2016 年起，我在中投公司、中再集团、中国大地保险的鼎力支持下，在村"两委"和驻村工作队元的协助下，针对大庄村在脱贫攻坚的不同阶段，创新性地推出了"1+N"扶贫模式："1"就是保险扶贫。2017 年在循化县推进的保险扶贫模式分三个层级，一个是重点帮扶的大庄村，为建档立卡贫困户量身定做了 7 种保险，免费购买，构筑了防止返贫的底线；第二个层级是清水乡，为建档立卡贫困户购买了团体意外险、大病医疗补充险和学生学平险；第三个层级是循化县其余建档立卡贫困户，购买了团体意外险、大病医疗补充险。2018 年在循化县推进的保险扶贫调整了受益人群，把边缘户纳入到我们的保险范畴之内。2018 年青海省委省政府宣布循化县脱贫摘帽后，保险扶贫受益人群就调整为：低保户、五保户、优抚人员、民政救助人员、边缘户和新识别户，使被保险人更加精准，使受益更加精准。"N"就是其他扶贫模式。中投公司、中再集团针对少数民族地区教育基础薄弱、医疗卫生条件差、企业竞争力不强等问题，分门别类地就干部素质培训、教育设施投入、医疗设施改善、电子商务提档等方面制定了帮扶措施，帮扶效果日益凸显，被循化党政、企业、群众所充分认可。

成　效

2016 年，我初到青海省循化县清水乡大庄村，建档立卡贫困户对帮扶工作的满意度是零。2018 年脱贫摘帽考核验收时，对帮扶工作的满意度是98%。在青海循化帮扶成效归纳起来有这样几点：一是党和国家对少数民族群众的关怀和关爱落到了实处；二是解决了贫困群众在脱贫攻坚中的后顾之忧；三是让贫困群众有了自我发展的信心和决心；四是探索出了一条少数民族贫困地区脱贫致富的新路。五是精准创新的帮扶模式在精准帮扶中得到了各方的认可。目前，中再集团的帮扶模式得到了省、市、县各级媒体宣传报道。我们推出的"保险扶贫"模式在县委、县政府的各级各类汇报中成为重中之重。

点　评

创新少数民族地区的精准扶贫措施既要用心、用情，熟悉贫困群众的语言、了解贫困群众的需求、燃起贫困群众的脱贫希望，更要在少数民族地区的实际情况和派出单位的帮扶优势间找到契合点，实现扶贫工作的精准度。不论是"拉面经济"的顶天立地和铺天盖地，还是保险扶贫的"1+N"扶贫模式，都闪耀着精准扶贫工作的创新点。

调节情绪　排解压力　直面扶贫挑战

背　景

　　泽库——藏语译为高寒偏远鸟都难飞翔的地方，地处青海南部高原，平均海拔超过 3700 米，自然环境极其恶劣、生态环境十分脆弱，高寒、缺氧、暴风、大雪等时刻考验着当地的居民，对初次进驻的人来说，更是一道又一道难题。面对陌生艰苦的工作生活环境，和从大城市来到边远贫困地区的落差，陆建新[*]迅速转换角色，放下身段，把主要精力投入到工作学习中，融入当地工作生活，分散各种不利因素带来的压力，培养积极乐观的精神状态，调节心理细微变化，将乐观豁达的性格贯穿于工作生活中，让自己身体和精神在最优的状态下工作和生活。

做　法

　　工作的压力，生活的压力，心理压力会压得你喘不过气来，掌握清除心理压力的方法，会让自己的身心更健康，更好地面对工作生活。

　　第一是改变对事物的认识，快乐与否，全看你怎样对待工作和生活。随着工作生活的压力越来越大，很多人不堪重负忧劳成疾，无形之中会给自己很多不合实际的暗示，导致我们对事物的错误认识，要理性地去认识、去面对一些消极的想法。尤其是参与扶贫工作，从现代化都市来到边远贫

---

[*]　陆建新，中国出版集团新华书店总店高级经理。2015 年 10 月至 2018 年 9 月任青海省黄南藏族自治州泽库县而尖村第一书记。2016 年被评选为中直机关优秀党员，2018 年被授予"第八届首都民族团结进步先进个人"称号。

困地区，生活环境、工作条件的巨大变化，是首先要面对的严峻考验。把精力投入到工作中，不让工作成为负担，不让环境影响精神状态，适应外界条件的变化，通过紧张有序的工作分散高度紧张的精神，既获得成就感又达到工作实效。

初上高原时，我首先要面对的是"重点贫困村、维稳重点村、组织涣散村"的现状。面对困难，我看到的是自己工作的价值和意义，同时，我深信越困难越说明改变贫困的必要性和紧迫性。接下来的 2 个多月时间我遍访全村 240 户 848 人，其中贫困户 103 户 388 人。为方便与藏族同胞沟通交流，我特意购买了一串佛珠戴在手上，以示对藏族同胞文化信仰的理解和风俗习惯的尊重，这个细节对工作顺利开展起到了潜移默化的作用，收到了事半功倍的成效。走访中每当看到牧民眼中对幸福生活的期盼，我的内心就充满了改变贫困现状的坚定感和做好这份工作的责任感。针对存在的问题，我组织村"两委"成员、党员召开协调会议统一思想，走进牧民家中宣讲民族和扶贫政策，收集村民的意见建议，不断提炼吸收凝魂聚智；重视将解决村民实际困难和促进全村发展相结合、村民的生产生活相结合，从群众心头事入手，落实各项惠农政策，这些变化得到了村民一致称赞。

个人体会

负面情绪与压力是共生体，负面情绪来临往往是伴随着巨大的压力，你可能无法掌控，甚至自己毫无察觉，导致错误的决定和失态的行为，可能导致之前的所有努力付之东流。因此保持乐观，管理好情绪，面对挫折和压力时自我调适，积极向目标靠近至关重要。在工作中寻找乐趣，让紧张繁复的工作充满生趣，学会调控情绪、排除不良情绪，培养积极向上的心态，对工作生活充满期待，遇到问题换个方式思考，会有意想不到的收获。乐观是心胸豁达的表现，是身体健康的前提，是人际交往的基础，是顺利工作的保障，是避免挫折的法宝。在陌生而艰苦环境中增强情绪控制和化解压力是每个人都应面对的一道应用题，而不是选择题。

党员干部也被我这种工作态度感染，我用诚意收获了信任，党员干部工作热情和为民办事服务能力大幅提升，他们也从中获得了更多的成就感和满足感。

第二是倾诉和释放压力，想要生活的轻松快乐，就必须直面压力挑战，用恰当的方法给自己减压。宣泄是一种将内心的压力排出去、使身心免受打击的方法，通过宣泄内心的郁闷、愤怒和悲痛，减轻或消除心理压力，恢复心理平衡。"喜怒不形于色"会加重不良情绪的困扰，导致身心疾病。对不良情绪的疏导与宣泄是自我调节的一种好办法。不过这种宣泄应该是合理的，简单的打打砸砸，迁怒于人，发牢骚、说怪话是不可取的。宣泄应是文明、高雅、富有人情味的交流，释放积聚的能量，心中的不良情绪会一扫而光。

紧张的工作之余，我经常和朋友围坐草原上，边欣赏着草原美景边放声高歌，和藏族朋友学上几首藏歌，用笛子演奏给他们听，时而与藏族小朋友嬉戏，时而与牛羊赛跑，体验惬意的牧民生活；我也会经常拿起电话打给远方的家人和朋友，把心中的忧愁、烦恼、痛苦、悲哀等，向他们倾诉出来，即使他们无法替我解决，但是得到朋友的同情或安慰，心情就会

2015 年 10 月青海省泽库县而尖村，走村入户到村民格日家

感到舒畅；利用假期请家人或朋友来到草原，给他们介绍当地美景和风土民情，自豪地说"我们村的×××"，再听听他们带来远方家乡的新鲜事，这都不失为自我放松、缓解压力的好办法。

第三是转移注意力，抵消或冲淡不良情绪。当与人发生争吵时，马上离开这个环境使紧张情绪松弛下来；有悲伤忧愁的情绪发生时，努力避开某种对象，不去想或遗忘掉，可以消忧解愁；有意识地转移话题或做点别的事来分散注意力，使情绪得到缓解，多接触令人愉快、使人欢笑的事物，避免和忘却一些不愉快的事。面对挫折、逆境、情绪时，运用一下反向心理调节，经常会得出相反的结论，从而战胜沮丧，从不良情绪中解脱出来，使情绪由"山穷水尽"转向"柳暗花明"。

我也曾在日常的工作生活中，与当地干部群众有过争论，每当这时，我会及时终止事态的发展，走出房间在草原上漫步，听听舒缓的音乐，走进牧民帐房，喝一杯奶茶与藏民朋友聊天，甚至跨上骏马在草原上信马由缰。再次回到工作中我发现，一切烦恼都被美好的感受冲淡，活力再次回归，原本令我烦躁、厌弃的事物都变得可亲可近。压力无所不在，我们必须认真对待心理压力问题，并及时地、适当地通过转移来化解心理压力，为它找个出口，它就不会给精神带来太大的伤害，而自己也会从这个过程中获得更多体会，为以后的工作和生活中遇到的问题提供借鉴。

成　效

正是因为积极调整自己的精神和身体状态，适应工作和生活环境需要，在艰苦环境中提升自己的抗压能力和舒压能力，才使我在驻村工作中取得了一些成绩，得到了大家的认可。三年来而尖村面貌焕然一新，村"两委"班子凝聚力和战斗力不断提高，群众满意度大幅提高；村内各项工作稳步推进，村集体经济稳步发展，牧民人均收入逐年提高。正直忠诚、担当奉献、不畏艰险、遵纪守规，这些父辈给我的宝贵的财富，成就了我的性格和品德，也赢得干部群众称赞，获得了"来得了、驻得下，咱们村陆书记是好样的"

的口碑。

点 评

工作生活环境的改变往往会带来情绪上的变化，情绪不稳定就很难有工作状态的稳定，作为第一书记，直面的是基层的各种困难和矛盾，乐观的心态对扶贫工作的开展显得尤为重要。欲助人先助己，陆建新同志释放压力、调整心态的三种方式既让他本人在扶贫一线受益，也为其他第一书记开展工作提供了借鉴。

自身干净才有底气真扶贫

背　景

　　盛郢村地处淮河流域重要行洪区，距离千里淮河第一闸——王家坝闸三公里左右，洪涝灾害频发。盛郢村由三个村合并而成，是一个总人口1600多户、7600多人的贫困大村。全村基本农田2800多亩，人均耕地面积不到0.4亩。村"两委"班子依然按照并村前状态各干各的，不能统一行动，缺乏凝聚力。村部常年空着，偶尔开会使用一下。老百姓有事就到村干部家里去办，去有些村干部家里办事，要是能带点东西，那事情就更好办了。党支部和村委会在群众中的公信力比较低。

　　2015年，杨乔伟*驻村开展工作。

做　法

一、工作人情分得开，清风正气自然来

　　2016年夏天，村民盛义友家养鸡场的第一批鸡蛋顺利产出了。我告诉盛义友，要做他家的长期顾客，以后就买他家的鸡蛋吃。听到这话，盛义友第二天早上就带来了三板精挑细选、个头最大的鸡蛋，放在村委会厨房外的台阶上就走了。我一看还没给钱人就走了，着急地追出去冲着盛义友

---

*　杨乔伟，国家粮食和物资储备局副处长。2015年10月至2017年10月任安徽省阜南县盛郢村第一书记。获2018年中央和国家机关脱贫攻坚优秀个人、安徽省优秀选派帮扶干部标兵等称号。

喊："我是要买你的鸡蛋吃，又不是要白吃你的鸡蛋，你不要钱算是怎么回事啊？"可盛义友已经开着三轮车走远了，我只好先回村室。

吃过中午饭，我来到盛义友的养鸡场，给他鸡蛋钱。盛义友说什么也不收，几次三番推来让去之后，他终于收了钱。

"杨书记啊，几十个鸡蛋算啥，不就几十元吗？当初我要办养鸡场，找你去协调土地的事，你二话没说，当场拿起电话联系镇土管所，当天下午就把用地的事说定了。我感谢你还来不及，还能收你几个鸡蛋钱吗？"盛义友说。

"我给你协调用地的事，能办不能办，应该马上给你一个答复，不能拖着。这只是尽了我的职责而已。如果因为这个送我鸡蛋，那我不就是假公济私了吗？以后我还怎么干工作啊！你把养鸡场搞得红红火火，壮大规模，多雇佣几个贫困户，带着他们脱贫，就是对我这个扶贫干部的最大支持啊。"盛义友听完点了点头，什么话也没再说。

农村重人情，但扶贫干部不能把工作与人情混为一谈，更不能拿权力来交换人情。干部需要群众的认可，这种认可应该是对干部履职尽责的认可，而不是对私人关系的认可。

个人体会

扶贫干部不能把工作与人情混为一谈，更不能拿权力来交换人情。干部需要群众的认可，但这种认可应该是对干部履职尽责的认可，而不是对私人关系的认可。

群众是淳朴的，只要干部们为他们着想，他们也会心存感激。干群关系是通过一件又一件的小事密切起来的，也能通过日积月累巩固起来。作为扶贫干部，防微杜渐，做好手头事，关注老百姓，工作一定会越来越好干。

忠诚干净担当是新时期干部必须牢记的行为准则。自身干净了，才能更有底气面对群众，也才能心无旁骛地把工作做好。

二、一心为民办实事，百姓心里都有数

冬天的一个晚上，九点多了，我在村室里整理扶贫资料。

贫困户的小事就是"大事"

突然听到几声鸡叫，依稀还有脚步声。我推开房门，看到村室大门外有一老一小两个人影。走到大门跟前一看，原来是村民张大娘和她的孙子。张大娘是村里的贫困户，丈夫和儿子都因病去世，她独自带着两个孙子生活。

张大娘说："杨书记啊，这是我养的三只小笨鸡，给你带过来，你做菜吃吧。白天人多，怕别人看见了。晚上就你一个人，给你带过来了。"

我哭笑不得，说："白天不能要，晚上没人更不能要你的小鸡。你赶紧带回去吧，给你两个孙子煮了补补身体，让他们好好读书。"

"杨书记啊，你来俺村后，对俺和俺两个孙子很照顾，给他们买了书包、文具，还联系你的朋友每季度给俺孙子打 1200 元钱，这是帮了我们大忙了啊。这几只小鸡都是自己养的，就是个心意，你收下吧。"

"你的心意我领了，但鸡我不能收！书包是我同学给这里的贫困家庭孩子捐赠的，钱是我同事帮助的，我只是在中间搭桥牵线，这都是我应该做的。我要不为你们做这些，我来扶什么贫啊！收了你的鸡，别人会怎么想，会怎么说，我还能在这村子干下去吗？我想帮你们都没机会了。"

521

"也没其他意思，就是想着，你那么远过来，一个人在这里，工作结束了还得自己做饭吃，也不容易。鸡自己养的，又不是啥值钱东西。"

"你的心意我领了，也谢谢你的体谅。你好好培养你的孙子，让他们学习成才，回报社会，这就是对那些帮助你们的人的最好感谢啊。鸡，我不能收！"

张大娘带着她的孙子和三只鸡回家去了，村室门口只留下几根鸡毛。

春节走访慰问时，我又来到了张大娘家。临走时，张大娘要送我五斤香油和一袋炒花生。我再次拒绝了，只抓起几颗花生说："这一把花生，我拿了，算是领了你的心意，其他的你们自己吃吧。以后不要再给我送这送那，要不我就不来你家了。"张大娘无奈地笑了笑，不说话了。

群众是淳朴的，只要干部们为他们着想，他们也会心存感激。干群关系是通过一件又一件的小事密切起来的，也能通过日积月累巩固起来。作为扶贫干部，做好手头事，关注老百姓，工作一定会越来越好干。

三、阳光底下多晒晒，干群信赖树起来

有一天，我冒雨来到了退伍老兵王大爷家里，将4000块钱交给了王大爷，还有一份捐款明细表。

王大爷是一名参加过对越自卫还击战的退伍老兵，也是盛郢村的一名贫困户。在一次走访中得知，王大爷一直想去云南为他牺牲的战友扫墓，碍于经济条件窘迫，始终无法成行。我将此事记在心里。"八一"节前，我在朋友圈发起"为了一个老兵的心愿"的众筹活动，短短几个小时，募集到足够满足老兵心愿的旅费。

我拿着捐款明细表，给王大爷一一介绍哪些人捐了多少钱，并让他核对总数是否正确。王大爷说："杨书记，我还能不相信你吗？你肯定如数都给我了，要不是你，我这几十年的心愿就可能永远无法实现了。"

我说："你相信我，我很高兴。但这些钱都是我的朋友们捐的，我得对他们有个交代。再说这些钱是以你的名义筹集的，一五一十给你说清楚，也是对你有个交代啊。"

成 效

通过这些近乎"不近情理"的拒绝和"刻板"行为，老百姓逐渐感受到了一个新时代村干部应该有的样子。老百姓办事，就到村部来办，公事公办，政策怎么规定就怎么办。村干部办事树立了规矩，干的事都拿得到桌面上来，在老百姓面前也挺得起腰杆了。"有事就到村委会"成为干部群众的一个共识。

确定扶贫对象、制定扶贫对策、发放扶贫资金等事情，都做到了公开透明。村干部给群众公布的，老百姓私底下听说的，和实际发生的都能一一对应。所有的帮扶行为和举措都在阳光下晒晒，村干部更有底气更有自信了，老百姓对干部对政府也更加满意了。

自身干净了，驻村干部才能对别人提出严格要求，才能更有底气面对群众，也才能心无旁骛地把工作做好。

点 评

"有事就到村委会"既是群众对村干部的认可，更是村"两委"凝聚力强的一种外在体现。驻村第一书记既身处扶贫工作一线，也身处人情观念浓厚的农村，如何处理好工作和人情的关系，成为第一书记面临的一个重要课题，杨乔伟同志的"阳光底下多晒晒"的做法，给我们提供了一种破题的方式，破除潜规则，根本之策是强化明规则。村干部忠诚干净担当了，干群关系也就融洽了。

真抓实干在脱贫攻坚一线
锤炼扎实工作作风

背　景

　　2017 年 8 月，根据国家邮政局的工作安排，陈拔群*来到河北省平泉市哈叭气村任驻村第一书记。此前，国家邮政局已对该村进行了两年的包保帮扶，取得了较好成效。用当地群众的话说，通过定点扶贫工作，大家"喝上了干净的水，走上了平坦的路，点亮了漆黑的夜，跳上了欢快的舞"。

　　当然，脱贫攻坚不可能一蹴而就。要打赢这场攻坚战，避免"脱贫后再返贫"，就必须培育贫困群众的内生动力，调动他们的积极性、主动性、创造性。

　　到村之前，陈拔群把"带领村民们脱贫致富"作为自己的奋斗目标。但作为一个县城出生长大，从来没有在这样贫苦的环境中工作和生活过的年轻人，这里的一切，对他来说确实是陌生的。刚开始走访面对贫困户时，他甚至不知道如何打开话茬儿，如何才能了解到贫困户家里的真实情况。

　　经过前期的走访，陈拔群深刻地认识到，要打赢打好精准脱贫攻坚战，交出一份令党和人民群众满意的驻村工作答卷，就必须改进工作方法，转

---

*　陈拔群，国家邮政局人事司正科级干部，2017 年 7 月至今任河北省平泉市哈叭气村第一书记。先后被河北省委组织部评为 2017 年度和 2018 年度"河北省精准脱贫优秀驻村第一书记"。

变工作作风，坚持问题导向，把工作做细做实。

做 法

一、走进村子，扑下身子，深入到群众中去

习近平总书记在中央全面深化改革领导小组第三十二次会议上强调，党政主要负责同志要"扑下身子，狠抓落实"。

扑下身子，是深入群众的重要方法，是做好调查研究的重要保障，更是真抓实干的必然要求。刚到村时，我着急去了解贫困户的家庭情况，却没有注意工作的方式方法，"身虽临"而"心未至"。这种急于求成的做法，不仅无法真正了解每一户贫困户的真实情况，不利于开展工作，反而拉开我与群众的距离。

习近平总书记的重要指示给了我极大的启发，我调整了工作思路，先向镇、村干部了解贫困户的基本情况，并根据初步掌握的情况制定走访计划。在走访中，贫困户站着，我就和他一起站着；贫困户坐在小矮凳上，我就蹲在他边上和他唠嗑。我想尽各种办法，从拉家常说起，慢慢走进他们的内心世界，真切感受他们的所思所想。

个人体会

习近平总书记强调，要确保"三个实"：扶贫工作务实、脱贫过程扎实、脱贫结果真实。作为一名一线的扶贫干部，我感同身受，深有体会。在扶贫工作中，必须"实"字当头。老百姓看在眼里，记在心里，容不得半点马虎，更容不得半点虚假。

在工作中，我们应始终把握一个重要原则：坚决不能为了摘帽而摘帽，搞短期扶贫，而是真正站在帮助群众脱贫致富的角度，实事求是地落实帮扶政策、实事求是地开展帮扶工作，让贫困群众实实在在地实现"两不愁、三保障"，实实在在地有稳定收入，实实在在地过上安稳的生活。

脚下有泥土味，身上有烟火味，干事有人情味，这才是群众最需要的。

525

　　村民安大爷因病致贫。他的自尊心极强，对"贫困户"三个字十分抵触。在和他交流中，我没有一上来就说帮扶，而是以"扯闲嗑"的方式拉近距离。在交流中，他告诉我，自己非常想做点儿力所能及的事，减轻家里的负担，不让别人觉得他是个拖后腿的人。安大爷有这样的志气，让我对于帮助他摆脱贫困有了底气，也对驻村帮扶工作充满了信心。

　　刚到村里的一段时间，我几乎每天都在重复两件事情：一是陪村民"拉家常"，努力做到鱼儿入水，不蜻蜓点水。每次我都不自觉地将自己的位置向群众那边挪一挪，让自己和群众靠近一点，这个"小动作"，让群众们感受到了真诚。二是帮村民办实事，"说一千道一万，不如干成实事一件"。在"拉家常"中，我认真地记下村民们最关心的事情。有时候，村民们自己都没有当回事的事情，我记在小本本上、记在手机上，并抓紧落实。两年间，我帮着村民们寻医问药，甚至从县城捎带物品，这些小事其实是举手之劳，却让村民们感受到我的真心实意，也让我赢得了信任和支持。

在村食用菌园区与工人一起制作菌袋

二、迎难而上，发扬钉钉子的精神，把为村民谋福利作为头等大事

要打赢打好脱贫攻坚战，就必须要有迎难而上的锐气、啃硬骨头的狠劲、以钉钉子的精神抓落地、抓实干。经过调研摸底发现，村里的产业基础还不十分牢固，基础设施有些薄弱，贫困户的基本生活保证还不够"厚实"。

要改变哈叭气村的落后面貌，帮助困难群众真正从贫困中走出来，就必须要有足够的资金做保障。除了依靠本单位的帮扶资金投入外，更需要动员社会力量的广泛支持和参与，特别是那些先富起来的地区和人士，让他们自愿为贫困地区脱贫攻坚献爱心、作贡献。

习近平总书记指出，扶贫开发是全党全社会的共同责任，要动员和凝聚全社会力量广泛参与。经过慎重考虑，我决定回自己的家乡筹集资金和物资。记得我第一次和一家企业负责人沟通时，他跟我说："我们捐款是可以的，但是你应该让我看到'资助这个村的价值'在哪里。"他的这番话，令我深有感触，"输血"终究不是长久之计，只有让外界看到哈叭气村潜在的"造血"能力，看到善款在这里将发挥出巨大的价值时，才会对捐款帮扶感兴趣、有信心、有动力。

一路奔波下来，我受到过冷落和质疑，但我未曾放弃，最终筹集到了开展帮扶工作所需的物资和资金。在赈济物资方面，福建安溪、晋江等地民营企业为村困难群众募集折款约4万元的应季各类服装500余套，及时解决了他们的实际生活困难。在慈善资金方面，福建泉州、厦门等地民营企业捐赠善款90万元，为哈叭气村实施包括村街硬化、党群服务中心改扩建、教育资助、村口环境美化等多项公益性、基础性项目奠定了坚实的经济基础。

三、不驰于空想、不骛于虚声，真抓实干搞"双进"

习近平总书记在2018年新年贺词中说："不驰于空想、不骛于虚声。"这为广大党员干部确立了苦干实干的主旋律、主基调。

通过帮扶，村里的柴鸡散养、食用菌以及设施蔬菜产业发展起来了，

也带动了贫困群众就地转移就业，可农产品的销售却存在着价低利薄，时常出现滞销难卖的问题，如何"打开销路"成了当务之急。

"不当家不知柴米油盐贵"，不真正到贫困村帮扶是不知道脱贫攻坚为什么被称为"一场硬仗"的。在机关工作，很多时候都在研拟政策，但真正做到"落实"确实有难度。

经过思考，我决定回北京"推销"我们的产品。我带着农户到国家邮政局直属的北京邮电疗养院做推销、寻求帮助。在局里的大力支持下，我协调开展了农产品"进机关食堂、进职工餐桌"活动，推动哈叭气村成为该院黄瓜、食用菌、西红柿、蜂蜜等农产品的定点采购点。2017年11月以来，共向该院定向销售农产品3万余斤，销售额达15万元。

贫困户王大爷，70岁高龄，孤身一人，身患多种心脑血管疾病。家中养殖十几箱蜜蜂，老人家经常自己骑摩托车到集市上售卖，劳累不说，销量有限，收入极其微薄。考虑到他的特殊情况，我和院领导进行了沟通，单独在"双进"活动中开辟了蜂蜜销售通道，同时动员身边朋友订购，使其稳定增收，消除了后顾之忧。

成　效

路虽远，行则必至；事虽难，做则必成。现今，村党群服务中心"改扩建"、村口环境美化、村街硬化、扶贫车间等项目正同时开工，呈现出热火朝天的喜人景象。

两年的驻村帮扶工作，我从哈叭气村的"陌生人""局外人"，到与村民们想在一起，干在一起，成了他们的"家里人"；从刚开始的茫然和无助的状态，锤炼得更加沉稳、踏实和成熟。这段经历，也让我更加深刻地体会到脚踏实地、实事求是、真抓实干的重要性，使我的工作作风得到了极大的锤炼，必将成为我在今后工作中取之不尽、用之不竭的宝贵财富。

点 评

　　作风过硬工作才能有所作为。第一书记在扶贫工作一线要有所作为，就必须在工作实践中不断加强和改进工作作风。陈拔群同志从一名无基层工作经验的干部成长为因时因势、根据工作需要随时调整工作方式的基层村干部，最根本的原因在于他善于"扑下身子"，从而练就了过硬的工作作风。作风不同，工作局面迥异。陈拔群同志也因过硬的工作作风，打开了基层工作局面，赢得了基层群众认可，取得了扎实的工作成效。

携老扶幼同"迁徙" 家庭和睦村脱贫

背 景

2016年底，时鹏[*]接到扶贫任务便犯起了难。扶贫地点是在湖南省桑植县，离家1000多公里，而且一干就要两年多，可他家里情况复杂，实在是走不开。

他的妻子在北京市通州区一家基因检测公司上班，这工作虽然忙碌但她非常热爱；儿子2岁、岳母70岁，都需要人照顾；时鹏的母亲和岳父多年前均已去世，其父在老家组建了新的家庭，不便来北京帮忙。所以时鹏一直在家远程办公，属于典型的家庭"煮男"。而现在，他真是犯了难。但他明白扶贫工作是政治任务，要勇于接受这个使命。因此，如何处理好驻村工作和家庭生活的关系，是解决该问题的关键。

做 法

有问题终究还是要想办法解决。接到任务的当天晚上，我在手机找了几段关于扶贫的影像让家人一起观看，趁此机会，我说，现在单位打算安排我去扶贫，而且一去要两年时间，大家怎么看。我内心其实很忐忑，担心被大家坚决否定，一点回旋余地都没有。

出人意料的是，妻子和岳母很快就从愕然中镇定下来，并开始询问关

---

[*] 时鹏，国家知识产权局专利局光电发明审查部主任科员。2017年3月至2018年3月任湖南省桑植县二户田村第一书记，2018年4月至今任湖南省桑植县仓关峪村第一书记。

于扶贫的具体安排。然后从一定要参与扶贫工作的思想出发，将目前能够预知的困难一一摆明。最后问题聚焦到两年时间太久从而对老人无法照顾、孩子的关爱也会缺失上来。

一筹莫展之际，妻子说，唯一能解决的方式就是我们全家都到扶贫点，共同参与驻村帮扶，既能够照顾老人，也能多陪伴孩子。

但这样一来，妻子就得舍弃工作。妻子是中科院植物所博士毕业，对基因检测工作非常热爱，要放弃的话，我和岳母都于心不忍。妻子说到，我们共参驻村帮扶，会开启全新的生活方式，虽然会放弃手头的一些，但肯定能收获到更多。

"现在电视上每天在讲精准扶贫，没想到我们也有参与的机会。"岳母深知女儿"一旦做了决定、就要往前走"的性格。此刻，我内心非常感动。

两个月后，我们一家子"迁徙"到国家深度贫困县——湖南桑植，开始了驻村扶贫生活。身为驻村第一书记，我将家人安排妥当，就直接住到了村里，周末回县城与家人团聚。

我想，家人为了支持扶贫工作，一起来到贫困地区，物质方面跟北京自然无法相比，但精神方面不能亏欠他们。于是，我把工作中遇到的难题也好，自己的收获也好，一一跟他们分享，以这种方式，让他们参与到扶贫工作中来。

比如我要入户走访，但语言不通，只能让村干部做兼职翻译。但村干部陪同走访，有时并不能听到村民真正的心声。妻子看我为此着急不已，安慰道："别太着急，拿出大学考四六级英语的劲头，肯定能够越过语言关。哦对了，今天给娃选了个幼儿

个人体会

驻村工作与个人家庭生活，看似矛盾，但我通过让家人共同参与驻村工作的方式进行处理，事实证明，可以相互促进，相得益彰。每个家庭都有自己的特点或者难处，驻村工作中，可以针对个人家庭情况采取相应的措施，就能够放心工作，收获多多。

参加村主题党日活动

园，里面的孩子和老师课外也是说方言呢，入园手续快办好了，看你和娃到时候谁学的快。"妻子边说边笑了起来。我于是下功夫认真"听"，认真学，不到两个月，再入户，我的精力已经不用消耗在"听"上，而是放在对每个贫困户帮扶的"懂"上了。

比如村党建方面。村子深处武陵山区，村大、片多、人散，仅有的几十名党员对党务村务"事不关己、高高挂起"，整个组织软弱涣散。我一直苦寻破解入口。岳母说，她在山西五台的山村生活多年。农民视野窄，观念执拗，但后来也发生了转变。怎么做到的呢，作为村里的负责人，要以他们的思维方式来看问题，做一些实在的小事，让人感觉到你内心是真正为他们考虑。农民讲究一个情字，你掏心掏肺，他们就会打心眼服你。妻子在旁边点点头，以一名老党员的口吻建议、鼓励到："你要以身作则，发扬党员带头模范和为民奉献的风格"。我被她的语气搞得哭笑不得，但把刚才的话都记在了心里。我接受家人的建议，认真当起村里的"父母官"。村里有两户人家，因施工铲断自来水管发生矛盾，我为他们垫付一百元钱维修费解决了该问题。两户人家看到一个外来干部都这样帮他们，也不计回报，心中羞愧，遂又和好。而且我后来了解到，其中一户虽不是建档立卡贫困户，但也在贫困边缘，经过协调，我在镇上给他找了个工活，每月有一千多元收入。那两位村民，每次老远见了我都会用蹩脚但亲热的"桑植普通话"喊到："时书记，到家里喝杯茶水！"

我做的这些，党员和群众都看在眼里，记在心上，影响了党员，感动了村民。党员参会议事的积极性有了明显提高，村"两委"班子的凝聚力、战斗力也显著增强。

又比如村产业发展方面。多年来，由于土地资源匮乏，村民观念陈旧，产业基础薄弱。我多方奔走，协调了100亩的菊花苗，准备打造菊花种植基地。没想到，村民对此并不买账，担心收成时没人管，觉得不如种玉米。我回到家就是一通牢骚。妻子听完，讲起自己在植物所读博时，在试验田培养样本的经历。每种样本，除了采集实验数据外，也会对其经济价值算个账。搞产业也是如此啊，经济作物和种粮食比，收益高，自己得先搞明白，才能说服别人。

听她这么一讲，我豁然开朗，给村民算经济账：玉米 1 亩收成 700元，1 斤种子 25 元，尿素 150 元，不算工钱，利润差不多 500 元。菊花 1 亩收成近 5000 元，苗子有提供，肥料 200 元，自己种不计工钱，能拿 4000 元。

"水田可不可以种？"有村民立马问道。

"把水放干，开个沟渠不存水就可以。"

"土地流转给村里种行不行？"

"土地流转按照每亩 300 元，等村里扣除必要的成本之后，你能拿到 2000 元。"

不一会儿，就有"五十多亩土地"确认了种植，后续还有村民赶来，种植面积持续增加。

后来，通过引进资金和产业大户，陆续又发展了蜜柚、黑山猪以及茶叶等产业，有力保障了贫困户收益和村集体经济收入。周末，我带家人到村里逛，指着产业基地对妻子说，看，这些是你指导后的成果，妻子笑得合不拢嘴。

通过驻村工作的分享，家人的出谋划策，不但驻村工作取得了进展，家人之间的关系也变得更加和睦起来。妻子决定，趁现在工作暂停，时间闲暇，再生个娃，同时将之前工作的积累进行沉淀，写成一本书。我和岳母坚决支持。

成 效

对驻村和家庭生活的关系如此处理，一年多后，工作和家庭就双双有了收获。

驻村工作方面，我参与帮扶的二户田村于 2017 年底如期实现脱贫出列。家庭生活方面，孩子在桑植生活、上幼儿园，虽然条件差，但他渐渐明白北京的优越条件并非生来就属于自己，还有那么多同龄孩子在如此贫困状态中呢，这个经历，对他是一笔很大的精神财富。妻子在 2018 年初，顺利生下千金爱女，怀孕期间完成的 12.5 万字的《生命的语言：揭示人类基因的奥秘》科普一书，已出版上架。

我深刻体会到，处理好驻村工作与个人家庭生活的关系，可以相得益彰，共同进步。

点　评

习近平总书记曾指出，不论时代发生多大变化，都要重视家庭建设，要注重家庭、注重家教、注重家风，弘扬中华民族传统家庭美德，培育社会主义核心价值观，使千千万万个家庭成为国家发展、民族进步、社会和谐的重要基点。家和万事兴，个人成就的取得离不开家人的支持，每一位驻村第一书记的背后都有家人的支持，每一次脱贫攻坚战胜利的背后都有扶贫干部家属的付出。对于家庭和驻村工作的关系，时鹏同志给予了我们全新的解读：相得益彰，共同进步。

发掘传统产业优势　线下线上结合
发展村级特色脱贫产业

背　景

　　三联村位于甘肃省临夏州永靖县东部山区,是"三区三州"深度贫困村之一。全村共有村民 186 户 625 人,建档立卡贫困户 86 户 304 人,贫困发生率高达 48.6%。种植百合和外出务工是村民收入主要渠道。2016 年 9 月,孙成功[*]到村任职,他的第一感觉就是缺少活力。村"两委"班子成员年龄普遍偏大,对于带领三联村实现脱贫攻坚停留在按部就班完成徐顶乡党委政府的规定动作上,村集体收入为 0,对于发展村级产业缺少积极性,互联网相关的知识匮乏,全村村民销售百合仍以在地头直接出售给小商贩为主,看天吃饭,百合销售价格普遍不理想。

做　法

　　一是统一思想认识,找准产业发展方向。到村的第一个月,通过与前驻村第一书记、徐顶乡干部、村"两委"班子成员多次沟通交流,和对全村 86 户建档立卡贫困户的逐一走访,逐渐了解了三联村基本情况和百合有关的基本知识。三联村气候干旱少雨,生态条件恶劣,但其海拔、气候、

---

[*]　孙成功,应急管理部中国地震局办公室干部。2016 年 9 月至 2018 年 8 月任甘肃省永靖县三联村第一书记,驻村期间获"甘肃省脱贫攻坚工作先进帮扶队员"称号。

地形在种植百合方面却具有得天独厚的优势。百合品种为"兰州百合"，素有"兰州百合甲天下"的美誉，种植周期长，营养价值高。且三联村所产百合相较"兰州百合"其他产区具有独头率高、品质高的特点。但是三联村百合一直"养在深闺人未识"，不为外地市场所知晓，当地也一直没有百合加工企业，导致百合地头销售价格与外地市场价格存在巨大的剪刀差。我同村"两委"班子成员一道，对北京新发地市场、兰州农产品市场和百合加工企业等进行调研，更加了解了三联村百合的巨大发展潜力，形成了发展共识，明确将三联村百合产业发展作为实现三联村脱贫攻坚的基本方向。

二是争取帮扶单位支持，修建百合冷储交易中心。方向确定以后，就要抓紧制定实施方案。经与村"两委"、徐顶乡党委政府、永靖县等多方面进行沟通，希望通过帮扶单位的支持来实现发展百合产业的第一步：修建百合冷储交易中心，提供产业发展基础设施。百合冷储交易中心由三部分组成：其一是百合交易市场，为农户统一销售百合提供交易场所；其二是可储存300吨鲜百合的冷库，主要用于延长百合销售时间窗口（百合季节性极强，分春秋两季采挖，在没有冷库的情况下，春季销售窗口只有半个月左右，秋季销售窗口一个月左右）；其三是百合加工厂，前期可进行简单真空包装加工，后期可进行百合深加工，完善百合产业链条。建立百合冷储交易

在三联村和村民一起劳动

中心的想法得到了中国地震局的大力支持，投入帮扶资金 100 万元，徐顶乡政府具体负责项目实施，中国地震局、甘肃省地震局共同负责对项目建设过程进行监督管理。2017 年 11 月，百合冷储交易中心建成并投入使用。

三是建立百合真空包装加工车间，逐步拓宽百合产业链条。在鲜百合收获期间，通过合作社将部分鲜百合存放在百合冷储交易中心。同时，带队赴永靖县农业开发集团学习百合真空包装技术，并利用合作社盈余资金购置百合真空包装设备，在冷储交易中心建成百合真空包装加工车间。鲜百合收获期过后，组织贫困户集中到加工车间开展鲜百合真空包装加工，按照工作量支付报酬，既增加了合作社产出，又增加了贫困户务工收入。

四是培育市场主体，充分发挥村级合作社作用。有了百合冷储交易中心，还需要确定发展百合产业的经营主体。通过进一步调查研究发现，三联村金土蛋合作社成立于 2014 年，但一直未投入运营，刚好可以作为发展销售百合产业的主体。结合甘肃省"三变"改革政策优势，首先动员三联村所有农户以土地折价入股的形式重新入股合作社，所有农户均可按股份享受合作社盈利的分红，通过政策优惠使贫困户占股比例高于非贫困户。随后组织召开合作社社员代表大会，选举产生年轻有干劲的新一任理事会，村"两委"班子成员任理事会成员，对原有的合作社章程进行了修订，对主营业务、财务管理、盈余分配等从制度上进行了规范，并以合作社名义申请注册了"徐顶"商标，定制专用真空包装袋和包装箱，依规开展运营。

五是严格规范管理，打通鲜百合销售通道。首先与德邦物流、中国邮政就鲜百合包装、运输渠道、发货周期、发货价格进行多次洽谈，正式发货前进行多城市发货试验，确保鲜百合运得出去，质量上不出问

个人体会

发展产业是实现脱贫的根本之策。驻村帮扶一定要对本村资源禀赋进行深入调研分析，我准优势产业作为切入点，借助"互联网＋帮扶单位"，使全村脱贫攻坚工作迅速上一个大台阶。

题。其次确保鲜百合收购质量。合作社统一负责收购，成立收购小组，对社员百合质量进行严格把关。最后确保贫困户优先受益。由于合作社百合收购价格高于市场收购价格，可直接帮助社员增加收入，在收购过程中坚持帮扶导向，优先照顾建档立卡贫困户，兼顾百合种植大户。

六是分类开展宣传推广，逐步开拓百合销售市场。首先充分发挥帮扶单位优势。通过中国地震局机关和局属各单位、东西部协作对口帮扶单位、中央和国家机关各驻村第一书记等对三联村鲜百合进行宣传，通过预购下单的方式，依托工会集中采购、个人订购，让同事们品尝到低价格高品质鲜百合，同时，帮助合作社赚到第一桶金。其次通过微店、微信公众号、惠农网等互联网渠道进行免费宣传推广，进一步扩大鲜百合消费受众面和影响力，接受外部市场考验。最后积极开拓本地市场。与兰州华润万家超市、黄河明珠酒店等经营实体建立了供货关系。

成　效

一是有效增加了贫困户收入。借助互联网销售渠道，鲜百合平均销售价格由每斤 10 元提高到 16 元左右，2018 年帮助贫困户销售鲜百合 7000 余斤，户均增收 500 多元，且鲜百合年均销量呈大幅稳定增长趋势，未来增收效益将更为明显。2018 年三联村合作社为全村村民发放年终分红，贫困户户均 100 元，非贫困户每户 50 元，村集体分红 3600 元，实现了村集体收入由无到有的历史性突破。三联村金土蛋合作社发展经验作为先进典型在永靖县进行推广。

二是百合产业化初具雏形。百合冷储交易中心集统一收购、冷藏储存和真空包装功能为一体，有效拉长了百合产业链条。

走向外部市场的三联村鲜百合以过硬的品质、实惠的价格得到消费者充分肯定，加上物流快递渠道的进一步畅通，为未来扩大市场影响打下了坚实的基础。贫困户掌握了百合真空包装技术，为进一步扩大生产规模，吸引优质百合加工企业来三联村投资建厂提供了人员技术保障。

三是推动了思想观念的转变。通过引进互联网销售鲜百合这一方式，引导农户转变了思想观念，让农户主动学习新的技术，了解新的市场变化，适应新的发展形势，将村里的资源优势同外部市场的需求有效结合起来，实现脱贫致富。通过建立百合加工车间，引导农户在农闲时间利用务工增加收入，进而提高全村生产效率。合作社激活了村"两委"班子发展集体经济的积极性，通过社员入股的方式激发了社员参与村集体经济运营的积极性，三联村整体凝聚力得到了有力提升。

点　评

　　因村施策，实现一村一品的目标，不仅需要第一书记结合村情，发掘群众认可、市场接受的特色扶贫产品，还要转变观念，按照市场规律，调动各种有利因素，延长产品产业链条，增加产品附加值。三联村从产业培育、冷藏储存、加工包装、宣传推广、互联网销售等各环节，探索出一条适合本村实际的脱贫、致富、发展的道路，不仅转变了当地群众的思想观念、摆脱了贫困，培育了集体经济，而且为其他贫困村的发展和驻村第一书记工作的开展提供了借鉴。

用担当和实干精神引领班子建设

背 景

广西融水苗族自治县是西北工业大学的定点帮扶县。江竹村是融水县"深度贫困村",2015 年该村共有村民 385 户 1508 人,其中建档立卡贫困户 167 户 632 人,贫困发生率达 41.9%。

2017 年 1 月至 2019 年 1 月,西北工业大学选派史建强[*]到江竹村担任第一书记。到任后,他面临村"两委"班子即将换届、事业心不够、主动性不足、内部不团结等班子建设问题;面临村发展规划缺失、产业方向不清、基础薄弱的问题;面临群众长期反映的基础设施建设滞后的问题。村"两委"对第一书记的"预设"是第一书记能拉来项目和资金,能帮忙写总结计划、整理数据、报送材料;不希望第一书记插手村里的利益分配和财务管理。村"两委"对第一书记的职责和在班子中的定位不明晰。

"两委"班子完成换届选举后,新班子有干劲、有激情,但能不能"一张蓝图干到底",老办法能不能解决新问题、新任务,会不会出现"两委"班子的不团结。如何加强班子的建设也是史建强上任之初面临的挑战。

---

[*] 史建强,西北工业大学(上海)协同创新中心筹建负责人。2017 年 1 月至 2019 年 1 月任广西壮族自治区融水苗族自治县江竹村第一书记。

做 法

一、抓住重点有效沟通

与村治理结构和非治理结构中的代表实行有效沟通是掌握社情民意的捷径。江竹村是少数民族村寨，有苗、壮两个主要民族，其基本治理机构分为村、屯、组三层，其中潘姓人口占总人口 90% 以上。我采取自上而下的办法，与村治理结构中的代表例如村监委会、村民代表、村民组长等进行沟通，与非治理机构中的屯长、致富能人、历任村干部、教师以及潘姓五房长者等进行沟通，通过这种方式归纳提炼出的工作思路和计划更接地气、更具可行性。

二、掌握村情社情，成为"土专家"

一是掌握村情，包括区划、土地、林业、人口、道路、水利等基本情况。结合当地实际，我着重了解林业资源现状和产业发展情况。**二是了解社情。**文化传承和历史延续是我了解的重点。我先后从政府档案、地方志、族谱等资料以及乡贤口中了解到村寨历史、特色民俗、潘姓五代传序以及古井、社庙、龙潭、喵公潭等具有文化传承的故事。通过了解这些信息，我熟悉掌握了村里各类资源和历史，成了村里的"土专家"。与村民简短沟通我可以迅速判断他是哪一房、谁主事，聊辈分传序可以很快拉近距离、建立共同

个人体会

到贫困村开展工作，团结带动村"两委"班子是考验第一书记的首要问题。要从高处看、从基础干，把自己变成农民融入群众，先做好自己、再要求别人；要有的放矢结合问题与实际找准自身职责定位，发挥好第一书记指挥员、战斗员和监督员的三种作用，到位不越位、补位不缺位。只有辛勤的付出和扎实的工作才能赢得群众与班子的信任和支持，才能把班子凝成一股绳形成合力干出实绩。

与贫困户一起劳动

语言，为我与村民有效沟通提供了极大的帮助。

三、找准自己的工作定位和职责

一是做村发展的指挥员。 在村党的建设、发展规划、产业谋划、基础设施建设等发展问题上，我不推不让、主动担当、主动作为、主动谋划，把自己放在指挥员和主心骨的定位上，发挥自己的优势，做到事事有布局、样样有思路。两年来，江竹村形成了党建"三个一、三结合"发展思路、《五年发展规划》、《产业规划》、基础设施建设项目库等顶层设计。

二是做脱贫攻坚的战斗员。 遍访贫困户是个硬指标。习近平总书记讲：脚下沾有多少泥土，心中就沉淀多少真情。两年来，我走遍了全村132个贫困户，摸清基本情况，对有想法、有干劲的多了解生产安排，对无劳力的安排兜底政策，对好逸恶劳的黑脸红脸一起上。跑得勤了、走得多了，人也熟了、隔阂消除了，老百姓对第一书记的满意度也提高了。

接下来是面对面宣讲政策。我采取每半年按屯集中宣讲一次扶贫政策，并就本村享受政策的数据进行对比分析，普通话宣讲一遍，苗语、壮语进行解释，群众有疑问可以当场提出当场解答。通过宣讲，提高了群众对政策的知晓率，杜绝村内违规操作，提高群众的满意率。

三是做村民主管理的监督员。第一书记作为"外来户"、村非利益相关方，同时代表上级单位驻村，具有天然的监督优势。我以村议事制度和村务公开制度为抓手，把完善制度和程序监督作为重点。

比如对低保评议、危改评议等涉及群众利益的事项，我首先明确制度和程序，在会议开始前，先学习文件规定，明确什么人可以享受低保，评议程序是什么，并监督会议按规定要求和规定程序进行。

四、到位不越位、补位不缺位

分工负责制是我与村"两委"在长期的磨合过程中形成的主要经验，形成了"对外以第一书记为主、对内以支书主任为主"的工作分工，简单事务按分工、复杂事务团结协作的工作模式。

无论我与"两委"班子还是班子成员之间，首先强调到位不越位，到位是各自按分工按时保质保量完成工作，不越位是不插手他人分工，不管不该管的事；其次强调补位不缺位，在支书、主任统一领导下的协同配合。作为第一书记，我主动当救火队和勤务兵，帮着"两委"一起干，完成工作的同时，既加深了友谊，也提高了效率。

如何搞好班子团结，我的体会是把纪律和规矩挺在前面，出现问题立即纠正，把问题消灭在萌芽状态，不能当老好人和稀泥，也不能碍于面子拖着不说、视而不见冷处理。比如一次屯级道路验收，副主任未经同意替支书和屯长签订验收意见。我发现后决定立即纠正，一是向上级说明情况，重新组织验收；二是与副主任谈话并在例会上点名进行批评。

成　效

一是经过两年的努力，江竹村贫困发生率降至2.34%，顺利达到国家"两不愁、三保障"和广西"十一有一低于"标准，2018年顺利实现整村脱贫出列。

二是江竹村党组织的"实施三结合、建设三个一"主体建设活动，2018 年获得自治区首批"三星级党组织"和融水县"先进基层党组织"，培养了一支由 4 名党员、2 名入党积极分子组成的党员致富带头人队伍。

三是江竹村产业发展势头良好。茶叶、灵芝、木耳等产业发展顺利，年销售额超过 500 万元，黑山羊、黑香猪养殖顺利起步；村集体经济收入也从 2015 年的不足 2000 元突破到 5 万元。

四是基础设施得到改善。两年来，江竹村完成了全村电力改造，完成了 1 条生产路、2 条旅游步道、2 个篮球场、80 盏路灯、500 ㎡村民活动中心以及人饮工程等 24 个建设项目，总投资超过 1000 万元。

点 评

农村富不富、主要看支部。团结的村"两委"班子才能有向心力和凝聚力，才能成为打赢脱贫攻坚战和实施乡村振兴战略的的"主心骨"和"领头羊"。作为中央选派的第一书记，处理好与村"两委"的关系，是搞好基层干群关系的基础。处理与村"两委"关系，对锻炼第一书记基层的管理能力至关重要。史建强同志在基层工作中，不仅率先示范，干在前面，成为"土专家"，还明确自身的定位，做好指挥员、战斗员和监督员的工作，凝聚了人心，赢得了信任，干出了实绩。

后 记

在中央和国家机关各部门扎实开展"不忘初心、牢记使命"主题教育之际，中央和国家机关工委组织编写了《中央和国家机关驻村第一书记扶贫典型案例集》。在编选过程中，我们坚持问题导向，围绕脱贫攻坚中的重点难点问题、驻村第一书记工作实践中普遍遇到的共性问题，力求优中选优、务实管用，汇编了 100 个生动案例。

在本书的策划、编选和出版中，得到了中央和国家机关各部门的大力支持和驻村第一书记的积极响应。国务院扶贫办有关领导和同志给予了具体指导。赵凯明、魏建周、刘东凯、雷明、张琦、高昂、付守双、房瑞标、侯雪静、刘为等同志对案例内容进行审核把关和点评完善。中国出版集团研究出版社给予了大力支持。在此，谨向对编辑出版提供帮助支持的部门和同志表示衷心的感谢。

由于水平有限，书中难免有疏漏和不足之处，敬请提出宝贵意见。

编 者

2019 年 7 月